# 君子文化论文集

孙君恒 主编

武汉大学出版社

图书在版编目(CIP)数据

君子文化论文集/孙君恒主编.—武汉：武汉大学出版社,2022.7
ISBN 978-7-307-22666-1

Ⅰ.君… Ⅱ.孙… Ⅲ.中华文化—文集 Ⅳ.K203-53

中国版本图书馆 CIP 数据核字(2021)第 214800 号

---

责任编辑:蒋培卓　　责任校对:汪欣怡　　版式设计:马　佳

出版发行：武汉大学出版社　（430072　武昌　珞珈山）
（电子邮箱：cbs22@whu.edu.cn　网址：www.wdp.com.cn）
印刷：武汉邮科印务有限公司
开本：720×1000　1/16　印张：32.75　字数：484 千字　插页：1
版次：2022 年 7 月第 1 版　　2022 年 7 月第 1 次印刷
ISBN 978-7-307-22666-1　　定价：139.00 元

版权所有,不得翻印；凡购我社的图书,如有质量问题,请与当地图书销售部门联系调换。

## 鸣谢

湖北省炎黄文化研究会
武汉岳飞文化研究会
武汉科技大学马克思主义学院

# 序

进入21世纪以来,君子文化作为中国传统文化的一个重要内容,受到了广泛的重视,得到了深入的研讨。在今天的中国传统文化研究中,君子文化研究已成为一大热点。这种重视和研讨,除了对君子文化进行历史研究和文献阐释外,更主要的是力求发现君子文化的现代价值和当代意义,予以创造性转化和创新性发展,使之融入到我们今天的中国特色社会主义文化建设中来。

君子文化古已有之,源远流长。在漫长历史岁月里,人们对"君子"含义的理解发生了很大的变化,赋予了多重的内涵,作出了不同的界定,但其中一以贯之的根本点,则在于以"君子"为楷模,树立一种理想人格,倡导一种理想人格,使更多的人学习"君子"以追求这种理想人格。在君子文化的框架中,道德的高下有无成为衡量人格的最为重要的标尺,只有道德境界高尚的人格才能称为君子人格,成为人们追求的理想人格。这样一来,"君子"也就成为对有德之人的尊称;而与"君子"相对立的"小人",则指无德之人或少德之人;还有一种遭到人们严厉谴责的"伪君子",实际上也是一种"小人",或者说是以"君子"的面貌出现的"小人"。

在中国古代人格中,成为"圣人""贤人"当然是更为理想、更为高远的目标,特别是讲求"内圣外王之道"的儒家更是如此主张,但这毕竟只是极少数人能够成就的。而成为"君子",虽然离成为"圣人""贤人"有一个大的差距,不是同一个道德境界的事情,但仍然是一种值得重视、值得提倡、值得追求的理想人格,因为君子人格的实现比圣贤人格的实现具有大得多的现实性和普遍性。孔子就已看到这一点,他曾感慨地说:"圣人吾不得而见之矣，得见君子者，斯可矣。"在"不得而见"的"圣人"与"得见"的"君子"之间，孔子实际上是更看重后者而非前者。而君子人格的实现之所以具有大得多的现实性和普遍性，就在于实现君子人格，并非一定要立足于难以企及的圣贤境界，而在百姓日用之间就能够做到。在《论语》的开篇，就记录了孔子讲人如何成为"君子"的一段话："学而时习之，不亦说乎？有朋自远方来，不亦乐乎？人不知而不愠，不亦君子乎？"孔子所说的这些内容，都是普通之事、日常之事、不难做到之事，但这些也就是君子之事、有德之事、值得努力去做之事。这就向人们昭示了君子人格实现的现实性、普遍性及其在百姓日用中实现的具体途径。

由于君子人格的实现比圣贤人格的实现具有大得多的现实性和普遍性，用孔子的话说，"君子"是"得见"的，而"圣人"是"不得而见"的，这就使得君子人格比起圣贤人格来更接地气、更接民心，易于为广大民众所理解、所接受，也就具有向广大民众进行推广的可行性和操作性。正是这样，在《论语》中一方面把君子人格与小人人格鲜明地对立起来，强调"君子喻于义，小人喻于利"，"君子和而不同，小人同而不和"，"君子泰而不骄，小人骄而不泰"，"君子求诸己，小人求诸人"，"君子坦荡荡，小人长戚戚"，等等；另一方面又认为君子人格能够有效地影响并改造小人人格，使小人人格也能得到改善、得到提升，因而提出"君子之德风，小人之德草，草上之风，必偃"的观点。今天的人们很少讲圣贤人格，而更注重君子人格、倡导君子人格、研究君子人格，使得君子文化研究成为中国传统文化研究的一个热点，究其原由，实在于此。

那么，我们今天如何才能把君子文化融入中国特色社会主义文化建设中来呢？在这里，至少有两个方面的工作需要进行：一方面，是对古代君子文化的源流、人物、事迹、文献进行历史考察，从中发现那些在今天仍有意义、仍有价值、仍具活力和影响力的内容，予以创造性转化和创新性发展，使之成为中国特色社会主义文化的有机内容。另一方面，是对君子文化在近现代中国的延续进行梳理，从近现代中国发现具有新的时代精神和民族精神的"君子"，把这些距离我们并不遥远的"君子"作为今天中国人的道德楷模和直接榜样，在中国特色社会主义文化中鲜明地凸显出来。前一方面的工作，已经有许多研究者在开展，并取得了许多积极的成果。而后一方面的工作，还没有引起研究者的重视，有待得到重视和开展。可以说，从近现代中国发现"君子"，是今后君子文化研究的一个重要课题，需要下功夫去做。

鸦片战争后的近现代中国，经历了社会历史的巨大变迁，由封建社会沦为半殖民地半封建社会再进入社会主义社会；无数仁人志士，为了国家独立、人民解放、民族复兴，上下求索，流血牺牲，英勇奋斗，终于实现了中国历史的大飞跃，使中华民族走上了伟大复兴之路。在这个大时代中，君子文化也与时俱进，呈现出新的内涵、新的意义、新的特点。"君子"的称谓，在今天也没有消失，仍然为中国人经常使用；但君子人格的内涵，却在社会历史巨变的影响下发生了重要变化，不仅保留着古老的道德内容，而且容纳了新的道德观念。这些新的道德观念，以国家独立、人民解放、民族复兴为价值取向，是近现代中国一代又一代仁人志士精神境界和道德实践的升华。正是这些新的道德观念，使君子人格获得了新的内涵、新的意义、新的特点，体现了新的时代精神和民族精神。在近现代中国，有一批被人们称为"君子"的仁人志士；这种新的君子人格，正是通过他们的生命跃动和风骨气节，典型而生动地体现出来。

在中国近代史上，被人们公认为"君子"者，首先当推"戊戌六君子"，即1898年被清政府守旧派杀害的谭嗣同、康广仁、林旭、杨深秀、杨锐、刘光第六位烈士。他们都是19世纪末维新变法的积极参与者，在变法失败后被捕牺牲，为革新中国、救国救民献出了自己的生命。人们称他们为"君子"，正在于他们在中国历史的重要时刻所表现的爱国精神、革新精神和牺牲精神，正在于他们通过这些精神所展现的高尚道德观念。谭嗣同的老师欧阳中鹄之孙欧阳予倩，童年时与谭嗣同相识，在抗日战争时期曾著文回忆谭嗣同，对"六君子"的牺牲予以高度评价，他指出："我们常提及所谓中国气派、中国精神，却始终说不出中国精神是怎样的一种精神。古代不必多说，就近代而言，六君子之死就是中国精神的表现。"①这里的"中国精神"，当然指"六君子"延续了中国古已有之的君子人格，但同时又指"六君子"体现了鸦片战争以来中国人民反帝反封建的时代精神和民族精神，体现了先进中国人把中国由前近代封建专制国家改造为近代民主国家的理想追求，这些都是古代君子人格所不具有的。因此，欧阳予倩在文章的开头即说："六君子就义，当时的确给予社会很大的影响。尤其是一般青年知识分子，因那一回政变的刺激，从桎梏麻醉中觉醒过来，中国的革命也就急激地走上了一条新的道路。"②这种新的君子之德，使得"六君子"在道德观念和理想人格上度越前代、超越前贤，展示了一种新的君子人格。

进入20世纪30年代，日本帝国主义发动侵华战争，中华民族面临最深重的危机。一大批决心救国救民的仁人志士，响应中国共产党的号召，冲破国民党当局的阻挠，发起了广泛的抗日救亡运动。正是在这一时代大潮中，涌现了"救国会七君子"，即沈钧儒、邹韬奋、李公朴、章乃器、王造时、史良、沙千里七位救国会领袖人物。他们都是当时著名的社会贤达和知识分子，为了挽救民族的危亡而投身时代大潮，发动了以上海为中心的民众爱国运动，呼吁国民党当局停止内战，与共产党再度合作、一致抗日。他们的爱国之举，不仅得到了各阶层广大民众的热烈支持，而且在国民党内部也产生了积极影响。国民党当局惧怕救国会影响的扩大，将他们逮捕入狱，而广大爱国民众却对他们高度赞扬，称誉他们为"救国会七君子"。七人之中，史良是女性，自此"君子"的称谓不再只为男性所专有，这也是君子文化的一大变化。

很显然，"救国会七君子"的称谓与"戊戌六君子"的称谓一脉相承，体现了中国人对那些献身国家独立、人民解放、民族复兴的仁人志士的赞

---

① 欧阳予倩：《上欧阳瓣薑师书序》，《谭嗣同全集》（下册），中华书局1981年版，第537页。
② 欧阳予倩：《上欧阳瓣薑师书序》，《谭嗣同全集》（下册），中华书局1981年版，第534页。

誉，以此赞扬他们在中国历史的重要时刻所表现的爱国精神、革新精神和牺牲精神，赞扬他们通过这些精神所展现的高尚道德观念。但"救国会七君子"与"戊戌六君子"又有一个很大的不同："戊戌六君子"牺牲时，马克思主义还没有传入中国，中国共产党还没有诞生，而"救国会七君子"的爱国之举，则是与中国共产党的抗日主张相呼应的，成为了中国共产党领导的中国人民大革命的一个组成部分。正是这样，他们先后聚集在中国共产党的旗帜下，投身于中国人民大革命的事业中。沙千里在1938年加入中国共产党。邹韬奋后来进入解放区，在临终之时向中共中央提出入党申请，被党中央追认为中共党员。李公朴则在20世纪30年代前期就与中国共产党人一起战斗。他当时主编《读书生活》半月刊，由柳湜、艾思奇、夏征农三个共产党员担任编委，使这个刊物实际上成为党所掌握的进步刊物。艾思奇的名著《大众哲学》，最初就是以《哲学讲话》为题目发表于这个刊物上，然后结集成书，流传至今。李公朴不惧风险，勇担责任，以《读书生活》主编的身份为《哲学讲话》初版撰写了《编者序》，称："尤其值得特别一提的是这本书的内容，全是站在目前新哲学的观点上写成的。新哲学本来是大众的哲学。"①他所说的"新哲学"，也就是马克思主义哲学。后来，《哲学讲话》易名为《大众哲学》，新的书名正是由此而来。1946年7月，李公朴遭国民党特务暗杀而壮烈牺牲，成为"救国会七君子"中的革命烈士。毛泽东和朱德在唁电中称："先生尽瘁救国事业与进步文化事业，威武不屈，富贵不淫，今为和平民主而遭反动派毒手，是为全国人民之损失，抑亦为先生不朽之光荣。"②

因此，从近现代中国发现"君子"，不仅是对中华美德和君子人格的一种自觉传承，而且深刻地揭示了君子文化融入中国特色社会主义文化建设的历史趋势。这种融入中国特色社会主义文化建设的君子文化，并不意味君子人格的实现受到了限制或遭到了消解，而是使君子人格进一步与中国

---

① 李公朴：《编者序》，艾思奇《哲学讲话》，北京出版社2018年版，第2页。
② 毛泽东，朱德：《给李公朴、闻一多家属的唁电》，《毛泽东文集》第4卷，人民出版社1996年版，第157页。

人的现实生活结合起来，使君子人格的实现更加现实化、更加普遍化了。2020年新年伊始，面对突如其来的新冠病毒疫情，中国共产党领导中国人民进行了伟大的抗疫斗争，全国上下团结一致、万众一心、英勇奋斗，夺取了这场人民战争的决定性胜利。无数普普通通的中国人，在这场斗争中都可以称得上"君子"，既有古代的君子之风，更有近现代中国仁人志士的君子之德。在抗疫斗争的决胜之地武汉，我们对此有着格外深切的感受。这表明君子人格在经过近现代中国与时俱进的古今转化之后，获得了前无古人的现实性和普遍性。正是这样，今后君子文化研究的开展，不仅要面向古人，而且要面向近人和今人；不仅要面向古代中国，而且要面向近现代中国，面向社会主义的当代中国。

为了推进君子文化研究，湖北省炎黄文化研究会儒学文化分会、武汉市岳飞文化研究会、武汉科技大学国学研究中心，于2019年11月16日在武汉科技大学共同主办了君子文化研讨会（2019武汉）。武汉科技大学孙君恒教授，多年来致力君子文化的研究和传播，具体负责筹备和组织了这次研讨会。正是由于他与众多君子文化关心者、爱好者、研究者的共同努力，这次研讨会取得了圆满成功。会后，孙君恒教授又担负起《君子文化论文集》的主编工作。其间，正值武汉抗疫斗争艰难时期，但他的工作并未停止，终于在武汉战疫取得胜利的日子里，完成了这本论文集的选编工作。相信通过这本论文集，读者诸君能够了解这次研讨会的主要成果和君子文化研究的最新进展。

这本《君子文化论文集》，从主题和内容上看，与这场抗疫斗争并没有直接的联系；但其选编工作既是在这个大时代中进行的，那么它就必然会打上时代的印记，必然会折射出时代的精神，因而它也是英雄的武汉人民赢得抗疫斗争光荣胜利的一个纪念！

李维武

2020年8月1日于武汉大学

# 目 录

## 第一部分　君子内涵与溯源

君子范畴要义 …………………………………… 李长泰(3)

儒家君子内涵 …………………………………… 张　兴(15)

君子含义演变 …………………………………… 朱义禄(20)

君子公共阐释 …………………………………… 师永伟(33)

君子人格修养 …………………………………… 王国良(44)

君子的当代修为 ………………………………… 吴　宁(54)

君子之源 ………………………………………… 郭胜强(60)

《易经》论君子 ………………………………… 汪祖民(70)

《诗经》论君子 ………………………………… 朱长许(76)

《论语》论君子交友 …………………………… 刘宝强(81)

"君子坦荡荡"寓意 …………………………… 刘少峰(84)

孟子论君子 ……………………………………… 孟祥运(89)

墨子论君子 ……………………………………… 孙　平(92)

荀子论君子 ……………………………………… 谢胜旺(96)

韩非子的君子来源 ……………………………… 刘　娣(103)

隐君子与君子雅言 ……………………………… 李　卉(115)

## 第二部分　君子情怀与追求

易学中的君子 …………………………………… 黎　斌(127)

| 屈原以兰喻君子 | 陈少龙(133) |
| 楚器中的君子 | 张　钰(136) |
| 道家在意修身 | 罗美云(140) |
| 周礼中的君子 | 张宸邦(146) |
| 刘伯温看君子 | 俞美玉(153) |
| 君子春风化雨 | 陈袁明子(156) |
| 君子以义导利 | 刘利炜(160) |
| 君子复仇反思 | 赵燕舞(163) |
| 君子展中国智慧 | 徐天慧(166) |
| 君子文化与核心价值 | 姚天文(170) |
| 君子爱家安天下 | 蔡章田(174) |
| 君训：从中到公的精神 | 曾维春(178) |
| 君子处世有条不紊 | 姚思捷(183) |
| 君子仁爱心系天下 | 肖安平(187) |
| 文质彬彬然后君子 | 王善国(191) |
| 君子之道化解医患矛盾 | 徐建中(195) |
| 君子在于美德 | 王　波(199) |
| 青铜器所见的君子文化 | 肖　洋(203) |
| 千呼万唤儒商君子 | 王向然(213) |

## 第三部分　君子使命与人格典范

| 儒家君子责任伦理 | 涂可国　杨　冬(219) |
| 人己之辨与话语建构 | 吴中胜(238) |
| 君子与绅士和而不同 | 毛　艳(248) |
| 儒家君子及其难题 | 李琳之(257) |
| 孔子的君子德性论 | 唐代兴(262) |
| 在佛看君子如玉 | 释海元(273) |
| 文化自信推动君子文化 | 王光霞(277) |

| 信义君子暖人心 | 靳　戈(281) |
| 殉道君子的身后命运 | 孙光耀(286) |
| 周秦刻石颂君子 | 张志勇(294) |
| 君子谨言慎行 | 肖细明(304) |
| 荀子的君子论 | 邱艳敏(309) |
| 孟子与屈原的君子风格 | 朱若秋(316) |
| 儒家君子之道脱颖而出 | 张翼飞(321) |
| 君子：从道到德 | 韩兆笛　孙君恒(326) |
| 庄子君子观的哲学基础 | 曾文静　孙君恒(331) |
| 士君子之先秦样态 | 李亚楠(336) |
| 岳飞的君子之道 | 关殷颖(340) |
| 儒道墨法的互动 | 张军桥(346) |
| 管鲍善交 | 龚　武(353) |
| 子路的君子形象 | 刘　琰　钟　奥(360) |
| 朱熹与柯翰的君子之交 | 郑晨寅　汤云珠(363) |
| 苏轼的君子之风 | 闫　艺(373) |
| 南宋"六君子"事件 | 乔东山(378) |
| 闻一多赞君子之风 | 沈国磊(385) |
| 李先念的君子风范 | 黄忠信(388) |
| 李先念君子理财 | 陈欣欣(392) |
| 当今若干楷模 | 王　新(399) |

## 第四部分　君子致用与践行

| 君子人格与当代传承 | 宋冬梅(405) |
| 恐惧时代如何做君子 | 吴万伟(409) |
| 君子慎独 | 姚才刚　张旭琴(419) |
| 君子立德立功立言 | 张　华(424) |
| 君子孝悌 | 赵清文(427) |

墨家的君子仁义 ………………………………… 陈珊秀(433)
君子群体的特质与作为 ………………………… 柳河东(439)
宗祠是君子传承的载体 ………………………… 欧阳宗岩(445)
寇准和包拯为官为人 …………………………… 王　斌(449)
君子的层级性及其价值 ………………………… 石耀辉(454)
乾、坤之德与君子创业 ………………………… 宋　辉(459)
君子与文化自信 ………………………………… 吴春华(464)
共产党员应做君子 ……………………………… 岳德常(468)
高校的君子文化教育 …………………………… 戎章榕(475)
南靖土楼兰花与孝文化 ………………………… 温　欣(480)
君子与茶道 ……………………………………… 刘丽霞(487)
君子传正骨文化 ………………………………… 李森林(491)
教师应是君子 ………………………… 郝雁南　丁榕苏(492)
君子精神在大学生创业中运用 ………………… 田晓燕(495)

附录一：作者一览 ……………………………………… (498)
附录二：君子文化研讨会在武汉举办 ………………… (503)
后记 ……………………………………………………… (508)

# 第一部分

# 君子内涵与溯源

# 君子范畴要义

李长泰(重庆师范大学教授)

学者余英时认为"儒学实际上是君子之学",还认为"君子"的内涵在于"德"。① 这一概括是将君子范畴的内涵归结于道德人格与伦理的视角。余英时的专著《士与中国文化》,从士的地位变迁的历史视角,探析了士的内涵及士在中国文化中的地位。② 但士与君子两范畴的内涵,并不完全一致,君子内涵更为深刻和具有广泛的代表意义。一直以来,包括古代的学术名人在内,大多数人将君子的内涵归纳为道德君子,实际上君子的内涵,不仅仅体现为"德"的方面,更重要的还在于其广泛的知识基础和文化意蕴。

## 一、君子之位在于其术和力

君子的内涵之所以体现了知识要义,是因为君子思想在最初形成时与社会管理有关,管理自然有其"术"和"力"的要求,即方术和能力,这说明君子一词在形成之初注重了知识内涵,因为只有掌握了一定的知识才能有管理的能力。

"君子"称谓,在夏商周时期,首先指的是士大夫阶层。语词与称谓的出现必然有所指,有所指是范畴产生的最初根源。在夏商周时期,能出现"君子"一词,说明现实必有要述说的对象,在当时就有这么一个阶层来承

---

① 余英时:《现代儒学的回顾与展望》,三联书店2004年版,第271页。
② 余英时:《士与中国文化》,上海人民出版社2006年版,第1~7页。

担社会义务，担当管理与治理的角色，与士并行，但在才德上又与士有一定的区别。《尚书》说："予小臣，敢以王之仇民百君子，越友民，保受王威命明德。王末有成命，王亦显。我非敢勤，惟恭奉币，用供王能祈天永命。"孔安国注释说："言我小臣，谦辞；敢以王之匹民百君子，治民者。"①召公将君子与民并列，说明二者身份有别，君子的职位是治理众民的官员，处于"公"之下，或与公平行。"庶士有正越庶伯君子，其尔典听朕教！"②庶士、有正是当差的职事。"君子所，其无逸。"郑康成注释此"君子"说："君子，止谓在官长者。"③《白虎通义·号篇》云："君之为言群也。子者，丈夫之通称也。"郑玄注释说："君子，谓在官长者。"郑玄注《礼器》云："君子，谓大夫以上。"④尽管古文《尚书》被疑为伪作，但也从中可明白作伪者承认远古时的君子是官职的事实，说明君子是一种职位，"呜呼！凡我有官君子，钦乃攸司，慎乃出令，令出惟行，弗惟反。以公灭私，民其允怀。学古入官。议事以制，政乃不迷"。君子官要执行命令。孔安国注曰："有官君子，大夫以上。"⑤说明君子地位相当高。"济济有众，咸听朕命。蠢兹有苗，昏迷不恭，侮慢自贤，反道败德，君子在野，小人在位，民弃不保，天降之咎，肆予以尔众士，奉辞伐罪。尔尚一乃心力，其克有勋。"⑥此是记载大禹陈述三苗的罪行——使君子失位，君子本在位，不在野，但是"君子在野，小人在位"。此话说明君子与小人位置不

---

① 《尚书·周书·召诰》，《尚书正义》，《十三经注疏》，中华书局1980年版，第213页。
② 《尚书·周书·酒诰》，《尚书正义》，《十三经注疏》，中华书局1980年版，第206页。
③ 《尚书·周书·无逸》，《尚书正义》，《十三经注疏》，中华书局1980年版，第221页。
④ 《尚书·周书·无逸》，(清)孙星衍《尚书今古文注疏》，中华书局1986年版，第434页。
⑤ 《尚书·周书·周官》，《尚书正义》，《十三经注疏》，中华书局1980年版，第236页。
⑥ 《尚书·虞书·大禹谟》，《尚书正义》，《十三经注疏》，中华书局1980年版，第137页。

同，君子失位，国不能治，所以要伐罪以正君子之位。

在《尚书》中，多次出现"士"一词，士指的是管理的官员，其位在君子之下、民之上，与"有正"地位类同。士的职位重心在于"事"，履行管理职能，字里行间体现士在"术"方面的要求，但不是很直接，所以"士"在夏商周时期只是"事"。"帝曰：'皋陶，蛮夷猾夏，寇贼奸宄。汝作士，五刑有服，五服三就。五流有宅，五宅三居。惟明克允！'"这里的"士"是管理的狱官，孔安国注释说："士，理官也。"①"士"是管理官员。"微子若曰：'父师、少师！殷其弗或乱正四方。我祖底遂陈于上，我用沈酗于酒，用乱败厥德于下。殷罔不小大好草窃奸宄。卿士师师非度。凡有辜罪，乃罔恒获，小民方兴，相为敌仇。今殷其沦丧，若涉大水，其无津涯。殷遂丧，越至于今！'"②这里的"士"指的是管理的官员。卿士与殷纣王一起惑乱四方，可见当时称"士"只是在"事"不在"德"。"王曰：'嗟！我友邦冢君越我御事庶士，明听誓。惟天地万物父母，惟人万物之灵。'"③这里的士是指大小小的各级官员，御事庶士的职位在于"事"。

甲骨文中的士字形有ϯ或⊥，意思是拿着武器的人站立的样子，他将手摊开，表示执行自己站岗的职能，做正事。《说文解字》说："士，事也。数始一，终于十。从一，从十。孔子曰：'推十合一为士。'"④从《说文解字》"士"的形、义及解释可知"士"有两种基本的含义，一是职位之事，在岗之事，士的岗位职能是做事；二是能力之事，士要能推十合一，有一定的综合分析能力，胜任工作岗位。因此，"士"从原初意义上说，是智、术、力的结合，不在德。

从以上对士与君子之位的分析，士是岗位之事，君子是职位较高的士

---

① 《尚书·虞书·舜典》，《尚书正义》，《十三经注疏》，中华书局1980年版，第130页。

② 《尚书·商书·微子》，《尚书正义》，《十三经注疏》，中华书局1980年版，第177页。

③ 《尚书·周书·泰誓》，《尚书正义》，《十三经注疏》，中华书局1980年版，第180页。

④ （汉）许慎：《说文解字》，中华书局1963年版，第14页。

大夫以上阶层，士与君子之位有一定的区别，君子是比士、士大夫更高的阶层。但是士的地位也是不断演进的，它与君子的范畴一样，内涵不断地得到更新。余英时教授认为，"士"在先秦是"游士"，秦汉以后则是"士大夫"。秦汉时代"士"的精神主要体现在以儒教为中心的"吏"与"师"上；魏晋南北朝时道家"名士"和佛教"高僧"更能体现"士"的精神；宋明时期，儒家学者、诗人、文士可以称为"士"，这些"士"都具备一定的"社会良心"。① 余英时还认为"士"反映了中国文化的特性，体现了一种"社会良心"。余英时以历史文化的视角解释了"士"的内涵，但是没有直接说明"士"在"位"上的核心作用，即没有点明"士"的职位责任应该大于良心品德。"士"尽管也是一个贯穿中国传统文化的人物语词，与"君子"一词有些相似，但"士"与"君子"的不同在于普世性、心性德性、处事能力、功夫修养、行为风范上，"士"多少有逊于"君子"，尽管二者有很多交叉的地方。按照余英时的观点，"士"就相当于今天"知识分子"的称谓。② 但是冯友兰认为"士"与知识分子还不是一回事，"士和知识分子阶层，这两个名词并不完全相当。后者只有社会学上的意义，前者兼有伦理学上的意义"③。知识分子以知识为中心任务，注重才学方面的发展，"士"则在道德伦理上有所要求。而君子则以智、仁、勇为核心，其思想境界更高，是普通人、贤人、圣人的中间环节，具有普世性，而不仅仅是一个知识分子。"士"虽然有德性与才学，具有伦理学上的意义，但是还是一个社会现实中的人，没有在天道、地道、人道的层次实现贯通。君子则贯通了天地人，成为社会中普遍认可的形象，其普世性不言而喻，这种普世性既是知识经验上的，又是道德伦理上的，还有思想境界上的。儒家君子的形象是对"士"形象的超越，这种形象的建构符合中国哲学天地人的思维架构，而"士"在建构的过程中则以社会现实的需求为依据，并没有全部以天地人的哲学体系去进行建构，冯友兰说"士"具有伦理学上的意义是有道理的。

---

① 余英时：《士与中国文化》，上海人民出版社2006年版，第7页。
② 余英时：《士与中国文化》，上海人民出版社2006年版，第1页。
③ 冯友兰：《中国哲学史新编》（下），人民出版社1999年版，第9页。

## 二、君子之道源于天地之道

君子之道，来源于天地之德，之所以能够成为社会遵守的规矩，关键在于君子能够通晓天地的知识和道理，通达天地的智慧。"君子"一词与天、地、人的贯通、紧密联系。

夏商周三代中国古人对天地进行观察与思考，用天地观照人，从天地之道确立人道，进而立人德，以通天下之志。这从后人作《易传》对先前《易经》的解释可以看出，"古者包牺氏之王天下也，仰则观象于天，俯则观法于地，观鸟兽之文与地之宜，近取诸身，远取诸物，于是始作八卦，以通神明之德，以类万物之情。"①观察思考的结果是出现《易经》，从天地到人德，"《易》与天地准，故能弥纶天地之道。"②《易经》是天地哲学，人学是人观照天地进而观照自身的结果，"仰以观于天文，俯以察于地理，是故知幽明之故；原始反终，故知死生之说；精气为物，游魂为变，是故知鬼神之情状。与天地相似，故不违；知周乎万物，而道济天下，故不过；旁行而不流，乐天知命，故不忧；安土敦乎仁，故能爱。范围天地之化而不过，曲成万物而不遗，通乎昼夜之道而知，故神无方而《易》无体"③。其逻辑顺序是：观天地、知天地、知生死、遵天地、济天下、乐天命、敦仁爱。所以《易》既是立天地之道，又是立人之道。儒家君子的立人、达人之说本是天地之说。夏商周三代，中国古人为寻求智慧之源，从人生存的环境之中探索智慧的本原，突出了从天地到德智的思维路径。

正因为君子通达天地人三才之道，才使君子达到和顺之理，形成君子

---

① 《周易·系辞下》，《周易正义》，《十三经注疏》，中华书局1980年版，第86页。

② 《周易·系辞上》，《周易正义》，《十三经注疏》，中华书局1980年版，第77页。

③ 《周易·系辞上》，《周易正义》，《十三经注疏》，中华书局1980年版，第77页。

之道。"昔者圣人之作《易》也，将以顺性命之理。是以立天之道曰阴与阳，立地之道曰柔与刚，立人之道曰仁与义。兼三才而两之，故《易》六画而成卦。分阴分阳，迭用柔刚，故《易》六位而成章。"①圣人观天地之象，立天道阴阳，立地道柔刚，立人道仁与义，兼天地人三才，形成《易》之辞，以确立人的性命之理。"昔者圣人之作《易》也，幽赞于神明而生蓍，参天两地而倚数，观变于阴阳而立卦，发挥于刚柔而生爻，和顺于道德而理于义，穷理尽性以至于命。"②观象而设卦，穷理而顺命，以达到和顺的道理。《系辞》说："圣人设卦观象，系辞焉而明吉凶，刚柔相推而生变化。是故吉凶者，失得之象也；悔吝者，忧虞之象也；变化者，进退之象也；刚柔者，昼夜之象也。六爻之动，三极之道也。是故君子所居而安者，《易》之序也；所乐而玩者，爻之辞也。是故君子居则观其象而玩其辞，动则观其变而玩其占，是以自天祐之，吉无不利。"③作为君子、圣人，观天地之象，立天地人之辞，玩其辞以为乐，是立德立人的重要内容。君子、圣人穷理尽性而至于命，必须有辞章，言以达意，"易为君子谋"，有辞便能洞察天下吉凶之事，能知刚柔之变化，能够趋吉避凶。君子、圣人的境界需要文辞的表达，之所以为乐，是因为观天地之文以洞明社会人之文，君子玩味天文与人文的合一，以实现天下的大利，君子其乐无穷。从天下而言，君子玩味易辞可以达济天下；从个人而言，君子学易辞可以正身，孔子说："加我数年，五十以学《易》，可以无大过矣。"④君子学文玩辞而做到无过错，纠正自身、端正品行。君子、圣人在人文理性、人文修养、文辞素养上高于普通人，人文素养的提升促使君子、圣人在思想境界上非同一般，有利于趋吉避凶。

---

① 《周易·说卦》，《周易正义》，《十三经注疏》，中华书局1980年版，第93~94页。
② 《周易·说卦》，《周易正义》，《十三经注疏》，中华书局1980年版，第93页。
③ 《周易·系辞上》，《周易正义》，《十三经注疏》，中华书局1980年版，第76~77页。
④ 《论语·述而》，朱熹《四书章句集注》，中华书局1983年版，第97页。

综上所述，君子之道源于天地之道，以天道之道成就君子之道，君子是对天地知识的熟悟而形成的君子内质，没有对天地知识的掌握就不可能有君子品格和人生，即君子通达天地成就君子境界和品格，达到天地人的合一。扬雄将儒者定义为精通天地人三才的人才："通天、地、人曰儒，通天、地而不通人曰伎。"①说明有基本的通达天、地、人三方面的学识，是君子内涵的基本知识要义。

## 三、君子之德重智德

君子的内涵体现在君子之德上，君子之德有重要的智德，君子之所以能够成为社会人人学习标准，关键在于君子有智力和智慧。君子之德是广泛的德，德是一种性质，孔子说："君子道者三，我无能焉：仁者不忧，知者不惑，勇者不惧。"子贡曰："夫子自道也。"②孔子自谦，说自己没有做到智、仁、勇，子贡说孔子是君子之道。"知"可以与"智"互通，智、仁、勇三德是对君子之道的完美概括。孔子是圣人之才，当然有智、仁、勇三德，孔子此语本身就是智、仁、勇的体现。仁使君子没有私心之累，因此君子不担忧，无欲则刚；君子有智就没有疑惑，能顾全大局。

君子之德的核心是智、仁、勇。智仁勇三德作为君子思想的中心，天地人三界思想都是围绕君子智仁勇三德思想来展开。具体来说，天地二界是君子范畴思想的根源，之所以君子思想有智仁勇三德，其根源在于天地本身就具有智仁勇的特性，从天地到人的演变要求君子也必须具备这一特点。智仁勇三德是君子人道论中的关键点，是君子的特质。在君子论中围绕三德产生了不同性格和气质的人格，如士人、贤人、大丈夫、圣人，这些不同类型的形象在智仁勇上各有偏重，或是全面发展。圣人是君子追求的理想，是这一系列人格中的最高境界，圣人境界与天地相通，体现了天

---

① 《法言·君子》，汪荣宝《法言义疏》，中华书局1987年版，第514页。
② 《论语·宪问》，朱熹《四书章句集注》，中华书局1983年版，第156页。

健地坤。士人是这系列人格中的较低境界者，是"力"与"术"的体现者。比士人稍高的是贤人人格，这一形象主要是智与术的结合。大丈夫人格比贤人境界更高，重点突出了仁义之德。君子人格则是这一系列人格的综合，君子论认为，智是一个全面的体系，要实现智必须是各方面的综合，需要仁和勇的配合。在君子核心范畴的智仁勇三德之中，勇是力与术的结合，仁体现为义，智体现为术与义，大智需要体现为义。天地人三界中，"地界"与"智"相连，这是地道的特征；"天界"与"仁"相连，这是天道的特点；"人界"与天地二界相通，相通之后才有"勇"，因为通天地才有自由大道，才能有"勇"的德性。勇德是天界刚性的体现，仁德是地界柔性的反映。而君子之德就是通过天地之道获得的刚柔之性，是智仁勇的全面结合。从贤人到君子再到圣人，这三者是智仁勇三才的较全面的结合，贤人重视现实"国治"，因此与智德靠近；君子具有普遍意义，是一个中间环节，是智仁勇三德的合一，因此处于中间，但仁德是关键点；圣人是最高层，重在大智、大勇，因此与天地相通。大丈夫则主要突出仁义，因此与仁德相近。士人重在普通管理与治理，因此与勇术之德相近。君子在儒家人格中具有典型代表意义，它是社会国家人才的理想形象，具有普遍意义。

智、仁、勇三德是儒家君子的核心特质，这三种特质使君子不仅仅成为德性君子，还是知识、智慧与勇气的象征，这正是儒家君子在中国社会具有普遍意义的重要原因。智、仁、勇构成了君子范畴的基本内容，围绕这些基本内容，中国古代思想家对君子范畴进行了哲学、现实的挖掘与拓展。

君子的关键特征是智仁勇三德，因为有"仁"才有"勇"，有"勇"才有"仁义"，有大智才有大勇，真正的"智"是仁勇的结合。"仁"和"勇"，是智慧发生的基础，真正的大智就是"仁"和"勇"，大智慧又能促成"仁"与"勇"的拓展。

董仲舒对智、仁、勇三德的诠释更为紧密，突出了智与仁："仁而不智，则爱而不别也；智而不仁，则知而不为也。故仁者所爱人类也，智者所以除其害也。"① 仁、智都有所偏失，因此董仲舒说："莫近于仁，莫急于智。不仁而有勇力材能，则狂而操利兵也；不智而辩慧狷给，则迷而乘良马也。"② 意思是说不能过于仁，不能过于智，仁智要统一起来，必仁且智。

综上所述，君子之德体现为重要知识上的智德，没有智慧不能通达仁德和勇气，不可能具有君子的智、仁、勇三核心特征。君子有仁和勇的德性，关键在于智的基础作用和条件要义。孔子说："知者乐水，仁者乐山；知者动，仁者静；知者乐，仁者寿。"③ 智者通达事理，明白事理而产生乐趣，就像水一样和顺、通达。因此，君子成为君子的基本条件是知识和智慧。

## 四、当代启示

君子在古代是具有知识的人才，通达天地人三道，掌握了天下大道，知天、知命、知性。博学是其重要的特点，一是有天文、地理、人文方面的知识，二是有管理、经营、生产方面的经验知识。在中国古代，君子具备两个方面的知识，特别是能治国治家，说明管理知识首当其冲。孟子就说"制民之产"，说明君子必须具备生产能力，因此君子是社会上需求的真正人才，作为人才的"君子"对当代人才观的建构具有重要的指导意义。

当代确定人才的标准首先应该以博学多识为基本的条件。人才之所以为人才，核心在"才"，通天地人，才能称为"才"。把握世界的"易"道，即变易、容易、不易三道，君子能知"易"，能变，更能以不变应万变，故不易，掌握了"易"的规律能随心所欲，故能容易。君子通天地人，故知易、容易、不易。当代人才大多是专才，其技能限于某一领域，专而不

---

① 《春秋繁露·必仁且智第三十》，苏舆《春秋繁露义证》，中华书局1992年版，第257页。
② 《春秋繁露·必仁且智第三十》，苏舆《春秋繁露义证》，中华书局1992年版，第257页。
③ 《论语·雍也》，朱熹《四书章句集注》，中华书局1983年版，第90页。

博。作为真正的人才,必须是博学会通,孔子就说真正的"士"要具备各个方面的才能,"志于道,据于德,依于仁,游于艺"①。作为管理人才,不知天文、地理、人文,不得其正,"思知人,不可以不知天"②。当前中国的管理人才存在着很多的弊端,要么是理工知识与技能非常突出而不通人文,要么是人文知识比较深厚而不懂理工知识,其管理就会失之偏颇,管理中会出现片面的价值理性或工具理性的倾向,不能将二者整合起来,其症结是没有博学所以不能会通。君子之才是天地人三才的会通,有此三才才能有智仁勇三德,就能思前顾后。管理人才承担着单位、集体、国家等兴亡的责任,必须有所顾虑,思前想后,因此必须有广博的知识。博学才能立志、笃志,才能切问、近思,因此"博"是"德"的前提与基础,学习不"博"不能达到"志"德、"思"德。作为以"君子"自称的领导者,如果只是某一方面的专才,其才将不适宜于真正的管理、领导,有可能陷入片面价值理性的趋向或片面的工具理性怪圈,使管理出现问题与弊端,此种管理人才不能成为"君子"之才。三国时期的诸葛亮通天文地理,知阴阳八卦,所以能战无不胜、攻无不克,能决胜千里之外,运筹帷幄之中,主要是通天地人,不仅仅是君子贤才,更是天地圣才。作为君子知天地人,因此领导者必须知天地人之理,"格物致知,穷理尽性",才能"致命遂志"③。很多管理人才、领导官员腐化而入狱,主要是由于不知人之理,不知天地人会通而走向片面的个人张扬,不知人生哲学与天道、地道之间的关系,有的知道此关系但也没有很好会通运用,实质还是不通天地人。

儒家君子思想对当代人才观的借鉴意义关键在于博通之才与天下责任的观照。人才应不仅仅是专才,还应是高层次的通才,特别是领导管理人才,其才必须具有哲学高度,有天地人三才意识。君子博学要求君子会通天地人,说明作为人才,要像君子一样,其素质要相当高,不能只知其

---

① 《论语·述而》,朱熹《四书章句集注》,中华书局1983年版,第94页。
② 《中庸》,朱熹《四书章句集注》,中华书局1983年版,第28页。
③ 《周易·下经·困》,《周易正义》,《十三经注疏》,中华书局1980年版,第59页。

一，不知其二，人才要具备的是整体素质，有道德的、经济的、政治的、社会的等各方面的知识，这就要求人才自身的勤奋努力，业精于勤，活到老、学到老，时常以博学、笃志、精业作为人才的自我成长标准。作为知识分子与社会精英，博学会通的理念长期存在能使其意志力、洞察力、实践能力大幅提升。

君子博学会通，有天地人三德，能以德惠民，精于管理。由于会通而善于管理，大的方面能进行国家、社会的治理，这是儒家治国平天下的思想，小的方面能进行个人、家庭及单位的管理，这是儒家正心诚意修身齐家的思想，因此君子之才是管理型的人才。中国古代社会的管理模式中，以君子为主导的管理模式是一个重要的模式，古代君子的管理在知识水平、管理理念、管理结构和管理范围上在当时都是相当先进的，如中国古代要求"士"文武双全、要求"管家"懂经济、数学，能说会算、统筹兼顾。中国封建社会能维持两千多年，"君子"在管理社会和治理国家中功不可没。这种君子管理方式对当前的社会治理有重要的借鉴意义。首先，管理之才要像君子一样博学会通，要求知识广博、阅历丰富、心胸宽大，是治世之才，类似于"儒者"。一些人片面地以为中国古代君子只有德，没有管理才能，这是对古代君子的管理才能不了解，事实上从春秋战国到现代，大儒者都是国家管理理念、管理方法、管理经验的贡献者，他们知识广博会通，通天地人，古人称之为仁人君子名正言顺。当今管理之才往往是某一方面的知识型人才，既不博学，也不会通，很多管理者只是具有管理方面的知识，谈不上知识会通，甚至是"外行"领导"内行"，如理工人才成了人文管理者，人文人才成了理工管理者，缺少各方面知识的融会贯通，这些都与国家、社会本身的发展要求有一定的距离。其次，管理之才要有"至德"，以民众的根本利益为本。当今管理人才在国家治理、管理理念上的根本要求是以民众为本。再次，管理之才要能致广大而尽精微。君子有大道，又能在细微处见精神，大到国家治理，小到洒扫应对日用之间，都是君子之道，君子能大也能小。当今管理者必须具备中国古代君子具有的大治理和小管理的管理精神，既是战略的又是战术的，不是顾此失彼的。

当前，有的管理者往往只是具备小范围管理的才能，不能以身观天下，有的管理者懂得大道理，却不知基层细微处的真正情况，没有深入实际调查研究，这些都与君子的管理模式相偏离。借鉴君子的"致广大而尽精微"的管理理念，能使管理者"极高明而道中庸"。当今社会对"儒商"的呼唤就说明管理者应是儒家"君子"之才。

以儒家君子之才观照当今管理者与领导层，必须以人才的科技智力为其选拔录用的标准之一。主要包括这几个方面：一是人才要有科技思维。人才首先要有以科技加强生产的强国思维。"知识就是力量""科技是第一生产力"都是这个道理。必须有加大对自然科学的探索的思维，自然永远是人的存在基础，人必须依托自然的存在而发展。二是人才科学思维的提升。作为君子式的领导与管理人才必须具有系统的理解与驾驭能力，必须具有时代所赋予的先进精神，这种先进的精神就是科学领导与管理思维不断提升的结果。君子能"致广大而尽精微，极高明而道中庸"，说明君子能统筹兼顾，具有很好的统摄与驾驭能力。作为领导者、管理者必须有丰富的管理思维，这些思维都对管理者科学的思维有重要的参考与借鉴价值，儒家君子思想与方法论无疑是对领导与管理者科学思维的丰富与发展，对现代人才观有极大的现实意义。三是人才自身气质的培育。人才之所以为才，是因为其自身有与众不同的地方和特质，也就是超凡脱俗。有两个方面：内在之质为优势，外在之仪为威容。这两个方面可以表现出气质非凡，人人称道，表现为和蔼可亲、威风凛凛等。儒家君子正符合这两个条件，有智仁勇三德，其质优，有威严之容，其仪威，气质不同凡响。君子气质是贤人气派、儒者气质、圣人气象的综合，具有管理者的素质、领导者的霸气。这种非凡的气度对当今人才自身的素质与气质的要求无疑具有重要的借鉴意义。现代社会人才往往是某一方面的知识丰富，但是内涵不深，气质不佳，境界不高，从言谈举止上都可以一目了然，不具有较强的人格魅力和征服力，其质不佳、其仪不威，难以成就大事，管理者、领导者必须从内涵素质、威仪气质、思想境界上造就成君子之才。

# 儒家君子内涵

张 兴(山东社会科学院助理研究员)

西周时期,"君子"概念主要以社会地位高低区分,属于作为统治者的贵族阶层。孔子将君子的本质定义为高尚的道德,"君子"社会地位上的区别与道德意义上的区别,开始处于一种共存状态。

## 一、"君子"的流传与演变

"君子"一词是中国古代非常重要的一个概念,尤其是在先秦时期,在西周的文献中有着大量的记载。一般而言,我们现在所理解的"君子"一词,一般是指道德高尚的人,是儒家的一种理想人格,主要是从道德角度来使用,具有明显的价值判断。然而,"君子"一词在先秦时期的概念和内涵存在着一个流传与发展演变的过程,只有弄清楚先秦时期"君子"概念和内涵的流传与演变,才能真正理解君子文化所体现出来的现代意义。

### (一)西周之前的"君子":以社会地位作区分

孔子生活于春秋时期,在孔子之前的时代则主要是夏、商、西周时期。在目前发掘出土的商代甲骨卜辞和青铜铭文中并未发现"君子"一词,但是在西周的文献中则发现了大量的"君子"记载。比如,常见的《诗经》《尚书》《周礼》《仪礼》《周易》,等等。

有学者认为,西周时期的"君子"来源于宗法制,其划分的原则主要是以等级和身份为依据，在当时并没有明确的道德含义。①"天命"是当时统治者统治合法性的来源，信仰的根源，行事的依据。以天子为代表的统治阶层则是"天命"最忠实的执行者。君子是属于统治者的贵族阶层，小人则是属于被统治者的平民百姓。君子阶层，包括天子、国君、大夫，等等。君子，成为当时统治阶层的通称。君子之社会地位比较高，因此又被称为"大人"。

与"大人"相对的是"小人"。在西周时期，"君子"与"小人"经常是成对出现的。"小人"又称为"野人""鄙人""庶人"，在最开始的时候是指在城外田野中劳作的人，"小人"的职责是通过赋税、徭役等形式，为城内的君子阶层成员提供稳定的生活保障。通过考察《六经》的相关文献记载，在春秋及之前的时代，"君子""小人"之间的区分基本上是以社会地位的高低进行划分的。君子在上位，小人在下位，这是包括《易经》《尚书》《诗经》《春秋》在内的那个时代的文献的共同认识。故此，"君子""小人"在最初之时是以社会地位的高低作为区分标准的。君子小人，是指"有位无位者"而不是"有德无德者"，是从社会地位的角度区分而不是从道德品质的角度区分。

"君子"的概念在西周时期主要是指属于统治者的贵族阶层，主要是指周天子以下的贵族阶层，应该说这一点是目前学界的主流观点。至于西周时期的"君子"，并没有明确的道德含义。首先，"君子"的社会地位的确是比较高的，是贵族阶层的泛称，社会地位的高低作区分是"君子"概念的首要属性，强调的更多的是一种单纯的称谓，其道德含义的确没有明确的体现，此道德意义的体现直到春秋时期的孔子提出，才明确地体现了出来。然而，我们却不能否定，此时的"君子"阶层其实是隐含着一种天然的道德含义，原因就在于属于统治者的贵族阶层是统治者"天命"的直接体现，具有天然的道德属性。

---

① 柯昊：《先秦"君子"观念的流变》，《宝鸡文理学院学报（社会科学版）》2007年第5期，第59页。

## (二)春秋战国的"君子":地位与道德的统一

春秋时期"君子"的内涵会由一种单纯的地位上的称呼,逐渐演变成具有较为明确的道德内涵的称呼,主要原因如下:

首先,这跟当时的社会环境的巨大变化有着密切的联系。前文已经提到,西周时期的"君子"概念来源于西周时期的"宗法制",但是这种"嫡长子继承制"的宗法制在西周末期遭到了严重的破坏,其具体表现就是由原来的"礼乐征伐自天子出"变成了"礼乐征伐自诸侯出"(《论语·季氏》),整个礼乐制度开始崩坏,周王室也由原来的统治中心变成了依靠诸侯国救济才能勉强维持下去,西周原有的社会秩序已经很难维持下去。而原本由社会地位的高低作区分产生的"君子"阶层势必要发生一些转变,很多原来的"君子"在这场社会大变革中逐渐失去了"君子"的地位,转变成"士"或者从事具体赋税、徭役的"小人"。

其次,"君子"道德含义的提升与孔子创立的儒家思想对于道德含义的提升有着密切的关系。可以说,"君子"道德含义的提升是由孔子及其弟子完成的。社会的大变革导致了"君子"地位的变化,有的"君子"可能会进一步上升为公卿大夫,甚至国君,更多的"君子"则是沦为各种各样的"士",形成"士"阶层,依然主要为统治阶层服务,还有部分君子变成了从事具体劳动生产的"小人","君子"地位的变化不可谓不大。当然,有人能从统治阶层中掉落下来,则必然会有人从被统治阶层上升为统治阶层,而这些原本社会地位低贱的人上升到"君子"阶层之后并不一定具备统治能力和相应的道德品质,而这些都是亟需解决的。孔子为了追寻西周的礼乐制度,主要有两方面的目标,一是使本来属于"君子"阶层的人"有其位而有其德";二是使原本不属于"君子"阶层的人"有其位"之后能有"其德"。孔子的此项目标正是为了解决后升入"君子"阶层的人的统治能力与道德品质问题。

经过孔子及其弟子的努力,"君子"与"小人"之间的社会地位差异逐渐变小,而其道德品质方面的差异逐渐成为两者之间最重要的差别。但是,这并不是说"君子"社会地位的区别就不重要,事实上,即使是在整个春秋时期,"君子"社会地位层面的内涵依然也是极其重要的,并一直贯穿到整个先秦时期。

## 二、君子与君子文化

"君子"概念是儒家思想中的重要概念,此概念自其出现之时就经常与"小人"的概念同时出现,由"君子"引申而来的君子文化自然也跟"小人"的概念有着密切的联系,这集中体现在君子与小人在对待"义"与"利"的不同态度上。正是通过这种鲜明的对比,君子文化才更加鲜明地体现出来。

### (一)君子与小人:义与利的不同态度

无论是西周时期出现的"君子"概念,还是春秋战国时期出现的"君子"概念,"君子"一词经常性地跟"小人"一词一起出现。随着"君子"概念与内涵的道德意义凸显,"小人"的道德意义也在逐渐凸显。孔子对于君子与小人有一句最经典的表述,那就是"君子喻于义,小人喻于利"(《论语·里仁》)。从统治阶层的角度来说,尽量不与广大民众争夺利益,尽量藏富于民,只有让利于民,对民仁义,国家的治理才可能长治久安。君子文化从社会地位的角度而言,主要是指国家的统治阶层对待民众要爱护,对待财物要让利于民。

### (二)君子文化:儒家理想人格的体现

君子原本是指西周时期统治阶层中的贵族阶层,在最开始的时候是以社会地位的高低作为区分的,其道德方面的内涵并不明显。到了春秋时期,经过孔子及其弟子们的改造和提升,君子和小人作为社会地位层面上的内涵的差异日趋缩小,而作为道德内涵上的差异则日益明显,尤其是在经过了君子、小人作为道德评价的两端对比之后,君子逐渐成为儒家理想人格的体现。这种体现表现在日常生活的方方面面,既体现在处理国家大事之时的抉择中,也体现在处理家庭琐事之时的行为之中。

"君子"概念和内涵在西周时期、春秋战国时期其实存在一个流传与演变的过程，在西周时期，君子主要是指属于统治者的贵族阶层，而在其流传过程中，随着春秋时期周王室的衰微以及礼崩乐坏，"君子"的概念由社会地位上的内涵逐渐开始向道德内涵转化，经过孔子及其弟子的努力，君子地位与道德开始处于一种共存状态，一直延续了整个先秦时期。

# 君子含义演变

朱义禄(同济大学教授)

两千多年的儒家文化贯穿着一条红线,那就是对成为君子的追求。相比于圣贤人格的高不可攀来说,君子是通过自身努力可以达到的。君子内容极为广泛,含义往往是游移不定的,这一情况在先秦时就有了。君子最早是指有地位的贵族。以"位"嬗变为"德",是从孔子开始的。经过孔孟荀的努力,以道义论来定位君子遂成为主流。此后东汉士人与东林党人,在与阉党所作的斗争中,践履了孔孟的殉道观,以一腔热血、为正义捐躯的高风亮节,博得后世人们的一致称赞。清白公正、刚直不阿、不畏权势、坚持气节等崇高德操,成为君子的品性,为炎黄子孙所公认。

## 一、君子与小人:义与利、荣与辱

君子最早指社会上居高位的人,之后才逐渐转化为儒家理想人格的称谓。君子在春秋时代是少数王侯贵族的专号。据《左传》襄公二十九年记载,吴国的公子札对叔孙穆子说,作为鲁国"任大政"的"宗卿",最重要的事情是"君子务在择人"。"君子"指叔孙穆子,是执掌大权的贵族。《尚书·酒诰》载:"庶士、有正越庶伯、君子,其尔典所朕教。尔大克羞耇惟君,尔乃饮食醉饱。"此段诰词是周公文王对众官员的教导,这里的君子指在位的官员。到了汉代,《白虎通》一书的作者发现,君子已成为天子到平民的通称:"或称君子者何?道德之称也。群之为言群也,子者丈夫之通称也。故《孝经》曰:"君子之教以孝也,所以敬天下之为人父者也。何以知其通称也? 以天子至于民。"这里有一个较长的演变过程。这过程是从孔子开始的,完成却在东汉时代。《论语》一书中,社会身份地位的含义仍有所保留。据赵纪彬统计,君子指在位者意义的有12处,但更多的是偏重在道德情操上。①孔子以后的儒家经典中的君子,有"位"与"德"兼用的,其中有分指一义的,也有兼指两义的,但就发展方向而言,是把君子从"位"的专指中解放出来,而强调"德"的新义以及"德"对"位"的主宰意义。

在儒学著作中,君子是出现频率最多的一个概念。如《论语》一书,"君子"的使用达107次。《孟子》中"君子"82见,《易传》中"君子"84见。"君子"到了孔子那里才成为一种理想人格,其地位仅次于圣人与贤人。有时他不敢自许已达到了君子境界:"文,莫吾犹人也。躬行君子,则吾未之有得。"意思是学习文献,我同别人差不多,在生活中做一个君子,我还没有成功。后世儒家对君子的人格境界有较多的发挥,但大体格局已由孔子奠定。"君子喻于义,小人喻于利",孔子确立了以义与利来界分君子与小人的格局。子路说:"君子之仕也,行其义也。"义是指君子应当履行的道德义务,即行为的当然之则,与康德的"道德律令"相近。利,一般指功利,孔子则指个人私利私欲。义和利的关系有二重含义:一是道德与功利何者为重、为第一位;一是指什么是至善,即道德价值观,对人的行为持什么样的价值判断标准。两者有区别又有联系。孔子对利是有所肯定的,承认"富与贵,人之所欲也",但君子把义放在首位,规定了人们的价值取向,这是一种道义论:"君子义以为质,礼以行之,孙以出之,信以成之。君子哉!""君子去仁,恶乎成名? 君子无终食之间违仁,造次必于是,颠沛必于是。"从君子"义以为质"这一规定出发,行为举动皆得合乎"礼"的要求;从"君子无违仁"这一界说来看,内心深处蕴藏着对"仁"的珍爱。孔子以为,为了践履"仁"这一道德理想,必要时牺牲个人的生命也在所不惜:"志士仁人,无求生以害仁,有杀身以成仁。"这是孔子对君子

---

① 赵纪彬:《论语新探》,人民出版社1976年版,第108~109页。

所提出的最高要求。在孟子那里，发展成为"舍生取义"。反映在民族精神上，体现为浩然正气与爱国主义情操。与此意义相近的是，对后世影响深远的"大丈夫"："富贵不能淫，贫贱不能移，威武不能屈，此之谓大丈夫。"对君子的界说，孟子所说与孔子相去不远："君子所性，仁义礼智根于心。"类似的话还有一些，不必多举。向这一方向迈进的还有荀子。荀子是道义论的信奉者。"君子"是"唯仁之为守，唯义之为行"，是为君子的价值取向所在。小人则相反："唯利所在，无所不倾，若是则可谓小人矣。"概括地说，小人的价值目标就是"重义轻利"。

荀子通过荣辱的区分来支撑他的道义论，这是他的新见解。荣辱观是对人的行为所作的道德评价，它通过社会舆论的力量，用光荣和耻辱的概念来表明称颂什么，贬低什么。就内容而言，是反映善恶价值的一种形式。在荀子之前，孔子提出过耻辱的观念："道之以政，齐之以刑，民免而无耻，道之以德，齐之以死，有耻且格。"道德有着法律无法替代的特殊功能，能使人的内心产生一种耻辱观。孔子看到单纯使用刑律的弊病，认为要有相应的道德评价作补充，一个社会制度才会巩固。但通观《论语》，孔子没有把荣与辱并列。孟子从道德修养论提出了知耻的重要性："人不可无耻，无耻之耻，无耻矣。"不知羞耻，就不可能成为有道德的人，连为人的资格都没有："无羞恶之心，非人也"。孟子也没有把荣辱并列起来分析。

在儒家那里，荀子是第一个对荣辱进行理论剖析的。他不仅把荣辱对举，而且把荣辱与义利、君子小人一一联系起来考察："为君子则常安荣矣，为小人则常危辱矣。""先义后利者荣，先利后义者辱。"出于内心自觉，将履行礼义作为道德义务的，只能是君子，而小人常常做出违反礼义的行为来："今之人，化师法，积文学，道礼义者为君子，纵情性，安恣睢，而违礼义者为小人。"因而道德评价只能是不同的："荣者常通，辱者常穷，通者常制人，穷者常制于人，是荣辱之大分也。"荣誉归君子，耻辱属小人，泾渭分明。"制人"与"制于人"，说明君子与小人之别就是统治者与被统治者的区别，荣辱观的决定因素，是一定阶级与社会集团的政治态度和经济地位的要求。荀子的荣辱观强调君子常荣、小人常辱，是战国末期正处于上升时期的地主阶级要求的反映，历史演变的轨迹在荀子那里得到了明证。他说："君子可以有势辱而不可以有义辱，小人可以有势荣而不可以有义荣。有势辱而无害为尧，有势荣无害为桀。义荣势荣，唯君子然后兼有之，义辱势辱，唯小人然后兼有之，是荣辱之分也。圣王以为法，士大夫以为道，官人以为守，百姓以为成俗，万世不能易也。""义荣"指"德"而言："志意修，德行厚，知虑明，是荣之由中出者是也，夫是之谓义荣。""势荣"由"位"而来："爵列尊，贡禄厚，形势胜，上为天子诸侯，下为卿相士大夫，是荣之从外至者，夫是之谓势荣。"荀子没有否定"势荣"，并以为"义荣"与"势荣"是可以统一的，但他所推崇的"德行"，突出的是"荣"的道义性质。作为功利性质的"势荣"是"从外至者"的"爵禄"，在荀子看来，身虽贫穷而无爵禄，只要有德行上的"义荣"，仍不失为尧、君子；反之虽有"势荣"，而无"义荣"，即使是君主，也不失为桀、小人。无论是因德行敦厚而自身具有的光荣，还是靠外在权势而得的光荣，都是君子独享的；相反，小人得到的无非是耻辱。这是区分荣辱的纲领，圣王以它为法度，士大夫以此为正道，一般的官吏都遵守它，老百姓则以此为习惯，这是万世不易的规律。一个阶级的荣辱观，竟然成了各个阶级万世不易的准则了。把光荣与美名归属于"唯仁之为守，唯义之为行"的"君子"，是对"唯利所在"的"小人"的贬低和抨击。后世以君子为理想人格的旨归，与孔子的倡导有关，也与荀子把光荣和耻辱，固定在君子和小人身上的荣辱观是分不开的。这从陆象山的话中可以证实："君子义以为质，得义则重，失义则轻，由义而荣，背义而辱。轻重荣辱，唯义与否，科甲名位，何加损于我，岂足言哉？吾人所学固如此。然世俗之所谓荣辱轻重者，则异于是。"①所谓"世俗"，即指"小人"之见而言。

除了以"仁义""义荣"来定义君子外，还有不少其他的界说。如荀子将"安贫乐道"说成是君子的品性："士君子不为贫穷怠于道""君子乐得其

---

① 陆九渊：《陆九渊集》卷十三《与郭邦逸》，中华书局1980年版，第171页。

道，小人乐得其欲"。又如《易传》赋予君子以"自强不息"的德性："天行健，君子以自强不息。"前者强调君子在处于困境时，不改变自己的志向；后者要求君子效法大自然的运行不止，具有不懈地从事某一事业的精神。不过占据主流的是孔孟的道义论。道义论强调在道德领域里去判断人的行为与价值，尤其注重人在履行道德过程中的精神状态与人格境界。"君子所性，仁义礼智根于心"，孟子这一断语是对道义论简明的概括。

## 二、"生以理全，死与义合"的东汉士人

东汉士人，能在中国历史与文化中占据很重要的地位，是由于他们的代表人物能置生死安危于不顾，欲改变极端的政治黑暗局面，抗争不屈，舍生取义，而与东汉同归于尽。范晔在论及东汉士人的人格意识时说：

> 夫称仁人者，其道弘矣！立言践行，岂徒殉名安已而已哉，将以定去就之节，正天下之风，使生以理全，死与义合也。夫专为义则伤生，专为生则骞义，专为物则害智，专为己则损仁。若义重于生，舍生可也；生重于义，全生可也。上以残闇失君道，下为笃固尽臣节。臣节尽而死之，则为杀身以成仁，去之不为求生以害仁也。（《后汉书·党锢列传》）

这段话歌颂了东汉士人在与社会邪恶势力斗争时，身体力行孔孟的"成仁取义"的殉道观。支持他们视死如归的内驱力是"正天下之风"的"臣节"。节指竹节，也泛指植物枝干交接部分。因节所具有的坚硬意义，被孔荀纳入殉道观的范围中，并与理想人格的德操结合起来了。《论语·泰伯》记曾参的话："可以托六尺之孤，可以寄百里之命，临大节而不可夺也。君子人与？君子人斯矣。"《荀子·君子》中有"节者，死生此也者"的话。从这两条材料来看，"君子"与"大丈夫"无所区别。节就是君子或大丈夫所具有的独立不移、生死由之的德操。"气节"一词为司马迁在《史记》中

首先使用。"气节"的范围较广,任何人都可适用,但通常是指点君子的德性。东汉士人不是铁板一块,也有攀援宦官的,比如南阳樊陵求为门徒,膺谢不受,陵后以阿附宦官,致位太尉,为节志者所羞。起初马融初上《广成颂》忤外戚邓氏,不应邓骘之召,还有点气节。后转附新起显赫的外戚梁氏,为梁冀起草奏李固,又作《西第颂》,颇为正直者所不齿。

坚持气节,是东汉士人借以自鉴自励、不降志辱身的原则。他们企图以自身德操来与腐朽的社会势力抗衡,以匡正不良的风俗。如俗谚所说:"天下楷模李元礼,不畏强御陈仲举,天下俊秀王叔茂。"坚持气节已不仅限于纯粹德性上的含义,而有标举政治上坚贞的意义。这通常采用人格上分类的办法,也就是东汉末年流行的"人伦品鉴"。这方面习用的人格称谓是君子、直士、正人,与小人、邪夫、淫朋,泾渭分明。

> 君子以朋友讲习,而正人无有淫朋……盖朋友之道,有义则合,无义则离……至于仲尼之正教,则泛爱众而亲仁,故非善不喜,非仁不亲,交游以方,会友以文,可无贬也。……今将患其流而塞源,病其末而刈其本,无乃未若择其正而黜其邪,与其彼农皆委而独稷焉。中常侍少黄门凡数十人,同气相求,如市贾焉。竟思作变,导上以非。(《后汉纪》皇甫规语)
>
> 今官位错乱,小人日进,财货公行,政治日消,是帝欲不谛乎?(《后汉纪》李云语)
>
> 舐痔结驷,正色徒行……邪夫显进,直士幽藏。原斯瘼之所兴,寔执政之匪贤。女谒掩其视听兮,近习秉其威权。所好则钻皮出其毛羽,所恶则洗垢求其瘢痕。虽欲竭诚而尽忠,路绝险而靡缘。(《后汉书·赵壹传》)

从这些材料中,可以看出两个特点。

第一,以君子与小人来划分正义与邪恶。白马令李云是在桓帝延熹二年(1159年),梁冀被诛、宦官单超等五人封侯专擅朝政时,上书攻击宦官为"小人"的。李云因此获罪下狱，五官掾杜众上书愿与同日死，大鸿胪陈蕃上疏救李云，均无效。结果李云、杜众死于狱中，陈蕃免官归田里。在士大夫心目中，李、杜、陈等人是正人君子，而宦官当是邪恶小人了。"邪夫显进，直士幽藏"，是士大夫与宦官之间势力相互激荡、斗争结果的真实概括。赵壹的《刺世疾邪赋》，是一篇主题鲜明、具有深刻社会内容的作品。此赋指出了封建专制制度的专制本质，"宁计生民之命，唯利己而自足"。对于外戚与宦官的腐朽性的揭露也极为深入："女谒掩其视听兮，近习秉其威权"，"安危亡于旦夕，肆嗜欲于目前"。这是对士大夫维护纲常名教所作的努力难以奏效而发出无限的感叹，"虽欲竭诚而尽忠，路绝险而靡缘"。与赵壹同时的著名政论家如崔寔、王符、仲长统等人的政论，都未能像他这样一针见血。在赵壹心目中，欲成为"直士"（君子），有个人格意识上的标准，即"宁饥寒于尧舜之荒岁兮，不饱暖于当今之丰年。乘理虽死而非亡，违义虽生而匪存"。不偷生苟活于黑暗的年代，追求合乎"理义"的精神境界，赵壹所憧憬的就是舍生取义的大丈夫气概。

第二，人格上品分君子与小人，德行上划出正义与邪恶的现实意义，在于提高士大夫自身队伍的纯洁性，同时又与其政治上的敌对势力分清界限。蔡邕的《正交论》是因朱穆而发的。朱穆在桓帝永兴元年（153年）任冀州刺史时，对宦官赵忠违反礼制的行为有所惩罚，桓帝知后大怒，要将朱穆法办并罚做苦工。此事引起以刘陶为首的数千名太学生的上书请愿。朱穆与刘伯宗相交，刘伯宗先恭后倨，朱穆感而作《绝交论》并与刘伯宗绝交。蔡邕以朱穆行为贞洁而势孤力单，仍作《正交论》"广其致"。他提出了一个交朋友的原则，即"有义则合，无义则离""择正而黜邪"。对依违两可，攀附外戚宦官者，则羞与为伍，李膺不收樊陵为门徒，赵岐不"屈志于融"，即为显例。正邪之分明，归宿于现实政治而理论依据却是儒家的"非善不喜，非仁不亲"。

皇帝没有实权，大权旁落到母后、外戚、宦官、权臣手中，这在古代社会里是常见的。这不改变君主专制的本质，但这种变态的君主专制比原生态君主专制对社会具有更大的破坏性。宦官本为皇帝的奴仆，不是一种政治力量。当皇帝感到孤独无援时，往往倚重于这批日常生活中最亲近自己的奴仆。宦官能擅权，是扮演了皇帝忠实卫士的角色。宦官可炙热一时，但其基础是脆弱的，只能随皇帝的宠幸与否而发生变化。此种宠幸又常常视皇帝的意图志而定，所以必然趁皇帝健在并宠幸之时拼命窃取权势，搜刮财物。他们与外戚一样，表现出比一般官僚集团更大的疯狂性与贪婪性。在汉末黑暗势力当权之际，士人代表着社会上正直善良、追求光明的人们。东汉士人面临的是社会中最腐朽的力量——外戚与宦官。"生以理全，死与义合"的殉道观在他们身上有强烈的体现，这是与变态君主专制下的高压统治所引起的反感相关的。

从理想人格的视野来审度东汉士人的精神境界，他们杀身成仁、舍生取义的人格气概，是来自孟子的大丈夫的。《后汉书·陈蕃传》云："蕃年十五，尝闲处一室，而庭宇芜秽，父友同郡薛勤来候之，问蕃曰：孺子何不洒扫以待宾客？蕃对曰：大丈夫处世，当扫除天下，安事一室乎！勤知其有清世之志，甚奇之。"士人领袖以天下为己任之气概，不止陈蕃一人。《后汉书·党锢列传》载："范滂字孟博，汝南征羌人也。少厉清节，为州里所服，举孝廉、光禄四行。时冀州饥荒，盗贼群起，乃以滂为清诏使，案察之。滂登车揽辔，慨然有澄清天下之志。至于李膺则欲以天下名教是非为己任，与陈、范澄清天下之志相同。"陈、范、李三人皆为士人之领袖，他们的志向反映了士人们为挽救纲常名教危机所作的努力，目的是维护东汉王朝的正常运转。陈蕃死于宦官之手，李膺、范滂皆有罪不逃刑，无累他人，自投狱中。其他如杜密、魏朗等名士在狱中自杀，皆持"死与义合"的"士节"而不屈。许多士人在张俭逃避阉坚追捕的过程中，"莫不重其名行，破家相容"。这种与"同志"者舍命全交的事实，是"义重于生，舍生可也"儒家殉道观的体现。守节者荣、失节者耻这一信念，深入到炎黄子孙心灵中，与东汉士人与阉竖抗争中所表现出的大丈夫气概是分不开的。范晔在《党锢列传》中以"子伏其死而母欢其义"的话，来赞美"厉节"的士大夫及其社会影响，是恰如其分的。

## 三、"冷风热血，洗涤乾坤"的东林党人

继承东汉士人的，是明末东林党人。顾宪成与高攀龙创立东林书院，远近的名士贤人，同声相应，天下学者，以东林为指归。反对明哲保身，讽议朝政，裁量人物，是东林书院树立的新学风。东林党人在和阉党及其爪牙的斗争中，坚决主张革新朝政，反对矿监税使的横征暴敛，要求惠商恤民、减轻赋税，重视手工业、商业的发展，反映了商人与市民的利益。东林党人特别重视气节，东林书院以培养刚直不阿的人格意识为目标，力图通过讲学活动把这种精神充塞天下，以形成一种左右朝廷的政治势力。后世的人们，把东林党人视为君子的楷模。清初历史学家陈鼎著《东林列传》二十四卷，撰写的指导原则是："是传启、祯两朝事，大都备十之七八矣。若删去一二，则东林始末不彰焉。且死节诸君子，炳若日星，岂可湮没，部有关于东林者乎！"

东林党人面对的是以魏忠贤为首的阉党。魏忠贤手下的大大小小的宦官及其爪牙，是名副其实的小人。魏忠贤身为司礼秉笔太监，此职在明代无宰相之名而有宰相之实。如果皇帝英明，尚可驾驭，偏偏是历史的偶然性起了作用，明熹宗是个沉湎于木工的皇帝。他制成一个木器后，以涂漆饰之，"造成而喜，不久而弃，弃而又成，不厌倦也"。宦官就"当其斤斫刀削，解衣盘薄"时，把大臣的奏章读给他听。正在兴致头上的明熹宗哪里听得进去，"即曰：'尔们用心行去，我知道了。'"遂形成了这样的格局："所以太阿下移，魏忠贤辈操纵如意。"喜欢行猎与嗜好女色在帝王中是常见的，但钟情于木工活是罕见的，这为魏忠贤独揽朝纲创造了有利条件。明王朝的覆灭有它的历史必然，但也与这些以往为皇帝宠信的小人有着关联。宣府监视太监杜勋、居庸关协守太监杜之秩、昌平守陵太监申芝秀，是开城投降李自成的。这不是这些小人宦官对起义军有什么正确的认识，无非是旧主子倒了，得再投靠一个新主子而已！杜勋入北京对守城的宦官王则尧、褚宪章说："吾党富贵自在也。"太监曹化淳开了彰义门，王

相尧开了德胜、平则二门，绯袍鸣驺出迎李自成起义军，其目的自是冀望"富贵自在"。

用超级的小人来形容宦官的人格意识，一点也不夸张。他们如同狗一样，谁给他们肉吃，谁就成为他们的主人。但他们不像狗那样忠心，会去给恩施过的主人拼命的。无论主子以往待他们多好，只要主子当下有一点不稳，或自身感到有些不妥，便立刻会望风转舵，或直接投到主子的敌人那边去。五虎之首的崔呈秀初见东林势盛，曾求加入，但东林拒而不纳。后以御史巡按淮阳，贪污纳贿，无所不至。左都御史高攀龙上奏尽发其贪污状。上奏之疏是李应升起草的，"呈秀知之，昏夜过门，长跪求解。先忠毅拒之，翌日而劲疏上矣。呈秀以是恨先公尤甚"。于是便夜走魏忠贤处，乞为养子。正值魏忠贤需人帮忙，于是崔呈秀成了魏最信任的一条走狗。他升为工部右侍郎后便上疏颂扬魏忠贤，请赐奖谕，极尽阿谀奉承之能事。似崔呈秀这样没骨气的小人，只知柔媚取容于宦官以求加官进爵的，在阉党的爪牙中可谓比比皆是。这些爪牙在全国各地替魏忠贤建立生祠，甚至要把魏忠贤和孔子并尊。这些爪牙，"同党中日夜交轧，群小亦各有所左右"。这种争斗一直到魏忠贤失败后才完结。

东林书院确实培养出一批清白刚正的人物，如杨涟、左光斗等人。明末不少忠难死节的人物，如范景文、倪元璐、刘宗周、黄道周、吴麟征等人，都出自东林书院。据陈鼎《东林列传》记载：

> 虽黄童白叟、妇人女子皆知东林为贤。贩夫竖子或相诮让，辄曰：汝东林贤者耶？何其清白如是耶？欣慕清白廉洁的人格成为一股社会风尚，民众也以此作为衡量士人的准绳：每罢官归里者，若破车罢马，残书数籍，乡党卒以为贤，愿与约婚姻，结金兰，相与往来不倦。若归有余资，买田宅，高栋宇，即亲弟侄亦鄙以为贪夫，至于亲戚朋友，老死不相往来。（《东林列传·高攀龙传》）

不仅从理论上而且在实践上，东林党人始终重视气节。他们严于律己,为官清廉。杨涟,"仕臣乡常熟也,铁面冰棱,吏背不敢仰视。而爱民如子,即婴儿妇媪,咸得自尽其情。莅虞五年,不名一钱"。周顺昌主"困穷二字,原吾辈本身面目",当他"既秉铨归,四壁萧然,人称冰条先生"。与一般谋私利的官僚有天壤之别。当生死关头来临时,他们视节操重于生命,不怕丢官,不屈严刑,坚持了孔孟倡导的舍生取义的殉道观。高攀龙,"闻周顺昌已就逮,笑曰:'吾视死如归,今果然矣。'"周顺昌早已将生死置之度外:"若不知世间有不畏死男子耶?归语忠贤,我故吏部侍郎周顺昌也。"天启五年(1625年),东林七君子,除高攀龙在缇骑到家前沉水自尽外,其余六人皆在诏狱中受酷刑而死。横被奇冤,肉体受辱,但不同阉党黑暗势力相妥协。如黄宗羲所概括的:

> 熹宗之时,龟鼎将移,其以血肉撑拒,没虞渊而取坠日者,东林也……数十年来,勇者燔妻子,弱者埋土室,忠义之盛,度越前代,犹是东林之流风余韵也。一堂师友,冷风热血,洗涤乾坤,无智之徒,窃窃然从而议之。可悲也夫!(《明儒学案·东林学案一》)

东林党人的凛然正气,博得了后世正直之士的敬仰。他们以血肉之躯,支撑摇摇欲坠的明王朝;他们前仆后继、甘洒热血,与社会上的黑暗势力作殊死的斗争。那种不明白道理的小人,对东林党人的行为妄加评议,实在是一件令人可悲的事情。

东林党人的气节并没有超出传统伦理的范围,君臣大义深深地嵌在他们的心灵之中。杨涟身带刑具,面对震怒的市民,"叩乞父老勿噪"。逮左光斗时,百姓散发告示,要打缇骑,是左光斗出面"固止之"。在苏州市民对阉党的愤恨达到了沸点之时,周顺昌还是再拜请解,不过这一次民情激昂悲愤,不为所动。市民主动出击缇骑,爆发了以颜佩韦为首的"五人义"事件。东林党人宁可以身殉节,也不愿看到市民起来暴动,因为这会危及皇祚永安。这是他们所处时代与阶级地位所带来的局限性,对此作苛求就不是历史主义的态度。正统的政治观点与陈旧的道德原则,是东林党人反对阉党的理论武器,"发明人心道心,纲常伦理,出则致君泽民,斥邪扶正,以刚介节烈为重,以礼义廉耻为贵"。他们得到了与资本主义萌芽因素有直接关系的商人、手工业者的拥护,博得了广大百姓的同情。这是同他们为官清廉、气节高尚的人格襟怀分不开的。

纵观明代三百年历史,宦官被皇帝赋予干预内外政治的特权,可操纵大臣的进退乃至生死。面对威柄独操的宦官,东林党人宁愿受贬也要据理力争,希冀洁身自好也不降心辱志,"富贵不能淫,贫贱不能移,威武不能屈"的大丈夫气概,在他们身上得到完美的体现。"一堂师友,冷风热血,洗涤乾坤",堪称人格道德上的楷模。他们"发明人心道心,纲常伦理"的道路是行不通的,但他们喋血诏狱、视死如归的崇高人格,却是耸立在神州大地的丰碑。

## 四、余　　论

清人评介顾宪成时说:"先生在吏部惟以进君子、退小人为务,不惮与执政忤。至得罪而去,虽林居犹与当路者反覆别白言之。天下是知君子小人之当辨,名节之当重。"君子指同情百姓、对朝廷腐败之事敢言敢谏的官吏和文人学士。小人是指以魏忠贤为首的阉党以及一批贪图利禄、追随阉党的阁臣、官僚与爪牙。清初史学家陈鼎在评论顾宪成时说:

> 先生昆季,有绝人之才,而用其全力于学,恪守程、朱,力辟性善之旨。居官虽未究其用,而所与天子宰相争是非者,皆宗社大计。晚年倡道东林,引掖后学,四方贤士争归之。或亦有附以为名高而忌,遂目之为党。其后争三案者攻魏忠贤者,大率东林之人。于是小人之害君子,更以东林为名,门户相攻,二三十年未已。(《东林列传·顾宪成传》)

这是说,顾宪成有绝世的才华,在学术上是笃信程朱理学的。他在朝为官时，所争的是非都是有关国家大事的。与魏忠贤为首这批阉党作斗争的，都是东林党人，他们是君子却遭到小人的围攻。正是出于景仰东林党人的高风亮节，为了不让他们的气节湮没无闻，陈鼎到各地采访，前后达二十年，一共搜集到四千多人的材料，写成《忠烈传》六十卷。孰料遭到与谈迁一样的命运，书稿写成后，在北京崇文门寓所，稿子为小偷盗走。只留下目录五卷。没有气馁的他，又到无锡，在门人与亲友帮助下，重新编成《东林列传》，于康熙五十年（1711年）刊刻成书。后收入《四库全书》。陈鼎为让东林党人名垂青史，花了大半辈心血，足见东林党人在后人心目中是何等的崇高！

到了近现代中国，一旦发生相类的事件，均仿照东林七君子而美誉之。1898年，慈禧下令处死维新派志士，史称戊戌七君子。谭嗣同、康广仁、刘光第、林旭、杨锐、杨深秀六人，被斩杀于菜市口。徐致靖因为有人替他说情，说他是个书呆子，是受了他人的唆使，因此被判为绞监候，就是现今所说的死缓而活了下来。1936年5月，为响应中国共产党建立抗日民族统一战线的建议，一些爱国人士在上海成立救国会。同年6月，国民党以"危害民国"的罪名逮捕了邹韬奋、沈钧儒、李公朴、王造时、章乃器、沙千里、史良七位爱国人士，史称救国会七君子。这难道是巧合？答案是否定的，缘由是对传统的承袭。君子从在位者转向有德者，是从孔子开始的，后经孟荀的努力，遂成为君子文化的核心价值所在。孔孟开创了以道义论来品鉴人物行为与价值，这为后世人们所接受，成为历久不变的传统。东汉士人与东林党人，以自身血肉之躯与权势熏天的阉党们作了殊死的搏斗。虽说他们之中有些人的肉体泯灭了，但他们的精神却成为炎黄子孙灵魂。传统并不是一尊不动的石像，而是一个民族的文化遗产，是这个民族过去所创造的种种制度、精神、价值观念等构成的综合体。它使代与代之间、一个阶段与另一个历史阶段之间保持了某种连续性与同一性，尽管其间会发生一些变异，但并未越出传统设定的轨道。"七君子"之称的沿袭，很好地说明了这一点。

# 君子公共阐释

师永伟(河南省社会科学院助理研究员)

张江教授在《公共阐释论纲》中提出了"公共阐释":"阐释者以普遍的历史前提为基点,以文本为意义对象,以公共理性生产有边界约束,且可公度的有效阐释。"①儒家思想浸润和涵养的君子文化在促进新时代社会和谐、健康、有序、可持续地发展进程中发挥着越来越重要的作用,其中的重要路径就是使其走向大众,为大众所接受,最终实现内化于心、外化于行。大众与君子文化结合的过程中,公共阐释可供选择。

## 一、必然趋势

公共阐释是在对西方阐释学理论批判与继承基础上形成的新理论,目的是建立属于当代中国的公共阐释理论。公共阐释出现后,就如石入水,激起千层浪,学界展开了相当多的探讨与研究,公共阐释也逐渐由单纯的理论建构走向了多学科交叉运用的阶段,与历史、文艺、哲学、马克思主义、教育学等领域的结合愈来愈紧密,同时也与各个学科内部的具体相关内容表现出了很强的兼容性。随着公共阐释理论的不断深入,其结合范围也不断扩大,与文化领域相融合,形成文化公共阐释是必然趋势,君子文化公共阐释只是作一尝试而已,以起到抛砖引玉之作用。进而,在君子文化公共阐释之上实现文化范围的扩大,由地域文化转向中华文化,建设文

---

① 张江:《公共阐释论纲》,《学术研究》2017年第6期。

化公共阐释理论，为增强当代中国话语权提供有力支撑。

君子文化公共阐释是文化公共属性的必然要求。内涵与外延是事物的两面，这对于文化而言，就产生了狭义文化和广义文化之分，狭义文化侧重于精神性存在，把文化与政治、经济、社会相并列，而广义文化则聚焦在人类与动物界、自然界之间的本质区别，并把文化作为这种本质区别的标志性内容，用于统称人类活动的各种现象。在大文化观视域下，整个社会活动皆是文化的一部分，所有人都在参与文化创造活动，每个人的生活和事业都是文化的，"共同体的历史文化是个体历史意识外在表现的总和"①，文化价值与文化空间是共享的和开放的，这样，文化自然地也就过渡为了公共文化，具有非排他性，公共性是文化的本质特征也就不难理解了。从人的社会属性来说，"人的本质不是单个人所固有的抽象物，在其现实性上，它是一切社会关系的总和"②，它所创造出的文化也具有显著的公共性。公共阐释以"公共"为唯一限定词，着重强调和突出阐释活动的普遍性和公共有效性，这与文化的公共属性之间存在着较高的耦合度，君子文化也是如此。

君子文化公共阐释是新时代社会的必然需求。十九大报告中明确指出我国特色社会主义进入了新时代，社会主要矛盾也已经转化为人民日益增长的美好生活需要和不平衡不充分的发展之间的矛盾，单纯的物质生活已经不能很好地满足人民群众的需求，人民群众的需求更多地转向文化生活，尤其是公共文化，毕竟"人是一种文化的存在"③，他既是文化的创造者，同时也是文化的消费者，也恰恰是在这一方面的短板凸显了社会的主要矛盾，这就需要在新时代进行文化的再加工，形成多元化的文化供给主体，补齐文化缺失的短板。而君子文化公共阐释就是要对一切文本，特别是艰涩、晦暗的文本进行转化，在理解的主体与客体之间架起沟通的桥

---

① 孟钟捷：《公共阐释理论视域下的公共历史文化机制建设》，《历史研究》2018年第1期。
② 《马克思恩格斯文集》（第1卷），人民出版社1999年版，第501页。
③ 邹文广：《当代文化哲学》，人民出版社2007年版，第1页。

梁，在公共领域开辟一个公共的文化场域，进而塑造更大范围的文化认同以及构成一个积极互动的多方共同体，这对满足新时代人民需求以及对社会治理有莫大的裨益之处。

君子文化公共阐释是增强文化自信的必然要求。文化自信作为"四个自信"之一，且是其中"更基础、更广泛、更深厚的自信"①，其重要性可想而知。文化自信的重要源头就是历经数千年积淀而成的中华优秀传统文化，而君子文化作为中华传统文化的制高点、融汇点和落脚点，②彰显的是中国传统文化的精神标识，加强对君子文化的阐释无疑是坚定文化自信的一个理想载体。文化自信的形成需要汇聚全民族的磅礴力量，在这一进程中必须保证力量的统一性和正向性，而这正是发挥君子文化所倡导的积极、向上、向善、和合、忧国的情怀和人格信仰，引导着人们心往一处想、劲往一处使，筑牢道德的根基作用的时候，在这种情况下，文化自信的实现就是水到渠成之事了。可见，实现君子文化的传承与创新是关键一步，而公共阐释就是一个强有力的理论工具。

君子文化公共阐释是君子文化现代转向的必然要求。在中华传统文化中，君子文化无疑是其中耀眼的一部分。"君子"一词从西周出现，而后它从身份地位的概念取得道德品质的内涵，这一历史性转变在孔子手里完成。③后又历经时代的填充，君子文化日益丰满，在历代典籍、百姓日用以及家风家训中均可见其身影，君子成为人人追求的人文境界，君子文化也成为中华民族独特的文化基因，代代相传。随着时间的变迁，君子文化表现出了明显的现代转向，它不再拘泥于文化本身，转而走向普罗大众，以求在文化与公众之间取得最大公约数，发挥文化的社会功效。在文化现代转向过程中，创造性转化和创新性发展是主旋律，这就首先要求在理论和实践上取得新的突破，而公共阐释就是顺应当代中国发展而出现的重大

---

① 《习近平谈治国理政》（第2卷），外文出版社2017年版，第349页。
② 钱念孙：《君子文化在传统文化中的地位和影响》，《学术界》2017年第1期。
③ 余英时：《现代儒学的回顾与展望》，生活·读书·新知三联书店2004年版，第278页。

理论成果，它以公共理性为标准，以期探求真理和服务公众，君子文化正可以此为契机，实现文化在时间维度上的现代延伸以及在空间维度上的现代拓展，进一步凸显其"观乎人文，以化成天下"的效能，更好地推进文化的现代转向，从而实现其更高水平的发展和构建更为完善的话语体系。

## 二、实践基础与挑战

君子文化走向大众，与他们进行"交流"与"理解"的活动早已开展，只是没有冠之以"公共阐释"其名而已。此处所谓的"交流"是指一种互动过程，既包括君子文化对公众的熏陶与教化，也涵盖公众对君子文化的系统梳理与升华；所谓的"理解"是指君子文化得以升华，通过文化认同而内化为公众的行为规范与准则，由不确定性转变为确定性。从实际来说，君子文化公共阐释已经具备了一定的实践基础。

一是有关君子文化的通俗读物编纂，如《中国古代的君子文化》《君子文化读本》《中华君子文化读本》《君子之道》《君子之学：养成圣贤的教育传统》《君子格言选释》等著述的出版，它们基于事实，把深奥、不易理解的君子文化，如个体道德、社会关系和家国情怀等，转变为了通俗易懂的文本，很好地连接起了君子历史文化与现实观照，并最大限度地为多种话语共同体所理解和接受，实现了雅俗共赏。

二是系列理论文章与文化论坛的开展。如2014年，钱念孙在《光明日报》刊发《君子文化与社会主义核心价值观》一文，对君子文化与社会主义核心价值观的关系进行了鞭辟入里的分析，此文一经发表即在社会上引起强烈反响，直接推动了君子文化的研究与发展，相关文章迅速出现。2015年，首届君子文化论坛举行，其主题是"君子文化与当代社会"；2016年，第二届君子文化论坛举行，其主题为"君子文化的当代价值"；2017年，第三届君子文化论坛举行，其主题为"君子文化·当代实践"；2018年，第四届君子文化论坛举行，其主题为"新时代·新君子·新使命"。由上可见，理论文章与文化论坛关注的焦点是君子文化的当代阐释，如何把君子文化更好地融入现代社会与生活之中是出现频率较高的关键话语,这也为君子文化的公共阐释夯实了根基。

三是君子文化研究重镇的出现。较早关注君子文化的安徽省社会科学院最先成立了君子文化研究中心,并且安徽省也成立了君子文化研究会。其后,浙江大学和江苏省社会科学院也先后成立了君子文化研究中心。近来,湖南省也成立了君子文化研究会。另外,其他高校、科研机构以及民间学者对君子文化的关注也越来越多,形成了一批研究重镇,相关成果如雨后春笋般涌现出来。这些机构与个人不断进行学术交流与实践指导,君子文化的大众走向进一步凸显出来,君子文化研究正从星星之火转向燎原之势。

四是君子文化的地方实践。在优秀传统文化全面复兴的背景下,各个地方都深入挖掘地域文化资源,其中君子文化资源的开发与利用就是热点之一。如安徽将桐城和蒙城两座文化古城确定为君子文化推广试点县,山东威海举办了"君子之风·美德威海"的活动,辽宁大连、河南长垣也开展了以君子文化为主题的实践。除此之外,君子文化进校园也是实践的重要方面,如汝城思源学校、蓝山县博爱学校以及一些高等院校均举行了相关活动。

五是君子文化已嵌入百姓日常生活之中,如"君子动口不动手""以小人之心,度君子之腹""君子一言,驷马难追""君子爱财,取之有道""君子成人之美""有恩不报非君子"等[①]已家喻户晓的口头禅,它们成为人们为人处世的信条和规范,潜移默化地熏陶着人们的价值追求和理想信念,以习用而不察、日用而不觉的方式调整着人们的态度、思维和取向。

尽管君子文化公共阐释已经有了一定的实践基础,但在其走向深入过程中也面临着诸多挑战,存在些许隐忧:

一是就公共阐释本身而言,阐释不仅仅是属于哲学家的艰涩难懂的哲学范畴,更是属于平常民众的日常生活的实践范畴,就此而言存在三个方

---

① 钱念孙等选著:《君子格言选释》,黄山书社2016年版,第351~355页。

面的问题,首先是如何把阐释学本身实现公共阐释,也即是阐释学的公共阐释,让公众理解其发展历程和学科体系,获得日后进行阐释的基本理论,这是最基础的要求。其次是个体阐释与公共阐释之间的转化与沟通,每个个体根据自身的经历和教育背景都有权利且都会对疏异的文本进行个体阐释,由此而产生的个体阐释无非有两种结果:(1)个体阐释得以升华,融入公共阐释之中;(2)个体阐释囿于局限而未被公共阐释接受与容纳,最终沦为私人阐释而被淘汰,这其中必须要注意部分被接纳、部分未被接纳的情况的存在。但现实是由于某些原因,实现二者转化的机制尚不健全与完善,公共阐释与个体阐释之间出现了断裂,如社会阶层的存在,导致阶层阐释存在差异,阶层之间及阶层个体间能否形成公共阐释是一个很大的挑战。最后是公共阐释何以可能与何以可以,在超越个体阐释形成公共阐释后,公共阐释如何给身处不同公共领域的人们以启示,对他们的精神世界和现实世界做出改变。

二是就错误的社会思潮而言,公共阐释易受其影响。在现代资本力量的推动下,历史虚无主义、文化虚无主义、政治虚无主义以及西方崇拜论等社会思潮及其变种不断侵蚀着中华民族的优秀传统文化,对文本进行歪曲理解与阐释,公共历史文化的面貌越来越多样化且模糊,这就影响了社会风气与公共舆论,使文化偏离原有的本真,与其价值初衷相去甚远,且这些社会思潮在互联网的掩饰下,已经形成了一个新的文化场,他们打着科学或专家的名号大行其事,有意或无意地对原始文本和作者意图作出误解或曲解,对公共领域内的舆论起着错误的引导,"有些时候,公共领域说到底就是公共舆论的领域"①,它所造成的影响不容小觑,要旗帜鲜明地加以批驳与反对。

三是就君子文化系统研究而言,君子文化是修身哲学、知行体系、理想化的人格体系、道德体系的统一体,甚至有学者认为孔子的全部哲学体

---

① [德]哈贝马斯:《公共领域的结构转型》,曹卫东、王晓珏等译,学林出版社1999年版,第2页。

系和道德教诲就是"君子之道",① 对它的研究既包括经典文献的分析、君子文化的学理分析②、精神层面的解读,也应该涵盖实践层面的指导,而后者更具急迫性。但实际情况是与此不相平衡的,学术研究与实践需求存在一定差距。这就要求君子文化公共阐释需要进一步加强,注重在实践维度的价值考量,在公众理解、传播与认同中增强其时代活力和生命力,把它转化为净化社会风气、助推社会前进的巨大动力。

## 三、基本原则

君子文化公共阐释是公共阐释理论的具体运用,使君子文化"飞入寻常百姓家",其定义可以大致概括为:阐释者以君子文化形成过程中普遍的历史前提为立足点,以大文化观的范围为阐释对象,以公共理性为边界约束进行的阐释,且是可公度的有效阐释。从以上这个定义可以看出,君子文化公共阐释应遵循的基本原则:

一是理性原则。无论任何阐释都要以理性为根据和约束,阐释在生成、流传、演化过程中都要保持理性,这是阐释最基本的要求,也是阐释科学性的基本保证。阐释过程中可以有非理性因子参与,二者并非水火不容,而且这些非理性因子也是必要的,他们以想象力、激情而为理性阐释提供动力和灵感,非理性因子只要经过去粗取精、去伪存真、由此及彼、由表及里的甄别、提纯程序就可以与理性阐释很好地共在。理性也是君子文化公共阐释过程中的基石和指南,在任何时候都不能拍脑袋做事,如此出现的阐释才具有可信度和说服力;另外,也鼓励头脑风暴式的创新阐释,积极地把灵感性的阐释升华为公共理性阐释。

二是澄明性原则。阐释的目的就是要实现"澄明",使公众难以理解和

---

① 辜鸿铭:《中国人的精神》,海南出版社 1996 年版,第 50 页。
② 周兰桂:《论君子文化的本土语境与学理特征》,《湖南人文科技学院学报》2018 年第 3 期。

接受的文本加以转化，向公众敞开，建构一个可以共享的精神场域，实现文本存在的价值和意义，这一过程主要是关照公众关心的话题。君子文化公共阐释就是要把君子文化中的优秀文化置入公共视野，为公众所理解，以本土化的资源重新阐释文本，重点是以君子文化中的特色文化为核心，如"君子终日乾乾，与时偕行"的与时俱进品质、"义以为上""见利思义""君子喻于义"的义利观、"君子不争""矜而不争""为而不争"的争让观、"穷不失义""富贵不能淫，贫贱不能移，威武不能屈""穷则独善其身，达则兼济天下"的穷达观、"天下为公""平天下"的天下观等，以人们惯用的语言风格、表达方式来加以阐释，形成通俗易懂的新文本，满足不同层次人们的需求。

三是超越性原则。所谓超越性阐释，主要是针对公共阐释和个体阐释而言的，就是要在个体阐释的基础上实现超越，无你、我、他个体之别，形成公共阐释。个体阐释是出现公共阐释的原动力和根基，在最大限度上与公共阐释耦合是个体阐释的最终归宿，不能与公共阐释相结合的个体阐释最终难逃被湮没难现的命运。君子文化内容驳杂，每个个体都对其进行着不同程度的阐释，由此就产生了为数众多且参差不齐的个体阐释，只有不断寻求超越与扬弃的个体阐释，才能变为公共阐释，如尊崇人的价值、注重人的品性、追求人的精神、实现人的发展等君子文化的个体阐释就不断上升为公共阐释。

四是建构性原则。公共阐释的形成不仅是个体阐释的升华过程，还是对个体阐释的逐渐修正，其要义就是要在阐释中找到最大公约数并提升公共理性，在公共领域中构建公共阐释，达到阐释的教化与实践价值。君子文化公共阐释的凝练就是在公众中升华个人阐释，构建公共理性，提升公共文化水平和公共视域。也就是说，君子文化公共阐释就是要建构自身的公共理解，实现其中蕴含的教化意义，既重视沟通昨天、今天与明天的历时性阐释，也关注连接此处与彼处的共时性阐释。

五是反思性原则。公共阐释是与文本之间的对话与交流，在阐释文本意义的过程中不是纯粹的以自我为中心，不强制对象以己意，而是不断反求诸己,反思正己,也即是要"吾日三省吾身",此外还要汲取个体阐释中的合理成分,积极与之对话,不断增补自身,以此形成新的公共阐释。君子文化公共阐释不是一成不变的,它需要在交流与理解中反省过往,查找其中的不足,对随意裁剪阐释对象的做法及时制动;在驳杂的个体阐释中进行筛选,实现个体阐释的公共性转化、补充以形成公共阐释。

六是辩证性原则。人类历史本身就处于辩证发展之中,世界是辩证的世界,由对世界进行阐释而升华的公共阐释自然也是辩证的阐释,这在本质上要求阐释必须是革命的和批判的,对社会发展以辩证的眼光待之。从辩证法出发可以看出君子文化处于不断的发展、变化之中,经历了由低级到高级的阶段,其中也充满着各种各样的矛盾。在君子文化公共阐释中要以联系的、发展的、运动的、矛盾的辩证观点为指导,基于历史事实和发展趋势对其进行理性阐释,这是保证公共阐释沿着正确轨道前进的机制之一。

## 四、深入推进

君子文化公共阐释不仅是一种理论,更大程度上是一种"行动哲学",在一定程度上重塑着人们的道德精神与道德规范。在具体的实践进程中,要做到超越文本自身,把文本作为进入现实的廊道,既不简单地进行文本阐释,也不对当下生活进行直接阐释,而是做到二者之间的相互映照,最终达到超越实践本身的更高层次,"一切实践的最终含义就是超越实践本身"[1];认识和承认个体间存在的差异,利用自媒体技术超越个体与公共间的鸿沟,最理想的状态是实现个体、学界、国家三者间的互动与融合。

首先,是从时空维度来讲。时间维度方面共时、历时并存的状态,要求在阐释中辩证地把握二者的关系。君子文化是历史演进的产物,随着时

---

[1] [德]伽达默尔:《赞美理论——伽达默尔选集》,夏镇平译,生活·读书·新知三联书店1988年版,第46页。

间变迁而变得厚重、淳朴,散发着诱人的"老酒气息"。从西周初年开始,君子文化逐渐积淀并成形,对其历史文化进行阐释,从中汲取智慧力量,科学分析与概括不同阶段的文化特征与科学内涵,梳理出共时性发展和历时性挑战的主脉络。空间维度方面,应该注意地域性的君子文化特色,例如,河南长垣蘧伯玉故乡,被称为"三善之地""君子之乡",老百姓崇尚的君子之风历久弥新,突出体现为"饿死不要饭"、一个棉签起家的卫材产业、一把锤子起家的起重产业、一把勺子起家的烹饪产业、一把刷子起家的防腐产业等,这就需要考虑公共阐释理论的适用范围,能否从地域君子文化公共阐释转向更大的适应范围,适用对象也升级为更大的主体单元,要求君子文化公共阐释既做到文化范围内阐释对象的资源整合,又要注意阐释理论在空间适应主体上的不断拓宽,体现君子文化的共享性。

其次,是从理用关系来讲。理即学理建构,用即具有运用,理与用是统一于事物发展过程中的两个方面,密不可分。君子文化公共阐释是在公共阐释理论的基础上出现的一种新结合,既要把握公共阐释理论,也要注重理论体系的建构。君子文化作为一种古老厚重而又生机勃勃的文化,需要不断完善及更新。君子文化公共阐释的生成基础、历史逻辑、面对的挑战、理论适应性以及实现机制等,都是需要重新构建的,要着力解决好个体与公共、理性与感性、批判与建构的关系,重点是处理好其中存在的二元对立倾向,尤其是要注意"后真相"时代的影响,因为"后真相"也是一种记忆,它属于某类偏见的再现。①

最后,是从推进主体来讲。君子文化公共阐释是一项系统的复杂工程,需要多方参与,从一般主体来说,主要包括个体、学界、国家三者。

个体是社会的基本构成,个体阐释无时无刻地在发生和进行着,这是公共阐释的来源和基础。君子文化内容磅礴,每个人依据自身的世界观与价值观,对其都有自己的看法,都有权利进行阐释,由此就形成了大量的

---

① 孟钟捷:《后真相与历史书写》,《探索与争鸣》2017年第4期。

个体阐释，毕竟"理性的自我意识通过其自身的活动而实现"①。这样，阐释就进入了由个体阐释向公共阐释转化的阶段，出现了三种不同的分化：一是完全被吸纳的个体阐释，二是部分被吸纳、部分被拒绝的个体阐释，三是完全被拒绝的个体阐释。尽管个体阐释中存在着一定数量的非理性阐释和误读性阐释，但这毕竟完成了阐释的第一步，是值得肯定的，没有量变怎会有质的飞跃。

学界是公共阐释过程中的重要参与者，承担着学理建设与运用指导的重要职责。学界是由大量知识分子组成的，他们拥有思辨的思维、科学的方法、成熟的逻辑、理性的态度和开阔的眼界，是公共阐释形成过程中不可或缺的一环。个体阐释与公共阐释之间的转化，公共阐释的传播、运用、评价、完善等方面的工作不是普通民众可以完成的，需要学界为之付出巨大努力，君子文化公共阐释也是如此。

国家在君子文化公共阐释实现的过程中更为重要。国家应该激发人们的阐释、学习热情，合理运用阐释成果，发挥主动作为意识，增强老百姓的积极参与性，为公共阐释做出贡献。更好地发挥君子文化"以文化人"以及对民族文化与民族性格的哺育与涵养的作用，相信公共阐释视域下的君子文化也必在21世纪大放异彩。

---

① ［德］黑格尔：《精神现象学》，商务印书馆2009年版，第268页。

# 君子人格修养

王国良(安徽大学教授)

孔、孟、荀提出了君子人格作为人们提升道德素养的价值目标,已经成为人民辨是非、论善恶的基本依据,现在依然是人们判断品德高下的标准。下面从个体、社会、政治三个层面揭示儒家君子的品行风貌。

## 一、君子的个人修养

君子范畴早在西周时期就已出现和被使用,其最初含义是泛指西周时期的与劳动者阶层(小人)相对而言的贵族统治者阶层,是贵族男子的通称。贵族身份是西周时代"君子"称号的本质特征。在儒家的创始人孔子那里,君子以道德品性来区分。

(一)自强不息

所谓人格,一般是指个体的人在社会中的存在方式,① 即一个人的自我特性及其在社会活动中所持的价值标准,人格的发展与社会的发展是一个统一过程。儒家君子人格,就是儒家所确立的个体目标自我完善、

---

① 人格问题在我国研究甚少,在国外定义又下得太多太滥,本文在此只能以最概括的方式提出定义。人格一词来自拉丁文面具(Dersona),面具是在戏台上表现剧中人物身份的,如我国京戏中的脸谱。现在人们通常所指的人格意思是人人都具备的基本的人的尊严,在国外还有容貌,仪表的意思。

自我实现方式与外显活动中的行为标准、理想等诸方面的统一体。孔子的伟大之处就在于把春秋时代的新精神、新价值融入君子人格的塑造中，把个体的有为进取精神视为成就君子人格的基础，展现儒家君子人格的全新本质，也更能表现儒家对新时代精神与新社会风气的衔接、融摄与提升。

先秦儒家将有为进取精神视为成就君子人格的唯一途径，这是理解儒家君子自我特征的关键所在。没有个体的积极努力奋发，就不能获得较高的道德修养，更不能达到完美的理想境界。个体自强不息的有为精神是君子的最基本品格。孔子提出"君子求诸己，小人求诸人"（《论语·卫灵公》），作为君子，必须承担完善自己提高自己的责任，不能依靠别人，别人代替不了自己，即"为仁由己，而由人乎哉！"（《论语·颜渊》）"我欲仁斯仁至矣"（《论语·述而》）。孟子认为"祸福无不自己求之者"（《孟子·公孙丑上》），"求则得之，舍则失之，是求有益于得也，求在我者也"（《孟子·尽心上》），同样是突出个体自决的意义。这就需要开发自己的潜在力量，培养提高自己的能力，"君子病无能焉，不病人之不己知也"（《论语·卫灵公》），只要使自己的能力得到充分的发挥，就能够达到理想目标，因为"人能弘道，非道弘人"（《论语·卫灵公》）。在这方面不须仰仗外在的权威，"文王既殁，文不在兹乎！"（《论语·子罕》）"待文王而后兴者，凡民也。若夫豪杰之士，虽无文王犹兴。"（《孟子·尽心上》）同样也不能依赖天然环境的作用，"君子敬其在己者，而不慕其在天者，是以日进也，小人错其在己者，而慕其在天者，是以日退也"①。所以儒家认为权威与环境并不能决定你是否具有君子品格，根本的决定因素在于你自己的不断奋发努力争取。"譬如为山，未成一篑，止，吾止也；譬如平地，虽覆一篑，进，吾往也。"（《论语·子罕》）人不但要依靠自己，而且要不断进取。人与人的差异同样通过是进不是止的选择而区分高下。"君子与小人之所以

---

① 参见《荀子·天论》。有必要指出的是，儒家并不否认环境的"注错习俗"的作用，如"蓬生麻中，不扶自直"等，但儒家认为环境也依靠人的主动选择，如"里仁为美"，"择不处仁，焉得智"等都是突出人对环境的主动选择。

相悬者，在此耳。"(《荀子·天论》)由此可见，积极进取是君子的品格，孔子就主张积极进取，"与其进也，不与其退也"(《论语·述而》)。

(二)独立意志

具有自己的独立意志是君子的第二个自我特征。意志表征个体的价值定向，表明个体只愿意按照自己认可的原则办事，不愿意屈就自己按另外的原则行事。因此，意志实现的程度表明个体自由的程度。君子人格的尊严也由独立意志来表现，"笃志而体，君子也"(《荀子·修身》)。孔子说"三军可以夺帅，匹夫不可以夺志"(《论语·子罕》)，就是把个体之志看得比三军之帅还要重要，三军无统帅则群龙无首，不战自乱，但个体丧失意志无异于丧失灵魂。所以儒家把个体意志视同生命，必要时为了坚定地实现意志可以超越生命。

但君子的独立意志不是盲目地坚持一己之偏私，一味地狷狭固急，而是以理性选择为前提。个体意志建立在君子的价值判断基础上，只有通过具体内容如立身行事的法则理想表现出来。孔子经常要学生"各言尔志"，就是要他们表述各自人生理想和价值观念。君子的理性进取就是为了达到和完善自己的理想，君子的意志就表现为坚持自己的理想与价值观。儒家君子的意志就表现在"志于道"(《论语·述而》)，志于仁义，孟子要求士高尚其志，志就是仁义。① 儒家把仁义追求同时看作是对君子意志的砥砺，因此注重精神性志节。

(三)义以为上

君子判断是非有一个标准，即"义以为上"，见利应该思义，义就是达宜正当的行为，② 衡之于利欲，应是"可欲之谓善"(《孟子·尽心下》)。"无欲其所不欲。"(《孟子·尽心上》)如果"非其有所取之，非义也"(同

---

① 参见《孟子·尽心上》："王子垫问曰：'士何事？'孟子曰：'尚志'曰：'何谓尚志？'曰：'仁义而已矣'。"
② 《中庸》："义者宜也。"

上)。"君子喻于义,小人喻于利。"(《论语·里仁》)

物质利欲不能有损君子品格,权威势力、外在诱惑也都不能改变君子意志的坚定性,君子应该"当仁不让其师"(《论语·卫灵公》)。"乐其道而忘人之势。"(《孟子·尽心上》)志意修、道义重则可以轻王公。"富贵不能淫,贫贱不能移,威武不能屈。"(《孟子·滕文公》)只要个体选择正确,行为光明正大,就"难狎","难胁",就能够做到"不诱于誉,不恐于诽,率道而行","端然正己,不为物倾侧"(《荀子·非十二子》)。这就不愧为"诚君子"。气节是君子独立意志的充分发挥,是个体自由的真正实现,是堂堂正正的君子人格价值的顶峰,天见其明,地见其光。

(四)"反求诸己"

儒家君子注重精神修养,即"内省"与"反求诸己"。孔子提出"君子道者三",即"仁者不忧,知者不惑,勇者不惧"(《论语·宪问》)。孔子认为君子是否具有知、仁、勇的品性,并不在于别人是否认可,"人不知而愠"。主要在于自己的自我认同和反思,这就是通过"内省"来衡量。具有仁知勇的品性的表现是不忧、不惑、不惧,显而易见,忧、惑、惧都是人的情感方面的软弱因素,是自我意识不确定、缺乏信念与意志的表现。但只要经过自我反思和理性的疏导,确认自己努力追求了理想品格,就可以克服情感上的软弱因素。即"内省不疚,夫何忧何惧"(《论语·颜渊》)。"不疚"就是没有自愧之处,从而建立起理性基础上的心理平衡。因此,孔子认为君子应该"不怨天,不尤人"。而是经常"内自省""内自讼","自厚","吾日三省吾身"。

内省是个体心理机制的自我调节修养过程,目的是保持精神境界的充实与饱满,不受外在之物的支配,"内省而外物轻",坚持个体存在的意义和价值,不忧不惧,无适无莫,"君子坦荡荡",这不是一种无原则的无我境界,而是一种自我确认的弘毅精神。"仁者不忧"是因为"刚毅木讷近仁"(《论语·子路》)。仁具有个体的刚健乐观的品格内容,"仁者乐"。理性精神的扩充使个体显示刚健明朗的精神,充实而有光辉。我们知道,春秋时期是一个被忧患氛围笼罩的时代。社会的变动，传统观念的动摇和人们安全感的丧失，使社会各阶层都处于忧患、迷惘与失落的情绪中。① 孔子以内省的方式肯定个体的自决意义与存在价值，使个体建立自我内心境界的充实，具有极大的历史意义。它使个体在忧患与动乱中不会陷入宗教神秘主义的情绪，不会去追寻和依归外在神力，而是凭借个体坚定的理性去克服忧患，② 净化迷惘恐惧的情绪，并将其转变为刚健乐观的精神。所以君子的内心境界不是忧，而是饱含生命意义的乐。③

(五) 风度尊严

先秦儒家认为，君子内心境界的充实美必然外溢出来，显示到君子的外貌形象上，展示君子凛然不可侵犯的人格尊严，"君子之学也入乎耳，著乎心，布乎四体，形乎动静"(《荀子·劝学》)，君子的一举一动都显示了学力教养，君子的精神状态"其生色也；睟然见于面，盎于背，施于四体，四体不言而喻"(《孟子·尽心上》)，君子容貌温润兹和，即"望之俨然，即之也温"，躯体伟岸，四体动作自然，特别是眼神更能表现人的内在精神，"存乎人者，莫良于眸子。眸子不能掩其恶。胸中正，则眸子瞭焉；胸中不正，则眸子眊焉。听其言也，观其眸子，人焉廋哉？"(《孟子·离娄上》)君子堂堂正正，双目炯炯有神，不怒而威，威而不猛，即使是布衣一身，但"君子正其衣冠，尊其瞻视"就"俨然人望而畏之"(《论语·尧曰》)，这就是君子的风度。不需要车马服饰的华丽装饰，也不必装腔作势的进退周旋，就自然能够光彩四射，显示君子的高贵与尊严，"俨然、壮然、祺然、蕼然、恢恢然、广广然、昭昭然、荡荡然"(《荀子·非十二

---

① 《诗三百篇》，言及忧怨悲哀之诗竟达一百多首，便是这种时代气氛的最好明证。

② 有的论者认为儒家没有陷入宗都神秘境界是由于把伦常日用心理化，固然有一定道理，但根本原因在于儒家的理性精神导致对个体意义的自我确证。

③ 如"学而时习之，不亦乐乎"，"贫而乐"，"智者乐，仁者寿"，"乐以忘忧"，"饭蔬食饮水。曲肱而枕之，乐亦在其中矣"，"人不堪其忧，回也不改其乐"等都是发自生活并超越物质利欲的乐观精神。

子》),"巍然独立天地之间而不畏"(《荀子·性恶》)。

## 二、君子的社交修养

(一)孝敬

儒家把孝视为君子的一种品格。"子生三年,然后免于父母之怀"(《论语·阳货》)的亲子亲爱情感是孝的基础,孝是子女对父母的爱的反馈。只尽赡养义务不能算君子之孝,君子之孝主要是对父母的尊敬。孝也是合礼的规范,[①]能以敬作为孝的基础,就符合君子品格的仁的这方面要求,"孝悌也者,其为仁之本舆?"(《论语·学而》)"亲亲,仁也。"(《孟子·告子下》)孟子把"父母俱存,兄弟无故"视为君子一乐。

(二)立己立人,厚德载物

孔子提出一条君子"可以终身行之"的基本社会交往准则是:"己所不欲,勿施于人。"(《论语·颜渊》)这是推己及人的行为方式。即根据自己的思想情感意愿去类推他人。自己不愿意的,也勿强求他人。这就是仁的品格体现在社会交往方面的含义。"夫仁者,己欲立而立人。己欲达而达人。"(《雍也》)这是从正面出发对他人的类推,表现出君子"厚德载物"的襟怀风度。"仁者爱人"的原则在社会交往中的运用,使人际关系充满和谐的人情味。

(三)和而不同

君子在一视同仁地平等宽厚待人的同时,又能在社会交往中坚持个体的独立自主性和正义性,这表现在君子的活动光明磊落,不依附他人:

---

① "生,事之以礼,死,葬之以礼,祭之以礼。"(《论语·为政》)

"君子周而不比"(《论语·为政》),"君子和而不同"(《论语·子路》)。君子也不与某部分人结成小集团,而是保持个体交往自主性:"君子群而不党,人之过也,各于其党。"(《论语·卫灵公》)孔子所指的党就是某些人结成的小集团,构筑起把集团外的人区分开来的狭隘限制关系。这样就阻碍了人的社会性全面联系的畅通,造成人际关系的紧张,这就是人为之过错,孔子认为君子应该能"群",即与一切人保持正常和谐的关系,无偏无党,只以公正为原则。

(四)朋友平等有信

在君子的人际交往中,还有一层"朋友"关系。这是建立在彼此志同道合基础上的平等互助的关系。朋友关系不是固定的,而是可疏可密,可以相互自由选择。君子之交不是以某种利益为关节点,而是以道德志向将彼此联系起来,如孔子要君子"友直、友谅、友多闻"(《论语·季氏》),"无友不如己者"(《论语·学而》)。如果君子多贤友则是一件乐事。"君子以文会友,以友辅仁"(《论语·颜渊》),"朋友切切偲偲,兄弟怡怡"(《论语·子路》),朋友之间可以相互"责善",如果看法不同应该"忠告而善道之"(《论语·颜渊》)。朋友之间也要承担责任,即"与朋友交,言而有信"(《论语·学而》)。孔子把"朋友信之"(《论语·公冶长》)作为君子的品行之一。孟子也重视"朋友有信"(《孟子·滕文公上》)的原则。

君子在社会交往中的品格与君子的自我品格一样,凝聚和体现着新时代精神,表现君子的独立自主的人格和宽容博大的人道情怀。君子的新型品格将不知不觉地参与社会面貌的改变。但儒家认为,改变社会面貌,推动社会发展更主要的是通过政治活动来实现。在人际交往中,君子主要表现主体的道德实践,只有在政治领域,君子才能发挥、外显自己的品格、才能。而且,儒家培养君子才能的主要目标是管理国家公共政务,完成匡世济民之功。

## 三、君子的从政修养

### (一) 身正忠信

参政(即在政权机构中担任一定职务)的君子首先要做到"身正",具体表现是"忠信"守职。孔子曾用一个双关语说明政治特征,"政者,正也"(《论语·颜渊》),"正"即指为政者自己身正,"苟正其身矣,于从政乎何有?不能正其身,如正人何?"(《论语·子路》)只有自己以身作则,才能施令于别人,"其身正,不令而行,其身不正,虽令不从"(《论语·子路》)。孟子荀子也都以"修身"作为从政的基础和起点。儒家认为只要身正就能令行治隆,不免有些简单化,但对于当时许多其身不正、聚敛暴虐的统治者来说,却具有矫正时弊的意义。身正就是自我调整,端正自己,这实际上是君子的自我品格的政治运用。

身正由忠信来体现,忠即忠于职守,并不具有效忠君主个人的意义(但含有对国君负责的意思),而是具有突破氏族宗族框架的社会性的行政意义。孔子一再言及"主忠信",孟子荀子也屡言忠信,所谓"致忠而公"(《荀子·臣道》)。忠是君子内在方面或自我方面表现的严守职责,信则是从外在方面表现的对君子的视听言动的忠的证实与信赖。信是从政的重要品德,"信则人任焉"(《论语·阳货》),"人而无信,不知其可也"(《论语·里仁》),"其何以行之哉"。对于其他执政者要"信而后谏,未信,则以为谤己也"(《论语·子张》),反而起副作用。对于百姓方面君子应该"信而后旁其民","民无信不立"(《论语·颜渊》)。荀子以为君子应该"忠信而不庚",信之与否关系到政治的兴衰,"政令信者强,政令不信者弱"(《荀子·议兵》)。应该说明,政治层面的"信"与社会交往的"信"内涵是一致的。

### (二) 选贤使能

孔子明确地把"举贤才"(《论语·子路》)列为君子的为政措施之一,

"君子尊贤而容众,嘉善而矜不能"(《论语·子张》)。贤者也是善者,"举善而教不能,则劝"(《论语·为政》)。随着政权开放范围的扩大,举贤也愈来愈被强调,孟子倡导"尊贤使能,俊杰在位"(《孟子·公孙丑上》),并力图以尊贤来突破贵胄等级藩篱,"贵贵尊贤,其义一也"(《孟子·万章下》),更加推重"尊贤育才、以彰有德"(《孟子·告子下》)的意义。孟子又认为在举贤方面慎重,选拔人才"将使卑逾尊,疏逾戚,可不慎舆"(《孟子·梁惠王下》),在态度上还有些遮掩。荀子在举贤方面的态度,则十分明朗磊落,"贤能不待次而举,罢不能不待次而废"(《荀子·王制》),"尚贤使能"是君子从政三大节之一。隆盛的政治气象表现在"论德而定次,量能而授官","尚贤推德天下治"(《荀子·王制》)。任贤使能,不拘一格拔擢人才在当时无疑是具有进步意义的开明政治措施,是从儒家的人的本质共同性理论生发出的必然要求。因而在任贤政策中内在地凝聚着儒家哲学思想的精华。

### (三)以民为本,民贵君轻

儒家君子的政治价值取向是以民为本。君子力求通过政治来完成"博施于民而能济众"的既仁且圣的伟大功业。孔子认为从政要"节用而爱人,使民以时"(《论语·学而》),"足食,足兵"(《论语·颜渊》)。"庶矣,富之,教之"(《论语·颜渊》),孟子将仁政表述为"与民同乐"。"乐民之所乐""视民如伤"。而且仁政是"兼济天下"的,不仅仅为一国之利。仁政的实质是以百姓人民为轴心,而不是为了执政者利益,"百姓足,君孰于不足?百姓不足。君孰于足?"(《论语·颜渊》)这也就是"民为贵,君为轻,社稷次之"(《孟子·尽心下》)。这都充分表现出仁政的人民性与人道精神。孔孟都反对为君主私利而争城略地的不义战争,反对横征暴敛,反对刑残百姓。这种仁政理想就是在今天仍然闪耀出光辉。具有积极的借鉴意义。

以上从个体、社会、政治三个层面揭示的儒家君子品行风貌,是相互联系和贯通的整体。儒家君子的独立意志、内省修身、立己立人、和而不同、朋友有信等价值观有助于自由平等、诚信友善的核心价值观的培育。身正忠信、以民为本，无疑有助于爱国敬业的践行。儒家塑造的君子人格对中国人的基本价值观、中华民族精神的形成产生极为深刻的影响，已成为人民辨是非、论善恶的基本依据，现在依然是人民判断知识分子以及公务员品德高下的基本标准。探讨君子之道对于加强廉政建设和提高人们道德修养、培育健全人格具有重大理论意义和现实意义。

# 君子的当代修为

吴 宁(上海师范大学教授)

儒家的理想人格是"君子"。君子之道深深地植根于天赋人性之中，又普遍地体现于人间日常事务中，君子面临而且协调着各种人际关系，周而不比，和而不同，泰而不骄，群而不党，矜而不争，充满仁心且内心极端和谐，正己而不求于人，无往而不自得，真诚地忠于自己也真诚地感动他人，努力在日常存在中体现生命的终极意义。君子文化中天下兴亡、匹夫有责的家国情怀，刚健有为、自强不息的奋斗精神，以和为贵、和而不同的处世哲学，天下大同等智慧对于当代社会依然有引人向善的积极作用，对君子文化进行现代弘扬，有利于将中国传统文化的根与魂扎根于现代，让人类意识到中华文明的精彩，向往君子文化，追求君子文化，践行君子文化。

## 一、中国传统中的君子文化

"君子"最早的含义就是治理。所谓"君临天下"，也有着治理的含义。"君子"的治理含义，后来逐步发展成为一种道德上的治理。"君"字中的"口"一般认为是发号施令，但也有一些文字专家认为是听取神圣的声音，就像日本汉学家白川静所说，它是一种神圣的灵符。这种声音在古代是来自天上的，是神圣的。很可能最初它是指能够听取天上神圣天命的王或贵族。这个古代的王也是一个巫师，能够听取天上那个神圣的声音，后来就转换成为倾听内心的声音，这种内心声音又逐步演化为一种道德的修养。君子在倾听内心声音的时候，有一种境界，这个境界后来就成为"德性"或"道德"。这种内在的"德性"和古代希腊人讲的"德性"有很多相似的地方。古希腊人认为，每个人都有自己内在的德性，但这个德性有高低之分，最高的德性再加上治理，就成为贵族。我们的"君子"和希腊的"贵族"是遥相呼应的。"君子"连接的是天、地、人。"君子"有各种各样的品德，但最主要的品德就是天地相合，就是《周易》中讲的"天行健，君子以自强不息"，并由此衍生出一系列品德。凡是与天地阴阳相吻合的都是君子的品德；反之，如果相违背的，就是失位，就是小人。总的来说，"君子"的概念就是要顺从民意、顺从民心，是这么一种道德和德性。

"君子"一词见于《诗经》《尚书》，在《诗经》的"国风"和"二雅"中出现了150余次，在《尚书》中出现了五、六次，说明是周代十分流行的名称。君子衍生之初用来指政治地位崇高的人。到春秋战国时代，君子的含义开始扩大，逐渐被赋予道德和品行上的意义。在此后，君子在道德品行上的指代意义逐渐被士人所接受，君子的道德意义的使用范围逐渐大于政治意义的适用范围。在漫长封建社会，由君子含义所表示的道德品行及与此相配套的行为、姿态、理想等逐渐构成君子文化。此后孟子和荀子分别从仁义和礼义的角度来发展君子，孟子以性善论为基，认为理想的君子，要做到与天道贯通，要修身、齐家、治国、平天下；荀子以外在道德规范来规定君子，通过礼义来完成人伦秩序的重建，与天地同理，与万世同久。到这时对君子的要求已经非常高了。后来人对君子的发展都是建立在孔子的基础上并偏向于孟子或荀子①，但都离不开内圣外王的价值内核。由此看来，"君子"是中国优秀传统文化中塑造出来的中国人的完美人格。儒家乃至道家、法家都对此颇为推崇，君子身上所携带的仁爱、和合、自强、厚德等为人处世的规范和准则，最终都上升到君子文化的核心价值里，故君子文化是关于中国传统人格追求的文化。君子文化主要的核心是对自身精

---

① 钱念孙：《君子文化与社会主义核心价值观》，《光明日报》2014年6月13日。

神人格的至高追求，是一种关于君子的人生观价值观的文化，主要包括君子形象、君子修养、君子人格等方面。做人做君子的精神追求是君子文化教化作用的显性表现，君子的人格追求是君子文化教化作用的隐性表现，由于人人做君子而引起的社会和合、国家大同则是君子文化产生作用后的结果。

## 二、当代中国君子类型

仕君子、商君子、文君子、民君子，代表当代君子四大类型。

仕君子。仕君子当"修己以敬"，并寻找时机实现自身的价值。在封建时代，仕途是君子达成自身思想境界的手段，最终的目的还是"修己以安人"。在今天，仕君子不是汲汲于人事的人，而是在仕途上以"修己以敬"为目标和行为准则的官员。当代仕君子要有"修己以敬"的素养，"修己以敬"的首要表现就是"恕"道。"恕"道的内核却是"仁"道，因仁而恕，因仁爱而宽容。其次，当代仕君子要有担道为君民的信仰。孔子认为，君子学道、求道、得道旨在为君担道，为民行道。传统文化提倡"君子敬而无失，与人恭而有礼。四海之内，皆兄弟也"。君子对任何人都能以诚相待。君子以自己的德操影响人、教育人，使天下行道不为恶，并且"修己以安人""修己以安百姓"，仕君子是为国为民的先锋，具有发奋图强、自强不息的品格和强烈的历史使命感，把建功立业、经邦济世作为终生的追求，把个人的道德完善与人类的安宁幸福联系在一起。

商君子。在商品经济发展下的今天，商人突破传统的职业歧视，地位逐步提高，追求金钱变得不再被歧视，但对于金钱的渴望失去了伦理的约束，商业行为逐渐变得失控，商场上一片乱象，对商君子的要求也越来越迫切。徽商对商君子的追求孜孜不倦，商训里以诚为利、以信为赢、以和为贵、以衡为价，"贾而好儒"的作风，爱国奉献，团结进取等徽商精神，在经商中重视人文精神，讲求理性追求，在获取财富的同时不忘行"义举"回馈社会。徽商是商君子的典型代表，而徽商文化精神中的"义"与"信"

恰是君子文化的价值追求。

文君子。文君子在当代中国社会主要指文化宣传者中践行君子文化的工作者。作为一个现代的文君子，首先，要具备渊博的理论知识，尤其是传统文化的知识储量和知识密度，文君子应当有做传统文化护道人的能力。其次，坚持文以载道的原则，践行言之有物的写作方针，将人民作为写作的出发点，坚持写作为了人民、写作反映人民、文明的成果由人民共享，文章以民为基，将自身对于家国天下的自觉担当，对民族情怀的深刻关注，对于社会人生的探寻思索，贯注于自身的文章中。最后，"博学"与"多能"相结合，关注于将所学知识作用于当代人民的道德精神领域，为当代中国道德的形成提供一定的现实实践。文君子应当代表中国人至少是中国知识分子的风骨，儒雅、谦虚、讷于言而敏于行。

民君子。礼的道德，贯穿于民君子行为的方方面面，也是人的社会职责完成的保证。以礼仪、礼节、礼教来规范个人的行为，孔子认为，"礼之用，和为贵，先王之道，斯为美，小大由之。有所不行，知和而和，不以礼节之，亦不可行也"。荀子认为，"人无礼则不生，事无礼则不成，国无礼则不宁"，荀子在对礼的认识上突破了前人的思想局限，将礼上升到道的高度，指出礼是天地万物和人类社会和谐有序运行发展的最高准则，治国理政必须有实施隆礼守礼的为政方针，礼可以确立人们之间的社会角色，明确人们之间的伦理关系。

## 三、君子文化的当代复兴

君子文化是当代中国构建和谐社会的必要选择。君子在其行为过程中，要以忠诚守信为原则，以正直诚实为准则，以守礼行义为规范，以自身的社会关系为依据，以道德规范来调节人际关系，完成自身的社会责任和义务。君子人格讲求的笃守道义，尽职尽责，它洋溢着的历史使命感和现实责任感，不仅是实现人生价值的动力源泉，也是中华民族优秀精神的重要支柱。君子的道德规范标准促使君子自发完成道德的调节和教育功能，寻找内心的幸福力量。社会公德是对社会生活中每个人的最低的道德要求，其中凝结着中国君子文化的道德智慧，遵守社会公德是社会道德和精神文明建设的重要任务，是保证社会公共生活正常进行的重要条件，是培养个人崇高理想信念的重要起点。遵守职业道德，是社会道德和社会精神文明建设的重要步骤，是促进事业发展的必备素质，是实现人生追求的重要手段。遵守家庭美德，是社会道德和社会精神文明建设的重要内容，是社会安定的重要条件，是建立幸福家庭的重要保证。遵守个人品德，是社会道德和社会精神文明建设的重要节点，是完善自我的方式，是人之所以为人的显著特征。君子文化在道德规范上的约束，促使现代人主动追求自身的完满和高尚，并以自身力量影响周遭，形成和谐的社会氛围，促进和谐社会早日建成。

君子文化是当代中国文化自信建设的现实需求。君子文化是中国传统文化的优秀成果，对于君子文化的继承和发展有利于将中国优秀传统文化中代表民族文化血脉的能量带到当代社会，给钢筋铁骨、高楼大厦的现代社会增添一丝温情，给生活在工业文明社会的国人寻找一份内心的归属感和家国情怀，扩宽生命的宽度，增加生命的深度，将传统中国对于家国的担当、民族的大义、民的厚待、自身的苛求、生命的责任、天地的敬畏带入高速发展的当代中国，带入处在繁忙和浮躁的中国社会，让人们爱自己、爱家人、爱社会、爱国家，将亲亲之爱延续下去。建设社会主义文化强国的首要前提就是树立中华民族的文化自信。文化自信是对自身文化的认同和肯定、对自身文化机制的信任、对自身文化生命力的坚定信念。坚持对中国优秀传统文化的自信，是树立文化自强信念、稳固文化创新根基、建设文化强国的重要内容。君子文化是优秀传统文化的重要基因，是衡量中国传统道德伦理的重要尺度，是当代中国文化自信建设的能量供给。作为中华优秀文化之一，君子文化中的清正廉明、正己达人、厚德载物等思想直至今天依然对个人的道德追求和社会的道德规范产生深远影响，对涵养社会主义核心价值观提供重要理论根基。弘扬当代君子文化与践行社会主义核心价值观具有内在的一致性，二者如同并蒂的花，都为实现中国特色社会主义文化的大发展、大繁荣提供了途径选择。

"当代君子"主要包含三要素：第一，以天下为己任。君子要有理想主义的精神，要有对人类的关怀，读书不是为了进哈佛、进北大，而是要为人类做些事情。没有这种品格的人，谈不上君子。第二，特立独行，有批判意识。现在的传媒铺天盖地，形形色色的流行意见让人不知所措。一个特立独行的君子，对任何事情都应该有批判意识，有自己鲜明的判断、主张。第三，君子不器，要破除过分的专业化。日本第一个获得诺贝尔物理学奖的汤川秀树，因为预言了介子的存在而获奖，他之所以能够发现介子，是由于读中国的《庄子》得到了启发。总之，在当代社会，君子一要有天下情怀，二要特立独行、有独立人格，三要达到真正的"不器"。

# 君子之源

郭胜强(安阳师范学院教授)

君子是一个美好的称呼,在我国数千年的历史长河中,君子人格受到上自历代政治家、思想家及文人士大夫,下至社会各阶层人士包括普通百姓的广泛认同。目前所见研究论著一般将君子上溯到春秋战国之际,固然中国古代伟大的思想家孔子汲取了古代优秀思想文化,赋予"君子"全新的思想内容,使之成为中国古代优秀传统文化之精华,但在孔子以前,在商周时期,"君""子"就已存在。本文介绍目前所见最古老的原始文献资料——商周时代的甲骨文和金文中,对"君""子"的解释,供大家研究参考。

《辞海》释君子比较简单:西周、春秋时对贵族的通称。《书·无逸》:"君子所其无逸。"孔颖达疏引郑玄曰:"君子,止谓在官长者。"《国语·鲁语上》:"君子务治,小人务力。"君子指当时的统治者,小人指当时的被统治者。春秋末年后,"君子"与"小人"逐渐成为"有德者"与"无德者"的称谓。君子也是古时妻对夫的敬称。《诗·召南·草虫》:"未见君子,忧心忡忡。"[1]

《汉语大词典》对君子的解释比较复杂,又增加了多方面的内容:

(1)对统治者和贵族男子的通称。常与"小人"或"野人"对举。《诗·魏风·伐檀》:"彼君子兮,不素餐兮!"《孟子·滕文公上》:"无君子莫治野人,无野人莫养君子。"《淮南子·说林训》:"农夫劳而君子养焉。"高诱

---

① 《辞海》编写组:《辞海》,辞书出版社1980年版,第736页。

注："君子，国君。"

（2）泛指才德出众的人。《易·乾》："九三，君子终日乾乾。"汉班固《白虎通·号》："或称君子何？道德之称也。君之为言群也；子者丈夫之通称也。"宋王安石《君子斋记》："故天下之有德，通谓之君子。"清方文《石桥怀与治》诗："昔年居南邨，卜隣近君子。"洪深《少奶奶的扇子》第四幕："我想世界上的人，也不能就分做两群：说这群是好，那群是坏；这群君子，那群小人。"

（3）旧时妻对夫之称。《诗·召南·草虫》："未见君子，忧心忡忡。"《后汉书·列女传·曹世叔妻》："进增父母之羞，退益君子之累。"李贤注："君子，谓夫也。"唐李白的《古风》之二七："焉得偶君子，共乘双飞鸾。"清孙枝蔚《采莲曲》之一："妾采莲，采莲寄君子。"

（4）指春秋越国的君子军。《国语·吴语》："（越王）以其私卒君子六千人为中军。"韦昭注："私卒君子，王所亲近有志行者，犹吴所谓贤良，齐所谓士。"明梁辰鱼《浣纱记·被擒》："越王亲率兕甲十万，君子六千，直渡太湖。"（参见"君子军"）

（5）对人的尊称。犹言先生。《太平广记》卷四一九引唐李朝威《异闻录·柳毅》："夫人泣谓毅曰：'骨肉受君子深恩，恨不得展愧戴，遂至睽别。'"《武王伐纣平话》卷中："姜尚问曰：'君子，尔何姓？'"元李寿卿《伍员吹箫》第三折："君子，你这等一个人，可被那厮欺负，我好是不平也。"清李渔的《蜃中楼·双订》："我姊妹出来已久，恐家慈见疑，如今要返深闺，君子，请回去罢。"

（6）美酒。《类说》卷四三引唐皇甫松《醉乡日月》："凡酒……以家醪糯觞醉人者为君子。"

（7）竹之雅号。宋苏辙《林笋复生》诗："偶然雷雨一尺深，知为南园众君子。"[1]

---

[1] 汉语大词典编辑委员会：《汉语大词典》，上海辞书出版社1986年版，第3651页。

"君子"一词，最早出现在《周易》《尚书》《论语》等著作中，这些著作出现在春秋战国时期，中国古代伟大的思想家孔子赋予它新的思想内容，从单纯的政治角度上升到道德层次，此后就广泛流传使用起来。有学者统计，《论语》中，君子一词共出现107次。最早正式为"君子"定义的，是东汉的《白虎通义》，其文曰："或称君子者何？道德之称。君子为言，群也；子者，丈夫之通称也。故《孝经》曰：'君子之教以孝也所以敬天下之为人父者也。'何以知其通称也？以天子至于民。故《诗》云：'恺悌君子，民之父母。'《论语》曰：'君子哉若人。'此谓弟子，弟子者，民也。"

君子的原始本意究竟是什么，我们需要从原始的文献资料中来寻找。目前来说，我们所见到的最古老的原始文献资料应当是殷商时代的甲骨文和金文，本文根据这些资料予以归纳总结并谈谈个人的粗浅认识，主要是将资料提供给大家，供大家深入研究。

甲骨文中，"君"字的上部分是"尹"字，表示手执棍棒在指挥，徐中舒先生指出："《说文》：'君，尊也，从尹发号故从口。'尹为古代部落酋长之称，甲骨文从尹从口同。"①孟世凯先生释为"商王朝制事大臣，职能与'尹'同。"②也有人认为，"尹"是手执刀笔在刻写的形象。尹字下加"口"，合起来的意思是指手画脚，口授笔录，发号施令，治理国家。《诗经·谷风之什·大东》："君子所履，小人所视。"孔颖达《诗经正义》曰："此言君子、小人，在位与民庶相对。君子则引其道，小人则供其役。"《春秋左传·襄公九年》："君子劳心，小人劳力，先王之制也。"

李学勤先生在《释多君多子》一文中，对君进行了详细考证，指出："卜辞中每每提到多君，在有些辞中出现多尹，我们知道，卜辞君、尹两字经常互用，多尹也就是多君……多君的地位非常重要，商王的重要决定要告于多君，而且像《后》下13.2一辞所表明的，当王和多君的意见有分歧的时候，是不是按王的意旨办，有时还需要卜问……据此，殷墟卜辞里

---

① 徐中舒：《甲骨文字典》，成都、四川辞书出版社1988年版，第89页。
② 孟世凯：《甲骨学辞典》，上海人民出版社2009年版，第315页。

的多君(多尹)也应即商的朝臣。"①

"《后》下13.2",即罗振玉编撰的甲骨著录著作《殷墟卜辞后编》下册第13.2辞,原文是:

丁酉卜,矣贞,多君曰:"多第以彝。"王曰:"余其惟。"从王。

卜辞大意是在丁酉日这天,由贞人矣主持进行占卜,多君说某件事情应当这样办,商王说应当按照我的意见来办。占卜的结果显示,应该按照王说的来办。

这就表明"多君"在朝中举足轻重的地位,因此,一些甲骨文词典、字典就直接释"君"为"商时职官名"。②

其中,赵武襄君铍是1960年在河北易县东古城遗址出土的一件完整的青铜器铍,铍是用于刺杀的兵器,铭文所铸此铍的监制者为"守相武襄君"③。"守相"是职务,"武襄"是人名,"君"是其官名或尊称。

另一件青铜器哀成叔鼎,1966年洛阳市西工区洛阳玻璃厂349号东周墓出土,现藏于洛阳市博物馆。腹内壁有铭文,8行54字,如下:

正月庚午,嘉曰:余郑邦之产,少去母父,乍(作)铸飤器黄镬,君既安叀,亦弗其□盥蘷,嘉是佳(唯)哀成叔之鼎,永用禋祀,死(尸)于下土,台(以)事康公,勿或能怠。

这样长篇的铭文在春秋战国之际是不多见的,具有重要的史料价值。它记载哀成叔出生于郑,后来游宦到周(即洛阳)侍奉康公,当了家臣。此

---

① 李学勤:《释多君多子》,载胡厚宣主编:《甲骨文与殷商史》,上海古籍出版社1983年版,第13-15页。

② 马如森:《殷墟甲骨文简明字典》,上海大学出版社2008年版,第34页。崔恒升《简明甲骨文词典》,安徽教育出版社2001年版,第316页。

③ 吴振武:《赵武襄君铍考》,《文物》2001年第1期。

鼎是哀成叔死后,其家人为他作的一件殉葬器,目的是希望他死后永远侍奉康公。铭文第四行下为"君既安屯,"此"君"是对哀成叔的尊称,赞美其高尚品格。

甲骨文"子",此字写法颇多,如下:

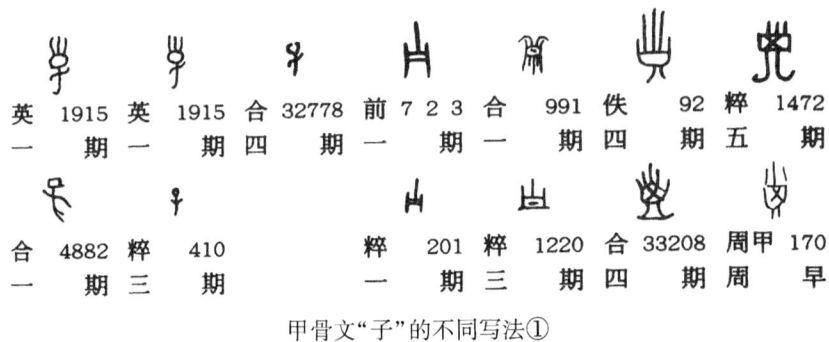

甲骨文"子"的不同写法①

马如森先生在《殷墟甲骨文实用字典》释"子":"其字形象小儿头,有发,本义是小孩。《说文》:子。十一月阳气动,万物滋人以为偁,象形。古文字从巛,象发也。籀文字(字形上引)囟有发,臂胫在几上也。"②

甲骨文用作:1. 借用作地支第一位。"甲子卜,⋯⋯乙雨。"(姬佛陀:《戬寿堂所藏殷墟文字》15.6) 2. 借用作四期卜辞贞人名。"乙亥,子,贞:丁于商。"(罗振玉:《殷墟书契前编》8.11.1)

《字典》解释较为简单,实际上"子"在甲骨文中用处很广泛,许多著名甲骨学家对"子"进行了考证,提出了自己的见解,成为甲骨文中一个热门话题,主要的有以下十种,限于篇幅现将主要观点作一介绍。

第一,甲骨学大师董作宾先生首先提出"王子"说和"爵称"说。

---

① 高明,涂白奎:《古文字类编》,上海古籍出版社2008年版,第198页。
② 马如森:《殷墟甲骨文简明字典》,上海大学出版社2008年版,第326页。

第二，甲骨学大师胡厚宣先生认为"子"为爵称。①

第三，日本汉学家岛邦男先生认为"子"乃是"受封于四方的殷之同族，而为后世子爵的滥觞"②。

第四，日本汉学家林巳奈夫先生认为"子"为殷人之姓，"某"是分封之地，后成为氏名。③

第五，李学勤先生认为，卜辞中的"多子"是对大臣或诸侯一类人的称呼，"多子族"是大臣或诸侯的亲族组成的队伍。④ 后来他又提出："卜辞和一些商代金文中的'子某也'应为名或字。"⑤

第六，林沄先生提出"子"是男性贵族所通用的美称。⑥

第七，中国社会科学院历史研究所研究员王宇信、杨升南先生认为："子的身份较为复杂，有王子、大臣及诸侯贵族之子、商同姓的子姓、爵称等四种义项。"⑦

第八，清华大学教授朱凤瀚先生指出，非王卜辞及商周金文中单称的"子"，是对商代诸家族（不限于子姓）族长的通称；王卜辞中所见的"某子"，当"某"是族名时，子亦是指该族族长；王卜辞所见的"子某"一般是指王子，王卜辞的"多子"是指多位子某，一般均是指多位王子……⑧

第九，河南师范大学李雪山教授通过对甲骨文的考察，提出商代的"子"有以下四种用法：

---

① 胡厚宣：《殷代封建制度考》，载《甲骨学商史论丛初集一册》，成都：《齐鲁大学国学研究专刊》，1944年。

② [日]岛邦男：《殷墟卜辞研究（中译本）》，鼎文书局1975年版，第420~455页。

③ [日]林巳奈夫：《殷周时代的图像记号》，《东方学报》1968年第39期。

④ 李学勤：《释多君、多子》，载胡厚宣主编：《甲骨文与殷商史》，上海古籍出版社1983年版。

⑤ 李学勤：考古发掘和古代姓氏制度，《考古》1987年第3期。

⑥ 林沄：从武丁时代的几种"子卜辞"试论商代的家族形态，载《林沄学术文集》，北京：中国大百科全书出版社1998年版，第46~59页。

⑦ 王宇信，扬升南：《甲骨学一百年》，社会科学文献出版社1999年版。

⑧ 朱凤瀚：《商周家族形态研究》，天津古籍出版社1990年版，第63页。

1. 表贞人名字或国族名字。

甲骨文中有贞人曰"子":

> 甲戌,子卜,我获印直(祸)。
> 乙亥,子卜贞:梦口,惟若。(《甲骨文合集》21534)

这个"子"是贞人名,又是国族名,是该国族来朝为官的代表,一般是族长。

2. 表"子嗣"之义,卜辞常见"有子"的记载:

> 庚子卜,殻贞:妇好有子。(《合集》13926)
> 癸未卜,殻贞:妇姘有子。(《合集》13931)

这是贞问妇好、妇姘会不会怀孕生子的卜辞。

3. "子"代指商人的先祖。

> 辛丑卜,大贞:仲子,岁其延酒。(《合集》23545)
> 贞:惟今日酒其侑于二子。(《合集》24983)

"岁",商代的一种祭祀办法,用斧钺杀牲的祭祀方法,是说用酒对仲子进行岁祭。仲子、二子都是商人的祖先。

4. 卜辞中"子某"之"子"多是爵称。卜辞有"爵子某"的记载。

> 戊辰卜,韦贞,爵子逄……(《合集》3226正)
> 囗亥卜,亘贞:逄……爵……子伯,二月。(《合集》3409正)

这两条卜辞是对逄和伯授予子爵的记载。①

---

① 李雪山:《商代分封制度研究》,中国社会科学出版社2004年版,第41~45页。

刘源先生认为："子某"是王子,其中,既有时王的亲子,也有前代商王之子。①

综合诸家之说,概括起来"子"在甲骨文中有以下七种用处:

1.子姓;2.爵称;3.子嗣王子;4.大臣诸侯;5.贵族统称;6.商人先祖;7.贞人。

金文"子"写作如下,比起甲骨文,更趋简单化了。后面的几个如勾践剑、王子午鼎等,是一种艺术化的鸟虫书体,看上去比较复杂,但多为装饰。如王子欵戈,仅左上角部分是子,其他的部分都是装饰。

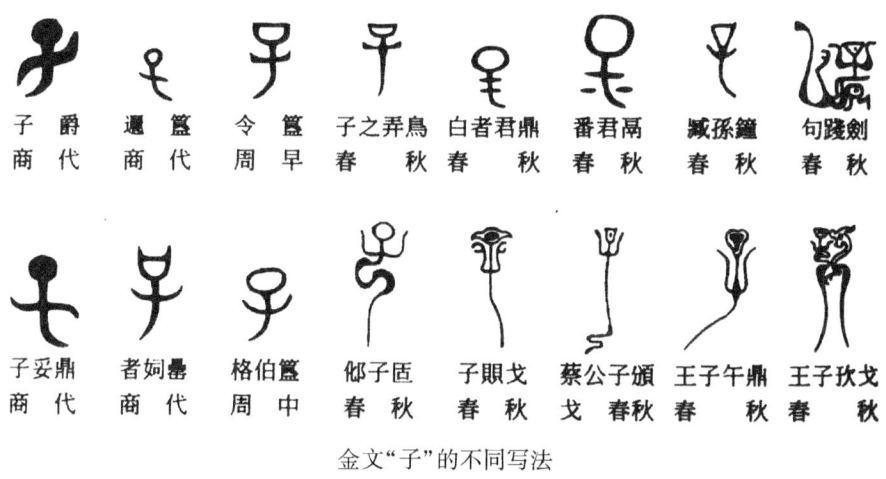

金文"子"的不同写法

其中番君鬲是春秋时期的饪食器,该器是传世收藏品,曾在2015年春季北京东方大观文物艺术品拍卖会金石契专场拍卖会上拍卖,现藏北京故宫博物院。鬲口沿宽且外折,束颈,突肩,有凸棱,裆部趋平,足呈兽蹄形。肩饰变形窃曲纹。

环口沿有铭文17字:

---

① 刘源:《从国博所藏甲骨谈殷墟卜辞中的子某》,载《中国国家博物馆馆藏文物研究丛书:甲骨卷》,上海古籍出版社2007年版,第305~312页。

第一部分　君子内涵与溯源

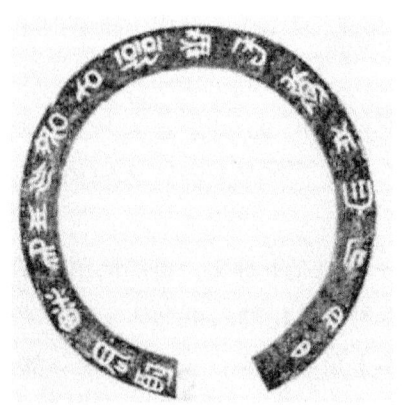

番君鬲铭

唯番君𫊻伯自作宝鼎，万年无疆，子孙永用。

铭文意为：番君𫊻伯自作宝鼎，祈望万年无疆，子孙永用。此铭中的"君"（左下方）是𫊻伯的官职或尊称，"子"（右上方）是子嗣的意思。

王子午鼎1978年出土于河南淅川下寺2号楚墓。当时，出土的王子午鼎共有七件，它们造型与纹饰完全相同，由大到小依次排列，这样的排列形式被称为"列鼎"。

王子午鼎宽体、束腰、平底，器身周围有六个浮雕夔龙作攀附状，兽口咬着鼎的口沿，足抓着鼎的腰箍。王子午鼎具独特的楚式风格，造型呈平底束腰形，很容易让人联想到"楚王好细腰"的故事。王子午鼎的主人名叫"王子午"，并称其为"令尹子庚"。此人在史籍中有据可查，可知王子午（史籍中称公子午）字子庚，就是那个春秋五霸之一并"问鼎中原"的楚庄王的儿子，也是楚共王的弟弟。

鼎盖、颈、腹内壁均铸铭文。腹铭84字，记述王子午作器的用途和歌颂自己的功德。器腹铭释文："隹（唯）正月初吉丁亥，王子午（择）其吉金，自乍（作）彝蠶鼎，用言（享以）孝（于）我皇且（祖）文考，用（祈眉寿）（弘恭舒迟），（畏忌）趩趩，敬氒（厥）盟祀，永受其福。余不（畏）不差，惠

68

(于)政德,(愬于)威义(仪),阑阑(兽兽)。命(令)尹子庚,殿(繄)民之所亟,万年无諆(期),子孙是制。"

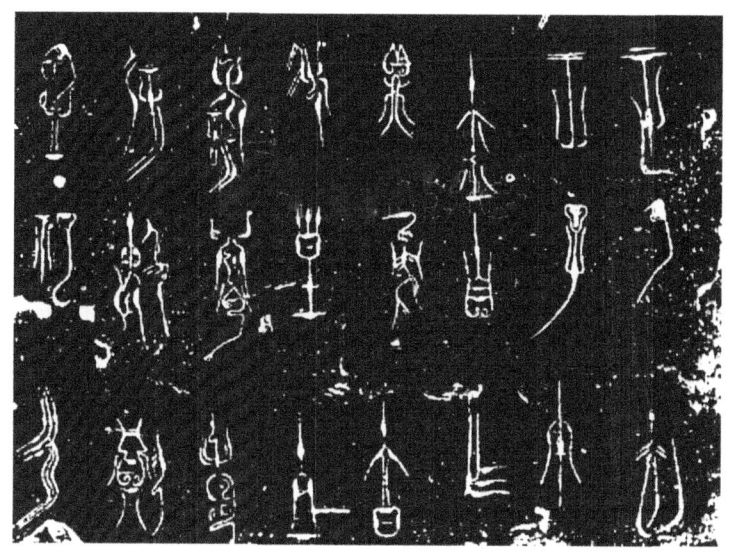

王子午鼎铭文(局部),第二行三个字是"王子午"。

# 《易经》论君子

汪祖民(苏州科技大学高级工程师)

《易经》中"君子"竟然在六十四卦中都有论述(《易经》指包括了经与传的《周易》)。体现着华夏文明智慧的《周易》，是君子文化的源头活水。《周易》中推崇的"君子"人格与伦理，历久弥新，影响中外。从《易经》中明确其"君子"之义，才能升华出"君子文化"的丰富的内涵，对当代个人修养有深刻的启示。在《现代汉语词典》中，并没有"君子文化"这个词条。"君"在封建时代指帝王、诸侯君主、国君等。后来一般作敬词、对人的尊称，如张君、李君、诸君。"君子"古代指地位高的人，现代指品行好、人格高尚的人，正人君子。现在所谓"君子文化"是中华民族独特的精神标识。

## 一、《易经》中的"君子"

《易经》是汉族传统思想文化中自然哲学与人文实践的理论根源，是古代汉民族思想、智慧的结晶，被誉为"大道之源"，是古代帝王之学，政治家、军事家、商家的必修之术。《易经》涵盖万有，纲纪群伦，是汉族传统文化的杰出代表，广大精微，包罗万象。据《史记·周本纪》记载：文王"其囚羑里，盖益易之八卦为六十四卦"。也就是说，当时文王(西伯昌)被崇侯虎陷害而被殷帝纣囚禁在羑里整七年，在狱中，西伯昌潜心研究易学八卦，通过八卦相叠从而推演出现在《易经》中所记载的干为天、坤为地、水雷屯、山水蒙等六十四卦。有些人认为《易经》包容万象，蕴含无穷智慧，小可以启悟人生真谛，大可以解开宇宙密码。《易经》六十四卦中，对君子都有论述。

（一）《易经》八卦中的"君子"

1. "天行健，君子以自强不息。"（乾卦）
2. "地势坤，君子以厚德载物。"（坤卦）
3. "随风巽，君子以申命行事。"（巽卦）
4. "渐雷震，君子以恐惧修省。"（震卦）
5. "善如水，君子以作事谋始。"（坎卦）
6. "火同人，君子以类族辨物。"（离卦）
7. "步泽履，君子以辨民安志。"（兑卦）
8. "艮山谦，君子以裒多益寡。"（艮卦）

（二）《易经》六十四卦中的"君子"

1. "天行健，君子以自强不息。"
2. "地势坤，君子以厚德载物。"
3. "云雷屯，君子以经纶。"
4. "山泉蒙，君子以果行育德。"
5. "云天需，君子以待阴阳结合。"
6. "天水讼，君子以作事谋始。"
7. "地水师，君子以容民畜众。"
8. "水地比，君子以建万国，亲诸侯。"
9. "风天小畜，君子以懿文德。"
10. "天泽履，君子以辨上下，安民志。"
11. "天地泰，君子以辅相天地之宜，以左右民。"
12. "天地否，君子以俭德辟难，不可荣以禄。"
13. "天火同人，君子以类族辨物。"
14. "火天大有，君子以竭恶扬善，顺天休命。"

15. "地山谦，君子以裒多益寡，称物平施。"
16. "雷地豫，君子以作乐崇德。"
17. "泽雷随，君子以向晦入宴息。"
18. "山风蛊，君子以振民育德。"
19. "泽地临，君子以教思无穷，容保民无疆。"
20. "风云观，君子以省方观民设教。"
21. "电雷噬嗑，君子以明罚敕法。"
22. "山火贲，君子以明庶政，无敢折狱。"
23. "山地剥，君子以明盈虚消长之律。"
24. "雷地复，君子以静致动。"
25. "天雷无妄，君子以动机纯正赢得四方。"
26. "山天大畜，君子以多识前言往行，以畜其德。"
27. "山雷颐，君子以慎言语，节饮食。"
28. "泽风大过，君子以独立不惧，遁世无闷。"
29. "水洊至，君子以常德行，习教事。"
30. "明作离，君子以继明照于四方。"
31. "泽山咸，君子以虚受之。"
32. "雷风恒，君子以立不易方。"
33. "山天遁，君子以远小人，不恶而严。"
34. "雷天大壮，君子以非礼勿履。"
35. "火地晋，君子以自昭明德。"
36. "地火明夷，君子以莅众，用晦而明。"
37. "风火家人，君子以言有物，而行有恒。"
38. "火泽睽，君子以同而异。"
39. "山火蹇，君子以反身修德。"
40. "雷雨解，君子以赦过宥罪。"
41. "山泽损，君子以惩忿窒欲。"
42. "风雷益，君子以见善则迁，有过则改。"

43. "泽天夬,君子以施禄及下,居德则忌。"
44. "天风姤,君子以施命诰四方。"
45. "泽地萃,君子以除戎器,戒下虞。"
46. "地木升,君子以顺德,积小以高大。"
47. "泽水困,君子以致命遂志。"
48. "水风井,君子以劳民劝相。"
49. "泽火革,君子以治历明时。"
50. "火风鼎,君子以正位凝命。"
51. "渐雷震,君子以恐惧修省。"
52. "兼山艮,君子以思不出其位。"
53. "山木渐,君子以居贤德善俗。"
54. "雷泽归妹,君子以永终知敝。"
55. "雷电丰,君子以折狱致刑。"
56. "火山旅,君子以明慎用刑,而不留狱。"
57. "随风巽,君子以申令行事。"
58. "丽泽兑,君子以朋友讲习。"
59. "风水涣,君子以享于上帝立庙。"
60. "泽水节,君子以制数度,议德行。"
61. "风泽中孚,君子以议狱缓死。"
62. "雷山小过,君子以行过乎恭,丧过乎哀,用过乎俭。"
63. "水火既济,君子以思患而预防之。"
64. "火水未济,君子以慎辨物居方。"

## 二、《易经》"君子"论的影响

《易经》作为产生于甲骨文和《诗经》之间的一种历史文献,《易经》的用词与先秦孔孟时代的文言完全不同,相当于一种"文言文中的文言文"。要理解它的真实含义,存在很大困难。《易经》作为"源头"处的理性文明,必然是简单的、粗糙的、不成熟的,甚至杂入了许多错误逻辑在其中。但是,对于"君子"的论述显示了其强大的文化魅力。

乾卦第三爻的"君子"九三:"君子终日乾乾,夕惕若厉,无咎。""九三"这一天,耕作者(君子,甲骨文中的"君"字,是一个向土穴中播种之人的形象;也有意见认为君子指的乃是东宫苍龙,终日乾乾的意思,是指东宫苍龙每天都很努力在朝着天空——也就是"乾"——上升)需要整天在田地里干活,即便到了傍晚也要继续努力,如此才能"无咎",才不会违背天时,才算得上没有过错。现在理解的是见龙在田的进一步上升。比喻人初得重用,不仅要自强不息,发奋有为,而且一天到晚都要心存警惕,好像有危险要发生一样,才能免除灾祸,顺利发展。

## (一)深刻影响中国为人处世文化

在中国文化史上,《易经》被尊为"群经之首""六艺之源"。几千年来,大到治国安邦,小到家务琐事,人们都习惯于到《易经》中去寻找答案。易经六十四卦是透过六十四卦的组合,去反映六十四种不同的事务、情境、现象、特定环境下的人生哲理以及大自然的运作法则。每一卦都会有六爻和爻辞,以及三百八十四种对应的状态,透过这些变化可以知道世间万物的运作以及人生的哲理。在汉语中,有 200 余条成语源出《易经》。这些成语蕴涵着极其丰富的精神内涵,也为人们提供了行之有效的为人处世策略。例如《易经·乾》:"君子终日乾乾,夕惕若厉。"朝乾夕惕形容一天到晚勤奋谨慎,没有一点疏忽懈怠。《易经·谦》:"谦谦君子,卑以自牧也。"《易经》上述话中包含两个成语:谦谦君子与卑以自牧。谦谦君子指谦虚谨慎、能严格要求自己、品格高尚的人;卑以自牧指以谦卑自守,要求人们保持谦虚的态度,提高自身的修养。《易经·系辞下》"是故君子安而不忘危,存而不忘亡,治而不忘乱,是以身安而国家可保也。"安不忘危表示要在安全的时候不忘记危难,意思是时刻谨慎小心,提高警惕。我们发现一个问题,本来关注自然现象变易的《易经》变成了关注人的伦理道德问题。在读过《易经》的杨振宁眼里,"《易经》影响了中华文化的思维方式,而这个影响是近代科学没有在中国萌芽的重要原因之一"①。

(二) 对国外的影响很大

《易经》对国外的影响,有人认为促进了日本社会的变革,也是有人认为与西方科学有某些暗合之处。胡兰成认为,日本明治维新的成功得益于中国的《易经》:"日本的明治天皇合于乾卦之九五,飞龙在天,当时的维新诸功臣多是以圣贤之学为根本,多样地多角度地理解道德,凭着纵横的才智转国运之大难为大庆,此诚得力于《易经》之教。"②

通过《易经》似乎发现了中西方文化存在某种暗合之处。二十世纪七八十年代,中文知识界开始传播"莱布尼茨发明二进制是受了中国《易经》八卦图的启发""莱布尼茨发明的二进制与《易经》八卦暗合"等信息。传教士白晋说"二进制与《易经》八卦暗合",莱布尼茨接受了白晋提供给他的解释。根据二人间的通信,白晋如此解读八卦图的用意,似乎想通过制造东西方学术的这种"暗合",寻到一条让中国人接受基督教的方便路径,也就是助力他在中国的传教事业。(陈乐民,《莱布尼茨和"儒学"》)同期,东方宗教爱好者、美国学者弗里乔夫·卡普拉在《物理学之道》(1975年)一书中,将现代量子场理论与《易经》对比,认为《易经》与基本粒子的相互作用,相互转化的动力学模型相一致,八卦图与强子的八重态相对应。

在弘扬"君子文化"时,《周易》提供了丰富的内涵,是君子文化的核心的源头。与此同时,还需要用现代的观念和科学知识,特别西方先进的逻辑思维来丰富和完善传统的"君子文化"。君子文化就是用君子的标准和价值追求实现"文以化人",如何能够教化人?有君子人格的人能够获得社会的广泛尊崇,成为人们向往的标杆;缺乏君子人格的人,被社会所不齿。君子人格就是张扬君子文化核心内涵、追求君子伦理,是体现君子文化的价值观。

---

① 杨振宁:《〈易经〉对中华文化的影响》,《自然》2005年第1期。
② 胡兰成:《易经与老子》,辽宁人民出版社2016年版,第5页。

# 《诗经》论君子

朱长许(麻城历史文化学者)

《诗经》中一百多个君子称谓,《易经》中有很多君子概念,加以辨析,发现古人君子观念的由来、发展,又通过二者的比较,体察中国文明史两部名著的体貌、风格、流变、成书历史和影响,可以发扬光大华夏君子之风,应对世界百年未有之大变局。

## 一、《诗经》中的君子指称

《诗经》是中国最早的一部诗歌总集,收集了西周初年至春秋中叶(前11世纪至前6世纪)的诗歌,共311篇,在内容上分为《风》《雅》《颂》三个部分,《风》是周代各地的歌谣;《雅》是周人的正声雅乐,又分《小雅》和《大雅》,《颂》是周王庭和贵族宗庙祭祀的乐歌,又分为《周颂》《鲁颂》和《商颂》。《诗经》对当世和后代影响都很大。

《诗经》中有63首诗歌,一共有183处出现君子(一说187处),含义各不相同。有的是对天子的尊称,歌颂天子的美德,如《小雅·车攻》:"之子于征,有闻无声。允矣君子,展也大成。"《大雅·既醉》:"既醉以酒,既饱以德。君子万年,介尔景福。"有的是对天子的讽谏,如《小雅·巧言》:"君子屡盟,乱是用长。君子信盗,乱是用暴。"能见到天子、赞美天子的人毕竟不多,《风》和《小雅》也有一些诗歌用"君子"指代诸侯,如《鄘风·载驰》:"我行其野,芃芃其麦。控于大邦,谁因谁极,大夫君子,无我有尤。百尔所思，不如我所之。"又如《秦风·终南》："终南何有，有条有梅。君子至止，锦衣狐裘。"前者是许穆公夫人向大国求助，恳求大夫君子施以援手，后者赞美秦襄公临危受命，骁勇善战。

用君子指称卿大夫的诗歌，也不在少数。如《小雅·菁菁者莪》："菁菁者莪，在彼中阿，既见君子，乐且有仪。菁菁者莪，在彼中止，既见君子，我心则喜。"当然也有讽刺贵族卿大夫不劳而获的，如《魏风·伐檀》："坎坎伐檀兮，置之河之干兮，河水清且涟猗。不稼不穑，胡取禾三百廛兮，不狩不猎，胡瞻尔庭有县貆兮，彼君子兮，不素餐兮。"

君子指代品德高尚的人。尤其是风诗，不少诗并不以地位尊崇为贵，品德高尚才被称为君子。如《曹风·鸤鸠》："淑人君子，其仪不忒，淑人君子，正是国人。"

君子还可以指丈夫或心爱的人。如《秦风·晨风》："未见君子，忧心钦钦。"又如《卫风·淇奥》："瞻汲淇奥，绿竹猗猗。有匪君子，如切如磋，如琢如磨。"这里君子指的是心爱的人。而《关雎》中的"关关雎鸠，在河之洲，窈窕淑女，君子好逑"，则是淑女的思慕者了。

## 二、《诗经》和《易经》的"君子"比较

拿《诗经》和《易经》作比较，其原因有：一是概括全面。古代最重要的几部书，《诗经》《书经》《易经》《礼经》《乐经》《春秋》总共两种文体，一为诗歌，一为散文，一为形象思维，一为抽象思维，这两部古典均有。二是选例典型。《易经》为"群经之首"，代表了古代从天子到卿大夫的"高级思维"，如传说中的伏羲画八卦、文王作卦辞、孔子作系传。诗经则反映了卿大夫、诸侯、周天子，但主要是平民的君子观，而且，二者都经过时代、伟人的重重把关，代表性非常强。三是时间跨度大，一般认为《诗经》中的诗歌时间上囊括西周初年至春秋中叶，而《易经》的内容则是上自传说时代，下至战国时代，可以说，这一时期古人的"君子观"全部囊括其中。四是直指源头。君子观至孔子集大成，孔子君子观从何而来，正本清源，

还是指向《诗经》和《易经》，欲流之远者，必浚其泉源。五是有硬核。这两部书固然典型，但留下的谜团实在太多，"君子"的比较研究，说不定能发现这两部书中一些不为人知的秘密。

通过二者的比较，至少可以发现以下几点：

（一）君子的概念是变化的。君子一度是身份地位的象征，但越到后来越走向道德品质，走向平民，走向纯洁的道德。《诗经》由于是诗歌总集，所以里面的"君子"还是一个简单的概念，比方说是"某种人"，但也有悖论，如对天子、贵族等就有褒贬两种看法。《易经》由于是高级智慧编撰，这里的"君子"更是复杂的、立体的概念，是抽象思维的产物，而且触觉伸向人性、地球、宇宙一些规律性的问题。

（二）古人对君子的概念似乎变简单了，变通俗了，其实不然，君子有七德，君子有十德，古人对君子的要求更高了，可以说是"德智体美劳"全面发展的人。

（三）《诗经》里的君子，人情味颇浓，这大概是由于诗歌的缘故，这里的君子宴饮、歌舞、恋爱、祭祀、欢乐、忧伤，展现了人的全部情趣；《易经》中的君子，思辨味很强，这里的君子是一个希望彻晓人、民族、国家、地球、甚至宇宙全部秘密的人，也几乎成功了。

（四）重读《诗经》，我们可以发现《诗经》里的"君子"有一贯性、整体性，应该有一个主要写作者、收集者、整理者。这个人相传就是湖北房县人尹吉甫。尹吉甫（前852—前775年）是尹国的国君，字吉父，一作吉甫。尹吉甫本姓姞，因被封为尹，所以又称尹吉甫，吉甫仕于西周，征占于山西平遥、河北沧州南皮等地，食邑房，卒葬于房。尹吉甫不仅是我国第一部诗歌总集的采风者，编纂者，中国历史上的伟大诗人，而且是卓越的思想家、政治家、军事家、哲学家、文学家，是周宣王时代的太师，西周时期著名的贤相，曾奉周宣王命与南仲出征猃狁，获大胜，反击到太原。有人认为《诗经》是尹吉甫和仲姬二人所作，持论或许偏颇，但《烝民》《崧高》《江汉》《韩奕》及许多颂诗为尹吉甫所作，大抵是不错的，"吉甫作颂，穆如清风"。但是大多数中国人是不相信的。现存文物有兮甲盘，兮甲盘，圆形，附耳，盘沿外侈，内底趋平，盘沿下饰窃曲纹，皮壳黑亮，传世状态明显，圈足缺失，内底铸铭文133字，制作者兮甲，字吉父，即尹吉甫，记述了兮甲随从周宣王征伐狁，对南淮夷征收赋贡之事，所以，"昔我往矣，杨柳依依，今我来思，雨雪霏霏"的作者应该是个人修养、文才武功较高的尹吉甫，而不是一个没有读过什么书，个人经历不丰富、一般意义的士兵。这里的君子，是一位将军，估计就是尹吉甫。这样一比较，是不是发现了一些东西？

（五）重读《易经》，我们又可以发现，连山以艮卦始，是山的形象；归藏以坤卦始，是大地的形象；周易是乾卦始，是天的形象，是宇宙的形象，这都是君子应该知道的；通过《易经》的君子，我们在这里还有一个小小的发现，连山是人类历史的采集时代，归藏是人类历史的农业时代。《周易》为什么打倒了《连山》和《归藏》，是因为《周易》发现了宇宙的秘密。

我们只是来看看以乾卦开头的《周易》：

干：元亨利贞。天行健，君子以自强不息。
初九，潜龙勿用。
九二，见龙在田，利见大人。
九三，君子终日乾乾，夕惕若，厉无咎。
九四，或跃在渊，无咎。
九五，飞龙在天，利见大人。
上九，亢龙有悔。
用九，见群龙无首，吉。

乾卦将辩证法的三大规律——否定之否定规律、量变质变规律、对立统一规律揭露无遗。它很机智，它是以龙的形象来揭示这些的。龙先是勿用，再是在田，然后或跃在渊，然后飞龙在天，最后亢龙有悔，这不是量变质变、对立统一、否定之否定吗？而且，它还是一个成功的人的奋斗史、一个民族或一个国家的奋斗史，再想得远一点，可能是宇宙的一个

"劫"，一个循环，从宇宙大爆炸开始，以黑洞终。老子《道德经》的宇宙论，是否从这里得到启发呢？

（六）看人性，学习君子品德。谦谦君子，温润如玉，玉精光内蕴、纯净洁白，表里如一、圆融无碍。它有所谓十一德：即"仁、义、礼、知、信、天、地、道、德、忠、乐"，如"义者，廉而不锐，周融无碍也""礼者，佩之坠下，自卑而尊人也"，"知者，缜密如栗，自知者明，已严外贵也""天者，气如白虹，度量如海也"等，这虽是后人的发挥，但无疑从《诗经》《易经》继承而来，商代妇好墓就出土了 700 多件玉器，先民为了怡情养德，用玉玦、玉项饰、玉钏、玉环来美化自己。古人求思之深，而对自己的品德又"如切如磋，如琢如磨"，而今人呢，世风日下，人心不古，有许多伪君子。我们要从教育抓起，培养君子，富贵不能淫，贫贱不能移，威武不能屈。我们整个社会，党性，民心，都要君子风，这个世界才会美好。

（七）看世界，要善用君子智慧。当今世界，正进入百年未有之大变局。我们不仅要有君子的品德，还要有君子的才能，更要有君子的心理和定力，不断提高综合国力，在经济、军事、文化等方面雄踞世界，运筹帷幄，高瞻远瞩，和而不同，美美与共。

# 《论语》论君子交友

刘宝强(贵州凯里学院教授)

《论语》强调君子交友,重在"诚信""中庸""礼义""谦逊""温和""正直""才识"。在物欲横流的当今社会,很多人都缺乏正确的交友观,放纵迷失了自己。因此,分析《论语》的君子交友观,对当今人们以古为范、树立正确的交友观具有一定意义。

## 一、《论语》中的交友规范

(一)交诚信之友

《论语》中提及"诚实守信"的句子不少,可见"诚实守信"的重要性。曾子曰:"吾日三省吾身:为人谋而不忠乎?与朋友交而不信乎?"(《论语·学而》)孔子在谈他理想时,祈愿使老人不会失去安闲舒适,朋友们能信赖他,年轻人能思念他,可见,朋友讲诚信也是孔子遵从的准则。

(二)交中庸之友

"物极必反"这个道理似乎人人都懂,但能真正理解并做好却不容易。对待任何事物都要把握好一定的度,交友也应该把握好朋友之交的"度"。不要把自身看法刻意强加给朋友。孔子指出,侍奉君子时易犯三种过失:一是在发表言论时,还没到自己发言就去抢着说,这是急躁;二是在轮到了自己发言却又不去说，这是隐瞒虚伪；三是不去看别人的表情脸色而不断地说，这就如同盲人。

(三) 交礼义之友

孔子认为"礼""义"是在朋友交往中应该要坚持的标准。他认为"礼"是"仁"的体现方式，但其所言的"义"与墨家倡导的侠义之气有差异。孔子认为，"礼"是朋友之交的前提，仁人君子必须合乎于"礼"，懂得"礼让"，在"礼"的范围内行事。朋友之间的来往也要循礼从义。在孔子看来，君子应该把义当做根本，然后用礼来加以推行，再以谦虚的语言来体现，后用忠实的态度来实现，这样即是君子了。

(四) 交谦逊之友

《论语·学而》中子贡曰："夫子温、良、恭、俭、让以得之"。孔子以平和、仁慈、恭敬、勤俭、辞让的美妙品质而得悉国家政事，可见孔子也重视谦逊的重要性。我们要学会把握谦逊的真正本质内涵，多交谦逊之友。

(五) 交温和之友

《论语》中孔子认为，"和"不仅是处理朋友关系的标准，也是处理好国家关系与家庭关系的标准。以"和"为贵的交友观是深入人心的。君子的所有行为都是温和的，合乎礼仪。

(六) 交正直之友

子曰："益者三友，损者三友。友直，友谅，友多闻，益矣。友便辟，友善柔，友便佞，损矣。"(《论语·季氏篇》)。

(七) 交才识之友

《论语》中还提倡要结交见闻广博的朋友。与见闻广博之人交朋友，能汲取学习他们的知识，让我们变得更有学识。子曰："见贤思齐焉，见不贤而内自省也。"(《论语·里仁》)要多与比自己有才识的人交往，这样更能看到自己的不足。

## 二、当今的感悟

《论语》中提倡的"诚信""中庸""礼义""谦逊""温和""正直""才识"等交友观体现出《论语》中的君子属性，即《论语》中对君子交友的理解要求。君子相交，首先应遵循礼义规范，以中庸为本，表现出谦逊温和的态度，多以才识见闻相交流，多交诚实守信、正直正义之友。

《论语》交友观对当代的影响是潜移默化的。泰勒曾说："如果人们思索一下孔子思想对当今世界的意义，人们很快便会发现，在过去的二千五百多年里，人类社会的基本需要其变化之小是令人惊奇的。不管我们取得进步也好，或是缺少进步也好，当今一个昌盛成功的社会在很大程度上仍立足于孔子所确立和阐述过的很多价值观念。这些价值观念是超越时代与国界的；属于中国，也属于世界；属于过去，也会鉴照今天和未来。"[①]泰勒对孔子思想价值观的评价是客观的。《论语》提倡的交友观能提高个人的修养素质，让我们成为一个"德才兼备"的贤者。当代公民如果能用《论语》中的君子要求来规范自己的言行举止，并用《论语》中提倡的交友观去择友而处的话，相信社会会更加的和谐美好，社会发展也会更加迅速。

---

① 参见联合国教科文组织总干事代表泰勒博士的致词，《孔子研究》1990年第1期，第1页。

# "君子坦荡荡"寓意

刘少峰(孝感孝文化学者)

"君子坦荡荡,小人长戚戚"(《论语·述而》)是孔子关于君子形象的一个著名的描述。"君子坦荡荡"植根于"仁"上,体现了一种文化自信。"君子坦荡荡"能让人获得幸福感,体现了一种清醒的"自省精神",在"杀身成仁"的举动中,体现在"安贫乐道"之中,体现在"成人之美"上,体现在"重义轻利"上。"君子坦荡荡"是对君子"人格美"的高度赞扬。君子文化是中华民族最基本的文化基因,需要创造性的转换。弘扬以坦荡为特质的君子文化对于实现伟大的"中国梦"具有十分强烈的现实意义和深远的历史意义。

"君子坦荡荡"植根于"仁"上。"子张问仁于孔子。孔子曰:'能行五者于天下,为仁矣。'请问之。曰:'恭、宽、信、敏、惠。恭则不侮,宽则得众,信则人任焉,敏则有功,惠则足以使人。'"(《论语·阳货》)其中"信则人任焉"就含有与人交往"坦荡"之义。孟子认为,君子不仅心里面存着"仁",而且言谈举止都必须遵循"仁"这个准则。"君子所以异于人者,以其存心也。君子以仁存心,以礼存心。"(《孟子·离娄下》)如果君子不具备"仁"这个人格特征,那么,君子也就不能称之为君子,正如孟子所说:"君子所性,仁、义、礼、智根于心。"(《孟子·告子下》)君子有一个根本的特性,那就是仁、义、礼、智都植根于君子的心中。其中,仁排在首位,是义、礼、智的基础,更是君子安身立命的前提。因此,君子片刻也不能离开"仁"这个人格特征。仁的意思是爱人,爱人就要有一颗仁爱之心，就要从爱自己的家人开始做起，以此类推，爱天下可爱之人，爱天下可爱之物，正如张载所言"为天地立心，为生民立命，为往圣继绝学，为万世开太平"，君子欲与"天地之道"相接，这就需要有宽阔的胸怀。

"君子坦荡荡"体现了一种文化自信。君子之道当以修身为要，修身是修自己，不是修别人。君子心胸开朗，思想上坦率洁净，外貌动作也显得十分舒畅安定。有人解释《论语》之"小人长戚戚"，就是小人常常忧愁惊惧，其实，这是误解。朱熹《论语集注》云："小人役于物，固多忧戚。岂仅役于常人所谓'物'哉？此物乃欲，小人常常逆理而行，多寻蹊径，为名为利为欲牵行，所谓行险侥幸，患得患失耳，此乃小人之忧戚也。君子处世以道义而行，决事循理而迎刃而解，坦然舒泰情状矣，此所谓君子之坦荡荡也。"君子与小人其所虑不同，其定力也就不同。君子以仁为己任，所以问心无愧而坦荡荡；小人患得之，患失之，所虑者局于一己，所以长戚戚。君子的这种风范气度具体表现为：君子"厚德载物"（《周易·坤》），"尊贤而容众，嘉善而矜不能"（《论语》）；君子"群而不党""周而不比""泰而不骄"（《论语》），"君子之交淡如水"（《庄子·山木》）；君子"不以言举人，不以人废言"（《论语》），"内称不辟亲，外举不辟怨"（《礼记·儒行》）；君子"闻过则喜，知过改过"；君子不苟求于人，"不尽人之欢，不竭人之忠"（《礼记·曲礼上》），以及"以直报怨，以德报德"（《论语》）等。君子有这样坦荡的胸襟和气度，就在于君子能自重，"爱人也以德"（《礼记》），"度己则以绳，接人则用抴"（《荀子》），心底无私。所以，君子不论是"崇人之德，扬人之美"（《荀子·不苟》），还是"正义之指，举人之过"（《荀子·不苟》），以至"言己之光美，拟于舜、禹"（《荀子·不苟》），都是光明正大的。因此，"君子坦荡荡"，历来被看作君子胸襟气度的突出体现。这既是君子外在的风范，更反映了君子光明磊落的内在素质。

"君子坦荡荡"体现了一种清醒的"自省精神"。儒家一直提倡"内外兼修"，"内"即对自己的要求，要"自省""慎独"；"外"则是说自己在社会中的行为，追求"圣王""王道"。《论语·学而》中曾子说："吾日三省吾身：为人谋而不忠乎？与朋友交而不信乎？传不习乎？"《中庸》也云："莫见乎隐，莫显乎微，故君子慎其独也。"儒家"内外兼修"的最终目的，是要达到"内美"与"外美"的一致，做到"文质彬彬"。实际上，君子也有犯错的时候，《论语》有云："君子之过也，如日月之食焉，过也，人皆见之，更也，人皆仰之。"孔子称赞颜回"不贰过，不迁怒"，"不贰过"就是知错就改，不犯两次同样的错误，这更是难上加难。人们总说吃一堑，长一智，可是被同一块石头绊倒两次的人少吗？迁怒于人就是伤害别人，迁怒于己就是伤害自己。所以说，君子之道也是人之常情。子曰："君子有九思：视思明，听思聪，色思温，貌思恭，言思忠，事思敬，疑思问，忿思难，见得思义。"（《论语·季氏》）这段话的意思是要君子有"自省精神"。

"君子坦荡荡"体现在"杀身成仁"的举动中。"仁"是儒家思想的核心，是所有儒家士人用生命捍卫的东西。"君子义以为上"（《论语·阳货》），君子以"义"作为自己行动的指南；"君子义以为质"（《论语·卫灵公》），君子把"义"化为自己的内在本质。"君子之于天下也，无适也，无莫也，义之与比。"（《论语·里仁》）《论语·泰伯》中曾子说："士不可以不弘毅，任重而道远。仁以为己任，不亦重乎？死而后已，不亦远乎？"《论语·卫灵公》中孔子说："志士仁人，无求生以害仁，有杀身以成仁。"由此可见，在必要的情况下，儒家士人是可以用"杀身"的方式来践行仁道的。《孟子·尽心上》中指出："天下有道，以道殉身；天下无道，以身殉道。"《孟子·告子上》更提出"舍生而取义"的儒家价值观，认为君子"所欲有甚于生者，所恶有甚于死者"。君子对待天下万事万物，既不存心敌视，也不倾心羡慕，不以自己的好恶支配行动，而以正当合理作为衡量万事万物的标准。屈原慷慨赴死，用生命捍卫自己的信仰，向周围人展示了君子行为的光明磊落。

"君子坦荡荡"体现在"成人之美"上。《论语·颜渊》："君子成人之美，不成人之恶，小人反是。"《朱熹集注》云："成者，诱掖奖劝，以成其事也。"我们不能简单地把儒家的"君子成人之美"理解为希望人们做不顾原则，不分是非的"好好先生"，在与人相处时一味得一团和气。《论语·卫灵公》云："义以为质，礼以行之，逊以出之，信以成之。君子哉！"意思是，君子做事以道义为基础，依礼仪来实行，用谦逊的语言来表达，用诚实的态度来完成，这样真是个君子啊！可见，儒家特别是孔子的处世态度并非单一贯之，而是充满着辩证思维，正如我们现在既主张党性、原则性、斗争精神等，又主张灵活性、团结等。如今在民间，"君子成人之美"常挂在人们的嘴边。在今天，一些人往往以"成人之美"作为证明自己是"君子"的手段。当然，毫无原则不分善恶地成全别人不见得是"成人之美"，而有时是在"成人之恶"。所以，在今天，"君子成人之美"也常常成为一些人为朋友"两肋插刀"，助人行恶的自我号令，成为某些人行"不义之举"的口号。可见，"君子成人之美，不成人之恶"的第一要义应该是以不违背道义为准则。不过，"君子成人之美"的君子人格中包含着的开放包容、和而不同、彼此依存、互助互鉴的精神品质，这对于构建人类命运共同体的意义是显而易见的，也是不容忽视的，这正如费孝通先生所言："各美其美，美人之美，美美与共，世界大同。"

"君子坦荡荡"体现在"重义轻利"上。孔子的义利之辨是中国文化中的一大特色内容。在孔子的学说中，对利的追求必须是有条件的，且不能太重利，他说："君子喻于义，小人喻于利"（《论语·里仁》）。但他不是要人完全抛开利，"富与贵，是人之所欲也；不以其道得之，不处也；贫与贱，是人之所恶也；不以其道得之，不去也"，"不义而富且贵，于我如浮云"。利益、富贵这些东西，孔子也要，但必须符合道义。清初思想家颜元曾说："正其义以谋其利，明其道而计其功。"做君子务必这样，当道义与功利的目的发生冲突时，就应舍利而取义。我们今天看到许多官员贪污受贿，每年数万起贪污受贿案被查处，不觉得应该重新强调孔子的义利观、君子观吗？在国际上，我们也要讲义利之辨，不能只跟在美国后面，只讲利益。我们不但要树君子人形象，还要树君子国形象，这才是中华民族君子文化的独特魅力。

君子文化是中华民族最基本的文化基因，需要创造性的转换。共产党人之所以能够坦荡无私，靠的就是"大道之行也，天下为公"的信念，靠的就是政治气节、政治风骨。党内的腐败案件充分表明，甘当"门客""门臣"，甚至搞人身依附、结党营私、沆瀣一气，迟早有一天靠山会成为火山。党员干部要自觉地向潜规则宣战，大力倡导清清爽爽的同志关系，保持一股不信邪的正气，保持公道正派、襟怀坦白的气节风骨，在利益面前公而忘私，坚决抵制吹吹拍拍、阿谀奉承的歪风，杜绝同事、同志关系庸俗化、帮派化。为了扭转当下一些人信仰缺失、价值迷失、道德失范的现状，我们要创造性地转化和发展以坦荡为特质的君子文化，将君子人格的理念深深地嵌入到每一个公民的脑海中，激活人们内心由优秀传统文化长期熏陶而形成的价值理念，从而增强全民的文化自信，这些举措对于实现伟大的中国梦，具有十分重要的现实意义和深远的历史意义。

# 孟子论君子

孟祥运(合肥历史文化学者)

《孟子》一书中,论及君子之处有80多次,其基本内涵指以仁义为怀、以礼义修身、讲信义、重德操、有为有守的人。它的外延上较士与圣为广泛,无论君臣或是有位知识分子(仕)、无位知识分子(布衣之士),只要能以仁存心,以礼修身,以推行王道、教化群伦为己任,便符合孟子心目中的君子。

## 一、君子修身之道

孟子认为修身是一个艰苦的过程。具体要寡欲。孟子曰:"养心莫善于寡欲;其为人也寡欲,虽有不存焉者,寡矣;其为人也多欲,虽有存焉者,寡矣。"(《孟子·尽心》)孟子曰:"西子蒙不洁,则人皆掩鼻而过之;虽有恶人,斋戒沐浴,则可以祀上帝。"(《孟子·离娄》)这就是美丑善恶相互转化的辩证法。有了过错就放任不管,人民厌恶他。改正了自己的过错,人民都仰慕他们。孟子曰:"我善养吾浩然之气……其为气也,至大至刚,以直养而无害,则塞于天地之间。"(《孟子·公孙丑上》)孟子又曰:"富贵不能淫,贫贱不能移,威武不能屈,此之谓大丈夫。"(《孟子·滕文公下》)其基础就在养浩然之气。

## 二、君子立命之道

君子安身立命之道,是君子处理天人、力命关系的行为准则。孟子认为只有乐天知命的人，才能找到安身立命之道。君子当乐天安命，不事强求。否则会沦为贪得无厌、枉费心机之小人。仁义礼智之德根于人之良心本心，但这些道德在实行过程中会得到何种结果，人力是无可奈何的，但君子对此不言命而言性，旨在努力修身向善，诚心诚意地去事天，这样便尽了君子之义。否则，知天命不可违，便放弃了自己应尽的义务，便会沦为饱食终日、不求上进的小人。君子但求改进自己，使自己的一言一行均合乎正义道德，那么其人生所遭际之命运，便无所往而不正，生尽其义，死得其所。

## 三、君子处世之道

君子处世之道则是君子处理人与人关系的准则。孟子认为君子乃居仁由义之人，不可贪小利而折其节。君子如取人之财，受人之禄，当有正当的理由，如孟子居齐时，孟子不受齐王赠，在宋国接受宋君赠予。在薛时，又接受薛君赠送。弟子陈臻不解。孟子解释说，无正当理由而接受别人的礼品，便是出卖自己的人格，是君子不能接受的。孟子说，食而弗爱，豕交之也；爱而弗敬，兽畜之也。即只给吃的而不给关爱，交往的关系和养猪是一样的；给予关爱而不给予尊敬，就跟畜养宠物是一样的。孟子说："君子居是国也，其君用之，则安富尊荣；其子弟从之，则孝悌忠信。不素餐兮！孰大于是？"即君子居住在一个国家，国君用他，就会安定富足，尊贵荣耀。孟子说，源头里的泉水汩汩涌出，日夜不停，注满洼坑后继续前进，最后流入大海。有本源的事物都是这样，孔子就取它这一点罢了。如果没有本源，像七八月间的雨水那样，下得很集中，大小沟渠都积满了水，但它们的干涸却只要很短的时间。所以，声望超过了实际情况，君子认为是可耻的。声闻超过实情的虚名，就像无源之水，顷刻便会干涸，有道君子以声闻过情为耻。君子恭而不隘，和而不流。孟子要求学习伯夷之清，效法柳下惠之和，却要克服他们的器量狭小和过分随和。故其言："伯夷隘，柳下惠不恭。隘与不恭，君子不由也。"君子奉身处世当清而不隘，和而不流。既有雅量，又不失君子清节。

## 四、君子为政之道

　　君子为政之道指君子出仕做官的基本准则。孟子认为无君子莫治小人。只有道德品质高尚的君子出而为政，王道才能得以推行，国家才能得以治理。其为政之道基本要求是：一是君子出仕做官须有正当途径。孟子认为一个没有正当途径而乱找官做的人就如同男女私下钻洞与人私会一样可耻。二是古之君子出仕与辞官有三条原则。如人君礼贤下士，则就职，如人君之礼貌未衰，但未曾践其诺言，则弃官，此其一。人君虽未许诺行其言，但能迎之致敬有礼，则就之，如人君礼衰，则弃职而去，此其二。如饥饿不能出门户，则可以受人君恩赐周济的官职，这样做是为了免于饿死自已。三是君子为政当亲亲而仁民，仁民而爱物，推行仁政于天下。君子之事君，最重要的责任是引人君走向正道，使其立志于推行王道仁政。当人君有过失，君子在朝，决不应一味迎合君主，而是应敢于格君心之非，使人君接受正确的思想。四是君子为政当德才兼备。有才无德的人，如果从政，易招杀身之祸。如盆成括士于齐，孟子说，死矣盆成括，预言他必遭杀身之祸，后来盆成括果然被杀。孟子的学生问他何有先见之明？孟子说，其为人也小有才，未闻君子之大道也，则足以杀其躯而已矣。君子要在政治生活中立于不败之地，就必须德才兼备。

　　总之，君子的特质可以简化为三个层面：对国家和民族而言，君子是心怀"天下兴亡，匹夫有责"担当精神的勇士；对社会和他人而言，君子有着推己及人、立己达人的悲天悯人的胸怀；对个人而言，君子是严于律己、修身养性、崇德弘毅的道德楷模。社会需要君子，时代呼唤君子文化，对君子文化做好创造性转化和创新性发展，那么社会主义核心价值观就一定会更有生命力，更具活力。

# 墨子论君子

孙 平（湖北理工学院）

墨子强调君子的德、智、侠、科学、武功五方面合一。

关于君子之德。墨子有自己独特的君子观体系，墨子的思想共有十项主张：兼爱、非攻、尚贤、尚同、节用、节葬、非乐、天志、明鬼、非命，其中以兼爱为核心，以节用、尚贤为基本点。墨子以德为本，以身作则，言行一致，在先秦时期堪称"道德楷模"，其"兴天下之利，除天下之害"的宏伟志向和天下高见，"事无辞也，物无违也"的责任担当精神，"利人乎即为，不利人乎即止"的无私无畏的宽广情怀，"口言之，身必行之"的言行一致的可贵品格，一直为后人所称道，名不虚传。墨家不仅"从属弥众，弟子弥丰，充满天下"，"后学显荣于天下者众矣，不可胜数"，而且其弟子"百八十人，皆可使赴火蹈刃，死不旋踵"，无私奉献、行侠仗义的精神，四海闻名，可歌可泣，万古流芳。墨子严于律己、恪尽职守、言行一致的道德实践，更是开辟了道德行动的先河，彪炳千秋。谭家健认为："'兼爱'学说是墨子思想的核心和精华，是墨家学派区别于先秦其他学派的根本标志。在中华民族理论思维发展的长河中，'兼爱'说以其独特的成就，闪烁着不朽的光辉，至今仍然具有现实意义和研究价值。"[1]

关于君子之智。《墨子》是知识和智慧上的"百科全书"，包罗万象，涉及自然科学、社会科学、逻辑学等广泛领域。庄子赞扬墨子"好学而博"，并且是个以天下为己任，立志救民于水火中的贤达。墨子还在名辩说、逻

---

[1] 谭家健：《墨子研究》，贵州教育出版社1995年版，第25页。

辑学方面很有成就,成为战国时期名辩思潮的渊源之一。墨子的伟大事迹,在《荀子》《韩非子》《庄子》《吕氏春秋》《淮南子》等书中有所体现,贡献很大。墨子的思想主要保存在墨家人士所编写的《墨子》一书中。孟子对他这种"士志于道"的奉献精神十分赞扬:"墨子兼爱,摩顶放踵利天下而为之。"庄子也由衷地称赞:"墨子真天下之好也,将求之不得也,虽枯槁不舍也,才士也夫!"著名学者杨向奎先生说:"墨子在自然学上的成就,决不低于古希腊的科学家和哲学家,甚至高于他们。他个人的成就,就等于整个希腊。"①

关于君子之侠。墨家"以绳墨自矫,而备世之急"(《庄子·天下》),为宣扬自己的主张,墨子广收生徒,寻常亲从弟子数百人,形成声势浩大的墨家学派。墨子上说:"王公大人",下教"匹夫徒步之士",几乎"遍从人而说之"(《墨子·公孟》)。《庄子·天下篇》高度赞扬墨家行侠仗义、义薄云天的大公无私、大义凛然的伟大精神。墨子一生的活动主要集中在两个方面,一是广收弟子,积极宣扬自己的学说;二是不遗余力地反对兼并战争,主张和平、非攻。墨子的"非命""兼爱"之论,和儒家"天命""爱有等差"相对立。墨子认为"官无常贵,民无终贱",振臂高挥,摇旗呐喊,希望"饥者得食,寒者得衣,劳者得息",其中不少具有朴素唯物主义、辩证法思想。相传墨子收藏图书甚多,有图书达三车。《墨子》称"今天下之士,君子之书,不可胜载"。梁启超在研究私人藏书的起源时:"苏秦发书,陈箧数十;墨子南游,无书甚多。可见书籍已经流行,私人藏储,颇便且当。"②在代表新兴地主阶级利益的法家崛起以前,墨家是先秦和儒家相对立的最大的一个学派,势均力敌,并列"显学",其"任侠"精神非常突出,司马迁对此非常赞赏:"任侠损己利人,振人不赡,先从贫贱始,异于儒家的主张'亲之而仁民','不爱其亲而爱他人者谓之悖德'。任侠只问是非曲直,不问亲疏。"③

---

① 郑杰文:《首届墨学国际研讨会综述》,《文史哲》1993年第1期,第90页。
② 梁启超:《先秦政治思想史》,商务印书馆2011年版,第104页。
③ 蔡尚思:《中国礼教思想史》,上海古籍出版社2006年版,第57页。

关于墨子之科学素质。墨子是一位发明家、科学家、工程技术专家，世界公认墨子是光学小孔成像的最早发现者。墨子在机械技术研究和运用方面成就突出。墨子的著作涉及自然科学中力学、光学、声学等学科，譬如微分学原理，也比西方要早。因此，他被西方科学界称为"东方的德谟克利特"。中国工程院原院长宋健赞扬墨子"科圣墨翟，唯物始祖"。

关于君子的武功。墨子是军事家、和平使者。许多知名之士都投奔到墨子门下，墨家学派、墨家军团开始形成。墨子对其门徒不但授以思想理论，更重视在生产、军事、技术实践中运用，关键时刻还能挺身而出，出兵打仗，赴汤蹈火，利天下而为之。历史上有名的墨子止楚攻宋的故事，就充分说明了这一点。墨子擅长守城技术，其弟子将他的经验总结成《城守》二十一篇，为军事名篇。在军事上，墨子以兵制兵、以战制战、以术制术、以器制器，赫赫有名。墨子写的《非攻》《备城门》等一系列军事篇章，家喻户晓。墨子止楚攻宋的故事，是和平外交的光辉典范。墨子是武圣，冯友兰有简短的论述。因为墨子比我们通常说的武圣关公、岳飞要早得多。墨子是否战神？兵圣已经归名于孙子。墨子并不用兵，他主张非攻的和平之道，主要进行防御，担任和平使者，进行游说（例如止楚攻宋），似乎历史上没有记载他指挥战争、百战百胜的故事，因此人们对墨子的历史定位不是兵家，也排出了武圣的名单。墨子和关公、岳飞比较，他没有轰轰烈烈的显赫战例，不是那样的常胜将军，所以古来没有把墨子归结为武圣。墨子的战功如何？历史上记载甚少，只是说他止楚攻宋谋略成功。但是墨子有高超的军事哲学智慧、高瞻远瞩的战略，也有高超的军事技术，从《备城门》《备高临》《备梯》《备水》《备突》《备穴》《备蚁附》等篇名也可看出端倪，墨子作为武圣并且是中国第一武圣，名副其实，当之无愧。

墨子的君子观，与儒家针锋相对，辩论激烈。墨子的认识与当时客观的情况密切结合，写出了《非儒》《非乐》《节葬》《节用》等名篇，与儒家分道扬镳、针锋相对。冯友兰在《中国哲学简史》中指出，墨子是孔子的第一个反对者。由于墨子主张为民请命，体恤百姓，强调从劳动者中选拔人才，受到普通民众的欢迎，因而墨子被称为平民圣人，毛泽东高度赞扬墨子是中国的"赫拉克利特"，季羡林先生则说："墨子在人类文明史上，代表了一个时代的高度。他在哲学、教育、科学、逻辑、军事防御工程等许多领域都有杰出贡献，是一位伟大的平民圣人。"

# 荀子论君子

谢胜旺(南阳理工学院讲师)

有德"君子"问题上,荀子与众不同。与思孟一派着重以内在心性向外在的礼义扩展和延伸不同,荀子思想的重心则更多从礼法规约出发、由外而内的收缩与渗透。正因为如此,荀子本人遭到来自不同阵营特别是儒家内部的质疑和批评。一方面,荀子从性恶论出发,以礼法规约,面临如何真正成就理想人格的质疑。另一方面,由于和孔、孟正统儒家内在化理路的偏离,荀子一直被视为"不醇之儒"的代表。不过,在荀子本人看来,孔、孟一派的成人之路不免高远迂阔,不切实际,在实践中不可能造就真正的君子。荀子的君子观以"得人"为旨归,在实践上与所谓正统儒家存在很大差别,值得探究。

## 一、君子学礼事礼

无论是从文本上看,还是从荀子的思想主旨来说,对"礼义"的操持与否无疑是君子和小人的主要分水岭。"道礼义者为君子……而违礼义者为小人。"(《荀子·性恶》)君子之为君子就在于其能够对礼义长期操持,"士君子安行之""笃志而体,君子也";小人之所以为小人,就因为小人放纵情性,违背礼义。君子与小人的区分全在于礼义。礼义作为一种制度规范体系,基本的功能就是通过对行为的规范,从而对人起到引导和教化的作用。在荀子那里,君子的举手投足间总是非常契合礼仪的要求和规范。外化之功是以"学礼"和"事礼"为核心逐渐展开的。从具体的外化过程来看，它有一系列的发生机制和线路。

一是学礼。礼是社会人文的产物，由先圣所创制。修身首先就要从"学"开始。文本中将《劝学》列为三十二篇之首，也可见"学"在荀子修身体系里的重要性，"学恶乎始？恶乎终？曰：其数则始乎诵经，终乎读礼。"(《荀子·劝学》)在荀子看来，人们学的对象就是礼义之道。由学开始，人才算真正走上了向士、君子以及圣人的修身之路，而将人自身从万物中区分开来。学也是改变人生际遇的有效途径。根据人们学礼和事礼的情况而展开的奖惩赏罚体系中，重要的一条便是实现不同群体的社会阶层和等级流动，并使人享受到不同的物质和精神待遇。

二是良师。学礼的效果在很大程度上要取决于是否有良师。人们学礼修身，并不只是为了简单地了解礼义的具体规定，而且还要深入了解礼的内涵和本质。从实际情况来看，礼义的具体规定不一定就与现实情境相符合，甚至不同的规定相互间有时还可能会产生冲突。如果不了解礼的本质，就不可能做到灵活运用，进行合理选择和取舍，实际上也就不可能算是一名真正守礼的君子，就更需要对礼义的内涵有相当程度的了解。师则可以在理性知识层面上给修身者提供指导。而且，对于现实中的大多数人来说，不可能具有高超的智慧。因为受到感性欲求的约束和限制，即使拥有了常人所不及的聪明、勇敢、才能、明察和善辩等卓越天资，但如果没有师的引导和教育，不仅无助于人向善，反而会使人陷入更大的深渊。师也是人们在学礼时可以随时效法的榜样。一方面，师通过现身说法，使礼义更加鲜活化和具体化，可为人们所直接学习和效法；另一方面，师还可以发挥礼义之美的感召力，激发人们学礼的热情。对学礼修身者来讲，最好的捷径便是找到一位良师，受其言传身教，学习其仪表风范。

三是积习。化性起伪所针对的主要是以人的肉身及其自然本性为基础的现实具体的人身。所以，修身的关键还不在于学，更重要的是对所学的礼义要能够"习"。在日常生活中努力地实践礼，严格遵循礼的规范和要求，安排自己的行为，做到将礼义加于身，即事礼。这是学礼的直接目的，也是人们达到修身实效的重要途径。所谓"注错习俗，所以化性也"（《荀子·儒效》）。"习"则是将所学到的礼在实践中进行运用，同时也要依照师的言行举止加以练习。修身的最终效果也由习得的情况来决定。人到底会成为什么样的人，道德的优劣，人格境界的高低，人的阶层等级划分以及人所能享受到的实际利益无不是经由习而实际的形成和确立起来的。

修身不能只是就行为而言，而是关系到整个身心整体。礼义价值不仅能够规范具体行为，还能够传递到肉身的体表，波及到人的心灵层面，身成为礼义表达的场域，让人见身如见礼，最终达到内外一体。简言之，身与礼义应该融为一体，才是真正的所谓修身。对于这一点，荀子仍然相信可以通过坚持不断的"习"，也就是"积"来达到。"积善成德，而神明自得，圣心备焉。"（《荀子·劝学》）"习俗移志，安久移质。并一而不二，则通于神明，参于天地矣。"（《荀子·儒效》）"今使涂之人伏术为学，专心一志，思索孰察，加日县久，积善而不息，则通于神明，参于天地矣。"（《荀子·性恶》）"习"贵在坚持。只要有坚强的意志，长期坚持不懈的习礼，就可以使人在情性、气质和心志上发生根本性的变化，使人身发生质的转变。积习不仅取得移志和移质的效果，由具体个别行为的规范达到了身心内外一体的修炼，而且最后还能够达成"通神"，"通天地"的境界。所以，荀子特别相信"积"所能带来的强大力量，这种力量不仅可以改变人自身，甚至能带来自然界的神奇变化。

## 二、君子守仁行义

荀子的君子人格，不仅仅是行为方式上，也有内在的自觉性。所以，荀子也同样认为，君子需要内在的真诚。"夫诚者，君子之所守也。"（《荀子·不苟》）其实，"化性起伪"在荀子那里也就有了另外一层含义。"情然而心为之择谓之虑。心虑而能为之动谓之伪；虑积焉，能习焉，而后成谓之伪。"（《荀子·正名》）一般来说，人的情欲有其固有的向外发展的线路，并在很大程度上影响着人的行为,但是心却可以主动对情欲的发展进行选择,并且使人能够朝着心所设定的方向行动。如果人单纯地按欲望的要求来行动只能算"性",而能够按照心的要求来行动则是"伪"。这里是在强调"心为"而后成的"伪",和"学礼"和"事礼"而成的"伪"似乎有所不同了。有学者在解释荀子这里的"伪"的含义时,认为"伪"原本应该为郭店楚简中出现的"𢡱"。"需要辩证的是'心虑而能为之动谓之伪'句中的'伪'字,本来大概写作'𢡱',至少也是理解如'𢡱',即心中的有以为;否则便无从与下一句的见诸行为的伪字相区别。只是由于后来'𢡱'字消失了,钞书者不识'𢡱'为何物,遂以伪代之;一如我们现在释读楚简《老子甲》篇的'绝𢡱'为'绝伪'那样。"很明显,在荀子那里或显或隐的还有一条以心为起点的内化修身的路径。荀子这里也存在着一条内化修身的路径:"君子养心莫善于诚,致诚则无它事矣。惟仁之为守,惟义之为行。诚心守仁则形,形则神,神则能化矣。诚心行义则理,理则明,明则能变矣。变化代兴,谓之天德。"(《荀子·不苟》)君子也需要诚心守仁,诚心守仁可以达到化己化人、化物的功效,这一点毋宁说是继承了儒家传统,秉承了道德的自觉性。由此,荀子以养心作为起点,强调其重点就是要保持真诚不二之心。并一而不二,则能通于神明。

一是守仁。人如果能够守住内在的仁(道),就会反映在身体方面,表现到行为处事上。形既有表现于外之意,也有行动的意思。人自内而外,由心及身便体现出宇宙价值的根本"神"的意蕴,从而达到化己、化人乃至化万物的境界。这是养心—致诚—守仁—形—神—化的路线。这条路线中是心的意志功能的展开,表现为道心通过心的意志能力指导转化人身的具体行为。

二为行义。何为行义?荀子在《王霸》篇中有"诚义乎志意,加义乎身行"之说。人的心志能够诚于义,诚于义就会在立身行事上加之以义。如果行为处事都能遵照人的标准来,那么事事就会有条理,这样人就会做到明智,能够明于事理,而明于事理就懂得了变化之道,也就与天相通。所以,又有"行之,明也;明之,为圣人"(《荀子·儒效》)。这是养心—致诚—行义—明理—变化的路线。这条路线是心的认知功能的展开，表现为道心通过行义而逐渐明理，达到对道的认知。

因此，在荀子看来，修身一方面是以身—礼为中心，遵循"学—师—习—积—移—通"的"外化"路径开展；另一方面则以"养心"为起点，经过"诚"的工夫，将人心上升为道心，再分别以"守仁—形—神—化"和"行义—理—明—变—化"的"内化"之路开展。两者构成了完整的修身体系，既有明显的区分，同时又相辅相成，相得益彰。

## 三、君子表里如一

儒家所修之"身"显然是包含了身—心双重维度的整体之身，因而修身就不只是肉身的保养和满足，也不会是单纯的精神修养，而应该是身心兼备和神形双修。因而原则上修身也就可以从两个方面来进行：一是由肉身入手，由外而内进行，最终达到身心一体；二是由心向肉身扩展，由内而外，最终也达到两者合一的状态。不管是哪种方法，作为整体的"身"最终都将会与价值世界融为一体，从而超越自身身体的限制。对于这两种不同的修身方法和路径，韦政通则分别以"内化"和"外化"来加以解释，他认为儒家传统中的"化"有两方面的意思：一是"内化"；一是"外化"，前者以心性为主，或循心性本然之善来导化人的私情、私欲或通过心性之觉悟透显天理以克制人欲之私；外化则以客观之礼义为主，这是以礼义直接来规范人的行为，使人在行动上有一定节制。内化的起点在心，就是以心本身所固有的价值之善来主导肉身的转化；外化的起点在身，其直接的作用对象便是人的肉身以及主要和肉身相关的言行举止，因为肉身不能直接产生价值，所以要借助外部的礼仪作为中介，达到化身的目的。

荀子将肉身视为现实人的存在基础，具有普遍独立性的价值，在其之上的自然情性作为人普遍共同的本性，可以而且也应该作为人的修身的基点。孟子虽然不否定人的肉身及其所具有的性质，但并不认为肉身在人的存在中具有独立和基础性的地位，并且实际上成为心的附属。这直接导致两人的修身分别以不同视角和路径加以展开，孟子虽然不否定礼的作用，也会承认人在修身过程中要遵循礼义的规范和引导，但不可否认，其主要的方法是将心"扩而充之"，是以道德心为起点的内化之路。荀子虽也有内化之路，但内化原则上只是为外化提供保证，但其着眼处仍然是"礼—身"的外化之路。而且，对肉身的定位和评价，也间接导致了对身心关系的不同定位，孟子理解的身乃是身心内外一体，圆融无碍，而荀子的身心一体是有内在张力的，是分的基础上的合。这也带来了修身方式上的差别。孟子的心的内化和扩充是由内而外的直线型扩充而达到修身的效果，无须借助于任何中介。也正是身心这种质的同一性，决定了其内化修养路径和方法的合理性。反观荀子的内化之路，修身无法直接由心到身来开展，还需要从外到内来进行。这样一来，价值既不是直接由心出发，也不可能直接由心传递到身体，而是需要借助于礼这一中介才得以完成。所以，其强调心以认知和意志功能展开而不是直接由道德心来扩充，是强调对外在自身的转化功能，而非价值自觉。从这一点来看，韦政通前面所讲的"内化"的修养路径显然是以孟子为代表的，而非荀子所谓的"内化"，两者是有所区别的。

一般认为，儒家文化有一个重要的特点，就是具有道德至上主义或伦理道德本位的倾向。道德至上就是将道德价值奉为最高乃至唯一的价值，其根本体现就在于不是从人或人类社会的生存和发展来定位道德，道德理性层面来为人或人类社会定性和定位。就其理论根源来讲，这一切与以孟子为代表的修身理论体现出来的身心观有直接关联。

尽管以孟子为代表的儒家主流文化也是主张身心合一的立场，在一般的意义上并不否认人作为自然生命和肉身的客观存在，以及在此基础上必然伴有与生俱来的生理欲望。但不能不指出，随着"以心化身"和"精神化身体"理路的进一步展开和深化，过分追求那种内外一体，圆融无碍的境界，在实际中又不可避免地会导致对肉身及其自然情性维度的淡化。就其实质来说，孟子的身心关系就是绝对凸显了人的心灵维度，而在实际中弱化乃至消解了人的肉身的维度，将人还原为单一道德属性的存在，人所本有的欲望需求被忽略掉，而将德的追求和完善作为首要乃至唯一的目标。

而到宋明理学那里，之所以有天理、人欲之辨，以及在很大程度上对人的欲望的否定并不是完全偶然的，而是有着内在的逻辑脉络和理论渊源。理学家们虽然在"天命或义理之性"之外也肯定"气质之性"的客观存在，但由于一方面对前者无限高扬，将其视为人之所以为人的根本和评判人的价值的主要原则；另一方面又着力强调气质之性的负面意义，以对气质之性的克服和超越作为衡量人的精神境界的重要标尺，其结果必然导致以线性表现出来的天命之性对作为自然生命的气质之性的遮蔽或否弃。不得不承认，这和孟子所确立起来的身心关系思想的理路及其发展不无关系。

从道德建设的实践来看，这种过度注重心性和道德自觉而忽略人所本有的肉身及其欲望需求，纯粹由唤醒心性良知的道德提升路径明显缺乏实际的可操作性，也不利于培养和造就大批真正的有德之士。毕竟，对于任何一位现实存在的人来说，都有其无法摆脱的肉身及其欲求需求的限制，这是人的有限性，也是人普遍共通的基本属性。人类的任何高级属性都建立在这一基本属性之上，而且也只有通过基本属性，高级属性才能真正有效的贯彻和落实。道德建设如果不正视人性发展的这一规律，也就不可能真正取得实效。

从这个意义上来讲，正是基于对身心关系的改造和创新，荀子为儒家文化开启出一个迥然有别的发展路径，从而对传统儒家起到了纠偏和矫正的功效。而且荀子思想具有强烈的现实感和外向的发展趋势，具有明显的经验主义倾向，同时其整体思想又表现出全面性、综合性、矛盾性和驳杂性的特征，其原因除了其所确立和运用的明分的思维方法之外，在很大程度上也正是源于其对人的身心关系的把握和认知。

# 韩非子的君子来源

刘 娣(潍坊工程职业学院)

韩非子对儒、墨、道加以继承和吸收,又加以批判和否定,形成了兼收并蓄且独具特色的法家思想。韩非子与儒家"治国"的社会理想,异曲同工,因袭了儒家荀子的性恶论与"法"的观念,但是用"依法治国"代替了"以德治国"。韩非子的法理与墨子的伦理,在功利主义上如出一辙,但是墨子的"向后看""法先王之道"与韩非子"向前看""重现实之道",泾渭分明。韩非子吸取了老子对人性消极面、自私性、阴暗面的认识,作为法理的基础。但是,韩非子"起而论道",提出了君王控制人们自私自利的"王法",不再是"坐而论道"或者隐匿逍遥。韩非子的法家思想来源多样化、综合化、兼容性的同时,又自相矛盾,似是而非,呈现杂家的特点。《韩非子》里的法家思想,说理透彻,循循善诱,表达了对社会现实的理性认识,提出了一套完整的治国理政对策。唐君毅先生认为,韩非生于乱世,于先秦诸子,最能体察政治中人性之冷酷残忍,令人震惊却极为真实的一面,从此而论,韩非子则最能面对此种真实,而谋政治社会之出路。①过去,学术界比较多地强调韩非子法家的独特性,对其与儒家、墨家、道家的历史联系注重不够。韩非子的法家思想,博采众长,兼收并蓄,对儒家、墨家、道家的见解进行了继承和发展,值得研究。

---

① 唐君毅:《中国哲学原论·原道篇》,中国社会科学出版社 2006 年版,第 287~291 页。

## 一、师儒并反儒

韩非子对儒家非常尊重,曾师承孔子的弟子子夏,受益匪浅。周炽成教授指出:"韩非子不反孔,而是对孔子充满了尊重和尊敬。"①《韩非子》一书中对孔子的讴歌,不胜枚举,例如,《五蠹》篇中赞扬孔子是"天下圣人",《显学》篇强调孔子是"儒之所至",《外储说右上》篇认为"孔子之贤"。韩非子与孔子都提倡社会公平,强烈反对不公,在公平的认识上"英雄所见略同"。韩非子的《外储说左下》转载孔子的话语:"善为吏者树德,不能为吏者树怨……治国者,不可失平也。"(《韩非子·外储说左下》)君臣等级分明,臣子应当服从君主,也是孔、韩都认同的。韩非子尤其赞同孔子的赏罚分明思想,强调赏罚两种方法应该双管齐下,但韩非子更注重严厉处罚对治国安邦的重要价值,认为这样更关键、更有效。

韩非子认真思考了儒家学说,认为儒家礼乐文化非常荒唐。韩非子属于儒家阵营中的"造反派",而在历史潮流中也都算得上是顶厉害的角色。《韩非子》认为:"儒者用文乱法,侠者以武犯禁。"(《韩非子·五蠹》)韩非子明确把儒生列为"五蠹",是国家安宁的危险要素,认为儒家夸夸其谈,混淆视听,不切实际,空洞的仁义学说,只能让人误入歧途,更无法治国安邦。韩非子认为儒法在礼和法的主张上分道扬镳,一味信奉儒家只会自欺欺人。孔子主张臣子等级观念和忠孝制度,是将血缘生理现象简单推广到社会治理的方法,是用单一的家的亲情关系比拟错综复杂的国的情况,是非常幼稚可笑的思维逻辑。韩非强调国家治理应该铁面无私,不讲亲情,客观公正,依法实施。儒家之礼乐,怂恿人们追求吹吹打打的隆重场面,引导人们追求低级趣味,对社会非常危险。韩非子的《十过》指出人们往往出于感官享受,安于现状,不思进取,追求肉体和感官上的直接快

---

① 周炽成:《论韩非子对孔子及其思想的认识和态度》,《哲学研究》2014 年第 11 期。

乐,即使君王也不例外,整个社会上行下效,将会使整个国家沉醉在声色犬马的礼乐上,劳民伤财,长期以往国将不国,所以礼乐文化的严重弊端非常明显,法家理应登场,取而代之,发挥作用。

与儒家主张"以德治国"截然不同,韩非子强调"依法治国"。韩非子认为儒家提出的仁爱原则,不符合事实。韩非子摆事实,讲道理,用父母抛弃女婴现象,指出"父母之于子也,产男则相贺,产女则杀之"(《韩非子·六反》),在人世间屡见不鲜,非常可怕。他由此联想,人间即使有密切的血缘关系,倡导亲亲、亲情,可在利益选择面前,常常会六亲不认,撕破脸皮。斤斤计较,尔虞我诈,在毫无血缘亲情的整个社会中更加普遍,可想而知,德治的原则和方法完全不可靠。人心不古,利欲熏心,江河日下,道德堕落、败坏,仁义说教仅仅留于口头,于事无补。在韩非子看来,人性丑陋,恶意丛生,自私自利,无所不用其极,"匠人成棺则欲人之夭死"(《韩非子·备内》),就是活灵活现的事实。追求个人利益最大化,甚至不惜落井下石,坑害他人,是不可否认的事实。凭借单纯的善良动机出发,不顾真实情况,或者对实际的危机估计不足,只能犯主观主义想当然的严重错误。韩非子强调儒家的道德礼仪是可有可无、可大可小、无限伸缩的"橡皮筋""软性观念",根本不务实、不靠谱,更不能用来治国安邦。不信请看看忠孝仁义之家的慈母严格家教下仍然有败家子,就不提有多伤心了,因此依赖道德治家根本行不通,治国更无效。韩非主张整个国家,上上下下,严格实行法治,"废先王之教"(《韩非子·问田》),真正"以法为教"(《韩非子·五蠹》),除此以外,别无选择。法律面前,人人平等,公平执法,务必"法不阿贵""刑过不避大臣,赏善不遗匹夫"(《韩非子·有度》)。韩非子主张依法治国,才是社稷长治久安的根本,这样老百姓才能安居乐业,君主才会保持江山稳固。

儒家荀子的性恶论、"隆礼重法""法后王"的观念,被韩非子所推崇。荀子作为先秦儒家的"异端",许多思想为法家所认同,甚至被视为法家思想的来源。韩非子高度赞扬《荀子·正论》中的法律平等观:"杀人者死,伤人者刑,是百王之所同也。"(《荀子·正论》)韩非与《荀子·性恶》所阐述的性恶论，都认为人具有动物性、本能性、生理性，道德善恶，不是天性本善，而是习得之善。但是，人性转化和实现善的方式有所不同，荀子主张"化性起伪"，强调礼仪规范，重视后天教育，韩非强调强制执法，轻视软化教育作用；荀子既法先王又法后王，韩非子只法后王，认为先王的做法已经过时，无的放矢，遥不可及的先王经验，不适合当时的情况，不能很好地治国理政，类似于缘木求鱼、守株待兔。"欲观先王之迹，则于其粲然者矣，后王是也。彼后王者，天下之君也，舍后王而道上古，譬之是犹舍己之君而事人之君也。"(《韩非子·非相》)韩非主张明确赏罚，杀一儆百，老百姓就会迫于敬畏，不敢越雷池一步。《韩非子·显学》指出："圣人不期修古，不法常可，论世之事，因为之备……事因于世，而备适于事。"(《韩非子·显学》)韩非认为古代圣王和先王的典型事迹，很多是美妙的传说、大胆想象与推测，不一定真实存在，因而法先王的说法不可靠，即使存在先王之法，也会因为历史经常变化，依据当下实际情况，需要与时俱进，对症下药，不能照抄照搬。韩非子依法治国，用心良苦，独树一帜。儒家相信人性善，从善良愿望出发，提出一套"修、齐、治、平"的逻辑进路，从个人修身行善开始到社会理想至善结束，千言万语，谆谆教诲，其实就是一句话：以德治国。这样天真的观念，在韩非子看来，是不切实际的想象，而人性的丑恶、残酷的现实、利益的追逐、犯罪的盛行，不能寄托于美好的愿望，必须加以客观地正视，采用严格的奖惩，才能力挽狂澜。对于人性善恶的不同认识、治国理政对策的不同选择，终于使韩非子从师承儒家，走向了摆脱儒家、反对儒家，另立门户。

韩非主张的人性恶，内容上与儒家荀子差别很大。荀子主张人性恶，这种恶往往是潜在的、隐性的、主观的、欲望上的，只要用礼仪加以引导，及时进行规范，辅之于后天教育，就可以矫正潜在的危险，走向正轨。韩非子指出的人性恶，是事实的、显性的、客观的、直接表现的。韩非子认为趋利避害是人之常情，唯利是图，是真实存在的、活灵活现的，不能否认。客观承认人性丑恶的事实，是第一要务。在此基础上，因势利导，思索对策，才有可能找到良策。韩非指出："凡治天下必因人情。人情者有好恶，故赏罚可用。赏罚可用则禁令可立，而治道具矣。"(《韩非子·八经》)针对人的利己本性，让人追求自己正当利益，对损害他人和社会利益的行为绳之以法，是保护个人利益和社会利益的正确思路，有的放矢，对症下药，舍法制无他。为了利己，防止他人报复、利益冲突和两败俱伤，躲避法律的惩罚，就不得损害他人利益。于是，利己的追求和选择，客观上造成利他、利人、利国，皆大欢喜。

韩非子在仔细分析儒家思想的基础上，大胆批评和挑战儒家，形成法家派别，有很多新见解，突破了儒家在社会认识、治国选择的某些局限性。台湾学者王邦雄指出："韩非子以法为中心，以制衡势术发用之治道，正足以弥补儒家德救治道之不足。"①儒法的世界观、人生观和价值观不同，人性善恶根本差异的认识，在以德治国、以法治国的路径选择上，分道扬镳。但是韩非子否认人性中善的方面、人间友好和教育软化的作用，未免以偏概全。韩国学者指出法家："分明奖罚完善了礼仪制度。但是过于依赖刑罚，深厚的恩惠和情谊改变成薄情。这就是法家的弊端。"②

## 二、同墨和批墨

墨、韩都是功利主义的法理和伦理的主张者。墨子着眼于现实的功利去思考问题，与韩非子不谋而合。墨家的"尚贤"主张，尊重人才、选贤任能，促进社会功利和大利，韩非子大加赞扬。墨子义利并举，强调义利合一、义利统一，把有利、有效与道义相提并论，等量齐观，"义，利也。"(《墨子·经上》)但是这里的利，不是私利，而是大利、公利、天下之利。韩非认为，法具有最大的功利作用，能够针对人追求功利、私利的本能，加以控制和防范，是针对私利盛行的有效对策。在法律的威慑下，人们依法而行，并非道德善良、行为高尚，而是个人利益的驱使，为了保护和延

---

① 王邦雄：《韩非子的哲学》，东大图书股份有限公司1979年版，第253页。
② [韩]郑镇弘：《在人文丛林中遇见经营学：不安，造就突破口的生存能量》，赵英顺、曹春爱译，时代华文书局2016年版，第79页。

展私利，人们不得不遵纪守法，这一点谈不上人性之善。

墨、韩都对法理与伦理运用煞费苦心。墨子由伦理到法理，由目的价值到工具价值。墨子心系天下，作为平民利益的代表，强调君主兼爱天下之百姓，务必爱民、亲民、利民，离不开法，法对社会存在和发展至关重要，提倡法律面前人人平等，以实现天下太平。《吕氏春秋》中记载："墨者之法，杀人者死，伤人者刑。"但是，墨子的兼爱伦理高于法理，他希望兴天下之利，最大限度造福老百姓，甚至不惜生命，组成墨家侠客集团，摩顶放踵，行侠仗义，打抱不平，救民于水火之中。

韩非则是由法理到伦理，由工具价值到目的价值。其法家思想的法理基础和归宿，就在于功利主义伦理。韩非子认为，法针对人的趋利避害的本性而制定，发挥的积极伦理作用，就是社会稳定，实现趋利避害，效益最大化。人的本能、贪婪性是追求功利，私利是个人行为的动机和目标，完全可以加以利用，作为治国理政的思想基础。法律的出现和运用，完全合乎人性，为社会需要，是最佳的选择，没有比法律更好的治理对策了。韩非子认为："法者，事最适者也。"(《韩非子·问辩》)韩非子考虑国家利益，遵循的是地地道道的功利主义原则。在韩非子看来，无私无畏、当机立断、雷厉风行的法治，表面上是六亲不认、不讲情面甚至有些残忍，但是实质上却能够给予社会带来最大的利益，长治久安才是君主和老百姓最大的快乐，虚情假意、富有同情心的仁道与暂时的礼乐享受，带来的仅仅是暂时利益，得过且过，苟且偷生，后患无穷。在这样关乎全局的大是大非、轻重缓急面前，任何一个有理智的人都会采取依法治国的选择。

墨子侠义的行为，受到韩非子攻击。《韩非子·五蠹》篇指出："儒以文乱法，侠以武犯禁。"(《韩非子·五蠹》)墨侠首当其冲，他们以民间组织、学术和军事合一的集团方式出现，遵守兼爱的道义，主持公道，在春秋战国时代到处行侠仗义，身体力行，其中的核心层、义勇军、敢死队，冲锋陷阵，死不旋踵，对摩擦、矛盾和战争加以斡旋、调停和制止，大义凛然，视死如归，可歌可泣，在一定程度上干扰乃至威胁统治者的权威和利益，是统治者强大的"异己"力量，为当政者所不满和痛恨，不利于国家统一治理，所以韩非子认为墨侠也是社会危险因素，主张加以剿灭。韩非子对此的深刻认识，被历史所验证，秦统一六国后的中国封建社会，墨侠成为官方的心腹之患，被统治阶级所打压，销声匿迹，因此墨学"中绝"。这里面的复杂因素很多，譬如，墨家组织纪律严明苛刻，成员过着苦行僧式的生活，为一般人难以接受；墨家兼爱思想强调普遍之爱，忽视特殊的亲情，过于"高大上"，不接地气等。但是，墨家为官方所不容、被统治阶级极力围剿的外在强势原因，是不能忽视的。

韩非子对墨家的法古人的做法进行了抨击。墨子孜孜以求，追溯到遥远的夏代，美化非常简单有效的夏政，以此作为治国样板："墨子学儒者之业，受孔子之术。以为其礼烦扰而不说，厚葬靡财而贫民，久服伤生而害事，故背周道而用夏政。"（《淮南子·要略》）墨子的节用、节葬、非乐等主张，依据都来自于夏政，虽然中国夏代政治和文化没有文字记载（至今仍是历史之谜），在3000年前的商代才有甲骨文，墨子并没有夏代执政的历史事实，是推理和想象，但是中国敬天法祖的崇拜，反倒使他的主张与孔子并驾齐驱，一度并称为"显学"。《韩非子·显学》明确指出，无论是儒家还是墨子都主张以史为镜，效法古人，尧、舜、禹、汤、文武周公等古代圣人，被顶礼膜拜，成为现实立论和对策的经验依据，是崇拜效法的榜样。这是彻头彻尾的泥古，是"向后看"。韩非子认为这些宝贵的历史经验值得参考，但是并不能拘泥于过去的楷模，更不能简单直接拿来运用于当下。历史的不断发展进步，已经使过去仅仅适用于过去，无法继续有效，应该立足现实，一心一意"向前看"。韩非子认为沧海桑田，时过境迁，今非昔比，"尧、舜、汤、武之道"，只是可以借鉴，若简单模仿，执迷不悟，"必为新圣笑矣"（《韩非子·五蠹》）。韩非子主张"不期修古，不法常可"，"世异则事异"，"事异则备变"（《韩非子·五蠹》），强调没有包治百病的灵丹妙药，必须根据今天的实际来制定可行的政策。韩非尊重历史，但更强调面向未来，一切"向前看"，认为"复古""泥古"，于事无补，刻舟求剑，非常可笑。韩非子敢于挑战孔墨"法古人"的惯性思维和陈旧做法，大张旗鼓地主张"废先王之教"（《韩非子·问田》）、"以法为教"（《韩非子·五蠹》），别开生面。韩非的这些主张，顺应社会历史发展需要，与历史同步向前，表现出改革者不拘一格的创新勇气，显示了新兴统治阶级锐意进取的蓬勃朝气。如果说孔墨在此认识上属于老年人的稳重的话，那么韩非子的看法无疑是一个青年人的闯劲。

"合法""合理"与"合情"三大方面，彰显了韩非子与墨子的异同与融通。韩非子强化了墨家的法制观念，在"合法"上更进一步，旗帜鲜明，大刀阔斧，推行法治；在"合理"上，韩非子与墨子的功利主义思想，承前启后，法理中的人性分析，入木三分，叹为观止；在"合情"上，韩非子执法如山，六亲不认，弃绝情义，不仅反对儒家的仁义亲情，也抛弃了墨家的兼爱情怀。韩非子功利主义的局限性，正如当代西方的罗尔斯在《正义论》指出的那样，是用"最大多数人的最大利益"取代少数人、个别人的正当权益，是不平等、不正义的，何况韩非子站在君王的立场上，为统治阶级，往往是自诩为"最大多数人的最大利益"的统治者代表者代言，这样的专制"王法"危害性就更加可怕了，法的阶级性、狭隘性就暴露无遗，法本身的公正就令人怀疑了。韩非子在此，自相矛盾，难以自拔。

## 三、崇老且弃老

司马迁说："老子，隐君子者也。"（司马迁《史记》）老子"隐君子"的处世之道，为韩非子所探究，《韩非子》里的"解老篇""喻老篇"，就是见证。章太炎先生说："太史公以老子、韩非同传，于学术渊源最为明了。韩非解老、喻老而成法家，然则法家者，道家之别子耳。"[1]韩非子对老子的思想，进行了继承和改造。

（一）由老子少私寡欲到韩非子的重私用欲

老子道家对人性进行了深刻反思，认为现实的人们欲壑难填，是万恶

---

[1] 章炳麟：《国学讲演录——诸子略说》，江苏文艺出版社2007年版，第5页。

之源，轻则伤身，重则丧命，社会存在的矛盾都是因为私欲膨胀造成的。为此老子主张返璞归真，过简单的、清心寡欲、无忧无虑的生活，复归于婴儿，这样才是明哲保身的清净境界。老子老年出关，就是远离东周洛阳这个是非之地，三十六计，走为上计，主动选择逃遁的方式，回避现实的困境。老子作为一个智慧的化身，在西方被称为中国第一个哲学家。因为他比孔子年长，是孔子的老师（孔子问礼于老子），老子的宇宙观、人生观很抽象、很全面，哲学味道十足。

韩非子将老子的"形而上学"之道，转化为"形而下学"之策，实现了理论到实践的转化。善于洞察人性的需要，加以引导、利用，进行明智选择，韩非子和老子一脉相承。《韩非子》里有大量篇幅，直接引用《老子》的话语，俯拾皆是，不厌其烦，表明韩非子对老子的人生、治国智慧的认真汲取，足见对老子道论的崇拜和信服。

但是，老子主张搁置、压抑、放弃人的追求，无所事事，逍遥自在。韩非子却强调人性欲望的客观性、合理性，不否认、不压抑、不放弃，并因势利导，用法来控制，作为治国妙计。《韩非子·心度》认为民众趋乐避苦、趋利避害、好逸恶劳、追名逐利、贪生怕死来自本性，非常正常，并不可怕，"民之性，饥而求食，劳而求快，苦则求乐，辱则求荣，生则计利，死则虑名"。统治者需要全面认识这个事实，顺应人的本性，加以治理和控制，可以化不利为有利、化消极为积极。韩非子的高明在于他知道"为什么""是什么"，更在于他理智地强调了"怎么样"，在儒家"以德治国"行不通的历史背景下，选择了"依法治国"的路径。由老子的"形而上学"之道转变为"形而下学"之策，体现了韩非子的宏图大略、学以致用的君子情怀。

（二）由老子的"隐身回避"到韩非子的"直接干预"

老子和韩非子都对民不聊生乃至生灵涂炭的社会现实，极度失望与不满，非常担忧，十分苦闷，试图寻找救世安心良方。老子《道德经》提供的方案，与其说是指点迷津，不如说是启发思索，在"大道"上的阐述总体来说神秘兮兮,高深莫测,模棱两可,扑朔迷离,更多地展示了"小道"——小国寡民里智者的典型做法,对于严酷现实无能为力,只能退而求其次,在个人力所能及的范围和条件下,自得其乐,消极逃遁。同样面对困境,韩非子却逆势而上,积极参与,寻找对策。宋洪兵先生认为:"道、理、形、名、法,构成了韩非子道法思想的关键逻辑链条,韩非子的法也因此而获得了道的品格。"①

老子从自然获得灵感,深谙为人处世之道。老子目睹大千世界,芸芸众生,历经混乱动荡,看透假仁假义本质,领悟到顺应自然的魅力无穷。老子认为大道废弃、六亲不和、国家昏乱,恰恰是大肆提倡仁义、孝慈造成的恶果,正是因为仁义缺乏才极力倡导,若充满仁义则没有必要加以宣扬了。而这些表面上看似道德的东西,其实是虚情假意,违背自然规律的,是非常有害的。在兵荒马乱的春秋末期,老子冷静地思索人生、社会,感到个人的无助和苍白无力,无力回天,只能退避三舍,感叹世态炎凉,在个人选择上就下、低调,以退为守,大智若愚,向无知无畏的人学习。老子从实际的悲观层面出发,进行的选择,有其必然性、合理性。

韩非子知难而进,积极寻求法家的"王官之学",恰似孔子"知其不可而为之"的顽强精神。面对现实的残酷,他没有退守,直面人生,针对现实,寻找解决对策。韩非主张了解客观实际,严格尊重规律,把握事物的理路,仔细发现合适有效的策略。韩非子强调发挥主动性、能动性、创造性、人性、事实为我所用,总有良策,依法治国就是"不二法门"。由此可见,韩非子打破常规,独辟蹊径,展示有所作为的人生,表现出和老子消极遁世完全不同的处世之道、务实风格和勇往直前的个性。

## 小　　结

韩非子的思想,糅合并分离了儒家、墨家、道家的很多因子。

---

① 宋洪兵:《韩非子道论及其政治构想》,《政法论坛》2018年第5期。

韩非子与儒家一样，都胸怀报国之志，矢志不渝，都有"治国、平天下"的社会理想，尤其是直接因袭了儒家荀子的人性恶与法的观念。但是，韩非子与孔子的差别非常明显，用"依法治国"代替了"以德治国"，"无情"取代了"亲情"，"性恶"代替了"性善"，"法后王"取代了"法先王"。

韩非子的法理与墨子的伦理，在功利主义上如出一辙。但是，在"合法""合理"与"合情"三大方面，韩非子重视"合法"，以工具价值代替目的价值，把功利主义"合理"的目的价值与工具价值混为一谈，轻视乃至忽视"合情"的人与人之间的关系价值。墨子的侠义、"向后看""法先王之道"与韩非子冷峻、"向前看"、重现实之道，泾渭分明。

韩非子崇拜老子，对老子的治理之道的高超智慧佩服得五体投地，吸取了老子对人性消极面的认识，作为法理人性论的基础。梁启超指出"法家实即以道家之人生观为其人生观"[1]。但是，韩非子又摆脱老子，"起而论道"，不再是"坐而论道"或者隐匿逍遥，采取了道家对人性自私性、阴暗面的分析，由此针对现实，有的放矢，采用了奖罚分明的手段，提出了君王控制人们私欲的"王法"，以此来控制臣民，治国安邦。

韩非子以法家为主，但其学说也是综合性的、多样化的。陈柱先生评价韩非子的思想来源："韩非之学，最为博杂，其与李斯同事荀卿，斯自以为不如非，则非之学其先本于儒家；又所著书有《解老》《喻老》，则其学又本于道家；而卒乃入于法家。"[2]韩非子顺应当时社会状况和历史趋势，深刻认识到春秋战国的长期战乱，生灵涂炭，社会财富极大浪费，迫切需要强有力的措施实现社会统一和管理。这是社会历史的大势所趋和人心所向。韩非子是社会责任自觉认识者、主动承担者，不愧为勇立于时代前沿的"弄潮儿"，他的法家思想来源多样化、综合化、兼容性的同时，又自相矛盾，似是而非，左摇右摆，呈现"杂家"的特点。韩非子否定儒家仁爱温情和亲情，反对儒家和墨家借鉴历史上的圣贤经验，缺乏冷静低调的道家

---

[1] 梁启超：《先秦政治思想史》，天津古籍出版社2003年版，第170页。
[2] 陈柱：《诸子概论》，广西师范大学出版社2010年版，第82页。

情怀，把墨家侠客的民间正义行为作为官方禁忌，未免有失偏颇。韩非子的历史贡献性、进步性，无法摆脱当时社会的局限性，冯友兰先生对韩非子法家治国理政学说的历史演变逻辑总结得特别好："当时现实政治之一种趋势，为由贵族政治趋于君主专制政治，又人治、礼治趋于法治。"①

---

① 冯友兰：《中国哲学史》(上)，生活·读书·新知三联书店 2009 年版，第 347 页。

# 隐君子与君子雅言

李 卉(山东大学文学院博士生)

"隐君子"一格可以诠释黄庭坚的人格气象。黄庭坚的一生,大部分时间都是居于官身,但始终活出一种隐者气象,以一个淡薄而临难有守的"隐君子",悠悠然圆满了一生。在幼时,居家如桃源,为"乐隐"。丧父之后,伤心而颇厌仕履,常作"好隐"语。出仕为州县微官,则自"吏隐"逍遥,立于党争之外,当不虞之祸,而始终不虞所守,贬死岭南,而安然如正寝于故乡,是君子大隐于漠。

## 一、黄庭坚诗与"隐君子"

黄庭坚的诗的"以物为人",寄托于物的胸中怀想。"春去不窥园,黄鹂颇三请"两句,是以白描手法,将"窥"见之景描绘而出,写黄鹂的娇憨犹如小女儿一般,描摹巧善,独具匠心,诗艺精绝,现通览全诗:

### 次韵张询斋中晚春
学古编简残,怀人江湖永。非无车马客,心远境亦静。
挽蔬夜雨畦,煮茗寒泉井。春去不窥园,黄鹂颇三请。
立朝无物望,补外觉天幸。想乘沧浪船,濯发曦翠岭。

通过阅读全诗,我们发现,黄庭坚之所以"不窥园",不是因为有其他的玩乐，而是忧怀难解，在或耕或读间，隐约有大祸临头的忧惧之感。在诗的开篇四句中，黄庭坚写自己"学古编简"以上求古人，因身畔无知己而"怀人江湖"，与"车马客"是俗人应酬，并以"心远境亦静"自我安慰，表示自己虽然仍处于官位，但心已隐。此四句显现出黄庭坚在友朋零落之时仍暗忧朝局，并欲以读古书来求心安的"隐君子"形象。

诗的中间四句风格甜美，读下来让人感觉到黄庭坚在耕读煮茶的生活中对身边的美是心不在焉的，春到花园，他却没有闲情雅致去赏春，"窥园""黄鹂"二句，单独读来似乎可以感受到诗人的天真烂漫、生机洋洋的娇憨奇趣，放在全诗中可见，是黄庭坚以天地之生机反衬自己槁木死灰、心难自己的忧惧。

在诗的最后四句，黄庭坚毫不掩饰自己的哀伤，他自抵"立朝无物望，补外傥天幸"透露出内心的深深怨怼，却又不愿怒骂。黄庭坚由于自身的性格，为朝廷中人所不喜，"无物望"，深受党人谤议，哀然出京。他将离开天子之地远去外乡做小官称作"天幸"，实际上是深有痛楚而不能放肆于口，所以用此悲怨口吻。黄庭坚在诗中抒发了君子思隐、忧谗畏讥的悲怨。吴沆列举的"翩翩佳公子，为政(致)一窗碧"两句，表面上看是描绘了如画的美景，兼取史记中对平原君的赞美的典故。这两句诗出自黄庭坚以"隐君子"咏竹的佳篇，诗中还有"白眼对俗徒，醉帽坐欹侧……阿堵绝往还，此君是宾客。清风吹月来，懂甚齿折屐"(《和甫得竹数本于周翰喜而作诗和之》)，以物为人，将竹比为阮籍、独孤信、王衍、王徽之、谢安等名士，犹如竹林七贤聚集在一起兀坐啸歌，享受着萧然之乐，反映出黄庭坚的"隐君子"情怀。吴沆所引的黄庭坚的诗句，都反映出黄庭坚闲散简远的"隐君子"气象，只不过吴沆都是从诗句本身的外在语言方面加以评价，实际上这些诗句都贯穿着黄庭坚的君子气骨。

黄庭坚最善于"以物为人"的比拟，并且创作出许多脍炙人口的佳句，其奥秘，乃是时时心怀高洁卓立的"隐君子"气象，所以黄庭坚"以物为人"的"人"是"隐君子"，而不是俗人。虽然他所选取的"物"难免为俗物，但是都取其中具有君子特色的部分，构成一番新的气象。如梅兰竹菊之类的雅物所蕴含的"隐君子"气象显而易见，即使粗俗不入雅言的"驴肠"之类的吃食，黄庭坚也写道：

### 次韵谢外舅食驴肠

垂头畏庖丁，趋死尚能鸣。说以雕俎乐，甘言果非诚。
生无千金辔，死得五鼎烹。祸胎无肠胃，杀身和椒橙。
春风都门道，贯鱼百十并。骑奴吹一哄，驵骏不敢争。
物材苟当用，何必渥洼生。忽思麒麟楦，突兀使人惊。

诗中典故自不多言，只看全诗大意。表面上，紧扣驴死供食之情状入题，但其实全在写人，写憨直无机关的入朝寒士。写其误入仕途，未得飞黄腾达，只能蹭蹬终老于微薄小官，但腹中又空空无城府的肚肠，根本不足以应付宦海风波，连安老致仕都不可得，而在党争倾轧中不幸受害，死前犹作忠言、为不平之鸣，而想当初入京中举为进士，成群结队，气势昂扬，虽贵家子弟未中举者，不能相比，而这些起于布衣的士子，不得显贵荐举支持，常常不幸如此，但那些贵显得意、兀傲得圣眷的新进士子们，一朝落难，下场又不知是如何。此为忧谗畏讥的隐君子，见一一进士于朝局诡变中身不由己，有感而发的哀世之作，而这一切都起兴于驴肠小吃。这首诗写尽新法启变以后的寒士命运，甚至连"麒麟楦"这样的得意君子的下场，都已惨淡预告，全篇萧凉飒飒，令人读之生悲，尤其此诗乃对盘中驴肠而吟，令仁人君子有不忍之叹。

## 二、黄庭坚诗中的"演雅"

吴环溪论黄庭坚诗法"以物为人"，提到"演雅"一诗，以为"以至《演雅》一篇，大抵以物为人，而不失为佳句"。这一评论甚是准确。《演雅》一诗是黄庭坚以游戏恣意的笔墨，将"以物写人"推向极致的佳作，而且，黄庭坚以隐君子的眼光和见识，冷眼旁瞰俗官俗吏奔走现形，一一描摹其态,并各以虫鸟禽兽比况之,乍看似乎是一篇"多识虫鱼草木之名"的诙谐不庄之作,实际上黄庭坚是以强行用如此众多的禽兽入诗的方法,强迫诗人自己写尽所见所闻,乃至所想象得到的官场丑态,都——入诗,所以使得此诗在笑意游戏之外,又具有雄悍冷彻的老横心境。禽兽蠢蠢苟活的可怜之态,其源头,概在黄庭坚嗜读庄子,《庄子》中的鹇鸠之小力小知,被黄庭坚引为当车螳螂、瓮里䴗雉,都以模拟小人俗人为官谋食之丑态,本来黄庭坚诗作之奇思骨力,显现于二:一是以隐君子胸襟识度察览万物,见透世态炎凉变化,使读者同其高明淡定;二是将万物都作君子想,或以为失志流落,或以为正色立朝,令人读之感佩兴起,能于世俗中振拔意志,不作无聊懒惫之想。而此诗将这两个好处兼而得之,并且由于黄庭坚本来就擅长将一切常见的俗物,上求以君子处卑而不改之高致,但黄庭坚在此诗中,则以一切琐碎虫鸟写俗吏俗官,一方面通过他的想象,一方面白描他们的谋食不堪,以表现君子小人一鼎难调的朝局和世态。

象征有德有位、有力撑起朝局的君子瑞兽,如麒麟、凤凰、鲲鹏、飞龙、虎豹等,黄庭坚有的诗都没有写到,并且德行光明的君子,都是以无力无位的形象出现,比如为风光殉身的蝴蝶、高枝穷饿的鸣蝉、怀璧自杀的老蚌、谔谔不休而举世不顾的伯劳,以及一心离开北地朝廷、回归"江南野水"的白鸥"似我"者。一个始终存高尚志向的士大夫黄庭坚,表达了"满朝无君子"的怨怼之声,当时的士人对于"满朝皆君子"的"庆历士风"还颇为自豪,但是不过数十年,就已经堕落至此,更为讽刺的是,庆历新政和熙宁变法都以士风士德为念,前者以严选人物为去恶之法,后者以庠序养士为开新之路,然而在黄庭坚作此诗的元丰四年,世风已经大坏,苏轼正因乌台诗案贬谪在外,正是前途茫茫未卜之时,乃如养珠含光、以此杀身的老蚌一般。

再有应加瞩目的,就是他明确批评、工笔刻画的苛刻言官形象。自此北宋仁宗大用台谏开始,名士多以此扬名,且为寒士入朝纲的关键职位,但是"以言为尚"之风一开,君子得此位,则足以激浊扬清、变化世风;但若令小人居此位,则君子不多时便予诛除殆尽,因为君子守职以方,小人则毁人多术，时间一长，君子恒败，小人恒胜，正如当时蜀党与台谏已成水火，而且言路要职，在当时已经用力过度，主要攻击蜀党，正因如此，当时蜀党党魁苏轼被下狱远贬，苏轼以下的士人也都接受降官处分，则是台谏从"本朝良心"转为"当朝鹰犬"的转型之时，故黄庭坚此诗中，写之最不留情，如"伏隙录人语"的天蝼、"含沙须影过"的射工、"密伺鱼虾便"的鸬鹚、见识不通而强学人语的鹦鹉，明眼人一见便知，而深入体会的人，就更感觉寒彻脊背了。而所谓蛙蜩春夏嘈杂、土蚓碎嗦之说，则是写言路之臣，若不是深文周纳、求人之过，否则便是随时而变、胸无定见，人立一法行一事，言路必哑言其不可以求荣，此法不得不改，改后也未必见好，而言路当然更斥后来不好之法，如此反复循环不休，而宋代时政，本以散乱为病，从此加速恶化，遂不可就。

而与阴崇无情的言路臣子相较，新政底下重用的理财、实务之臣，黄庭坚因于新政心不认同，且于学官、地方官任上时亲见许多新法荒谬举措，故对这类专奉新法以求晋升的官吏，黄庭坚在诗中将其分为三类，一类是贪心诛求，一类是浅陋自大，一类是刻意作财政绩效以使上闻。黄庭坚的《演雅》一诗，以隐君子之冷眼热心，观览世况，以比体作诗，传达出希望洗涤一世浑浊，独遨游于江海之意。世态动心、言为心声，而诗言志者，乃君子独擅之雅言，黄庭坚以《演雅》记北宋大厦将倾、而祸机才兆之时，颇有诗史之风。

## 三、黄庭坚诗中的"鹿"与"鸥"

《演雅》一诗的诗末有"中有白鸥闲似我"一句，其实，若欲以一言道破黄庭坚一生之志，则可用此语。而且黄庭坚自己也对此意象爱不释手，并在诗中反复咏唱，因为此鸥的典故，大概与黄庭坚一生的忧患是最相关的。《列子·黄帝》篇有记载："海上之有人好鸥鸟者，每旦之海上，从鸥鸟游，鸥鸟之至者百数而不止。其父曰：'吾闻鸥鸟皆从汝游，汝取来吾玩之。'明日之海上，鸥鸟舞而不下也。"人鸥相亲，本无嫌隙，但鸥鸟灵物,人一旦生机心加害,则鸥鸟先知,从此不复与游。黄庭坚将隐君子意象入诗,有两种方法,一是以隐君子之胆量与胸襟观览万物,凌然度越其上,令同观此景者忘俗;二是比物以自寄,以事事物物、方方面面写君子抱道欲隐、安隐之情。而以比体为物而言,"鸥"这一意象,无论典故、寓意、生息之地,可以说都切合黄庭坚的生命处境,所以他在诗中引用鸥鸟最多。

除了知道人的祸心,鸥鸟所聚集和生息之地,常常在江海交际之处,而黄庭坚生长于江南,水乡鸥鸟,对中年游宦北地,一直愿望归家而不可得的黄庭坚来说,只说鸥鸟,诗人眼前便有舟船纵横、江天一色的南国景致,而虽心乐与鸥同游,但一是由于自己还是有官职困身,二是自己已经沾染了机心,所以担心鸥鸟是否还愿意为自己而下。

黄庭坚诗中用"鸥"意象,最早见于仕前的少作,作于十七岁的《清江引》:

> 江鸥摇荡荻花秋,八十渔翁百不忧。
> 清晓采莲来荡桨,夕阳收网更横舟。
> 群儿学渔亦不恶,老妻白头从此乐。
> 全家醉着篷底眠,舟在寒沙夜潮落。

读者一定能够感觉出来,诗中江鸥摇荡可爱之态,就是黄庭坚亲眼所见才能够写出,可见此鸟与之生长于同乡,真有舒伯特为鳟鱼赋五重奏的气象,而且鸥游于江上,但此清江不只有鸥,还有八十多岁的老渔翁横舟其上,而其群子皆习父业,一家人逍遥江上,寒天沙岸,一家人醉眠舟上,乐何如之。这首诗值得注意的是,江鸥是诗人少年之友,亲切憨憨,常与之相遇江上,此时诗人还不知来日流离江北、斥逐岭南之祸,也不及沾染世故机心,故与鸥相亲相忘,而且,此时写鸥,黄庭坚语气意脉中,便无列子海上白鸥之哀音,纯是天机亲厚而已。

此诗乃是仕前作品,不免唤起读者细读《牧牛诗》时的感受,奈何此时少年，不食人间烟火。且此诗主脉都在渔隐老翁一家上，而黄庭坚此时，丧父才数年，写渔隐而道其一家，可见黄庭坚此诗，颇有"愿吾父不出为官，一家渔隐，醉眠江上"之意，颇有触景生情，而未明写于笔下之忧伤，而且此时的黄庭坚，一意乐隐，情溢于辞。

以白鸥入诗的名篇是黄庭坚的《登快阁》：

> 痴儿了却公家事，快阁东西倚晚晴。
> 落木千山天远大，澄江一道月分明。
> 朱弦已为佳人绝，青眼聊因美酒横。
> 万里归船弄长笛，此心吾与白鸥盟。

此诗用语有中年风霜之刚健，亮度明朗，而且语速不缓，虽是闲游笔墨，却有横槊赋诗的老横气派。开篇如释重负地唱出"痴儿了却公家事"，却无今人之怠懒，诗人轩然登阁，四目遥望，晚照正是笼阁东西，远山落叶时节，飒然千山叶同落，而诗人心意朗快，看不兴悲，亦无切切女儿态，两句间日落月升，一时月净江澄，天地朗然有光，歌乐酒食虽上，诗人只一笑而过，不因此而快乐，他只愿有一日登船弄笛，千里返乡，归故里、会白鸥。

诗名"登快阁"，语速也确实明快如上阁观景，对于政治上所受的委屈，诗人一提便罢，不凝滞于上，观览晚晴，可以吐夕阳近黄昏之弱音，诗人快照般的速写，丝毫没有流连，落木萧萧可悲，诗人虽远游，然今日钢肠铁胆，观之看之，写之入诗，绝不难过。酒色当前，诗人在应酬之余而心有别想。到了最后两句，似到了宴会将散之时，诗人才说破思乡之情，但诗人是通过自己感觉在一日千里的一归船上引笛这一画面来表达，要归舟如箭，直到江渚白鸥边，让白鸥看见自己的狂放。

诗人已在外乡，心切思归，早年相亲相近之鸥，虽在同一江上，但江头江尾遥不可及，此诗暗用二意，故新奇明快，一是写景，一一写尽景物的美，但绝不倚景言情，语速如此轻快，天地山川日月歌舞酒色，皆任他倏倏流转，心意格调自然老苍刚健，骨气不为外物所屈，自然挺立不凡。二是起始便藏末两句轻舟飞还之笔，但节节隐藏，最后在结束时忽然铺陈，前面言景无情而快，此处归心切急，比前更快。此诗用鸥入诗，是以鸥作为少游而久别的朋友，其中的滋味悠长，白鸥动态高远，又与江水、浮舟、渔子隐者等意象契合如画，于少年浸润期间的黄庭坚而言，提一鸥而归意全明，唤之下舞，则如听其欢声来赴，而且诗人用"与白鸥盟"之句，乃是逆用列子白鸥知心典故，只是原典所言，乃怀机心，而黄庭坚寄诗所怀，乃是一片思归丹心而已。诗人与鸥，似乎初有定盟，约期必归，而今切切思念，愿于江舟上归，一偿夙诺，不但是追认少年固隐不出之志，且忽忽间，有连冠带袍履之官服都不及除，就要快舟逃归之意，诙谐可乐间，不能如愿之哀，久自流出。

不溺于山川人事之美，一定程度上也反映出"君子"功夫站得住脚的老苍气息，不只有"隐"者志意的野逸之气，二者结合，才是黄庭坚的全貌，也是诗人生命的异样色彩之处，足为其"隐君子"人格，作一晚年定论。黄庭坚的诗中还会以"鹿"表现其"隐君子"人格，见黄庭坚写与母舅李常的言志短诗《次韵公择舅》：

　　　　昨梦黄粱半熟，立谈白璧一双。
　　　　惊鹿要须野草，鸣鸥本愿秋江。

这是黄庭坚六言诗中的杰作，二十四字就如生来就是一首完整的诗一样，一字都不可动，并且虽句句用典，但读者只感骨气通贯，浑然不觉。对于六言诗而言，一般是五言诗句加一字、七言诗句减一字而成，但本诗似乎生而如此，不费安排而自然六言，无句加一字之软塌，亦无句减一字之斩断，并且气象安适中，虽有忧惧而丝毫无悔，胆气浑厚，虽用魏晋以下故事，但通体文气古简，学汉乐府而得其神，并特显黄庭坚胸中兀傲挺拔之一段风神。起句以黄粱梦入句，不言模糊之"未"熟，而明确言其"半"熟，语气顿挫沉郁，下接立谈白璧一句，乃用战国赵孝成王一见虞庆便骤然大用为上卿、赐金百两与白璧一双，若说黄粱梦为忽然失却之富贵，则王与白璧百金，则是不虞而得之富贵，二句并观，则是富贵无常，授受不能自已。

　　黄庭坚诗歌中的"隐君子"形象，不论是意象的取用，还是观点的设定，义脉的起落连接，都是与黄庭坚的"隐君子"之志相关联。吴沆的《环溪诗话》可以证明黄庭坚的诗中的气象人格之论，《演雅》之诗以隐君子之冷眼热心，观览世况，以比体作诗，传达出希望洗涤一世浑浊，独邀游于江海之意。黄庭坚还在诗中以"鸥""鹿"之意象的使用，以鹿之惊归，鸥之飞回，喻以君子之隐，从中可见黄庭坚的"隐君子"之格。

# 第二部分

## 君子情怀与追求

# 易学中的君子

黎　斌(中国工商银行铜仁分行部长)

在《易经》和《易传》中，直接涉及"君子文化"的有57个卦，共出现"君子"一词105次，其中：《易经》19次，《易传》86次。在易经64卦中，只有7个卦(比、噬嗑、复、无妄、离、姤、涣)未直接涉及"君子文化"，尽管其未在经文、传文中出现"君子"一词，但其思想内容也蕴涵了君子文化。

易学中君子文化的内涵十分丰富，其"关键词"和主要内涵有：乾乾、夕惕若、正道、安贞、同人、谦谦、劳谦、观我生、观其生、得舆、好遁、用罔、退避、维有解、决断小人、隐忍、豹变、革新、厚德、类行、刚健、文明、中正、通天下、谦卑、观象、察变、顺势、自强不息、厚德载物、经纶、果行育德、饮食宴乐、作事谋始、容民畜众、懿文德、辨上下、安民志、俭德辟难、类族辨物、遏恶扬善、顺天休命、哀多益寡、称物平施(公平)、谦谦、劳谦、卑以自牧、响晦入宴息、振民育德、教思无穷、容保民无疆、明庶政、识前言往行、畜其德、慎言语、节饮食、独立不惧、遁世无闷、常德行、习教事、以虚受人、立不易方、恒其德、远小人、不恶而严、好遁、非礼弗履、自昭明德等。

君子文化大概分为以下五类：

1. 人格类。包括：正道、仁义、礼智、诚信、忠孝、包容、宽恕、谦谦、劳谦、谦卑、谦逊、卑以自牧、文雅、和合、中庸、自强、观我生、观其生、刚健、文明、中正、习教事、以虚受人、立不易方、远小人、不恶而严、居上位而不骄、在下位而不忧，等等。

2. 精神类。包括：自强、同人、通天下、自强不息、厚德载物、安民志、大公无私、遏恶扬善、包容(容民)、振民育德、教思无穷、容保民无疆、教思保民、反身修德、施禄及下、致命遂志、劳民劝相、劝民勤劳、治历明时、豹变革新、善俗(转风移俗)，等等。

3. 伦理类。包括：厚德、果行育德、容民畜众、懿文德、辨上下、俭德辟难、哀多益寡、称物平施(公平)、畜其德、常德行、恒其德、非礼弗履、自昭明德、反身修德、居德则忌、顺德、正位凝命、恐惧修省、思不出位、居贤德(蓄积贤德)、制数度、议德行、体仁、嘉会、利物、贞固、进德修业、忠信、修辞立其诚(言而有信)、知至至之(与几)、知终终之(存义)、进德修业及时，等等。

4. 处事类。包括：用罔、退避、维有解、决断小人、隐忍、类行、观象、察变、顺势、经纶、作事谋始、类族辨物、响晦入宴息、明庶政、识前言往行、用晦而明、言有物、行有恒、同而异、赦过宥罪(宽恕)、惩忿窒欲、施禄及下、除戎器、戒不虞、积小以高大、永终知敝、折狱致刑(明察威严)、明慎用刑、不留狱(不拖延)、申命行事、议狱缓死、恭顺俭约而不过分、思患而预防、内敬外义、黄中通理、正位居体、慎言、慎行、慎求、慎密、慎独、慎初(谋始)、慎微、知几、察变、观察、寻机、顺势、明辨、言有物，言而实，不妄言，行为有恒、明察、明慎、平易待人、以虚受人、得位、公平、正义、藏器于身、待时而动、安而不忘危、治而不忘乱、见几而作、知微知彰、知柔知刚、安其身而后动、易其心而后语、定其交而后求，等等。

5. 志趣类。包括：饮食宴乐、美文美德、嘉会、朋友讲习、教化、节欲、好遁、入世、出世、特立独行、独立不惧、遁世无闷、顺天休命、节饮食、慎辨物居方、学以聚之、问以辩之、宽以居之、仁以行之、问易、用易，等等。

易学中君子文化的主要理念有28条：(1)君子应重"健"。自强不息，奋发努力。(2)君子应重"德"。应具备光辉德性，"厚德""育德""文德"

"俭德""畜德""常德""恒德""明德""进德""修德""顺德""贤德""德行",而不"居德"。(3)君子应重"豫"。应"思患而豫防",日夜警惕,谨慎小心。(4)君子应重"正"。应走正道,并坚守正道,远小人,决断小人。(5)君子应重"同"。应有"同人于野""天下大同"的精神与境界以及"通天下"的志向。(6)君子应重"谦"。应"谦谦""劳谦""卑以自牧""以虚受人,应不恃才傲物"。(7)君子应重"观"。应善于观察,不仅要观察他人,而且要反观自己,顺应形势变化,当止则止,顺势而为。(8)君子应重"忍"。应当有隐忍的品格,闭塞时期,应隐忍待时。(9)君子应重"新"。当与时俱进,有革新精神。(10)君子应重"遁"。应善于退避,有"好遁""遁隐"之情怀,"遁世无闷"。(11)君子应重"民"。应"容民""安民""振民""保民"。(12)君子应重"教"。应"习教事""朋友讲习""振民育德""教思无穷""劳民劝相(劝民勤劳)"。(13)君子应重"善"。应"遏恶扬善""远小人""不恶而严"。(14)君子应重"公""平"。应"裒多益寡""称物平施"。(15)君子应重"明"。应"明庶政""自昭明德""用晦而明""治历明时""明慎用刑""明察威严"。(16)君子应重"省"。应"恐惧修省""反身修德"。(17)君子应重"慎"。应"慎言""慎行""慎密""类族辨物""作事谋始""识前言往行""戒不虞""明慎用刑""慎辨物居方"。(18)君子应重"度"。应"制数度""正位凝命""思不出其位""恭顺俭约而不过分""节饮食"。(19)君子应明"刚柔"之道,刚柔相济。(20)君子应"体仁""嘉会""利物""贞固"。(21)君子应具有"中正"的品格。(22)君子应"忠信""诚信""存义"。(23)君子应"聚学""辩问""居宽""行仁"。(24)君子应"问易""用易"。(25)君子应"藏器""待时"。(26)君子应明"安危""治乱"之道。(27)君子应知"微彰""柔刚"。(28)君子应明"安身""易心""定交""后动""后语""后求"之道。上述理念,可归纳为:健、德、豫、正、同、谦、观、忍、新、遁、民、教、善、公、平、明、省、慎、度、刚柔、体仁、嘉会、利物、贞固、中正、忠信、诚信、存义、聚学、辩问、居宽、行仁、问易、用易、藏器、待时、安危、治乱、微彰、柔刚、安身、易心、定交。

结合当下形势,以国际视野来看,挖掘和弘扬易学中的君子文化,应

重点挖掘和弘扬世界各族人民普遍认同的价值和理念,体现联合国教科文组织"合作、和平、安全、正义、法制、自由"的宗旨:

第一,"同人""同人于野"的理念与价值。维也纳大学帕克斯(Graham Parkes)教授在2018年北京第二十四届世界哲学大会上指出:"中国思想中对'万物一体'的强调,正是我们这个时代需要的。"《易·同人》中君子文化中的"同人""同人于野"理念,是对"万物一体"的强调,基于"天人合一""共生共处"与"共同体"的哲学辩证法,指出君子不应"同人于门""同人于宗",而应"同人于野",强调"同人于野,亨,利涉大川,利君子贞"①,不能囿于同一门派、同一宗族,而应有博大的胸怀,广泛团结世界各族人民,这样才能干大事,才有利于君子"通天下"。同时,"同人"理念也较好地契合了联合国教科文组织关于"促进各国间合作"的宗旨。

第二,"裒多益寡""称物平施"理念与价值。"正义""公平"为世界各国人民普遍认同,"合作"是当下国际经济社会发展的一个必然趋势。《易·谦》曰:"君子以裒多益寡,称物平施"②,强调"以多益少""公平处事",体现了世界人民普遍认可的"正义""公平"理念,也体现了联合国教科文组织关于"增进对'正义'之普遍尊重的"宗旨。

第三,"观我生""观其生"理念与价值。"和平"与"安全"是世界各族人民的共同理想与追求。《易·观》曰"童观,小人无咎,君子吝","窥观,利女贞","观我生进退","观国之光,利用宾于王","观我生,君子无咎","观其生,君子无咎",③ 这里强调君子不应持幼稚的儿童观念,也不应持狭隘的观念;不应只观察自身、本国的生存、生活情况,而应广泛观察他人、他国的生存、生活情况;不仅要有"观本国"之德性,而且要有"观他国"之德性,着力营造"和平"与"安全"的"生命共同体""人类命运共同体"。这契合了联合国教科文组织关于"对和平与安全作出贡献"的宗旨。

---

① 《四书五经》,中华书局2009年版,第487页。
② 《四书五经》,中华书局2009年版,第489页。
③ 《四书五经》,中华书局2009年版,第494页。

第四,"习教事""教思无穷""美文美德"理念与价值。促进教育、科学与文化的发展是世界各族人民的共同价值观,易文化中君子文化之"习教事""君子以教思无穷,容保民无疆"(《易·临·象》)①"美文美德"理念,强调发展教育、科学与文化,这不仅体现了世界各族人民共同的价值观,而且也契合了联合国教科文组织关于"通过教育、科学及文化来促进各国间之合作,对和平与安全作出贡献,以增进对正义、法治及联合国宪章所确认之世界人民不分种族、性别、语言或宗教均享人权与基本自由之普遍尊重"的宗旨。

第五,"遏恶扬善""折狱致刑""明慎用刑""议狱缓死""赦过宥罪"理念与价值。"法治"是世界各族人民基本价值观之一,易文化中君子文化之"遏恶扬善""《丰》象曰:雷电皆至,丰,君子以折狱致刑"②,"《旅》象曰:山上有火,旅,君子以明慎用刑"③,"议狱缓死","《解》象曰:雷雨作,解,君子以赦过宥罪"④等理念,不仅体现了"法治"思想与内涵,而且还强调法治中的"明察"与"公正",这契合了联合国教科文组织关于"增进对法治之普遍尊重"的宗旨。

第六,"嘉会""朋友讲习""学以聚之""问以辩之"的理念与价值。"自由"是世界人民的普遍价值观,也是中国社会主义核心价值观的主要内容之一。易文化中君子文化之"嘉会""朋友讲习""君子学以聚之,问以辩之"⑤的理念,较好地从人文、教育、学习、学问、学术、讨论、思想等层面契合了"自由"价值观,契合了联合国教科文组织关于"增进对基本自由之普遍尊重"的宗旨。

"合作、和平、安全、正义、法治、自由"等的易学君子文化核心理念,上古先民从"命运关怀"到"境界关怀"的对象化,是易学范式从巫性占

---

① 《四书五经》,中华书局2009年版,第483页。
② 《十三经注疏》,上海古籍出版社1997年版,第67页。
③ 《十三经注疏》,上海古籍出版社1997年版,第68页。
④ 《四书五经》,中华书局2009年版,第514页。
⑤ 《四书五经》,中华书局2009年版,第474页。

筮范式转为哲理范式的理性文化。易文化与君子文化具有融合性、互补性。易学范式应从传统的占筮易学、哲理易学向当代易学、国际易学转轨，应解决好易与人的本质关系，与世界规则接轨，注重人文和价值关怀。"君子文化"不应只是中国人民"修身、齐家、治国、平天下"之道，更应是世界人民增进了解、和平共处、合作发展之道。这些价值不仅体现在学术、理论、方法论上，而且还体现在国际文化生态、政治生态、经济生态、自然生态的治理与维护上；不仅体现在中华优秀传统文化的传承与弘扬上，更体现在对联合国宪章、联合国教科文组织宗旨的理解与践行上。我们心系易学与传统文化，心系世界和平发展，愿君子文化之光如思想灯塔，朗照人类社会的遥远航程，惠及全球。

# 屈原以兰喻君子

陈少龙(武汉科技大学硕士生)

屈原的诗歌创作中,以花草喻君子,透射着古代文人雅士的高贵品格。其独运的匠心,恰如王逸所言:"依《诗》取兴,引类譬喻,故善鸟香草,以配忠贞;恶禽臭物,以比谗佞。"①

植物的隐喻义,在《诗经》中已数见不鲜。例如,用桑叶润泽形容美好生活,以植物中的香花和恶草,分别去表征君子和小人,屈原独树一帜。香草缀君子,正如宝剑配英雄,香草所溢出的芬芳,亦恰如君子所散发的品格魅力,两者可谓相得益彰。屈原更是种植了许多香草,例如,"余既滋兰之九畹兮,又树蕙之百亩""畦留夷与揭车兮,杂杜衡与芳芷"。爱兰花、种兰花、赞兰花,更是缔造了一个芝兰之室,屈原借芳草熏陶、坚守自己的纯洁、高雅的身心,警醒自己成为一个正直高贵的君子。屈原诗歌中的花草植物意象,既是对自《诗经》以来的传统之阐扬,也是其所处地域之地理环境的深刻体现。屈原所在的楚国地处南方,湿地颇多,草木丰茂,物种多样化,花花草草,不胜枚举,让人目不暇接。屈原的诗歌中,出现的植物专名或通名以数十次计,其中频繁出现的有泽兰、蕙、荷、肉桂、荪、椒、杜若、薜荔、芳等,集中在《离骚》和《九歌》中。屈原如此着墨于这些植物意象的描写,显然不是简单的为了"多识于草木鸟兽之名"②,搞什么植物学、园艺学的科学专业研究,而是为了表达对君子的青

---

① 王逸:《楚辞章句》,上海古籍出版社 2017 年版,第 2 页。
② 钱穆:《论语新解》,生活·读书·新知三联书店 2002 年版,第 325 页。

睐、赞美和向往。千奇百怪的植被、花草，扑朔迷离，让人魂不守舍，需要火眼金睛，加以辨别，区分美丑、善恶。

屈原诗歌中的花草象征，可以分为自比、类比和对比。

第一，自比，即屈原以香草比喻自身。这是在其文本最常出现的，主要体现在屈原穿戴、种植香花和香草，甚至是以香草为饮食的日常行为上。《离骚》中这类描述很多，例如："江离与辟芷兮，纫秋兰以为佩""制芰荷以为衣兮，集芙蓉以为裳""佩缤纷其繁饰兮，芳菲菲其弥章"等。

第二，类比，即是用香草譬喻君子，象征着这一类品行端正之人。如"杂申椒与菌桂兮，岂惟纫夫蕙茝""昔三后之纯粹兮，固众芳之所在"等，借此屈原既是为了寻找志同道合之士，也是希冀复现群贤毕出的美好盛世。

第三，对比，既是香花和恶草的对比，也是君子与小人的对比。如"兰芷变而不芳兮，荃蕙化而为茅""何昔日之芳草兮，今直为此萧艾也""椒专佞以慢慆兮，樧又欲充夫佩帏"等。这里的"兰芷""荃蕙"都是芳草，"茅""艾""椒"和"樧"都是恶草，它们虽迥然殊异，但恶草却时时想同化或代替香草，香草若受到浸染也会变成臭物。这是点出了君子处境的不易，必须时刻修炼己心，才不至于同流而合污。

屈原正是借香草的特征和处境，点出了贤士君子的品格和境遇，"香草美人"的君子文化传统便由此而流传开来。在屈原的诗歌中，香草的美好意涵象征着君子的高贵品格，而将这一花草品性与屈原的自身品格结合起来，便会发现其中所拥有的双重意涵，让人领悟到大自然的形形色色，延伸社会中的人格千奇百怪，真正具有和延续高雅品位的君子，凤毛麟角。屈原作为爱国诗人，是地地道道的正人君子。他清白高洁，"忽驰骛以追逐兮，非余心之所急""伏清白以死直兮，固前圣之所厚""何方圜之能周兮，夫孰异道而相安"等，屈原与那些追名逐利之人始终保持距离，只想坚守内心的纯洁正直，不愿与之同流合污。在艰难困苦面前，屈原意志坚定。"固时俗之流从兮，又孰能无变化"，屈原因为正直之故，难免遭受着奸佞的谗言甚至诱惑，但他仍不为所动。"芳菲菲而难亏兮，芬至今犹未沫。"屈原坚毅勇敢，视死如归，大义凛然，他"宁溘死以流亡兮，余不忍为此态也""亦余心之所善兮，虽九死其犹未悔""虽不周于今之人兮，愿依彭咸之遗则"。彭咸是殷商时候的贤士，因为君王不听劝谏，投江而死。屈原正是在遵照古人的遗训，以死明志，借此唤醒君王和仁人志士。

屈原笔下的兰花君子，具有独特的品性魅力，后来一直影响君子文化和审美情调。"花中四君子"的梅、兰、竹、菊，梅傲骨凌寒，兰幽僻自处，竹清雅高格，菊淡雅脱俗，都恰如一个君子所应有的气节。郑板桥云："四时不谢之兰，百节长青之竹，万古不败之石，千秋不变之人。"[①]只为君子儒，不为小人儒，成为君子、仁人、志士的理想追求。

---

① 郑燮：《郑板桥文集》，巴蜀书社1997年版，第211页。

# 楚器中的君子

张　钰（武昌首义学院副教授）

电视剧《芈月传》自从开播以来，就掀起了一场楚文化研究热潮。芈月初生时被认为是"霸星"但不是男儿身而惨遭遗弃，后被"少司命"庇佑；少年时被赐令殉葬先王，"莒姬"用龟甲占卜救助；青年时被秦后宫嫔妃设计陷害，而后死里逃生。这些都在宣告楚国人倔强的性格特征，是对楚国筚路蓝缕、艰苦奋斗精神和独树一帜的艺术风格的正面宣传。这里结合《芈月传》中的一些关键时间节点，分三个方面探讨楚青铜艺术的特色："家国一体"思想在楚鼎上的呈现形式；祀神乐舞文化在楚钟上的表现形式；秦风楚俗的差异性在楚币上的表现形式。

## 一、"家国一体"在楚鼎上的呈现

楚国是在熊绎作为族长的时候，被周天子分封的一个南方小国，"芈"姓追溯起来，要到原始时期的炎帝和黄帝时期，楚之先祖帝颛顼高阳，是黄帝的孙子，而祝融作为火正也成了楚国的祖先。祝融八姓中，只有芈姓季连一支承传下来，其他七支大都消散了。正因如此，楚人才养成了"尊火尚赤"的习惯。屈原在《离骚》中讲述"帝高阳之苗裔，朕皇考之伯庸"，指的是自己的父亲屈伯庸是黄帝的子孙后代。

《芈月传》的第15集，芈姝远嫁秦邦，在楚宫前拜别父母的场景，服装设计以红色作为主色调，配以红色的羽毛作为披肩，其设计构思依从楚人以红为贵的思想。对应第29集，孟嬴远嫁燕国时，在殿前拜别父王时，穿着的嫁衣是炫黑色的袍服，配以黑色的羽毛，按照四象之说，南朱雀，北玄武，秦国在楚国西北方，楚国在秦国东南方。一红一黑即表明了方位，又体现了族群意识形态上的差别。

屈原之所以如此的爱国，也是由于姓氏上的关联。屈原是屈家的后代，楚王芈姓熊氏，屈原是楚武王熊通儿子屈瑕的后代，楚武王熊通的儿子被封在"屈"这个地方，因而后代都以屈为氏，屈原是楚王的同姓贵族。而《通志·氏族略》中明确指出："三代以前，姓氏分而为二，男子称氏，妇人称姓。氏所以别贵贱，贵者有氏，贱者有名无氏。"因此，屈原忠君爱国，也能体现出"家国一体"的思想。

楚人兼收并蓄、博采众长、观念开放，有君子的博大胸襟。楚文化既具有中原文化的特色，又兼具南蛮、巴蜀文化的色彩，楚鼎上十分明显。湖北随州曾侯乙墓出土的升鼎，造型有别于商周时期的鼎，其造型横向发展趋势明显，三足，收腰，附耳外撇，曲线优美。而商鼎多为方鼎，四足，直耳，鼎身满附纹饰。周鼎多为圆鼎，三足，直耳，鼎身纹饰相对较少。后两者造型垂直发展趋势明显，显瘦高，而前者显矮胖。

在装饰手法上，楚鼎采用失蜡法精工铸造，装饰物细密繁复，有别于其他诸侯国出土的同类器型，河南省博物院藏的王子午升鼎，最具代表性。这体现楚人的矛盾心理，一来楚人是商青铜礼器装饰原则的继承者，结合周礼有所改动，但同时受到蛮族文化的影响，在器型上大胆取舍，体现出楚人和而不同的自信与不屈的意志力。

## 二、君子之乐在编钟

礼乐，在的先秦时期为君子之乐。神鬼祝巫祈福在楚国十分流行，非常普遍，乐舞文化与祭祀关联密切。在《芈月传》第1集，芈月刚出生不久，因不是男性而被遗弃，剧中因少司命雕像得以保全。少司命在楚国是司管生育的神灵，是孩童的保护神。因此，如此设计剧情，为的是引出后面少司命祭舞,冥冥中暗示芈月的降生是宿命的安排,天命使然。为促成秦楚联姻,秦王来到郢都与楚王在国宴上共同欣赏此舞,和着《九歌·少司命》的旋律,领舞之人正是芈月。在向夫人生产和芈姝的婚车仪仗在秦楚边境祭祖之时,巫者们都唱起《九歌·东皇太一》"抚长剑兮玉珥,璆锵鸣兮琳琅"的词句,以表达楚人对神灵的尊重。《国语·楚语下》谈及"民神杂糅""民生同位""家为巫史",可见楚地几乎是人人信巫,家家祭祀。乐舞的目的在于"以乐诸神",当然也不排除自娱的可能。楚舞的肢体语言婀娜多姿,舞女"体弯如弓",极尽曲线的曼妙。

编钟最早出现在商代,考古挖掘显示在楚国达到鼎盛。"钟"与"终"异字同音。因此,在楚墓随葬器中,编钟是较为常见的器型。"八音之中,以钟为最;尚钟之风,于楚为烈",相对于中原礼器组合而言,楚国常把钟与鼎并举。而且,从《左传·成公十二年》文中得知,唯有楚国,宫廷中建有"地下乐宫",所谓"地室金奏"即来源于此。楚国对乐师也是极其看重的,司乐之官称为乐尹,最有名的故事莫过于"高山流水觅知音"了。曾侯乙编钟作为楚式编钟的代表,钟可分钮钟、甬钟和镈钟三种,声音依次由高音转低音。每层钟架上的钟按照音阶一字排开,形成一编,故称编钟。可以旋宫转调,有完整的十二平均律,而且一钟两音,八音至和,音色优美、音质纯正,音域可与钢琴相媲美。编钟上还有错金铭文,多为乐律铭文,告诉演奏者敲击钟的部位,以及与对应的音调相互之间的关联。所谓"钟鸣鼎食",这是那个时代统治者的最高享受。

## 三、秦楚的差异在货币上的表现

在《芈月传》第29集中,作为王后的芈姝投秦惠文王所好,在梳妆打扮的时候,选戴秦王喜欢的蓝田玉钗。但从神态和举止可以看出,其实芈姝更喜欢自己从楚国作为嫁妆带过来的金钗。当芈姝将带来的金银首饰赏赐给各宫的嫔妃时,这些来自各国的女子都对楚国首饰赞不绝口。很多时候,他国百姓都把从楚国出产的各种器具作为炫耀的资本,说明楚国的日用品已经成为当时时尚的紧俏商品。

　　秦国与楚国的地域位置有所不同，一个在西，一个在南。楚国享有得天独厚的优势，在自然资源上，矿藏丰富，除了铜矿资源外，还有大量的银矿、金矿资源。高台建筑林立，最有名的是章华台。因此，在民用器上，楚国拥有的器型非常丰富，如铜灯、铜镜、首饰、熏杯、带钩、符节、天平、砝码、量器、铜车马器和货币等方面，都有不菲的表现。尤其是货币方面，拥有完备的"贵金属货币"和"贱金属货币"两种货币系统。通过《芈月传》，回顾两千多年的楚国青铜艺术，其中的君子文化，竟有如此多的可圈可点之处，让人叹为观止。

# 道家在意修身

罗美云(北京林业大学副教授)

道家认为,道的根本精神及目的就是修身,而修身又要具体落实到修心、修性、修德上。通过修身而净化自己,再净化周围的环境,就达到了人与自己、与环境、与自然的和谐美。印度圣雄甘地说:"要想和有生之物共同化为一体,而不进行自我净化,那是不可能的。""一个人如果能做到自我净化,那么他必定会使周围的环境也自然净化起来。"①守住自己的真身,行为合乎道,万物就会昌盛。道家重视修身,通过修身达到人与自身以及自然的和谐,对我们构建生态文明具有借鉴意义。

## 一、修身

在道家看来,"道之真以治身,其绪余以为国家,其土苴以治天下"(《庄子·让王》)。道中最本真的功能就是用来修身,其次及再次才是用来治国平天下。只要修好了身,就自然可以治国平天下。

修身有个由近到远的拓展过程,"修之于身,其德乃真;修之于家,其德乃余;修之于乡,其德乃长;修之于国,其德乃丰;修之于天下,其德乃普"(《道德经》第54章)。先把自身修养好,再由此而拓展到治理好家、国、天下,使自身、家、国、天下及它们之间的关系都保持和谐,这样也就实现了天人合和的和谐美。

---

① [印]甘地:《甘地》,国际文化出版公司2005年版,第430页。

对于修身的基本原则，道家认为是"治随自然，己无所与"(《文子·符言》)。以自然无为、自然而然的原则修身。但道家也强调由无为而达成无不为，因此，"生成在己，谓之圣人"(《鹖冠子·环流》)。修身也要依赖于我们平时的修身实践。就像《周易·颐》所说的，"养正则吉也"。以正确的方式修身才会有好结果。相反，"其匪正有眚"(《周易·无妄》)。以错误的方法修身就会有灾难。

如果我们要达到"孔德之容"这样的修身目的，就要"惟道是从"，追随着道，以道为标准、为转移。"若枉若直，相而天极。面观四方，与时消息。若是若非，执而圆机。独成而意，与道徘徊。"(《庄子·盗跖》)不管是枉直是非，还是自己的情感行为等，都要以道作为标准，以道为转移。道也可以作为一种范式，"是以圣人执一为天下式"(《道德经》第22章)，以执守着道作为行为的范式。执守这一范式表现为："中情不流，执一毋求。刑于女节，所生乃柔。"(《黄帝四经·十大经·顺道》)内心沉静，守道不外求，处守柔弱。"我守其一以处其和。"(《庄子·在宥》)执守至道达到和的境界，就能使人健康长寿。

执一守道到了一定程度，就会上升到一种圣人至人的精神境界："惟圣人不离本情而登大道。心既未萌，道亦假之。"(《关尹子·宇》)圣人保持着淳朴的自然本性，内心纯粹，没有欲望，能够和道合一。"古之至人，天而不人。"(《庄子·列御寇》)至人是纯任自然而不假人为。"古之得道者，静而法天地，动而顺日月，喜怒合四时。"(《文子·自然》)他们的动静喜怒和天地日月四时相一致，相吻合，可以说真正达到了天人合和的和谐美境界。"是故，体道者，不怒不喜，其坐无虑，寝而不梦，见物而名，事至而应。"(《文子·符言》)体道的人喜怒不形于色，行住坐卧都淡然无虑，无心于应接事物，而应接事物又自然而然地恰到好处。"故唯执道者能虚静公正，乃见正道，乃得名理之诚。"(《黄帝四经·经法·名理》)执道之人能够见到正道，保持虚静公正，因而能够得体地处理好社会事务。

"夫道不欲杂，杂则多，多则扰，扰则忧，忧而不救。"(《庄子·人间世》)道要保持纯一而不能混杂，道一旦混杂，就会被扰乱，被扰乱了就会有忧虑,有了忧虑就不可救药了。"无一而行,与道参差。"(《庄子·秋水》)不要拘执一偏而行动,致使和大道不相合。"无拘而志,与道大蹇。"(《庄子·秋水》)不要拘束你的心志而和大道相违背。"无转而行,无成而义,将失而所为。无赴而富,无殉而成,将弃而天。"(《庄子·盗跖》)如果不遵循道而妄为,最终就会伤害自己的天性。

要好好修身,也有必要"定乎内外之分"(《庄子·逍遥游》)。确定自我和外物的分际。"审自得者,失之而不惧;行修于内者,无位而不怍。"(《庄子·让王》)内心和谐,有内在力量的人,不会计较外在的得失名位,对它们会坦然置之。"善治内者,物未必乱,而性交逸。"(《列子·杨朱》)善于把自身内在的东西修行好的人,外物也不会混乱,而且自己身心逸乐。这也就是,"识其一,不识其二;治其内而不治其外"(《庄子·天地》)。把自己的内在治理好,使之保持和谐,而不求治理外在的万物。这就要求"慎女内,闭女外,多知为败"(《庄子·在宥》)。谨慎地修持自己的内心,不要被外在的东西所搅扰,对外在的会搅扰我们的外物也不必有过多的认识,因为它们会妨碍我们内心的安宁。这种情况在社会交往时的表现就是"内直而外曲"(《庄子·人间世》),内心诚直而外表恭敬。"形莫若缘,情莫若率。缘则不离,率则不劳。不离不劳,则不求文以待形。不求文以待形,固不待物。"(《庄子·山木》)形体因顺,情感率真,这样,两者都不会受到伤害与牵累,且无需依赖于外物了。总之,"得道之人,外化而内不化。外化,所以知人也;内不化,所以全身也。故内有一定之操,而外能屈伸,与物推移。"(《文子·微明》)得道的人外化而内不化,能够知人,能够全身,能屈能伸,能够随着外物的变化而变化。因此"夫免乎外内之刑者,唯真人能之"(《庄子·列御寇》)。只有得道的真人才能够免除内心自己所给予的枷锁及外在事物给予我们的束缚。

## 二、修心修性修德

修身要具体落实到修心、修性、修德上。"君子不可以不刳心焉。"

(《庄子·天地》)我们就得把自己的心清洗得干干净净。因此,"求合于己者也,非去邪也,去迕于心者"(《文子·道德》)。要使外在的东西和自己相吻合,并不是要去除外在的偏邪,而主要是去除忤逆于心的东西。因为,假如心没有忤逆之处,我们自然可以使外物不偏邪。这也要求"易意和心,无以道迕"(《文子·自然》)。使自己心意平和,不要和道忤逆。"女慎无撄人心。人心排下而进上,上下囚杀,淖约柔乎刚强。"(《庄子·在宥》)人心难测,人心可怖,不要去搅扰人心,且最后必定是柔弱胜刚强。所以,我们要"从心而动,不违自然所好"(《列子·杨朱》)。顺随着我们的心而动,不要违背心的自然本性。"心一而已。物亡迕者,如斯而已。"(《列子·黄帝》)心是纯一的,不要用外物去忤逆它。"不以物挫志之谓完。"(《庄子·天地》)不要以外物来挫伤我们的心志,我们的心志就会达于完美。且"心平志易,精神内守,物不能惑"(《文子·下德》)。如果我们的心能够平和,精神能够内守,外物就不能够迷惑我们的心志。"万物无足以挠心者,故静也。"(《庄子·天道》)万物都不能够搅扰我们的心,我们的心就自然处于宁静状态。最后,"神清意平,物乃可正"(《文子·下德》)。我们的心神、心意清和、平静了,我们也可以使万物归于正道,也就是我们能够达到人与自然的极度的和谐之美。

梭罗说人们要遵循更高的规律——天性。①我们的行为要遵循天性,天性是否可靠,又要看它是否合乎道,所以说"吾所谓真人者,性合乎道也"(《文子·九守》)。要像真人那样,把自己的性修得合乎道。性合乎道之后,我们就可以说,"所谓臧者,非所谓仁义之谓也,任其性命之情而已矣"(《庄子·骈拇》)。我们的完善只是任性命之情而已,并能做到"从性而游,不逆万物所好"(《列子·杨朱》)。这有些像孔子说的"从心所欲不逾矩",也就是从我们的天性出发,无论做什么都是得体的,和自身、社会、自然和谐一致的。当然,这也要求"不以物易己也"。"反己而不穷,循古而不摩,大人之诚!"(《庄子·徐无鬼》)不要以外物来改变、搅扰自

---

① [美]亨利·梭罗:《瓦尔登湖》,吉林人民出版社1997年版,第204页。

己,而要不断地反省自己,遵循常道,不加矫饰,从而彰显出我们的真性。相反,"夫小惑易方,大惑易性"(《庄子·骈拇》)。如果被外物所搅扰、迷惑,就会改变并失去我们的真性。而当时,直到现在的现实是:"自三代以下者,天下莫不以物易其性矣!"(《庄子·骈拇》)我们的天性都被外物搅扰、改变了,变得不真了,具体表现就是"枝于仁者,擢德塞性以收名声"(《庄子·骈拇》)。有些人假借仁义买名声,就把真性给堵塞了。"驰其形性,潜之万物,终身不反。"(《庄子·徐无鬼》)有些人把自己的真性沉溺于外物,使之不能复归本真。"其于伤性以身为殉,一也。"(《庄子·骈拇》)"其于残生伤性均也。"(《庄子·骈拇》)"若其残生损性,则盗跖亦伯夷已。"(《庄子·骈拇》)"皆以利惑其真而强反其情性。"(《庄子·盗跖》)不管是为名、为利、为位置等,只要是把自己的真性沉溺其中而不能自返,就是对真性的伤害与践踏。而"丧己于物,失性于俗者,谓之倒置之民"(《庄子·缮性》)。不管以什么方式,只要丧失自己真性,就是本末倒置的人。

在道家看来,道内在于万物,内在于心,内在于性,就是德。所以,道家的修德可以说是其修身、修心、修性的归结处。道家认为,"犹有尊足者存,吾是以务全之也"(《庄子·德充符》)。德是比身体更尊贵的,所以要保全德,道家对修德也就非常重视。由此,道家指出:"形全犹足以为尔,而况全德之人乎!"(《庄子·德充符》)为了形体健全都要那样追求,要是为了道德健全,那就更不用说了。要追求全德就要"修胸中之诚以应天地之情而勿撄"(《庄子·徐无鬼》)。"中心其恬,不累其德。"(《文子·符言》)修养内在的真诚,顺应天地自然之情,而不去搅扰万物。内心保持恬淡,不要拖累内在的真德。同时,要不断地积累道德,因为"积道德者,天与之,地助之,鬼神辅之"(《文子·道德》)。积累道德,天地鬼神都会辅助我们。当然,"故圣人慎所积"(《文子·上德》)。我们积累道德也要慎重。《周易·乾》就告诫我们:"庸行之谨,闲邪存其诚,善世而不伐,德博而化。"平时内心要有诚意,行为要谨慎,使世俗变好而又不夸耀自己,德泽广大,感化世人。这也就是"修足誉之德,不求人之誉己"(《文子·符言》)。"地势坤,君子以厚德载物。"(《周易·坤》)修成全德而不要求别人的赞美,培养出厚德而能够包容万物。追求全德达到的最高境界,道家以寓言的形式,做了个比喻:"望之似木鸡矣,其德全矣。"(《庄子·达生》)全德者看上去像木鸡,精神是凝寂的,不为外界所动。这也即"是必才全而德不形者也"(《庄子·德充符》)。这种德是不着形迹的,因为不着形迹,所以万物都愿意亲近他,由此,他就能够和万物保持和谐美的关系。从这个意义来说,道家认为:"吾所谓臧者,非所谓仁义之谓也,臧于其德而已矣。"(《庄子·骈拇》)他们所认可的完美,就是德方面的完美。

# 周礼中的君子

张宸邦(云南大学哲学系本科生)

周礼将人文理论化、伦理化、体系化。殷周之变中的中华文明价值体系，初步确立了宗教观、道德观、君子观，并对往后几千年的文明发展产生了决定性的影响。

## 一、信仰的伦理化

中华在三代尤其是殷周之间，宗教就已经开始了大规模的理论化、系统化、伦理化进程。这样的原始宗教理论化并不是一个孤立而偶然的事件，而是深刻地建立在实际情况之上，并且与三代的一切情况一并作为基础，对后来轴心时代产生的各种思想巨变乃至对数千年思想进程产生了深远的影响。中华文明具有的独特魅力，在三代时期已经奠定了基础。

西方的宗教理性化进程，是在轴心时代个人的主体性得到强调时开始的。西方传统的宗教和信仰向来高度一致，甚至于直接将宗教等同于信仰。而事实上，信仰不必然是宗教的。信仰绝非专指宗教信仰，信仰也绝不从属于宗教或直接与宗教相等同。相反，宗教不过是信仰的一种类型，宗教性的信仰不过是在西方传统下占据主要地位的信仰形式罢了。中华文明传统中的信仰，呈现出与西方传统迥异的性质与特征。

中国三代根本不具备使用西方所谓高级宗教，即理智化、理性化宗教来构建社会的可能性。而初建的周朝实际面临着全面的信仰危机与巨大的信仰真空，在这样的历史条件之下，殷周之变便呈现出王国维在《殷周制度论》中论述的巨大特殊性与决定性："中国政治与文化之变革，莫剧于殷周之际。"①殷周之际的变革实际上是一场伟大深刻的原始宗教革命，其目标在于重建宗教权威和社会信仰。要了解这场革命的必要性与深刻性，我们就不得不先了解殷商的宗教观。《尚书·商书·西伯戡黎》记载，祖伊力谏纣王改变残暴统治，而纣王是这样回答的："呜呼！我生不有命在天？"由这样一个回答，我们可以看出殷商社会对于所谓天命有绝对的信任与信仰。借由着天命，殷商的统治有绝对的合法性。因而，作为曾经的殷商邦国——周覆灭殷商之后，便急需对殷商的一整套原始宗教体系进行彻底的变革，重新建立自己的社会信仰体系与宗教权威来论证自己统治的合法性。

周朝的原始宗教革命，虽然被称为革命，但由于周朝的建立仍然是普通的朝代更迭，而不是春秋战国时期那样的社会重构，商周之间仍然具有高度的关联性与连续性。所以这样的革命并不是整个体系的完全的更新，而只是在关键核心概念上的革命。周公的宗教革命实际是对于殷商原始宗教的一些核心概念进行调整，从而建立周的统治的合法性。由上文的论述，我们可以看到，殷商自认为立国之本在天，故而周公想要论证周朝统治的合法性，就一定要以人为立国之本，将人的地位在某种程度上提到与天同等的高度，在人伦之间寻找构建社会的办法。中华文明最伟大的变革由此发生了。在所谓的轴心突破之前，在原始宗教的框架之下，中华文明之中，人已经取得了和天同等的地位。中华文明由此完成了奠基，中国文化的品格与特性由此得到了确定。周公为达到这一目标的高明做法，便是众所周知的制礼作乐。

## 二、人文君子之礼

钱穆先生说："礼本是指宗教上一种祭神的仪文……中国古代的宗教，

---

① 《王国维集》第四册，中国社会科学出版社2008年版，第135页。

很早便为政治意义所融化，成为政治上的宗教了。因此，宗教上的礼，亦渐变为政治上的礼……中国古代的政治，也很早便为伦理意义所融化，成为伦理性的政治，因此政治上的礼，又渐变而为伦理上的，即普及于一般社会与人生而附带有道德的礼了。"①从原始宗教最早期的巫术活动中的行为规范，发展到祭祀活动中的祭祀礼仪，在殷商高度参与政治，再到高度理论化、伦理化、具有高度普适性的周礼，在三代稳定的政治环境之下，我们的原始宗教进行了具有高度连续性的不断发展，因而具有了高度的一致性。事实上，在宗教伦理化最明显的周朝时期，我们的宗教仍然是一种以原始宗教为主的，带有浓厚的巫觋色彩的宗教体系。这便使得在原始宗教的巫术活动中弥足珍贵的一些价值内核在高度伦理化体系化的周朝仍然得到了保留，甚至于得到了极大的发扬。

礼的发展进程中，巫术活动的形式和核心价值，在礼制中得到了高度的存留与发扬。巫术活动是一种怎样的活动呢？很多人类学家都认为：巫术与宗教最重要的一点区别在于巫术是强迫对象来为人服务的。巫术通过人的活动祈求甚至迫使上天神灵符合人的意愿而满足人的要求，而并非人单方面地对一个偶像的无限崇拜。通过这样一个特点，我们可以发现，在巫术中人的地位非常突出，巫术就是通过人的活动来达到人的期望。虽然活动的目的是借助神灵的力量，但整个活动的所有主体全部都是人，是人强力地要求神明做事，而不是人被动地居于从属地位向神祈祷，把活动的主体放在神身上。李泽厚认为礼有三个特点：实践性、普适性和神圣性，这三个特点实际上和礼来源于巫这一发展轨迹是密不可分的。

礼，不是什么高深莫测的理论，而是人们的行为规范。在礼的整个演变中，实践性一直作为固有属性、本质属性而存在着。礼本身首先是人的一种生命实践。原始巫术本身就大都是靠着民间舞蹈、歌唱等形式表现、存在的。在绝地天通之后，礼也并没有脱离生活，只是适用范围狭窄了，作为神职人员祭祀时的行为规范而存在。周公制周礼时，同样是运用了行

---

① 钱穆：《中国文化史导论》，上海三联书店1988年版，第60页。

为规范这一礼的本质属性。

礼具有神圣性、崇高性、权威性。礼并非一般的普通的实践，而是一种带有神圣色彩的实践。在很长一段历史时期中，礼被用来规范与神有关的巫术活动与祭祀活动。礼是与神沟通、活动的行为规范，那么礼自然而然的也就带有高度的神圣色彩。事实上，在原始巫术中，礼的神圣性、人文性与实践性得到了极为完整的体现。原始巫术的主体活动就是单纯的实践活动，一切诉求、性质都是通过人的实践展现的，人的活动是为了迫使神满足人的要求，故而是直通地天的，故而神不在遥不可及的天上，而就在人直通地天的巫术活动中。神圣性不在其他的什么地方体现，而就在人的实践活动中展现，此二者是一体两面、不分彼此的。人在原始巫术活动中通过实践取得了与神同等的神圣地位。

如果说殷商的宗教是比较标准的以祭祀为核心的原始宗教，那么在经历了周公制礼作乐以及殷周之变后，早期的宗教发展已经呈现出了典型的中国特征。周公对殷商幼稚而原始的宗教观进行了考察，殷周之变中普通民众所具有的巨大力量也对周公产生了震撼。周公具体的思考我们不得而知，但最后呈现出的结果是周礼对商朝宗教观一定程度的反动和对原始巫术某种意义上的回归。周公制周礼，将礼的适用范围从政治扩展到民众生活的社会全领域，用礼作为全社会的规范。如果单单看为社会生活立范这样一件事情，似乎是五千年文明中不值一提的小事。但是我们要注意到，周公用以规范社会生活的并不是外在的法律或是殷商所依仗的宗教神权，而是具有高度神圣性与实践性的礼制。

礼被推广到全社会之后，所包含的人文取向，便有了更为深刻的含义。西方使用宗教或是法律，都是一种外在的他律，是建构于天和神远高于人、对神的绝对权威的肯定上的。而中国的礼，并不刻意寻求什么外在的权威来约束社会，而是依靠人与人之间的有机联系、相互礼敬，来构建社会良序。实践性、神圣性的特点，在周礼中，乃至于在整个中华文明的构建中，发挥了不可磨灭的作用。周公赋予礼以普适性，使礼的适用范围得到了前所未有的扩展，这样一来，礼所具有的神圣性，直接地下贯到了社会生活的方方面面,赋予了民众生活以神圣色彩。

## 三、"敬德保民"的君子追求

周公制礼作乐的基本价值内核,八字以蔽之,乃"敬德保民,以德配天"。这八字之中,"以德配天"更多的是一种目标、价值追求。而达成这样的目标所需的行动纲领便是"敬德保民"。近代以来,学者对于"敬""德"二字十分重视,多有研究。实际上,敬与德之所以受重视与此二字之后的保民二字是密不可分的。周公通过对殷商宗教观的扬弃,敏锐地把握到政治政权的正义性和合法性的根源就在于"贵民",就在于"人"。故而周公所重视的敬与德是一种极具人文主义色彩的要求与判断,周公制周礼中的最重要的变更便是对殷商礼制的价值取向进行了重构。

关于"德",学者徐中舒认为,甲骨文中"徝"字即是德之本字,在《诗》《书》中,德更多地体现了上与下,即天与人的含义。这样的观点,实际上是与李泽厚的研究"所谓德是在巫的活动中展现出的一种魔力,后来变为王的行为、力量"相一致的。那么,按这样的理路,"德"便与孔子的一句重要论述产生了联系:"人之生也直"。人之生也,顶天立地一个人,生生不已一个人。"德"字在高度伦理化之前最本初的含义应当就是对"人"本身的无限性、神圣性的内在肯定,描述的是一个人天然的贯通天地、天人合一之状态,而并非后世强调的善行,是一个极具超越意味的概念。牟宗三所谓"内在超越"便立论在此。带着这样的认识,我们再来考察周公的敬德保民。那么周公所谓的德是怎样的德呢?我们应当可以认为此处这个德便是对每个周朝子民的尊重,对每个周朝子民作为人的主体性与神圣性的承认。而在这样理解"德"的基础上,下一句"以德配天"便很好解释了。

在周公的理论体系中,用于获得天的肯定、用于获得统治的合法性的方法不是什么别的方法,而恰恰就是对于每一个周朝子民的作为人所具有的神圣性和超越性的高度尊重与肯定。基于此,天与人获得了统一、神事与人事获得了统一。如果说德是礼的价值内核与价值追求,那么敬就是达到德的所要遵循的路径与方法，也是礼所构建行为体系的根本遵循。徐复观先生说，周初所强调的敬的观念，与宗教的虔敬，近似而不同，宗教的虔敬，是人把自己主体性消解掉，将自己投掷于神的面前而彻底皈依于神的心理状态。周初所强调的敬，是人的精神，由散漫而集中，凸显出自己主体的积极性与理性作用。实际上"敬"的词义并没有什么特别值得解释的，就是一种礼敬的态度。问题的关键在于礼敬这一行为实施者——人和接受者——神之间的关系问题。

中华文明传统并不热衷于使用非此即彼或由此至彼的思维方式，而更偏好于使用即此即彼、即体即用的模式来考察问题。事实上，礼敬是一个密不可分的整体，敬是礼的基本态度。故而礼所具有的一些特点：人文性、普适性、实践性、神圣性，尤其是神圣性，也同样是敬的特点。那么我们便可以看到，不同于西方式的线性思维，中华文明中一定认为人在对神的礼敬过程中获得了无限。随着周公把礼敬精神推及全社会，随着礼敬的对象由神更多地转向转变为人，中华文明的基本精神气质便发生了决定性的重大改变，讲究爱心、敬天法祖、敬德保民、推己及人，天人合一的君子情调，日益彰显。

牟宗三先生说，在敬之中，我们的主体并未投注到上帝那里去，我们所做的不是自我否定，而是自我肯定（Self-affirmation）。仿佛在敬的过程中，天命、天道愈往下贯，我们主体愈得肯定。① 对于这种情况，梁漱溟先生搭建了一条绝妙的理路：一、在我所得而为者，不过如何影响他的心，外此无能为，此是第一限。在求所以影响他之时，时时要转回来看自己，乃至改变自己以适应于反求诸己。二、无论如何用力，其结果还要看他，并非由我这一面所能决定者，此是第二限。求满足于外，即不可必得，要求的重点乃从外而移内，但求自己力量尽到，不留丝毫歉憾于心，尽其在我。②梁漱溟先生在此论述的是个人与他人的关系问题，这和个人与

---

① 牟宗三：《中国哲学的特质》，台湾学生书局1984年版，第20页。
② 梁漱溟：《儒学复兴之路》，上海远东出版社1994年版，第344~345页。

神明的关系问题事实上是本一不二的。"德"字在高度伦理化之前最本初的含义应当就是对"人"本身的无限性、神圣性的内在肯定，描述的是一个人天然的贯通天地、天人合一之状态。而周礼的礼敬亦是人与人之间的礼敬，是用于沟通社会关系的礼敬。那么周公所谓敬德保民敬的不是什么其他的德，而恰恰就是他人（即神明）所本身具足的无限性、主体性、神圣性。他人对于"我"而言是一个具有完全自主性的独立个体，他人的意志对于我而言是不可捉摸、不可操作的，故而是无限的，故而等同于神明。

# 刘伯温看君子

俞美玉(浙江工贸职业技术学院教授)

刘伯温的《诚意伯文集》里,出现君子词汇145次。他一辈子的事业用其自身话来表达就是:"仆愿与公子讲尧禹之道,论汤武之事,宪伊吕,师周召,稽考先王之典,商度救时之政,明法度、肄礼乐,以待王者之兴。"把握宇宙、万物、人性生化规律社会变化规律,谋求救时之政,建立和谐清明王道社会,是刘伯温所追求的理想,推崇顺性、顺道而行,提倡明道立德,"大德胜大力,力生敌,德生力;力,非吾力也,人各力其力也,惟大德为能得群力"。"天道何亲,唯德是亲。"刘伯温那里,虽没有君子方面的专门论述,但从散见材料来看,仍呈现出君子养成、表现及其局限等丰富的认识。

## 一、君子养成特点

一是有德:遵道而行、成己成人、达人达物;二是仁以充之,义以行之;三是知命诚性:"性也实有命,君子顺其常","性无不诚,然后能主一心,心无不明,然后能应万事";四是君子养民爱民,"夫国以民为本,君子之爱民也,如保赤子","式养式教"。对老百姓要"富之""教之","知治道之本"。

## 二、君子外在特点

君子,成己后,要与社会、他人和谐相处,遵循儒家所提倡的君子恭敬、和乐与共。"君子之所以守其身者,礼与乐也"(《杂解八篇》),礼的核心精神在于恭敬,乐的核心精神是和。

(一)敬也者,万事之根本。"君子惟曰修己以敬,经礼三百,曲礼三千,一言以蔽之:毋不敬","心敬则存""事敬则立""敬而无失","君子之事其亲也,造次必以其礼"(《敬斋箴并序》)。易曰:有不速之客三人来,敬之终吉。夫君子之所以为德者,恭敬而已矣。

(二)君子和乐且湛。"岂弟君子和乐且湛夫,既曰君子而又谓之岂弟,则其为和也不流,而为乐也不淫,故湛而无害于德,此诗人之所以赞而美之也。"

(三)君子以身立教,以植正道。

## 三、君子由内而外的自律及效果

君子由乎内之"仁"德,示于外之"礼敬""和乐",要求君子表里如一,对个人有进行严格的自律,以实现美好的社会效果。

(一)君子养志以孝。"事亲莫大于养志。"

(二)君子以友辅仁,"凡物之相从,必以类气之所感,不召而集,丰山之钟得霜而鸣,阳燧之火见日而烜,是故文王作而伯夷太公归"(《尚友斋记》)。

(三)君子慎言,守口如瓶。口是祸福之门,"维言如泉","维口如堤","惟口出好兴戎",守口慎言,以严口德。

(四)君子不被外物所役。人之好利与好名皆蛊于物者也,君子因其明道达理笃于仁,"行事之否臧由乎已,不为名利所动摇"。"君子忠臣去国,不洁其名。"

(五)君子能使"群动咸来依"。

(六)君子知聚财、散财之道。财道借货币媒介以通货物、产品。"善贾者不壅其货,善治者不壅其民,故政壅则奸生于国,气壅则疡生于身,是以山泽不壅而雨旸时若,天地不壅而人物皆春。"聚财则是通气通物通民流通万物，聚而能散，财之道："人有积货财而不能散者，君子谓之愚，知散之而不要诸道，其为愚一也，故有捐资产以广异端，而徼非望之福者，非徒无益且受诳而甘心焉"（《海宁州贾希贤义塾诗序》）。

## 四、君子的局限

君子与小人相对出现，是由我们这个世界本质是阴阳两气构成决定的，"阳多则道同而相助，阴多则志异而相乖，君子小人之分也，阴阳迭用，体有不同，而名随之异变，易之道也"（《灵棋经解序》）。即便是君子，也存阴性、魔性一面；即便是小人，也有阳性、善性一面。它们之间，是可以互相转化的。刘伯温看到这一点，认为人的道德上有三个层面：君子、小人、可君子可小人。君子教化也是有限的，比如说君子"三乐"中，希望得天下英才而教之，对于小人，君子远之，唯有圣人兼化三者，融三者为一："致君子莫如德，致小人莫如财，可以君子可以小人，则道之以政，引其善而遏其恶，圣人兼此三者而弗颠其本末，则天下之民无不聚矣。"

刘伯温还对天道进行质疑和感叹。天之心唯善，为何"自古至今，乱日常多，而治日常少，君子与小人争，则小人之胜常多，而君子之胜常少，何天道之好善恶恶而若是戾乎"？刘伯温在《天说》中，仔细考察了天道，认为元气可复"气的阴阳之变"，道炁、元气是万事万物之母，需要借圣人之力。"天有所不能而人能之，此人之所以配天地为三也。"天的本心，尽管是好善恶恶，"而天有所不能，病于气也，惟圣人能救之，是故圣人犹良医也……尧、舜、汤、武立其法，孔子传其方，方与法不泯也，有善医者举而行之，元气复矣"。所以，刘伯温的君子观里，应该包含君子向圣人靠拢的命题，唯有圣人的存在和发挥主导作用，才可至王道社会。

# 君子春风化雨

陈袁明子(武汉科技大学本科生)

"君子"作为中国的理想人格,推动了人伦道德、民族精神、社会文明的发展。其内涵也为西方思想家提供了新的思路与突破口,而在人类社会全球化,面对以"国家"这一身份已不足以应对未来挑战的今日,"君子文化"无论在中国还是在世界,仍具有重要意义。

## 一、在当代仍然适用

君子美德包括仁、义、礼、智、信、忠、恕、勇、中庸、文质彬彬、和而不同、谦虚自强等方面。君子人格有仁义、有涵养、有操守、有容量、有坦诚、有担当,是从古至今的人们对道德、智慧、修养、哲理的思考与追求。"君子文化"历经长期演化,仍适用于现代社会。传统的"君子文化",克服其历史局限,可古为今用。最初孔子提出君子的概念便是面向礼崩乐坏的战争年代,希望以君子的观念恢复周礼。周礼显然并不适用于当今社会,而且在秦汉之后,君子的内涵因为为封建统治服务而发生了变异,甚至是有部分被扭曲,其中许多封建腐败思想已经不再适用于今天。但君子内涵的普遍意义超越时空,其以"仁""礼"为核心,以培育塑造正面人格为目的,作为道德价值体现的君子都以这个核心展开,使得"君子文化"在现代仍然能够转型和创新。

在衡量君子的过程中,小人与君子势不两立。君子和小人并非依赖于与生俱来的天性，而是基于后天，当人行于世间时的作为，个人对每一件人事的选择和取舍，使得人可以成为一时的君子，也可能成为一世的君子，这种种因素使得君子这一身份更加灵活且多样化，避免了君子成为案牍上陈腐的定律，使得君子可以随时代变通，最终成为中华民族人人追求的理想人格。取其精华弃其糟粕，使得"君子文化"能够更适合于今天，进而在各个角度影响着中国乃至世界的进步。

## 二、促进中国发展

"君子文化"可以激发意识的能动性，提高层次，促进人们追求修养，培养道德品质，提升社会道德水平。君子并不如同圣人贤者那般，要求刻薄且几乎是传说，常人难以望其项背，"君子"是可以追求，可以达到的。"圣人，吾不得而见之矣，得见君子者，斯可矣。"(《论语》) 君子落脚于现实，作为理想人格与时共进，以社会需求为起点，努力进取。

"君子文化"包含真与善、智慧与道德的双重因素，与社会主义核心价值观紧密贴合，深深浸入了国人的精神之中，影响着国人的世界观与价值观，对法治社会有着促进作用。法治是德治的基础，德治是法治的归依，君子文化促进了道德的发展，也助力了法律思想的完善。君子升格成为一种精神形象、执着信仰，为代代人所追求，包容而广大，能有效促进人们追求积极正面的人生。"君子文化"作为中华文化独特的概念，也许能带给人们不同于西方科学思维的方式看待如今的世界，使人们依据实际情况和自身做出调整，其中所蕴含的伦理价值，将是中华民族精神文化复兴强大的希望和依据。

## 三、与"人类命运共同体"不谋而合

当今世界构造"人类命运共同体"，"君子文化"强调君子和而不同，小人同而不和。和而不同，求同存异，是儒家的王道，也是"君子文化"所展现出的广阔视野。

每一种文化都有自己的独到之处，如果多元的文化相互交流，相互尊重学习，便能演化出更加优秀和多彩的世界文化，曾经起到过引领作用的文化无一不是多种优秀文化基因和合转生的结果。如果能让更多的人明白，当今世界的发展已经将所有人类联系在了一起，许多不必要的损失甚至文明倒退就会减少。如今地球村全体人类的命运联系在一起，休戚相关。全体人类需要一同面对未来可能出现的灾难，可能是科技发展失控带来的绝望，也可能是资源滥用、破坏环境带来的气候剧变，就如同鲁迅笔下所言："无穷的远方，无数的人们，都和我有关。"[①]即便语言不通，国籍不同，人类仍然需要作为一个整体，共同为未来努力。

## 四、启迪反思人的价值

"君子文化"中独特的思考模式，给世界提供了另一种角度看待人类价值和人工智能之间的矛盾。当今许多工作，已经或即将被人工智能所代替。假如人工智能完全代替人类，该如何是好？这一忧虑并非无的放矢。在科学科技的大力发展下，人们一步步认识了世界的本质，许多人陷入了自身不过是复杂的生物大分子构成的困惑，那么生命的独特之处在哪里？人类的独特之处又体现于什么方面？是否当条件适当时甚至可以随心所欲创造生命？在这些疑问背后，包含着人们对生命价值、个人价值的疑问和思索。也许有人会认为如果生命本身只是复杂化合物的组合，生命本身的价值、人类存在的意义，也就变得低廉了。

生命无意义和恐惧的人工智能的言论冲击着许多人，在这样的一个氛围下，君子文化提供了新颖的视野，可以解决对于人类自己价值的怀疑、

---

[①] 《鲁迅全集》第六卷，人民文学出版社2005年版，第624页。

否认。君子文化围绕做人的根本道德，直接给出"该如何做"，思索人类的自身价值，对于将人类价值贬低甚至抹杀的想法是有力的反击，避免了无谓、无根、无尽头的疑虑，引导人们从不断将自己与人工智能的比较，转向对自身价值的再认识、反思和再定位。"君子文化"也许能提供另一条路径，来帮助人类找到自身价值和存在意义，探寻自身除了生物大分子构成体之外更丰富的身份、意义，帮助人们真正认识、把握自己，加强自知、自信。

# 君子以义导利

刘利炜(武汉科技大学硕士生)

孔子将高尚内在、道义行为作为判定、要求君子的准则,并运用于经济活动中,亦将清风正身、忧国为民之士当作从善、利人、爱国、治国之关键所在。当代社会主义市场经济条件下,人们的思想道德在金钱的冲击下受到挑战,寻求君子品格与当代社会的和谐统一,至关重要。

孔子强调义为上、为高、为重、为先,利则为下、为低、为轻、为次。孔子主张君子要"见利思义"(《论语·宪问》)、"见得思义"(《论语·子张》),反对"言不及义"(《论语·卫灵公》)。他把对"义"和"利"的两种不同选择,作为区分"君子"与"小人"的重要标准之一,"君子喻于义,小人喻于利"(《论语·里仁》)。朱熹将其解释为"君子只知当做与不当做,当做处便是合当如此;小人则只计较利害,如此则利,如此则害","君子于此一事只见得是义,小人只见得是利"。(《朱子语类》卷第二十七)

有人认为儒家的代表人物均排斥和否定利,漠视对物质利益的追求,并把儒家的"重义轻利"看作向市场经济迈进的历史包袱。其实,这种看法并不符合儒家思想的原意。虽然儒家的代表人物均重"义",但目的并不是要以"义"排斥和否定利,而是要以义节利、以义生利。孔子并没有把利和义对立起来,而是从社会分工的角度来谈"君子"和"小人"的职分。《左传·文公十三年》说:"君子勤礼,小人尽力。"《国语·鲁语上》说:"君子务治,小人务力。"虽然在表述上有所不同,但基本意思都是相同的。孔子生活在春秋时代,"君子喻于义,小人喻于利"的说法是从脑力劳动和体力劳动的职业分工角度展开的，由此表达出在经济追求上的不同选择，区分出不同的道德水准。儒家"以义节利"思想，强调善待金钱，合理使用，讲究社会大利、大义，引导人们处理好金钱的价值和人生的价值、工具价值和目的价值之间的关系，高扬人的目的价值，不为金钱奴役，不去本末倒置，反对极端的自私自利。孔子的义利观，不是建设社会主义市场经济的文化障碍，而应该成为建设社会主义市场经济的宝贵的本土文化资源。

西方市场经济理论的基本前提就是"经济人"假定。"经济人"的利己性是由亚当·斯密提出来的。虽然长期以来，"经济人"假设遭到了不少质疑，主流经济学也对其做了修补和完善，但"经济人"的内核——利己性，却从未被主流经济学怀疑过。毫无疑问，人性中是有利己性的，市场经济的合理性和必然性是建立在人的利己性基础之上的，没有人的利己性，市场经济就无从谈起。选择市场机制就意味着对"经济人"假设的承认，没有"经济人"的市场经济是难以想象的。

亚当·斯密承认"经济人"与"道德人"同时并存，强调人有利己性，也有利他性。只要有良好的法律和制度的保证，"经济人"追求个人利益最大化的自由行动，会互惠互利，发挥"看不见的手"的魅力，自发地、无意识地、卓有成效地增进社会的公共利益。社会中的人们还有爱心、同情心，愿意主动帮助他人，在灾难面前大发慈悲，大力救助，展现出高尚的道德情操。亚当·斯密作不仅认为"经济人"自利、追求自身利益最大化，而且强调"经济人"与"道德人"、利己与利他是统一的，不排斥、不矛盾，为伦理道德的重要价值进行了辩护和张扬。市场经济之所以强调对人的非理性欲望、自私自利进行限制和抑制，是因为个人一味地优先追求自身利益最大化，经常会同各类群体利益和社会利益发生矛盾与冲突，个人利益的总和，并不一定等于群体利益或社会利益的总和与潜在的最大化。市场经济是道德经济，需要用"道德人"来引导、规范、调控、塑造"经济人"的行为，协调人与人之间的相互关系，达到增进社会福祉和个人利益的目的。

"经济人"与"道德人",相辅相成,相得益彰,完善的道德人格是经济发展的必要条件,对于完善市场经济,推动社会进步和人类发展无疑具有重大意义。儒家的"以义节利"的儒商君子,与市场经济要求造就"经济人"与"道德人"相统一的市场主体,在本质上是一致的。

# 君子复仇反思

赵燕舞(武汉钢都中学教师)

中国古代有谚语:"君子报仇,十年不晚","有仇不报非君子","大仇未报,不敢言死","父之仇不与共天下,兄弟之仇不与共国,朋友之仇不与同朝,族人之仇不与共邻","子不复仇非子"等,说明复仇思想对社会有一定的影响。

复仇现象及观念渊源于人类原始社会,复仇情结有悠久的历史和深厚的文化背景。《山海经·北山经》《述异记》等记载了精卫填海和刑天复仇的故事。这两则神话中的复仇者,都有着坚强的复仇意志,都不因身死体残而罢休,执着地完成未竟的复仇事业。原始的复仇被视作天经地义的正义行为,是保证氏族生存和安全的重要手段,逐渐演变为人类的天性、习俗、心理、文化,代代相传,根深蒂固。

当年伍子胥报父兄大仇,并未引起什么责难,却让屈原同情悯惜不已。《燕丹子》《吴越春秋》等书虽系晚出,所保存的早期复仇传闻仍持久地激励着后人的情怀。秦汉间六国旧贵族就纷纷以复仇为名,号令天下。《汉书·司马相如传》形容边郡将士勇猛无畏,也是"触白刃、冒流矢,义不反顾,计不旋踵,人怀怒心,如报私仇"。像曹植、傅玄、张华、李白、高适、杜甫等均有为世称道的咏叹复仇之作,"重义轻生一剑知,白虹贯日报仇归"(沈彬);"死生容易如反掌,得意失意由一言。少年但饮莫相问,此中报仇亦报恩"(李益);"自刃仇不义,黄金倾有无。杀人红尘里,报答在斯须"(杜甫);"千场纵博家仍富,几度报仇身不死"(高适);"呼卢百万终不惜，报仇千里如咫尺"（李白）……诗人们借复仇咏叹来抒发对蒙恩见遇的钦羡，对狂放不羁生活方式的企慕。唐宋以后人们也常将个体行为动机与家族民族复仇事业沟通，让国恨家仇相互生发，相提并论，形成牵动全局的复仇社会效应。这种群体激发感染力量很大程度上又来自农业文明、乡土社会对家族、邦国的重视，更离不开儒家文化对原始复仇观念的宣扬和强化，正是先秦儒家的复仇观奠定了复仇意识作为传统文化心态有机组成部分的根基。

对血亲复仇，孝道上有所肯定。孔子认为"父为子隐，子为父隐，直在其中矣"。父子为了亲情而相互隐匿违反国法的犯罪行为，这是伦理意义上的"直"，符合道德原则的"孝"。《礼记·曲礼上》认为："父之仇，弗与共戴天。兄弟之仇，不反兵；交游之仇，不同国。"《大戴礼记·曾子制言上》亦曾论及复仇的观念与原则："父母之仇，不与同生；兄弟之仇，不与聚国；朋友之仇，不与聚乡，族人之仇，不与聚邻。"《春秋》指出："子不复仇，非子。"《孟子·尽心下》中说："吾今而后知杀人亲之重也，杀人父者人亦杀其父，杀人之兄者人亦杀其兄。"儒家本着"亲亲""尊尊"的基本精神，提倡通过个人的行为对仇人加以报复，来完成其对君主、父母、兄弟和朋友应尽的责任，从而维护"礼"，实现"仁"。其以"亲亲"为基础建立起来的礼法制度，从理论和道义上给血亲复仇以支持。

复仇涉及正义的道德评价。不懂得报仇雪恨的人是不道德的，更不是君子。"君子报仇，十年不晚"说明君子复仇在时间上有伸缩性，只要有复仇的心理愿望，允许长期准备，韬光晦迹。伍子胥鞭尸的故事，说明对报仇雪恨的重视。"仇人相见，分外眼红"，复仇心切是每个君子的心理状态。活着也是为了复仇，"大仇未报，不敢言死"。"父债子还"就是一代一代延续仇恨，复仇扩大化也就成为必然，对一个人的报仇，会变成对一家人甚至一族人的行为。复仇还可以扩展为集体行为，演变为宗族仇恨、民族仇恨、阶级仇恨、国家仇恨、宗教仇恨等。

古代强调复仇的实现，认为是善举，对复仇的分寸、手段，缺乏必要的检省。赞同非理性的报复心理，导致今天一些人法律意识淡薄，潜意识中认为自己吃了亏,尤其是被害人一方过错在先的情况下,去报仇雪恨是理所当然的,是能得到理解和同情的,也不会受到公众舆论、社会道德谴责,所以视报仇是正义行为,从而不择手段地去报复他人,并自以为这样做才能体现大丈夫的仗义。因而把法律弃为敝帚,视为儿戏,不寻求通过法律途径去化解矛盾、解决纠纷,使纠纷演变为刑事案件,最终沦为阶下囚。这是人间复仇失去理智、不顾后果、简单、鲁莽、冲动造成的恶果。

复仇问题争论很多。一种持儒家传统观点,主张可以有条件的复仇,即亲属无罪而被他人所杀,可以复仇;另一种认为应当将情礼与法律分开,复仇是人子之义,是一种德性,同时也应当保证法律的严肃性和统一性,杀人者死即使复仇者也不例外。经过争论,最终采取了折中的解决办法,总体上禁止复仇,但又对复仇者给予不同程度的减轻处罚。宋、明、清的法律基本上都是禁止复仇,但在实践中又对复仇者网开一面。古代的复仇文化,在破坏社会法制的同时,又庄严体现并激发了人们的正义感,激励个人对厄运、祸患乃至导致人生不如意的恶势力进行抗争。当家仇、国恨结合在一起,复仇起到激励民族魂、提高社会凝聚力的作用,蕴含着中华民族不畏强暴、奋进不息的血性。

# 君子展中国智慧

徐天慧(武汉科技大学本科生)

君子文化是"中国智慧",能够提供世界和平与发展需要的"中国方案"。当代中国应传承君子文化,提高个人品位,营造良好的社会氛围,建设"君子之国"。

## 一、中国抗疫充满君子之仁

孔子认为广义上的君子是:仁者不忧,知者不惑,勇者无惧。[①] 君子是一种境界,淡泊名利乃君子,修身齐家治国平天下亦是君子。君子心系天下,团结众人,不会因一时困难而放弃理想,也不会因一己之利而迷失自我。他是我们束手无策之际的锦囊,是我们见贤思齐的榜样。中国君子风采在2020年抗疫中有目共睹。

新冠肺炎病毒强势来袭时期,中国同心同德,众志成城,体现了君子的爱心和行动。中国把人民生命安全和身体健康放在第一位,以坚定果敢的勇气和决心,采取最全面最严格最彻底的防控措施,有效阻断病毒传播链;开展新中国成立以来最大的医疗支援行动,不仅心系着每一位国人的生死,还采取切实有效的行动给百姓吃了一颗定心丸。对外,向留学生发放100多万份"健康包",协助海外中国公民有序回国,同时派出医疗专家组支援他国,向其他国家提供抗疫物资。与世卫组织保持紧密联系,同时

---

① 《论语·子罕》。

积极参加国际合作抗疫，展开技术交流合作，与世界各国分享经验。中国如同一位顶天立地的君子，以自己几千年沉淀的准则，在危难之际不遗余力地挽救生命，尽自己所能为中国和世界减少损失与伤害，中国在抗击疫情中发挥着无可替代的作用，向世界展示了我们的君子之道，也正是这份独特的君子之道，让世界看见了战胜疫情的希望。

## 二、中国外交展现君子之礼

中国素有礼仪之邦的美称，不论是古代将相王侯，还是平民百姓，都讲究"礼仪"。时至今日，礼仪仍然是我们的生活需要与习惯。礼仪是传达价值观念，增强人们认同感和归属感的重要元素，是一种仪式，蕴藏着思想教育资源。"礼者，天地序也。"古人认为礼仪是文明与野蛮的区分，礼是中国人行为的准则。而君子的思想道德便约定俗成成了礼仪。君子的礼仪，具有时间和空间上的传播性。"礼，国之干也。"当礼仪成为一个国家的基本准则，那么它也可以成为国家的躯干，是不可或缺的仪式。

君子之礼则更有韵味，尤为体现在中国的外交上。中国外交在世界舞台上个性鲜明，立场坚定却又能淋漓尽致地展现中国的君子之礼。中国外交强调独立自主，这并不只是表明中国的决定不受他国干涉，也是呼吁各国互相尊重，和平共处。中国外交坚定不移地走和平发展道路，是中国人民对自身发展的自信。[①] 与此同时，合作共赢也是中国外交的起点，中国秉持着共赢的理念，与其他国家合作交流，共同进步。一方面，从我国的外交特点上可以看出，中国保持着基本的礼仪与尊重，与其他各国平等沟通，既不失礼貌又不失原则；另一方面，我国外交官的谈吐和仪态很大程度上展现着中国外交的礼仪，他们本就是中国的名片。不论是周恩来总理面对西方记者刁钻的问题时展现的智慧，还是现代外交用幽默却坚定的言

---

① 习近平：《在德国科尔伯基金会的演讲》（2014 年 3 月 28 日），《人民日报》2014 年 3 月 30 日。

语回应犀利问题,都在维护着国家的尊严和立场的同时,展现出了君子之国的气场与精神。

## 三、中国文化彰显君子之义

君子"以义应变"。义,是仁义,也是情义。子曰:"君子之于天下也,无适也,无莫也,义之与比。"这句话的意思大概是:君子对待天下所有人,无随意抵触猜测之心,无贪慕嫉妒之意,而是以"义"为准则。君子的仁义,绝不是不吃独食或者过河拆桥,而是对他人仁爱和对社会保持正义之心,让爱与善良充满人间。"仁,人心也。"君子关爱他人,不仅体现在日常生活之中,也蕴藏在制度规范之中。"正义是永恒的太阳,世界无法拖延它的到来。"正义所展现的浩然正气是一种刚正不阿的品格,是充斥于天地之间的正能量。君子更愿意创造正义的环境以保证人们安居乐业。

君子的情义是"滴水之恩,当涌泉相报",也是同甘共苦的选择。"青山一道同云雨,明月何曾是两乡。"(王昌龄《送柴侍御》)我们生活在同一个地球家园,生活在宇宙的同一个时空里,最终将成为我中有你,你中有我的共同体。① 习近平主席提出的构建人类命运共同体的主张深刻地展现出中国对世界的仁义与情义。在这个日新月异的时代,和平不仅仅是国家之间不起战争,而是大家齐心协力,共同发展,百姓生活安康。然而,由于贫富差异日益增大,恐怖主义和网络安全波及全球,世界急需一个共同努力的目标。此时,新时代中国像君子一样承担起肩上的责任,自我发展的同时谋求各个国家共同繁荣,打造人类命运共同体,渴望建立一个更加美好的世界。不同于霸权主义和零和博弈,中国方案将更具生命力。

"人类命运共同体"的提出,是中国君子文化升华。当今社会处在一个科技日新月异的时代、一个多样多元化的世界。一枝独秀不是春,万紫千

---

① 钱锋:《电影〈流浪地球〉的命运共同体理念解析》,《电影文学》2019年第8期。

红春满园。众多的国家共居于一个地球,每个国家有着不同的历史文化,导致不计其数的文明存在。人类命运共同体旨在追求本国利益时兼顾他国利益,在谋求本国发展中促进各国共同发展。人类只有一个地球,只有一个家园,各国共处一个世界,应倡导"人类命运共同体"意识。只有求同存异,互帮互助,才能在多变的世界上共创美好未来。

君子承担着"为天地立心,为生民立命,为往圣继绝学,为万世开太平"的责任。现代中国的无数君子努力奋斗,不仅独立自主研发"两弹一星",建立了比较完善的工业体系,还全面脱贫,走向小康。忆往昔峥嵘岁月稠,中华大地沧桑巨变,换了人间。这一系列巨大的成就,和中华民族骨子里的君子精神息息相关。君子之成人之美、周而不比、坦荡荡、文质彬彬等美德,体现在中国的大国风范上。

# 君子文化与核心价值

姚天文(钟祥市孔子学会会长)

君子人格,理想而现实、尊贵而亲切、高尚而平凡。君子文化是培育和弘扬社会主义核心价值观的宝贵资源,有助于在全社会逐步形成高尚品格,大兴君子之道,争做正人君子。孔子对君子提出了一系列要求,如"君子怀德""君子不器""群子谋道不谋食""文质彬彬,然后君子"等,至今都是社会人士和知识分子应有的重要品质和气节。

## 一、君子人格,理想而平凡

孔子是儒家君子文化的开创者,成功利用教育平台,加以全面阐述和传播,是君子文化与教育有机结合的典范,培养出大批的君子型优秀人才。

(一)"君子"实质的转变。"君子"一词早在西周时广为流传,其内容主要是对贵族或执政者的专称,而较少涉及人格内容的道德关系。到了春秋末期,通过孔子从不同侧面的反复解说和阐发,"君子"一词被赋予了"具备许多优秀道德的人才"的意义,这才成为一种理想人格模式的称谓。

(二)君子与小人泾渭分明。孔子精心勾勒和塑造君子形象,《论语》关于"君子"的论述包括:"君子喻于义,小人喻于利","君子坦荡荡,小人长戚戚","君子泰而不骄,小人骄而不泰","君子和而不同,小人同而不和"等。

(三)做人要做君子。历史上的"君子"阐发和榜样，不胜枚举。从西汉的董仲舒到东汉的王符，唐代的孔颖达到宋代的程颐、程颢和朱熹，明代的王阳明到清代的王夫之等，都从不同角度对君子人格奉为典范和楷模。做人要做君子，为人处世要追求高尚道德，学习典范和楷模，这也是今天每个中国人应有和乐于做出的美好选择。

## 二、君子文化，历久弥新

社会主义核心价值观作为兴国之魂，孕育在建设中国特色社会主义的生动实践中，又深深扎根在中华优秀传统文化的肥沃土壤里。传统文化与社会主义核心价值观一脉相承、对接互补。历代君子身上体现出三大特质：一是以天下兴亡、匹夫有责为重点的担当精神和国家情怀；二是以仁心共济、立己达人为重点的互助理念和社会关爱思想；三是以正心为笃志、崇德弘毅为重点的修身要求和向善追求。三大特质与社会主义核心价值观倡导的"富强、民主、文明、和谐"国家层的价值目标，倡导"自由、平等、公正、法治"社会层面的价值取向，倡导"爱国、敬业、诚信、友善"个人层面的价值准则，互补互释，相辅相成，相得益彰：一方面，培育和践行社会主义核心价值观，需要传统文化这株参天大树庞大根系的丰富滋养；另一方面，君子文化这株昂首向上的千年古木，在当代中华大地、阳光雨露的沐浴和浸润下，不断抽出新的枝条，结出新的硕果。其主要表现三个方面：

第一，君子文化是培育和践行社会主义核心价值观的重要抓手和具体实践。近年来，由广大群众一层一层推举和评选出来的道德模范和"中国好人"，实质是君子榜样，体现了人民群众心中的善恶是非标准。

第二，君子文化彰显了社会主义核心价值观积极作用和内在要求。君子人格是社会思想道德建设的一大标杆，范仲淹、岳飞、文天祥、林则徐、"东林六君子和七君子""戊戌六君子""救国会七君子"等，老百姓世代传颂，喜闻乐见，在全社会形成了广泛而正面的积极影响。

第三，君子之德，呼之欲出，玉汝于成。一种文化的进步，都要遵循"上有好者，下必甚焉"的规律，正如孔子所言："君子之德风，小人之德草，草上之风必偃。"要彰显社会主义核心价值的光彩，关键要从社会主流影响群体抓起，即抓党员干部、公众人物、在校学生等。只有矢志不渝地进行君子人格倡导，才能让公众乐于接受和效仿，从而在全社会蔚然成风。

以上三条，都涉及君子文化本身所包蕴的国家情怀、修身养性和注重人生品位等内容，对培育和弘扬社会主义核心价值观来说弥足珍贵。

## 三、君子情怀，补气固本

君子文化，不仅是继承中华优秀传统文化的重要课题，更需要激活、弘扬，为培养和践行社会主义核心价值观提供滋养。

在理论探讨方面，要大力开展关于君子文化的学术研究工作。由于君子文化是数千年中华传统文化塑造的理想人格（或者说集体人格），其中蕴藏着中国人观察事物、思考问题和行为处事不同于其他民族的基本性格特征，因此，对君子文化的研究，就绝不仅仅是一种历史考察和纯学术的审视，更需要重新认识，树立文化自信，张扬国格人格，加以理性洞悉和时代确证。

在社会生活层面，应该大力倡导君子之风和君子之道。中华传统文化沉淀为人格模式的有不少，除儒家的君子人格外，还有道家的隐士人格等。君子人格的设计蓝图，历代中国人接受最广，吸收其他人格模式优点最多，在中华广袤沃土扎根最深，与中华文化思想精华和道德精髓重叠面最大。在中华文化不同学派的诸多思想文化构建中，形成收纳百家、融合百家的"众人拾柴火焰高"的文化壮丽景观，仍然是君子之学的应有之义。

在中华文化方面，君子当博学睿智。中华优秀传统文化在每个中国人心底都埋有一颗君子的种子，激活和倡行君子文化，就是要让这颗种子在新时代生根发芽，茁壮成长。面对市场经济浪潮冲击社会生活每个角落的现象，一些人信仰缺失、价值缺失、道德缺失等诸病连发，尤其需要在当代开展一场"新君子文化运动"，在社会生活各方面大兴君子文化、大倡君子之风、大行君子之道，让君子文化这剂传统良方，付诸培养和实践社会主义核心价值观，构筑我们的精神家园。

# 君子爱家安天下

蔡章田（钟祥市作家协会主席）

家国在君子心目中居于最高位置。家是最小的国，国是千万家。家离不开国，国离不开家。有家才有国，有国才有家。国家是中国人骨子里的文化，是中国人更基本、更深沉、更持久的精神支柱和精神动力，也是每个中国人拼搏、奋斗的出发点和归宿。家国在君子心目中位置最高，家国是君子的精神家园，是君子魂魄的栖息地。爱家、爱国是君子奋斗的不竭动力和智慧源泉。

## 一、"家国天下"的君子情怀

"修齐治平"是历代君子始终如一的人生目标。家国天下是儒家讲了最多也是流传最广、对人们影响最为深远的。《礼记·大学》中说："古之欲明明德于天下者，必先治其国；欲治其国者，必先齐其家；欲先齐家者，必先修其身。"这就是儒家提倡的"修身、齐家、治国、平天下。""身不修，不可以齐其家。"个人的品德没有修养好，就不可能整治好自己的家族和家庭。"所谓治国必先齐其家者，其家不可教，而能教人者，无之。故君子不出家而成教于国；孝者，所以事君也，弟者，所以事长也，慈者，所以使众也。"治理好国必须首先治理好自己的家族。这是因为，如果连自己家族中的人尚且不能教育好，反而要教育好别人，那是没有的事。所以，君子只有把思想品德修养好了，家族也整治好了，即使不出家门，也可以向全国人民成功地推行教化,以上率下,实行德治。因为在家族中讲求对父母应尽的孝道,在政治上就可以相应地用来侍奉国君;在家族中讲究应尽的悌道,在政治上就可以相应地用来侍奉尊长;在家族中讲究对子女应有的慈爱,在政治上就可以指使国民。"一家仁,一国兴仁;一家让,一国兴让;一人贪戾,一国作乱。"这里从居家为人讲到居国为君的仁爱、品行的一致性。

在君子心目中,家国是一体的。君子在家的修为决定了他在社会和国家中的作为。其对家族对社会的影响力和国家的治理是一致的。无论是现实的君子,还是人们理想人格中的君子;无论是居高位的君王君主君子,还是心忧天下的读书人谦谦君子,其人格、操守、修为都是一致的,而且是相互作用相互影响的。

## 二、以"天下为己任"的责任担当

君子不仅有家国情怀,更有以"天下为己任"的阔大胸襟,有为天下而筹谋、拼搏、奋斗的君子作为。《周易》曰:"天行健,君子以自强不息",认为君子处世,就应该保持生生不息的强健气势,顽强奋斗,永不停止。《易传》还引孔子的话说:"是故君子安而不忘危,存而不忘亡,治而不忘乱,是以身安而国家可保也。"以天下为己任的责任担当,形成了独特的中国君子的责任文化。

一是君子以天下为己任的主动担当精神。君子主动请缨,为天下担道义,担重任。《论语》中说:"修己以安人","修己以安百姓"。君子不仅要为世人模范,更重要的是达到"济世安天下"。孟子救世心切,声称:"如欲平治天下,当今之世,舍我其谁?"文天祥在给皇帝的奏折中写道:"天下有事,凡能担当开拓排难解纷,惟其才耳。"北宋张载的"为天地立心,为生民立命,为往圣继绝学,为万世开太平",都是主动安民安邦。

二是重于泰山的责任态度。既担责,就不辞难,不惧死。全力担责,一诺千金,负责到底。《吕氏春秋》描写"士之为人,当理不避其难,临患忘利，遗生行义，视死如归"的现象。《朱子语类》《晦庵集》中谈到孟子的责任态度时说："决然不为小人邪说所乱，不为小利近功所移，然后可以向前担当，鞠躬尽力，上成圣主有为之志，下究先正忠义之传。"明末清初，顾炎武提出"天下兴亡匹夫有责"；王船山也呼吁"匡维世教以救君之失，存人理于天下者，非士大夫之责乎？"春秋时子产鲜明地提出"苟利社稷，死生以之"。清代林则徐"苟利国家生死以，岂因祸福避趋之"的名言，为无数后人景仰。

三是任重道远的君子忧患意识。《论语·泰伯章》中曾子曰："士不可以不弘毅，任重而道远。"作为君子，必须要有宽广、坚韧的品质，矢志不渝。

四是精忠报国与舍身成仁的君子风范。春秋时子产提出："苟利社稷，死生以之。"文天祥在给皇帝的奏折中写道："天下有事，凡能担当开拓排难解纷，惟其才耳。"明末东林党人顾宪成、高攀龙等人勇于担当，不畏强权，为民请命，大胆弹劾朝中权贵。顾宪成说过："当京官不忠心事主，当地方官不志在民生，隐求乡里不讲正义，不配称为君子。"文天祥"人生自古谁无死，留取丹心照汗青"，明代于谦说："粉身碎骨浑不怕，要留清白在人间。"戊戌变法时，谭嗣同毅然拒绝他人劝他逃跑的建议，以"我自横刀向天笑"的勇气直面保守派的屠刀。

## 三、君子"济世达天下"的历史使命

"大道之行也，天下为公"，君子的真品性就是"穷则独善其身，达则兼济天下"，君子应该己立、立人、己达、达人。安邦、治国、安民、富民，然后才能定天下、安天下、济世达天下。

个人的素质高低是治国安邦最重要的基础，个人的素质决定民族的素质，关系到国家未来。个人素质高，家才安，国才能好。人民有信仰，民族有希望，国家有力量。只有实现中华民族伟大复兴的中国梦，家庭梦才能梦想成真；爱家和爱国是统一的，爱父母、爱亲人、爱家乡与爱祖国是统一的，也是一个爱的有机整体。爱国是真切具体的，只有从爱亲人、爱身边人、爱家乡、爱岗位做起，才会扩展到对祖国的深爱、真爱，才是君子之大爱。家富国强，对天下，对世界的贡献应更有作为，而且大有可为。

毛泽东就曾要求"中国应当对人类做出较大贡献"。习近平总书记在党的十九大报告中指出，"中国共产党是为中国人民谋幸福的政党，也是为人类进步事业而奋斗的政党。中国共产党始终把为人类作出新的更大的贡献作为自己的使命"。中国共产党作为世界上最大的执政党，就应担起时代新君子的大责任、大担当、大贡献。中国共产党的初心和使命，既为中国人民谋幸福，为中华民族谋复兴，也为人类社会谋和平发展，在构建人类命运共同体中发挥引领作用义不容辞。当今世界正处于百年未有的大变局，挑战和机遇并存。世界怎么了，我们怎么办？习近平强调："坚持合作共赢，建设一个共同繁荣的世界。发展是第一要务，适用于各国。各国要同舟共济，而不是以邻为壑"，"我们应该坚持你好我好大家好的理念，推进开放、包容、普惠、平衡、共赢的经济全球化，创造全人类共同发展的良好条件，共同推动世界各国发展繁荣"，"当今世界，各国相互依存、休戚与共。我们要继承和弘扬联合国宪章的宗旨和原则，构建以合作共赢为核心的新型国际关系，打造人类命运共同体。"

大道至简，实干为要。建设人类命运共同体，君子弘毅，志在千里。中国"一带一路"倡议，已成为推动构建人类命运共同体的重要实践。我们要乘势而上、顺势而为，将"一带一路"建成和平之路、繁荣之路、开放之路、创新之路、文明之路，建立共同责任体，应对各种复杂严峻挑战和考验，把人类共有的家园建设得更加美好，让各国人民共享世界发展繁荣的成果。

# 君训：从中到公的精神

曾维春（荆门市群艺馆）

吴清源(1914~2014)，是世界围棋革命的推动者与实践者，有"棋圣"之称。他孜孜以求的是"中的精神"，讲究个人的体悟修养。如今随着综合国力的发展，对少年君子的培养已是奉行"公的精神"。如何做好"君训"，实现从"中的精神"到"公的精神"的稳步跨越，学习吴清源，超越吴清源，是很有意义的。

## 一、后中先：围棋君子的人格转变

吴清源是中国进入奥运以前的体坛巨星。棋谚云"下围棋的没有坏人"，特别是围棋专业棋手，更是君子居多，和棋手的道德童子功不无关系。吴清源一生处在十分复杂的历史环境之中，孤身一人，14岁就东渡日本，打遍东瀛无敌手，与他自小就接受了良好的国学教育关联重大。可以说，吴清源从小接受的"君训"让他受益良多。他誉满天下，谤满天下，誉之者视其为棋坛圣人，谤之者称其为卖国求荣。时代呼唤巨星，但更需要正确解读巨星。君子不语而手谈，吴清源用一部《中的精神》来作答，不愧是一代宗师。但吴清源的恩师濑越宪作给他一封邀请函，最能解读吴清源，最能看出吴清源的不忘初心。信函正文包括：你年纪虽幼，但棋力高强。这次，我又看了你与井上氏对弈的三局棋谱，更加敬服你的非凡器量。若是敝人的健康与时间允许的话，我真想去拜访贵地，与你亲切切磋棋艺。

后来吴清源回忆此事时，说道："这封信以绝妙的言词，写出了一篇显示执笔人的文采和卓识的杰作，简直难以想象是出自棋士之手。"君子与君子的相识相遇，前辈君子对晚辈君子的提携期许。濑越先生的眼光、胸襟、气度、文采，令人高山仰止，一下子就吸引了从小接受国学教育的吴清源。

打遍日本无敌手的吴清源却因才得祸，因未曾回国，背负了卖国的骂名。吴清源说："我一生只有两件事，真理和围棋。"简单明了，一如黑白。而他的一生，却有两种评价，棋圣和汉奸，三劫循环，难分始终。他壮年雄踞"天下第一"的无冕王位，提出了新布局思想以及以大雪崩内拐为代表的吴清源定式，退隐后又将精力放在了提携后进、促进围棋国际化和中国围棋的发展上，晚年更以毕生之体悟，融汇古老的中华文化，写下了《中的精神》，提出了21世纪的围棋——六合之棋。

吴清源的幸运之处，是他终身秉持的深厚的儒学修养，以及沉静敦厚的君子作风。立德、立功、立言三不朽，对于普遍沉默寡言的棋手而言，立言最为难得，而吴清源却做到了，难得地留下了人生的棋谱。吴清源其实不是"棋圣"。台湾围棋协会，要授予他"棋圣"称号，吴清源却认为只有孔子，称得上"圣"，最后只接受了"大国手"这样的称呼。他坚信棋无止境，在围棋面前，只有谦卑，和一如初识般的求索。无怪乎金庸评价他："在两千年的中日围棋史上，恐怕没有第二位棋士足与吴清源并肩。这不但由于他的天才，更由于他将这门以争胜负为惟一目标的艺术，提高到了极高的人生境界。"

## 二、试应手：围棋君子的文化转型

竞技体育在当今世界影响很大，一个国家竞技体育水平的高低，往往可以直接反映一个国家的社会发展水平和成就。包括围棋在内的竞技体育层面，由中国国家政府大力推动的"公的精神"，结合了举国体制和市场体制的优势，取得了辉煌的成绩。但是木秀于林，风必摧之，西方民主体制不断攻击和污蔑"公的精神"，认为举国体制不可能培养出君子，宁要市场体制的草，不要举国体制的苗。以足球和围棋为例，足球再堕落，在某些人眼里也是自律自足的，而围棋再辉煌，也只能是去举国体制化的结果。

竞技体育的境界和高下，市场体制包打天下，围棋再荣耀也充满了原罪，足球再堕落也圣洁。可连奥运会都没有资格参加，资本介入也不够足球一个零头的围棋，却能蓬勃发展，人才辈出，只能说明古哲的圣言"君子喻于义，小人喻于利"又一次无情地应验了。足球和围棋的同病不同命，深刻地阐释了一个古老的道理，事业的发展终究是人的发展，要靠人格魅力来彰显。中国围棋的新一代领军者，基本都是通过儒家家庭培养模式培养出来的，他们成名后充满了对父母的感恩和人生的责任感，他们的成长路径可以称为"君训"模式。在通往职业道路的最关键时刻，他们来到北京、杭州等大城市的道场学习时，父母往往会辞去工作专心陪读，这使他们成名后能正确地把握名利观，很少会成为足球明星那样的乖张之人。

围棋出君子，摒弃贪婪的既得利益者，善于培养容纳新生力量，高瞻远瞩。国家需要德艺双馨的运动员，如中国乒乓球联赛、女排联赛，都是在高水平国家队的带动下开展的，联赛运动员收入并不高，资金主要以赞助的形式流入了国家队。而资本过多涌入市场，反倒会使运动员有了优渥的条件，丧失了为国家队出力的荣誉心。围棋竞技培养君子，实现棋手从自然境界、功利境界到道德境界、天地境界，从胜负到求道派，从棋手到棋士的重要性。在古代，境界的提升更多的依靠是个人的修养和体悟，如吴清源一样的"独钓寒江雪"的"中的精神"。而在现代社会里，"公的精神"才是普遍提升境界、量产君子的不二法则。围棋棋盘足够大，甚至容得下中国文化的"旧邦新命"。

## 三、天王山：围棋君子的造就

从一个吴清源到上百个马天放，从围棋天才以其个性修为和人格魅力孜孜以求的"中的精神",到赋予棋手人才辈出、群贤毕至的无穷推动力"公的精神",这是天才的大不幸,却也是棋手的幸运。

吴清源,在积贫积弱的民国无用武之地,只好去日本学习、打拼,在异国他乡孤军作战,击败群雄,打出了围棋宗主国的风采,仍然遭到了不少的诋毁,人生的棋盘上凝聚了太多的不可承受之"棋形"。吴清源的幸运,是围棋还没有全面化发展的时代,一个耀眼的天才可以独占花魁。

围棋在前工业化背景下的培养制度,是宫廷制度、内弟子制度。中国古代棋待诏的设立,大大提高了棋手的社会地位。在科举考试之外,士人和平民又多此一条进身之阶,有许多人倾毕生之精力研究棋艺,成为职业棋手。但朝代的兴衰,也造成了国手水平的不稳定。日本江户时代的围棋四大家(本因坊家、安井家、井上家、林家)对围棋的发展,起到了不可磨灭的重大作用,留下了许多永垂棋史的不朽名局。他们如同武侠小说中的少林、武当等门派一般,为争夺棋坛的领导权——也就是名人棋所,一代一代地进行较量,演绎了无数血泪悲歌。江户时代的围棋深刻影响了日本围棋的发展方向,但过于狭窄的育才方向带来的危机,在木谷实门下的六超以后终于爆发。

围棋在工业化背景下的培养制度,是国家集训制度、围甲。日本围棋一直没有形成一个强大的国家集训队,从而导致六超因为年龄逐渐偏大而棋力下降后,日本围棋在与国家集训队模式的韩、中对抗中败下阵来。很多人将民办道场制度视为中国围棋反超的关键,但更关键的因素还是围甲。围甲其实是国家队的小分队,国家队化整为零,各小分队之间展开激烈的竞争,避免了人才的内耗,从而发挥了中国围棋人口的基数优势。

信息化背景下的培养制度,应该是院校制度、人工智能。围甲的发展进程中也出现了力量分散,国家队影响削弱的问题。同时围棋人才培养周期长,各围甲俱乐部不愿意无偿为国家队输送人才。这时中国棋院杭州分院的院校一体模式,其实是打造了第二国家队,从人才的培养到组建围甲队伍到国际比赛,实现了一体化,展现了蓬勃的生机。人工智能软件对专业围棋人才的培养的影响,因为时间不长,还不好评估。但通过野狐围棋上各软件的公益对弈,无疑使一大批业余棋手在未经道场专业训练的情况下达到了专业水准,这对围棋的普及特别是西方围棋的崛起提供了平台,使得围棋真正冲出亚洲,走向世界,成为人口受众最多、影响最大的棋种。

从"中的精神"到"公的精神",围棋界君子之德蔚然成风,社会公信力不断增强。在现代化进程中,不断汲取传统智慧,这是围棋梦的一个突出贡献。

# 君子处世有条不紊

## 姚思捷(武汉科技大学本科生)

君子的处世应时的原则,具有正反性、总分性。正反性,是原则的两面,一方面从正面去肯定应有的原则,比如孔子说的"君子不忧不惧";另一方面则是从反面警示不应有的,比如孔子说的"君子不重则不威,学则不固"。总分性,是原则的主次、分级。君子的处世应时原则有很多条,最好能条条遵守,然而现实却未必能如人意,像孟子便说过"大人者,言不必信,行不必果,惟义所在",当然不是在教导我们可以不讲诚信,而是一种类似于极端情况的取舍选择。在这里,很明显信要比义低一个等级。还有那个有名的关于嫂子溺水救不救的问题,所谓"嫂溺援之以手者,权也"。

## 一、君子正面的指南

在《论语》中很多弟子都问过孔子该如何做一个君子,就是在讲君子的处世应时原则。子路问君子时,孔子提出了一个根本性原则,叫"修己以"。子路问君子,子曰:"修己以敬。"曰:"如斯而已乎?"曰:"修己以安人。"曰:"如斯而已乎?"曰:"修己以安百姓。修己以安百姓,尧、舜其犹病诸!"君子根本性原则有两个,一是"修己",二是建立在"修己"的基础上的"以敬""以安人""以安百姓"。用我们常说的话,便是"修身、齐家、治国、平天下"。

君子根本原则就在于先修身，而后逐步扩大影响去感化他人，向着先贤君子的道路靠近。君子需要很多处世应时原则，是为了减小过错，规范行为，约束自己。为了扩大影响，能更好地感化指引他人，需要以身作则。《素书》中写道：夫道、德、仁、义、礼，五者一体也。道者，人之所蹈，使万物不知其所由；德者，人之所得，使万物各得其所欲；仁者，人之所亲，有慈惠恻隐之心，以遂其生成；义者，人之所宜，赏善罚恶，以立功立事；礼者，人之所履，夙兴夜寐，以成人伦之序。夫欲为人之本，不可无一焉。君子，便是将这五者修于己身，达到了一个很高的境界，并且将之向外推广，教化世人。

君子修身"以敬"乃至"以安百姓"，便是循道。德是使万物各有所得，非一人也，故君子修身而得其所得，遂欲使万物各得其所，各尽其才，此方为大德。孔子向往"老有所终，壮有所用，幼有所长，鳏寡孤独废疾者，皆有所养"的理想境界。子曰："质胜文则野，文胜质则史；文质彬彬，然后君子。"仁者，人之所亲，恤孤念寡，周急济困，是慈惠之心；人之苦楚，思与同忧；我之快乐，与人同乐，是恻隐之心。这很好地诠释了何为仁，君子为何仁，正是因为"仁"乃君子布道的一种根本途径。义，是一种准则、原则。君子在"以敬"至"以安百姓"的过程中，用来衡量自身及世事的一种标准，应该按照孔子说的"见利思义，见危授命"，"见得思义"。礼，同样是一种规矩，一种法则，而与义不同的是，礼更具有约束力，面向对象更广，是人人都需遵从的法则。放在今日，义与礼的关系有些像道德和法律的关系。

君子"修己"的根本原则落实，需要讲究"道、德、仁、义、礼"，还要做到"言行一致"，也就是信。子贡问君子，子曰："先行其言，而后从之。"孔子说过："君子欲讷于言，而敏于行。"《礼记·缁衣》中这样写道："子曰：言从而行之，则言不可饰也；行从而言之，则行不可饰也，故君子寡言而行，以成其信。"这便是在讲"立信"的问题，而立信的最好方法落实下来便是言行一致。也正是由于历代君子的言行一致，民众对其之信才有了很深刻的印象，如"君子一言，驷马难追"。

"君子不忧不惧"是一种智慧。"不忧不惧,斯谓之君子已乎?"子曰:"内省不疚,夫何忧何惧?"不忧,智也;不惧,勇也。智,便是一种处世表现出来、便是处时应时的方法,它非察言观色,刻意审时度势,而是顺心而为、坚守原则的不卑不亢。谁都可以拥有它,但令人遗憾的是,利字蒙蔽的并非双眼,而是智。勇,是君子处世时的态度,是一种"知其不可而为之"的大无畏精神,在《论语·微子》中说:"君子之仕也,行其义也。道之不行,已知之矣。"这才是真正的勇士,飞蛾扑火是自取灭亡,可当飞蛾足够多时,又有谁敢说他们扑不灭火呢?《论语·子罕》曰:"知者不惑,仁者不忧,勇者不惧。"

## 二、君子反面的警示

从反面来讲,人无完人,犯错误难免,谁能在各方面都优于其他人呢?所以知错就改的修养,是君子必需的。子曰:"君子不重则不威,学则不固。主忠信,无友不如己者,过则勿惮改。""君子不重则不威"倒是让人想到君子三变:"望之俨然,即之也温,听其言也厉",也正是这三变的存在方能成就了"君子之重"。"无友不如己者"很有意思,现今父母常教育子女"不要与不如自己的交朋友""不要与不学好的人交朋友"等,显然不能用来解释孔子本意,应该是不要学习朋友不如自己的地方,即"取长补短"之意。反省改过,"过则勿惮改",应该学习曾子"吾日三省"。

辩证处理大事与小事直接的辩证关系,是君子必须面对的。子夏曾说:"虽小道,必有可观者焉;致远恐泥,是以君子不为也。"君子不滞于小道,即志在天下,而小道,亦需有所涉及,循序渐进,积少成多,是君子大展宏图的进阶,所谓"一屋亦扫,天下亦扫",不外如是。

君子文化在当代意义重大。社会是一个大熔炉,我们都会踏入其中,也都或多或少地会被它改变,而古时的君子之道,不妨广泛地推行,让君子之处世应时原则,为当代修身、齐家、治国、平天下借鉴。君子之道,志在天下,始于修己。

## 三、君子美德的一与多

　　国家推崇君子之道，社会倡行君子之风，不亦为"循道"者乎？德和义当放在一起，是对个人层面讲，愿意按"修己"标准要求自己的，当然是循君子之道。仁，是君子之道的根本，孔子的道德哲学可以归结为一个字——仁。仁可以在义、礼、智、信、温、良、恭、俭、让、忠、孝等具体方面加以体现。仁爱之慈善、爱心活动越来越多，但仍然有爱心被欺骗，仁爱受到误解、被人恶意利用，可悲、可哀、可叹。

　　君子"先行后言"，"寡言多行"。夸夸其谈的人多，干实事的人少，无济于事。可若不能造福于百姓，只是得了个人名声、钱利，又有什么用？又有什么资格浪费百姓上交的钱财？魏晋有清谈之风，故名士狂士多，而君子少，亦无甚作为，今之学术界需防此风。

　　"君子不忧不惧""君子智且勇"，在当今更为重要。信义并不能深入所有人之心，诈骗套路层出不穷，于上不忧，则其智足以应付此等小丑；于下不忧，则其智足以护己周全。智，不单单是智慧，不只是天生有的，还要后天学习。依法维护，可否为一种智？坚守原则底线，可否为一种智？这中间也需要有勇的存在，才能敢说、敢拒绝。例如，老人跌倒扶不扶？于仁，扶，有恻隐之心；于智，依情况而定，有些情况是不能扶的（指的不是坑人的那种，而是有时发病跌倒反而不能扶，要静卧一会，这在医学上有根据）。辨别能不能扶，是智；能扶，怎么扶又是智（指防止被坑）。

　　"君子不重则不威"的气质，今天需要变通。古时君子需要这种"重"及其所表现的"威""厉""温"等来教化影响他人，让其多种多样，活灵活现，不拘一格。现在女子有男子气质，叫女汉子，为褒义；男子有女子气质，叫娘炮，为贬义。子曰："君子之于天下也，无适也，无莫也，义之与比。"然而，尘世的眼光何时才能无适无莫？以前不能，也许以后也不能。但"义"却是可以改变的，仍然需要人们为之思索和努力。

# 君子仁爱心系天下

肖安平(中南神学院副院长)

仁者爱人，仁就是爱人，爱是强大的动力和能量，人类社会不能没有爱。法国著名作家雨果说："人间如果没有爱，太阳也会灭。"没有爱，就没有教育。新时代社会主义核心价值观的教育，也不可缺少这样的爱。

## 一、真义探寻：仁爱内涵

主要从以下几方面来理解其含义：

### (一)仁者爱人

樊迟问仁，子曰："爱人。"爱是立身之本，也是人生之道。爱是诚，君子以诚立身；爱是和，争取和睦万邦。通过爱自己到爱人，再到爱家庭、爱邻舍、爱社会、爱民族、爱国家。

### (二)仁是克己复礼

"颜渊问仁，子曰：'克己复礼为仁。'"克己复礼是适当约束自己的行为和欲望，因此儒家有修身、齐家、治国、平天下的理念。

### (三)仁知孝悌

孝指要孝敬父母，悌指在同辈之间要相互亲爱。"君子务本，本立而道生,孝悌也者,其为仁之本与!"

(四)仁为忠恕

孔子在《雍也》说:"己欲立而立人,己欲达而达人。"孔子在《卫灵公》里面说:"其恕乎!己所不欲,勿施于人。"自己不愿意的事,不要强加给别人。

## 二、本质分析:核心观念

仁,从孔子开始,历代的解释是德性品格,即仁爱。用天爵内在超越性和道德修身文化理论,还可以作更深入的分析。

作为天之尊爵,仁具有内在超越性。爵是身份和地位的象征,把仁称为天爵,突出了仁的崇高地位及内在德行的高度自信。"仁是天爵,天爵内在超越性,天爵不可多,保证了内在德行的稳定性、普遍性、永恒性,对于加深道德认识和树立按照道德要求而为之的意识而言,是十分必要的。"①朱熹说:"仁者,爱之理;爱者,仁之事。仁者,爱之体;爱者,仁之用。"②这表明了仁有实践的重要性,不仅有仁的观念和理解,还有行,使知行动态统合,使仁的思想理论和实践行为有机结合,具有完整性和有效性。儒家的仁在践履中体知天地之生意仁道,爱的施行是推己及人。在文化领域,从国际视域来看,"爱"是儒家和基督教的构成核心,也是人类的瑰宝。

爱就是仁的观念,这是儒学的奠基性观念,也为政治、经济、社会、文化、科学等打下了基础。假如人人能有如此的追求,则身能修,家能齐,国能和谐,社会与自然也能和谐,达到天下大治,定会成就民族复兴,实现强国梦想。仁是儒家思想的核心,仁这个字虽然看起来很简单,

---

① 万光军:《孔孟仁学论纲》,知识产权出版社2016年版,第65页。
② (宋)朱熹:《朱子语类》卷第二十,中华书局1986年版,第466页。

但所包含的意蕴是深刻的,如果每个人都心怀这个"仁",人们的生活就会变得更加美好,社会也会更加和谐。在充满仁爱的世界里,彼此理解和接纳,互相尊重,互爱互助,才是人间乐土。

## 三、深远意义:仁爱永恒

(一)有利于促进和谐的人际关系

当今社会,由于利益主体的多元化和利益矛盾的复杂性等,人际关系呈现出复杂多变的特点。仁爱思想和道德准则要求和睦相爱,彼此关心和帮助,用爱化解矛盾和冲突,改善了关系,调整了心理,扩大了胸怀,提高了境界。这对社会主义核心价值观中的和谐内容有极大促进。

(二)有利于正确价值观的培育和引导

价值观"既涉及现实世界的意义,也指向理想的境界"[1]。社会主义核心价值观倡导富强、民主、文明、和谐、自由、平等、公正、法治、爱国、敬业、诚信、友善,其中自由、平等、公正、法治是社会层面的价值取向,爱国、敬业、诚信、友善是公民个人层面的价值准则,仁爱精神贯穿于整个社会主义核心价值观中。

要爱人,包括爱一切陌生人。孟子说:"老吾老以及人之老,幼吾幼以及人之幼"。这与孔子的大同世界的理解是一致的:"故人不独亲其亲,不独子其子,使老有所终,壮有所用,幼有所长。鳏寡孤独废疾者皆有所养。"近年来有的老人跌倒不敢扶,出现假冒伪劣产品,人们道德不健全,越来越追求个人功利,因此需要重新提倡仁爱,以解决社会中出现的不和谐问题。把爱与每天的日常生活和工作联系起来,就会有热情、有力量、

---

[1] 张岱年、方克立主编:《中国文化概论》,北京师范大学出版社2018年版,第304页。

有涵养、有形象。这样，人民有信仰，国家有力量，民族有希望。

(三)有利于民族精神和家国情怀的传承和弘扬

儒家仁爱思想，充满着一种人文精神，尤其是道德理性备受统治者的青睐，形成了礼乐传统，对塑造中华民族的民族精神和国民性格所起的作用是无与伦比的，成为中国文化再创造的生命之源。从世界文化发展的角度看，仁爱曾经直接影响了包括朝鲜、韩国、日本在内的"东亚文化圈"。以儒家文化为主干的中国文化，一度造就了领先于世界的东方文明。作为21世纪的现代中国人，要懂得蕴藏丰富仁爱思想的儒学文化，要支持实行仁爱思想，贡献于当今世界。

儒学和仁爱思想是社会主义核心价值观的思想来源之一，"仁爱"是儒家最高道德准则。"为政在人，取人以身，修身以道，修道以仁"，使人身心和谐；"仁者爱人""与人为善""推己及人"的美德实施，使人与人之间和谐；善用"天人合一"理念，使人与自然之间和谐。这些价值观，提供了精神家园和伦理智慧，对拜金主义、享乐主义、利己主义是一个重要提醒和纠正。

# 文质彬彬然后君子

王善国(南漳县政府调研员)

何为君子?《论语·雍也》篇曰:"质胜文则野;文胜质则史。文质彬彬,然后君子。"湖北襄阳市南漳县历史上,君子辈出。"金南漳"是楚文化发祥地、三国故事源头地、孝文化发祥地之一,也是东汉末年社会贤达司马徽的隐居讲学之地,以及大孝子、大军事家徐庶的避难尽孝之地,与君子文化产生了不可割裂的联系。

## 一、君子楷模

各类君子(官方的、民间的),代代相承。《湖北通志》《襄阳府志》《南漳县志》所收录的县级官员们,都是"千里挑一"的好官,是一部清廉史、孝悌史、仁义史、忠贞史。卞和不愿接受楚文王封为零阳侯,甘愿回归老家,即今南漳县巡检镇金镶坪,继续清贫乐道,孤独残身、艰难地生存于荒山野岭;战国时代的鬼谷子一生无官无职,系纵横家的鼻祖,隐居讲学于今南漳县巡检镇指山岩;近代辛亥革命时期辞官归隐、企图依靠实业和教育救国的著名开明人士冯哲夫,原为留日学士、湖北军政府内务部长,拥护新四军征战、积极支持革命事业和新中国建设的义举,深受李先念等老一辈革命家的赞扬。

## 二、君子的操守

君子之风,从一而终,持之以恒,一辈子不改弦更张。宁为玉碎,不为瓦全。徐庶，以见义勇为、打抱不平而闻名于世，竭忠尽孝，毫不迟疑，孤身前往曹营救母，"人在曹营心在汉""终生不设一谋"，这是等闲之辈难以坚守的。以孝为重的徐庶，早已把"孝母"作为道德原则。

## 三、君子风范

人们称颂、民间认可的地方上的君子形象代表，言谈举止具有广泛的社会效应。荆山民间认为，人生于世，就是要混得人模人样的，像个"男子汉"的样子，伸张正义而英勇无畏，不计名利，做事光明磊落，乐于助人，不求回报，保卫国家，不顾安危，乃至以身殉国。旧县志所载录的县级"英雄好汉"们，就具备这种君子人格和品质。

## 四、君子归宿

君子千古流芳。综观千年古县历史，真金不怕火炼，真君不畏时变，君子风范是经得起任何历史时期检验的。只有那些为民造福、公平正义的好官，才在民间广为传颂。正如著名作家臧克家在纪念鲁迅先生时所说："有的人死了，他还活着。"卞和三次献玉，身残志坚、锲而不舍的拼搏精神及其忠君爱国、无私奉献的朴素情感，成为中国封建社会不慕荣华富贵者的一面镜子。君子精神泽惠后世，世代承传，是推动社会文明进步的重要力量。

## 五、君子造就

（一）教育熏陶乃君子文化之途径。荆山民间评价君子，通常要归功于家庭教育，儿女能够成就大气候，主要是父母的功劳，家族的荣耀，这个"功劳簿子"是成熟的载录。"家教严""家风正""有传教（授）""家族教育好"，乃至于"棍棒底下出孝子"，或许是封建社会里君子成长的必由之路。

把传统的"精英精神"作为"关心下一代"思想核心，使君子能具备条件成为具有责任感、荣誉感、使命感并对社会发展具有推动能力和奉献精神的杰出人才。

（二）道德恪守乃君子文化之平台。古代一些县令、知县上任后，都把为民兴办实事、造福一方放在首位，踏遍青山，体察民情，排忧解难，主要是修渠筑堰、办学建桥、扶持农桑、断案息诉、惩恶扬善等，很多民心工程至今依然普惠受益，真是功在当代、利在千秋。

（三）仁政乃君子文化之保障。国内目前仅存的两部南漳旧志书中载录的，被本县人们立祠纪念在任或离任知县（包括百姓为他们立生祠、立合祠，用以感念恩惠）的就达10多位，有的甚至是在任期间因百姓爱戴而以共同立祠的形式（给活人立祠），试图感化朝廷，使其继续留任，为民谋福利，表达平头百姓对县官们依依不舍的情意。

（四）社会监管乃君子文化之氛围。君子文化内涵涉及忠、孝、廉、义、勇、智、贞等各个方面，诸多内涵都是源自民间，服务群众。君子作为社会的一员，要想得到群众的好口碑，必须主动接受社会监督和管理。由于缺乏社会监督，有的人"三观"（人生观、价值观和世界观）发生变化，甚至来了个360度大颠覆，把"权为民用"的为人民服务宗旨抛到了九霄云外。党中央把反腐利剑亮出后，某些人如梦初醒，认识到了"真君子"原来就是那些出淤泥而不染者，于是"君子"又开始"吃香"了。

（五）法律乃君子文化之良港。古代张扬正气的招数非常凌厉，仅朱元璋当皇帝后，屠戮贪官污吏数以万计，力图校正社会风气，巩固统治地位，这些执政的"铁手腕"震慑力很强。荆山地区自古民风淳朴、习俗敦厚，在古代县志中，并没有被惩处的违规案例，也充分说明历代君子们"要留清白在人间"。正风肃纪、反腐倡廉，"打虎猎狐拍蝇"没有禁区，法律面前人人平等，作风建设永远在路上。在依法治国、从严治党的新时代里，法律准绳净化政治生态，修补社会规则，为君子文化筑就了一道平安宽松的绿色堡垒，成为遵纪守法者的天然屏障。主动敬畏法纪，自觉地维护人民权益，君子之风又盛行开来了。

总而言之，大凡古今所谓的君子者，必须具备的高贵品质是：德才兼备，虚怀若谷，谦逊豁达，光明磊落，见义勇为，公平正直，两袖清风，清正廉洁，超凡脱俗，刚正不阿……我们衷心地祝愿君子之风芝麻开花节节高，继续吹拂大地，与山河同在，与日月争辉。

# 君子之道化解医患矛盾

徐建中(钟祥诗词学会副会长)

君子文化可以化解医患矛盾,如果医生能有意识地挖掘君子文化内涵,并把其精髓融入平时与患者的沟通之中,就一定能有效化解医患矛盾壁垒。具体做法可从以下三方面进行。

## 一、不妨从"勤思"入隘门

孔子曰:"君子有九思:视思明,听思聪,色思温,貌思恭,言思忠,事思敬,疑思问,忿思难,见得思义。"这九思是在规范一个人的言行,如果医务人员能有意识地把它们运用到平时和患者的沟通之中,再深的矛盾也能在理解中化解。

造成医患矛盾的原因有很多,医务人员和患者之间存在供给与需求的冲突就是其中之一。在患者看来,出了钱,病就应该治好,这是很正常的逻辑;但是,看病不是买东西,不可能出了钱就一定有对等的结果,如果患者经过治疗病情痊愈,则皆大欢喜,但很多疾病瞬息万变,万一到最后病情恶化,矛盾就产生了。这时候,如果医务人员不站在患者的立场着想,而是执拗地认为自己已经尽力,患者的病情太严重,就是神仙也回天无术,所以带着强烈的主观情绪去和患者家属理论,其结果往往就会导致矛盾升级,成为医患之间的隘门。

其实,作为一名医务工作者,完全没有必要去和患者针锋相对,患者的遭遇本就值得同情,与其和他们沉痛的心情辩论,不如以一颗包容仁爱之心去化解这份矛盾。不难想象,当一名医务人员深度挖掘君子文化内涵,从"勤思"入隘门,努力化解医患矛盾壁垒时,定然是一番和谐的景象。患者家属因为病情来找医生理论,医生只要在开口之前,想一想自己看明白没有,听清楚没有。对方为什么要来?肯定是有他们自己的无奈和苦衷,这样考虑,心中就会释然,说出的话自然就不会带火药味了。交谈中,医生应多考虑一下"色思温,貌思恭,言思忠",只有神态温和,态度恭敬,言谈诚实,才能让对方感同身受,当患者感受到了医生那份发自内心的真情,还有什么矛盾不能调和呢?

交谈结束,医生应回想一下"事思敬,疑思问,忿思难",沟通虽然暂时告一段落,但回想能让医生更加清楚这次的谈话内容是否得当,还有没有什么疑问,是否有过刺激对方愤怒的言语。如果有,就可以及时补救,如果无纰漏,就是一个很好的开始。最后,医生还应做到"见得思义",比如在实际工作中,不少患者会给医生送红包,作为一名合格的医生,应该想到是否理所应得。红包是一种贿赂,加大了患者的经济负担,更是医院规章制度所不允许。

从九思到勤思,说起来容易,做起来却并不简单。这需要医务人员的爱心、耐心、细心、包容心、责任心和学习心。君子文化博大精深,融通古今,医务工作者只有勤于钻学,细细揣摩,方能领略君子文化之内涵,把其精髓融汇于医学之中,为化解医患矛盾壁垒贡献出自己的股肱之力。

## 二、不妨从"健行"入心门

《周易》说:"天行健,君子以自强不息;地势坤,君子以厚德载物。"意思是说,君子应该像天宇一样运行不息,如果你是君子,接物度量要像大地一样,没有任何东西不能承载。作为一名君子,在气节、操守、品德、治学等方面都应勇往直前,战胜自己。也就是说,作为一名医务工作者,如果能像君子一样把对患者的关爱落实在行动上,患者就会受到感化，医患关系就会和睦。

传统的医学教育并不提倡医生与病人之间使用共情，在20世纪60年代末的美国，医学院仍然告诉医学生："我们要和病人保持职业距离，防止发生移情，因为那样会影响你冷静的判断和精准的手术。"但是，与病人保持职业距离，感情疏远，已不能满足今天的医疗关怀需求，医患关系需要仁爱精神，同舟共济，冷漠是比疾病与死亡更可怕的敌人。

医务人员过大年也不休息，固然是职责所在，可更是一种爱心的播撒，就是他们在用君子之道"健行"，当他们用行动融入了患者的内心，矛盾就会悄然而去。试想，如果医生没有一颗君子之心，他就不会想到随时去行动，与患者的往来就会因为不真诚而沦为生硬的套路，而所谓的"套路"正是患者最反感的。只有当一名医生，心里时时刻刻装着患者、关心患者，行动于患者，二者才能有机的结合。

## 三、不妨从"大雅"入善门

如果说"勤思"和"健行"注重的是和患者的基本相处之道，那么"大雅"则是在此基础上的一种升华，它包含的不再是一种简单意义上的调和矛盾之爱，而是一种凌驾于小我之上的广博之爱。在中国传统文化之中，正人君子的气质是文雅、优雅、典雅、儒雅、温雅、博雅。"君子坦荡荡"，"文质彬彬，然后君子"，都是一种"大雅"的表现。"雅"在历练中生发，在淬砺中铸就，在涅槃中彰显。一名医务工作者，只有具备了"大雅"，方能在气质上高贵，品质上高洁，行为上优雅，最终超越在医患矛盾之上，受到患者的认可和尊敬。

孟子在描述这种"大雅"时，在《梁惠王上》中说："老吾老以及人之老，幼吾幼以及人之幼。"意思是说，在赡养孝敬自己的长辈时，不应忘记其他与自己没有亲缘关系的老人；在抚养教育自己的小辈时，不应忘记其他与自己没有血缘关系的小孩。这种思想指的是不仅要关爱自己的亲人，还要关爱与自己没有血缘关系的人，这就是一种"大雅"。孔子也曾说：

"故，人不独亲其亲、不独子其子，使老有所终、壮有所用、幼有所长、矜寡孤独废疾者皆有所养。"其意思也是说要关怀自己血缘关系之外的人，可见孔孟之道在"大雅"上一脉相承，作为现今社会的医生，更应该具备这种品质。

对于儒家来说，将血缘之爱转化成对他人的"大雅"之爱，这是君子的人生境界；而当这种道德实践从日常生活领域转入执业领域，它就不只是君子的人生境界，还是普度善心的治理境界了。不难想象，当"大雅"思想广泛融合于医学领域时，每一位医务工作者都会像对待自己的亲人一样去关心患者，或许，血浓于水会被人认为是理所当然，而这种关爱传递出的是一种更高洁、更无私的君子之爱，在善心的流动中，它的内涵是大雅之善，更加能让患者感怀于心。当善成为主流，医务人员和患者就都会成为谦谦君子，就都从"大雅"步入了善门，所谓的矛盾便自然不复存在了。

君子文化内涵的主旨在于人的内修，由外求到内求，先修身养性而后进入"大雅"。作为一名新时代的医务工作者，不妨多挖掘、学习君子文化内涵，去化解医患矛盾壁垒。这对患者是一份福祉，也是对传统文化的一种传承。

# 君子在于美德

王　波（武汉科技大学本科生）

君子的含义，起初并不包含道德因素，是对统治者的尊称，纯粹象征地位。在《诗经》一书中出现了"君子"一词共187次，含义也不尽相同。其中指代"天子""诸侯""卿大夫"的多达41首，占比65%左右，而代表品德高尚者仅有9首，占比14%，还指心仪男子或者自己的丈夫。由此可以看出，那时的君子并没有根本上升到道德层面，其应用领域多在贵族。

儒学之君子，被赋予了理想人格，直面君权，与最高统治者对话。这更像是孔子入世思想中理想士大夫的原型。孔子身处于一个礼崩乐坏的时代，急需一套社会秩序来安定天下。道家说无为而治，墨家说兼爱非攻，孔子是想恢复周礼，提出"以仁释礼"，而将秉持着仁义来行周礼的希望寄托在君子身上。周朝之前，君子本义为君主之子，是贵族阶层。如诗经《国风·魏风·伐檀》中说到的"彼君子兮"。到了春秋时期，君子就是士大夫的代名词，诗云"君子在野，小人在位"。而孔子则认为君子是圣人之下，富有礼义规范的人。但沿用君子一词，也可看出他与小人之分。小人本是百姓，到后来才有了奸诈的贬义。"君子所履，小人所视"，君子是自带着一种贵族气质出场的。

孔子的《论语》一书中，"君子"一共出现了107次。君子与小人的区分，从贵贱之分，转变为道义之分，不再是仅仅身份尊贵就是君子，而是要有很高的道德境界与人格境界，才能被尊称为君子。孔子赋予了君子许多将近完美的精神品质，从仁德、诚信、博学、谦逊等众多方面对君子提出了全面的要求。君子之"仁"要"君子去仁,恶乎成名?君子无终食之间违仁,造次必于是,颠沛必于是";君子之"义"要"君子义以为上,君子有勇而无义为乱,小人有勇而无义为盗";君子之"礼"要"泰而不骄""矜而不争,群而不党""周而不比""和而不同";君子之"智"要"君子不器";君子之"信"要"君子信而后劳其民,未信则以为厉己也。信而后谏,未信则以为谤己也"。孔子所言的君子形象是近乎完美的,是一种理想、一种追求。

孔子主张君子彬彬有礼,恢复周礼。《论语·八佾》记录了孔子的话:"周监于二代,郁郁乎文哉!吾从周。"一句"吾从周",可以看出孔子是推崇周礼的,孔子曾经说:"悠悠万事,唯此为大,克己复礼。"孔子把西周当做理想国,认为西周有周礼,这个社会就井井有条,后来到东周,也就是春秋战国时期,为什么社会秩序混乱?那是因为礼崩乐坏。什么都乱套了,一切都不按规矩来了,明明是只有天子才能使用的六十四人四面排列的乐队,诸侯们也开始使用了,没有上下等级的区别了。所以孔子谈到季氏时,就愤怒地说:"八佾舞于庭,是可忍也,孰不可忍也!"礼仪乱则秩序乱,秩序乱则天下乱。谈及理想国,孔子的一段著名描述是"行夏之时,乘殷之辂,服周之冕,乐则韶舞"。这里的周冕就是代指周礼。孔子认为要维护社会秩序,必须恢复周王朝那一整套礼仪规范,亦称复礼。可是时代变了,诸侯不甘周天子统治,都有称霸之心。

天子威仪尽失,想要复周礼是不可能通过强制性手段的,于是孔子提出了"仁"。孔子认为"礼"本是根源于人的仁爱之心,不过是人的仁爱之心的外在表现。子曰:"克己复礼为仁。一日克己复礼,天下归仁焉。为仁由己,而由人乎哉?"正是孔子的"援仁入礼""以仁释礼",使礼具有了内在的价值依据,使礼的政治功能发生了极大的改变。《论语·八佾》中说:"人而不仁,如礼何?人而不仁,如乐何?"如果说,"礼"是孔子思想的出发点,"仁"则是孔子思想的核心,孔子的仁论是要靠君子论来实现的,仁论必然要指向君子论。

孔子希望君子以身作则,带动复兴周礼。而贵族子弟就是最先被考虑的对象。因为在当时，贵族是引导社会风尚的。这也是为什么说君子是带着贵族气质出场的。不过也看出君子的另外一层作用，那就是教化。君子在孔子看来是"君君，臣臣，父父，子子"，孔子称赞宓子贱为"君子"，说的是他"鸣琴而治"，这里就指出了君子文化的功能包括"教化"。教师虽不从政，可以教化从政的学生；官员虽不从教，可以教化万民立德。在民族危亡之时，应该自觉挺身唤醒民众。孔孟是君子文化的集大成者，把君子文化从贵族文化变成了精英文化，把君子从高贵之人变为高尚之人，强调人生修养，不再强调贵族出身，从而大大扩展了君子的阶级基础、群众基础。

君子注重精神修养，即"内省"与"反求诸己"。孔子提出"君子道者三"，即"仁者不忧，知者不惑，勇者不惧"（《论语·宪问》）。主要在于自己的自我认同和反思，这就是通过"内省"来衡量。气是集义所生的，并且凝聚意志于其中，因而使君子的内心境界充满正气，儒家之君子就不再是想要复周礼而是在庙堂之上规劝皇权以天下苍生为己任的入仕者。君权时代，忠君辅国就是君子最基本最重要的一点。尽忠守节，不只是尽忠，儒家子弟是有气节的，不是顺从皇帝，不是愚忠皇帝，而是忠于朝廷，忠于社稷，忠于国家。孟子说"二者不可得兼，舍生而取义者也"，君子把气节看得比生命还重。

汉之君子，荀彧被称为最后一位汉臣，也是毕生都在匡扶社稷，司马光称他为："管仲不死子纠而荀彧死汉室，其仁复居管仲之先矣！"他忠的不是某一位君主，而是整个汉室，整个江山社稷。荀彧一生跟随曹操南征北战，实为收复河山，为了国家统一，社稷安定，可就在曹操要进魏公时，《三国志》如此记载："十七年，董昭等谓太祖（曹操）宜进爵国公，九锡备物，以彰殊勋，密以谘彧。彧以为太祖本兴义兵以匡朝宁国，秉忠贞之诚，守退让之实；君子爱人以德，不宜如此。"荀彧何等忠君爱国，他认为曹操为汉臣，当匡扶朝廷平定四海，那是他最后的希望。只是当时世人不能理解，曹操也与他生瑕，又有谁能够理解荀彧想凭一己之力拯救一个王朝，忠君之事？《傅子》记载："或问近世大贤君子，答曰：荀令君之仁，荀军师之智，斯可谓近世大贤君子者也。荀令君仁以立德，明以举贤，行无谄渎，谋能应机。"

　　从最早的尊贵者为君子到孔孟将道德修养的意义赋予进去，君子完成了一次转化，由贵变为德。后来乱世纷争，君子入世无望，便汲取了道、释的营养，在修德规君的层次上更注重修心。再后来时局稳定，君子积极入世，用其人格魅力、道德修养、人生格局来为国为民建立功业。近代中国在救亡图存的道路中，正是君子们的心怀天下，抛头颅洒热血，才使得中国一步步走向独立、走向富强。当今中国，我们应该传承这种君子文化，修身齐家，为建设富强民主文明和谐美丽的社会主义现代化强国而尽自己的一份力量。

# 青铜器所见的君子文化

肖　洋（武汉科技大学讲师）

曾国的青铜器，展现周代荆楚地区的君子文化，彰显了君子的精神世界。

## 一、鼎簋祭祀重器体现道德规范

青铜器，古称为彝器。①《左传·襄公十九年》"取其所得以作彝器"句下，杜预注曰："彝，常也。谓锺鼎为宗庙之常器。"②商周彝器多为宗庙祭祀重器，在古代大型社会活动中，其发挥重要政治作用。《尔雅·释器》："彝、卣、罍，器也。"晋人郭璞注曰："皆盛酒尊，彝其总名。"③其实，彝器既包括酒器，也包括食器。《尔雅·释器》："鼎绝大谓之鼐，圜弇上谓之鼒，附耳外谓之釴，款足者谓之鬲。"④当时，鼎是常用的食器，有的鼎是在火上煮食物的容器，也有的鼎不是直接用火烹煮，而是盛放食物或者调味的酱汁的容器。在周代，除了鼎之外，簋，也是常用的食器。鼎与簋，共同构成了当时的祭祀礼仪，既表达了人们对先祖的尊敬以及对大自然的敬畏，又反映了社会意识形态，体现了当时的道德规范。

---

① 容庚：《商周彝器通考》，中华书局2012年版，第1页。
② 阮元校刻：《十三经注疏》，中华书局1980年版，第1968页。
③ 阮元校刻：《十三经注疏》，中华书局1980年版，第2599页。
④ 阮元校刻：《十三经注疏》，中华书局1980年版，第2600页。

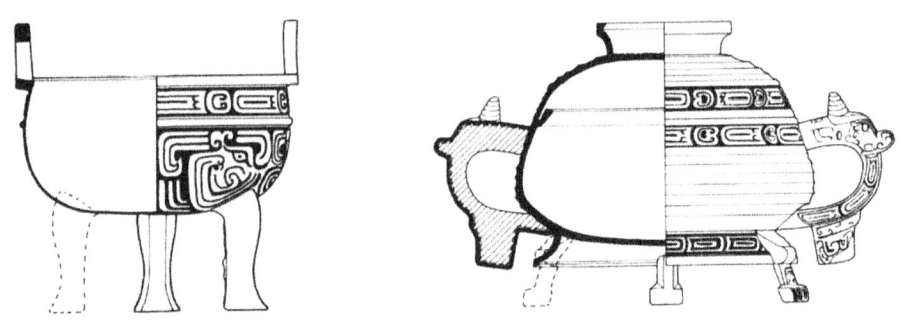

西周晚期曾太师鼎与曾伯文簋①

《周礼·地官·舍人》:"凡祭祀,共簠簋,实之、陈之。"②簠与簋均为装盛食物的器具,簠为方形,簋为圆形。而簋的礼制作用较重要,鼎簋经常同时使用,以加强仪式的肃穆庄严。据《周礼·秋官·掌客》,"鼎簋十有二"常见于周代的飨宴与献祭。③鼎簋的器物组合,可以反映周代祭祀仪式的典雅与容重。1981年,考古发掘的曾侯乙墓出土有九鼎八簋。九件升鼎,形制、纹饰相近,敞口,方唇,平折沿,立耳外撇,浅腹,平底,兽蹄足,装饰有蟠螭纹;八件簋,形制、纹饰相近,侈口,束颈,兽首耳,平底,圈足连着方座,装饰有鸟首龙纹、蟠虺纹、蟠螭纹。④

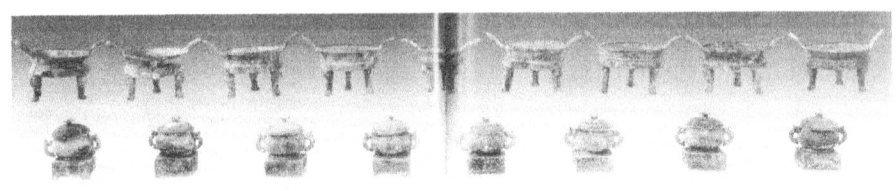

战国早期曾侯乙墓九鼎八簋⑤

---

① 湖北省文物考古研究所:《曾国青铜器》,文物出版社2007年版,第6、146页。
② 阮元校刻:《十三经注疏》,中华书局1980年版,第749页。
③ 阮元校刻:《十三经注疏》,中华书局1980年版,第900页。
④ 随州市博物馆:《随州出土文物精粹》,文物出版社2009年版,第90页。
⑤ 随州市博物馆:《随州出土文物精粹》,文物出版社2009年版,第90~91页。

以鼎簋为中心的祭祀重器,既体现了古时代文明的曙光,也展现了先秦礼仪制度规范。《左传·成公十三年》:"是故君子勤礼,小人尽力,勤礼莫如致敬,尽力莫如敦笃。敬在养神,笃在守业。国之大事,在祀与戎,祀有执膰,戎有受脤,神之大节也。"①春秋战国时期处于社会大变革的时期,从西周领主分封列国,向秦汉郡县大一统格局转变,也出现了礼崩乐坏的社会道德问题。然而在当时,也有许许多多的谦谦君子们,忠实地恪守祭祀礼仪,维护了社会道德,巩固了社会秩序,且有利于维持当时经济生产,使得春秋战国政治变革可以平稳推进。

随州叶家山 M28 出土的西周早期鼎簋②

---

① 阮元校刻:《十三经注疏》,中华书局 1980 年版,第 1911 页。
② 湖北省博物馆、湖北省文物考古研究所、随州市博物馆:《随州叶家山:西周早期曾国墓地》,文物出版社 2013 年版,第 53~55、60、71 页。

随州叶家山曾国墓地出土了一大批西周早期青铜器，反映了当时的鼎簋礼器的频繁使用。这也正好与文献的相关记载形成对应，证实了西周初年礼仪制度规范。鼎簋制度从西周延续至春秋早期，也辅之以盘、盉、匜等酒器，然而在春秋中期，鼎簋制度逐渐衰弱，列鼎制度兴盛。①到秦汉之时，漆木器兴起，青铜器整体趋于衰弱。但鼎簋食器组合仍隐隐若现西周初年朴实的礼仪制度。鼎簋不仅仅是简单的食器，更是中国传统文化载体，彰显了先秦君子重视伦理道德与社会规范的文化品格。

## 二、编钟乐器反映君子修养

编钟是周代礼仪活动的重器，不同类型的钟，相互构成一定的音阶关系，按照器物形态悬挂排列成组，通过敲击发出典雅的声乐。编钟为青铜乐器的典型代表，既是先秦时期的乐器，也是承载传统文化精神的重器，体现了中国的礼乐文化。《诗经·小雅·楚茨》："礼仪既备，钟鼓既戒。"②《周礼·春官·宗伯下》："磬师掌教击磬，击编钟，教缦乐、燕乐之钟磬。凡祭祀，奏缦乐。"③礼乐用于祭祀与宴飨仪式，也用于军队征战之中。

《史记·周本纪》记载周成王之时："召公为保，周公为师，东伐淮夷，残奄，迁其君薄姑。成王自奄归，在宗周，作多方。既绌殷命，袭淮夷，归在丰，作周官。兴正礼乐，度制于是改，而民和睦，颂声兴。"④由此足见，编钟为代表的礼乐文化，不仅是音乐，也是国泰民安、政通人和的象征。

在礼仪活动中使用乐器，可以增强礼仪的效果。《周礼·春官·宗伯下》大司乐："乃奏黄钟，歌大吕，舞云门，以祀天神。乃奏大蔟，歌应

---

① 郑威：《两周之际高等级贵族墓青铜礼器组合新探》，《考古》2009年第3期。
② 阮元校刻：《十三经注疏》，中华书局1980年版，第469页。
③ 阮元校刻：《十三经注疏》，中华书局1980年版，第800页。
④ 司马迁：《史记》，中华书局1959年版，第133页。

钟，舞咸池，以祭地示。乃奏姑洗，歌南吕，舞大磬，以祀四望。乃奏蕤宾，歌函钟，舞大夏，以祭山川。乃奏夷则，歌小吕，舞大濩，以享先妣。乃奏无射，歌夹钟，舞大武，以享先祖。凡六乐者，文之以五声，播之以八音。"①礼乐仪式使得人们追忆先祖的历史事迹，继承先祖的创业精神。礼乐的肃穆，表现了尊重先祖的人伦孝道。五声、六乐、八音和谐而成礼乐，有助于陶冶人们的道德情操。

另外据《左传·襄公十九年》，通过参与诸侯联军伐齐，鲁国获得了大量齐国铜兵器，季武子以所得于齐之兵，作林钟而铭鲁功焉，臧武仲曰："非礼也。夫铭，天子令德，诸侯言时计功，大夫称伐。今称伐则下等也，计功则借人也，言时则妨民多矣，何以为铭？且夫大伐小，取其所得以作彝器，铭其功烈以示子孙，昭明德而惩无礼也。今将借人之力以救其死，若之何铭之？小国幸于大国，而昭所获焉以怒之，亡之道也。"②臧武仲劝诫季武子铸作林钟，指出编钟"铭其功烈以示子孙，昭明德而惩无礼"。编钟铭文大多是告诫人们要勤勉怀德，说明编钟及其铭文有着特殊的道德教育意义。青铜编钟也属于周代彝器，有的编钟其上有铭文，可作为历史文献，辅助我们了解当时的史实。而且，编钟的铭文也往往为劝勉之词，体现了古代君子的谦逊品格。

1978年，在随县城西3公里擂鼓墩发现了战国早期曾侯乙墓，其中出土了一套较为完整的青铜编钟乐器，共有64件，其中，钮钟19件，甬钟45件，另外还有1件楚王送的镈钟；出土时，编钟分成三层悬挂于架上，依照大小次第排列。③曾侯乙墓编钟铸造工艺上乘，制作特别精美，凝结了古人的智慧，反映了中国古代发达的青铜技术。而且，其中较大的那件是来自楚惠王的赠送，表达了在吴楚战争之中对曾国（又称随国）保护楚昭王的感谢。

---

① 阮元校刻：《十三经注疏》，中华书局1980年版，第788~789页。
② 阮元校刻：《十三经注疏》，中华书局1980年版，第1968页。
③ 随县擂鼓墩一号墓考古发掘队：《湖北随县曾侯乙墓发掘简报》，《文物》1979年第7期。

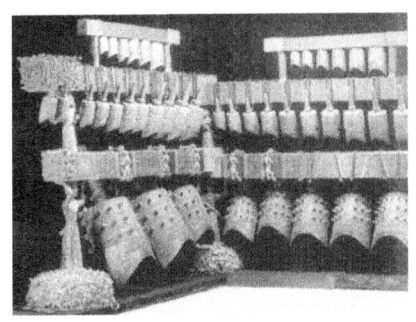 

战国早期曾侯乙编钟①

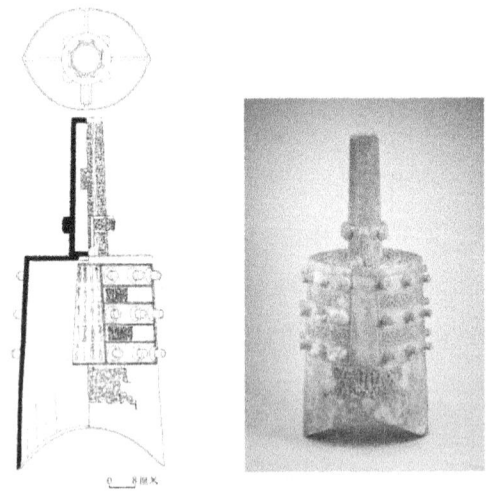

春秋晚期曾侯与编钟②

公元前506—前505年爆发了吴师入郢之役,楚昭王奔随国,随国接纳并且保护了他。《左传·定公四年》载吴师攻入郢都后,楚昭王出逃之事,如下:

---

① 《中国青铜器全集》编辑委员会:《中国青铜器全集》第4卷《东周(四)》,文物出版社1998年版,第148~149页。
② 湖北省文物考古研究所、随州市博物馆:《随州文峰塔M1(曾侯与墓)、M2发掘简报》,《江汉考古》2014年第4期。

> 楚子涉睢,济江,入于云中。……奔随。吴人从之,……楚子在公宫之北,吴人在其南。子期似王,逃王,而己为王,曰:"以我与之,王必免。"随人卜与之,不吉。乃辞吴曰:"以随之辟小而密迩于楚,楚实存之,世有盟誓,至于今未改。若难而弃之,何以事君?执事之患,不唯一人。若鸠楚竟,敢不听命。"吴人乃退。①

当楚郢都被攻陷后,楚昭王逃奔随(曾)。随国坚守曾楚联盟,抵制吴人的侵扰,保护了楚昭王。2009年,在随州市的文峰塔墓地考古发现,出土了"曾侯与"编钟(M1:1),铭文载有曾国史事,其中提及了曾国的早期历史,也提及了春秋晚期吴师入郢,楚昭王奔随(曾),随国为楚昭王提供保护,铭文强调:左右文武,挞殷之命,抚定天下,西征,南伐,有严曾侯,业厥圣,亲搏武功。楚命是静,复定楚王,曾侯之灵,穆穆曾侯。庄武畏忌恭寅斋盟,伐武之表,怀燮四方。余申固楚成,改复曾疆。择选吉金,自作宗彝,龢钟鸣皇,用孝以享于辟皇祖,以祈眉寿,大命之长,其纯德降,余万世是尚。②

此编钟铭文反映了曾国胸有大志,思想开放,民族融合,文化交融。曾国青铜乐器编钟音律体系较为完整,西周随州叶家山的"四声七音"音律、枣阳郭家庙的"五正声"、随州曾侯乙墓"十二律",表明华夏正声在青铜乐器上有传承与发展,也体现了灿烂的中国文明。③《周礼·考工记》:"凫氏为钟,两栾谓之铣,铣间谓之于,于上谓之鼓,鼓上谓之钲,钲上谓之舞,舞上谓之甬,甬上谓之衡,钟县谓之旋,旋虫谓之干,钟带谓之篆,篆间谓之枚,枚谓之景,于上之攠谓之隧。"④编钟也是中华文明的重要象征,尤其是荆楚地区出土的编钟较多且颇为著名,曾侯乙墓出土的编

---

① 阮元校刻:《十三经注疏》,中华书局1980年版,第2136~2137页。
② 湖北省文物考古研究所、随州市博物馆:《随州文峰塔M1(曾侯与墓)、M2发掘简报》,《江汉考古》2014年第4期。
③ 方勤:《曾国历史与文化》,上海古籍出版社2019年版,第205~206页。
④ 阮元校刻:《十三经注疏》,中华书局1980年版,第916页。

钟最为有名。曾侯乙墓编钟不仅是中华礼乐文化、君子之风的载体，而且体现了重诺守信的传统美德。

## 三、青铜兵器展现君子崇武爱国精神

青铜兵器，诸如青铜剑、戈、戟等，均是古人常用甚至随身佩戴的兵器，常见于传世文献的记载，尤其是在《楚辞》中多有涉及。《楚辞·九歌·东皇太一》："抚长剑兮玉珥，璆锵鸣兮琳琅。"①《楚辞·九歌·东君》："青云衣兮白霓裳，举长矢兮射天狼。"②《楚辞·九歌·国殇》："操吴戈兮披犀甲，车错毂兮短兵接。旌蔽日兮敌若云，矢交坠兮士争先。"③戈、剑等兵器是先秦时期士人的常用器物，佩剑带玉也是先秦时代君子的理想形象。而且，戈、剑等兵器也被赋予了君子文化精神品格，成为君子的崇武爱国、正气凛然精神的象征物。青铜兵器既是文物艺术品，也与历史人物故事形成互补，可烘托先秦时期仁人志士的君子品格形象，体现了君子精神的深刻文化内涵。

 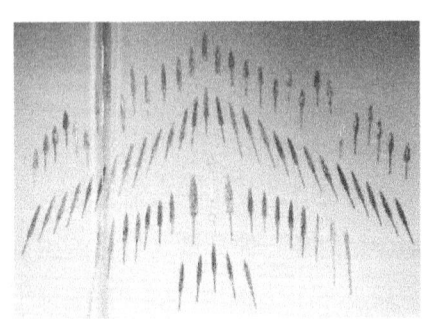 

曾侯乙墓出土青铜戈、戟和箭镞④

① 洪兴祖：《楚辞补注》，中华书局1983年版，第55页。
② 洪兴祖：《楚辞补注》，中华书局1983年版，第75页。
③ 洪兴祖：《楚辞补注》，中华书局1983年版，第82页。
④ 随州市博物馆：《随州出土文物精粹》，文物出版社2009年版，第130~131、137页。

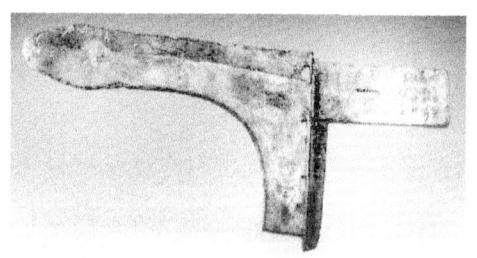
曾大工尹季怠戈①

曾侯乙戈②

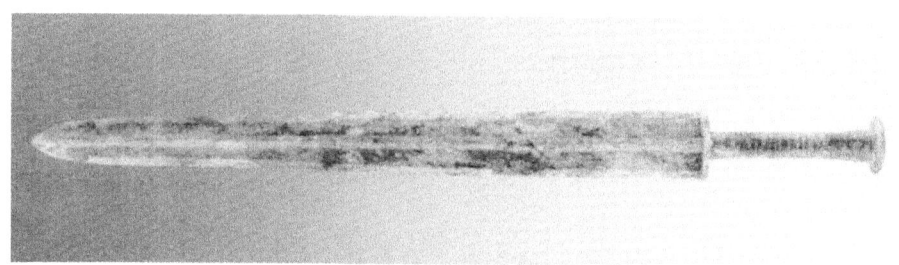
随州义地岗战国菱形纹剑③

青铜兵器既是古人军事作战与防身所用,也与君子文化精神的形成与发展息息相关。《史记》的《刺客列传》《游侠列传》体现了先秦君子持剑,仗义执言,这对后世江湖英雄侠客的文学形象也有一定影响。

《周礼·地官·保氏》:"而养国子以道,乃教之六艺:一曰五礼,二曰六乐,三曰五射,四曰五御,五曰六书,六曰九数。"④先秦时期已经形成了六艺的教育,即礼乐射御书数。《吕氏春秋·孟春纪·贵公》:"大匠不斫,大庖不豆,大勇不斗,大兵不寇。"⑤君子掌握使用青铜兵器及其他军事技能,然而,君子并非逞强好胜的斗殴之徒,而是对武力的使用有所

---

① 随州市博物馆:《随州出土文物精粹》,文物出版社2009年版,第135页。
② 随州市博物馆:《随州出土文物精粹》,文物出版社2009年版,第136页。
③ 随州市博物馆:《随州出土文物精粹》,文物出版社2009年版,第133页。
④ 阮元校刻:《十三经注疏》,中华书局1980年版,第731页。
⑤ 许维遹:《吕氏春秋集释》,中国书店1985年版,第18页。

限制与顾忌。所以，君子虽用戈、剑等青铜兵器，但很慎重使用武力及军事战争。

季梁建议随侯应该争取民心的支持，指出"夫民，神之主也"，"是以圣王先成民而后致力于神"，"民和而神降之福"。随国进行军事抵抗只是一个方面，但更重要的方面在于民心，应该为政爱民，革除时弊，民心和睦。随侯采纳季梁的提议，整改政务，得到了民心，楚国也未敢轻易侵伐随国了。在先秦历史上，季梁既是善于治国的大臣，也是一位直言敢谏的君子。他向随侯提出了民本思想，既表达了君子对民众疾苦的关怀，也彰显君子的爱国热忱与家国情怀。

## 四、余论

商周时期进入青铜时代，青铜礼器及食器的使用范围广泛。"钟鸣鼎食"的礼制现象说明礼仪制度的作用，表现了君子追求的精神境界。编钟礼乐仪式彰显了礼仪的肃穆庄严，曾国青铜编钟，造型精致，既是具有重要价值的文物艺术品，也是古代伦理与君子道德思想的文化载体。先秦君子士人阶层，讲究崇武爱国精神，普遍也善于使用剑、戈等青铜兵器，尤其是青铜长剑，随身携带，用以防身，也是古代君子的常用兵器。在《楚辞》里面有屈原佩玉带剑的君子典型形象。繁缛纹饰的礼器，工艺精美的乐器，展现了礼乐文明对道德规范的坚守，体现了先秦君子对高风亮节的追求。通过青铜器，也可以看到周代荆楚地区的君子文化精神。

# 千呼万唤儒商君子

王向然（贵州凯里学院博士）

在中国传统文化中，儒商君子所拥有的人格魅力和崇高的道德修养，一直引领着中国商业精英的文化价值导向。儒商君子注重以义导利，对深陷物质诱惑中的人们摆脱人生追求迷失，影响很大。古代中国传统儒商君子，也是当今社会上做人的典范。

孔子的君子视野里，面对金钱，不利欲熏心，讲究取之有道。经典的论述是："子曰：富与贵，是人之所欲也，不以其道得之，不处也；贫与贱，是人之所恶也，不以其道得之，不去也。君子去仁，恶乎成名？君子无终食之间违仁，造次必于是，颠沛必于是。"儒商君子遵守《增广贤文》讲的"君子爱财，取之有道"。这是君子文化在经济领域内的根本行为准则。以诚实劳动创造财富、获取财富，将财富用于社会事业。常言"先小人，后君子"是讲平常人可以争利益，可以谈判商榷，但是要考虑对方利益，必须按照君子之道和德性要求办事、做人。

君子秉承道德与利益关系的准则，以仁爱为本，对财富善加利用，不孜孜以求，不选择狭隘的利己主义。即使是利用自己获得的财富去救助别人，也需将心比心，设身处地，既要考虑被救助者的尊严，又要避免被救助者形成依赖而削弱其自身能力。"嗟来之食"的典故中，赈济灾民的富人黔敖的做法，无意间伤害了被救助者的尊严，就是典型事例。

儒商君子始终是充满爱心和勇气的人，依托于自身的仁与智而急公好义，扶危助困，充满勇气。对所做经营之事，不虑艰难而勇于付诸实践，即使"走西口",路过杀虎口(山西地名),明知前路漫漫,充满荆棘,仍然始终不惧。在坎坷经商之路上,砥砺前行,成为很多成功商人的坚定信念。儒商君子处世坦荡,光明磊落,成人之美,还能和员工和睦相处,不结党营私,不独自享乐。君子还能够"行有不得,反求诸己",内心自检改正自己的缺点,不断提高完善,成就自己的儒商君子人格。

儒商君子事迹,尤其是"晋商"的事迹,感人肺腑。例如,山西常家在丁戊奇荒年间盖戏楼救济乡里人。因为当地一些小康之家的人难以放下面子去领取粥棚施舍,常家规定,只要能为建戏楼搬一块砖就可以管一天饭。常家的做法让那些挨饿的人们可以用自己劳动换来食物,特别是那些陷于绝境的小康之家的人们可以保有尊严。那场光绪年间的大灾荒持续三年,常家的戏楼也修了三年。常家胸怀爱心的善举,救人危难而注意保留受助者的尊严,帮助很多人渡过难关。此为商界君子之行,展现了晋商深厚的君子文化根基。

关于儒商的恻隐之心、仁爱追求,故事很多。古代的大户人家,关心伙计,总在年关让长工来家打扫房屋庭院,给予额外的财物,走的时候用袋子装很多好吃的东西,说是给他们的孩子们吃。长工虽然春节前帮忙干活不多,但是东家给了很多东西。长工们心知肚明,十分感动,感谢东家的爱心和温情。这些点点滴滴的举动,打动人心,表明经济上的助人善行,也是君子之行。发财致富的过程中、追求中,应该按照"己所不欲,勿施于人"的道德黄金律行事,做到自立立人,实现"双赢""多赢",需要道德和爱心常驻,不能坑蒙拐骗、极端自私自利。

国家发展的新时代背景下,社会重新为君子文化的复兴提供了适宜的文化环境。发扬君子文化的传统,作为君子应心怀天下,不放弃自己的责任,努力实现自己的天下抱负。商人在促进社会经济发展上,功不可没,企业家对于社会进步有目共睹。张载"为天地立心,为生民立命,为往圣继绝学,为万世开太平",正是表达了作为君子应该有的社会担当,商人也责无旁贷,应该成为儒商君子,继承先贤所倡导的君子文化,在新时代发扬光大、贡献、回馈社会,投身社会公平正义事业,为实现民族振兴和国家昌盛而努力。

历史上的很多君子名人，其言行为儒商树立了榜样。春秋时郑国子产受到诽谤时说："苟利社稷，死生以之"；陆游"位卑未敢忘国忧"；范仲淹"先天下之忧而忧，后天下之乐而乐"；林则徐著的《赴戍登程口占示家人》一诗的表达："苟利国家生死以，岂因祸福避趋之"；周恩来年轻时代的"为中华之崛起而努力""难酬蹈海亦英雄"等，此皆是君子之言，这些先贤实践了君子之行。而今之时，要做新时代的君子，成为时代的脊梁，非常需要学习和倡导君子文化，切实贯彻到经济领域。

商业社会精英需要强烈的君子担当精神。儒商君子需要以实际行动引领时代风尚，大兴经济社会中的君子之风，做到知行合一。社会治理尤其需要有社会精英践行君子文化，使君子成为社会大众的学习典范，在经济行为上注重社会道义。"君子有九思：视思明，听思聪，色思温，貌思恭，言思忠，事思敬，疑思问，忿思难，见得思义。"君子为人处世的原则：君子待人接物时，要考虑自己看明白没有，耳朵听清楚没有；君子与人相处时，要反思自己的态度是否温和、谦恭；君子处理事情时，要考虑自己所言是否忠实，所做的事情是否认真，内心是否真诚恭敬；面对金钱的诱惑、疑惑的问题时，要思考如何解决，按照法律、道德、合法、合情、合理获得正当利益；遇到难以应对的人和事，要能够忍耐而不发怒，勇敢对待，持之以恒；见到利益的时候，要考虑所获是否合乎道义，不能利欲熏心。这就是君子待人处事的温润如玉的格调。

有些商业精英或见利忘义，或媚上欺下，或弄虚作假，或为一己之私，不顾道义，非常危险。"不隐恶"应当是当今做君子的底线，在经济领域，需要构筑君子"道德长城防线"。社会文明建设和发展，迫切需要呼唤儒商君子。

# 第三部分

# 君子使命与人格典范

# 儒家君子责任伦理

涂可国(山东社会科学院研究员)　杨　冬(山东社会科学院博士生)

儒家不乏君子对外在之物所应承担的责任的考虑,但其重点是从自我责任伦理、他人责任伦理和社会责任伦理三大层面,阐释君子责任伦理思想。儒家着重从重道、积德、为己、好学、修身、重行和改过七个方面,深刻揭示了君子的自我责任伦理,从对象性视域要求君子去关爱人、宽容人、仁爱人和重道义、讲礼义、主诚信、贵中和,并且根据"君子"这一明言范畴诠释了君子为民、治国和平天下的社会责任。中国传统君子之学有丰富的责任伦理思想,在此仅从自我责任伦理、他人责任伦理和社会责任伦理三大层面,阐释儒家的君子。

## 一、自我责任伦理

儒家的君子之学某种意义上即为己之学,它凸显君子应当承担起自己对自己的责任。提到儒家的自我责任伦理,首先不能不言及《周易》所说的"天行健,君子以自强不息。"(《周易·乾卦·象传》)它要求君子应当仿效天道永远不停运转,独立自强并永不懈怠,从而展现出积极进取的人生态度和自我担当的处世精神。不仅如此,儒家还着重从重道、积德、为己、好学、修身、重行和改过七个方面深刻阐释了君子的自我责任伦理。

### (一)重道

儒家的君子重道责任思想,大体体现在强调君子理应得道、乐道、谋道和忧道方面。

### 1. 得道

孔子认为，判断一个君子是不是好学，最为重要的标准是看他能不能根据一颗道德自我完善的责任心，不去追求温饱、安逸，而向有道之人学习，以此来匡正自己："君子食无求饱，居无求安，敏于事而慎于言，就有道而正焉，可谓好学也已。"(《论语·学而》)君子应当以何种方式、途径得道呢？荀子提出："士君子不为贫穷怠乎道。"(《荀子·修身》)"君子之能以公义胜私欲"(《荀子·修身》)的观念，比较了士、君子和圣人的特质——"好法而行，士也；笃志而体，君子也；齐明而不竭，圣人也"(《荀子·修身》)的前提下，立足于音乐理论指出，君子通过音乐鉴赏而获得道义，而小人则只是借助于音乐满足自己的欲望："君子乐得其道，小人乐得其欲。以道制欲，则乐而不乱；以欲忘道，则惑而不乐。故乐者，所以道乐也。"(《荀子·乐论》)虽然这些论断旨在从人格特点角度揭示君子坚持以道制欲以达到乐而不乱的目的，体现了爱好道义、"文以载道"的惟道主义价值观念，但是也暗含着君子必须克制自己的私欲以乐道、得道、修道的行为要求。

### 2. 乐道

孔子说："君子易事而难说也。说之不以其道，不说也；及其使人也，器之。小人难事而易说也。说之虽不以道，说也；及其使人也，求备焉。"(《论语·子路》)张载立足于德福一致的观念重申了孔子的君子乐道要求："至当之谓德，百顺之谓福。德者福之基，福者德之致，无入而非百顺，故君子乐得其道。"[1]为了顺利获得幸福，君子往往将追求道德的义务当成光彩快乐的事业。

---

[1] 《张载集·至当》，章锡琛点校，中华书局1978年版，第32页。

### 3. 谋道

孔子说:"君子谋道不谋食。耕也,馁在其中矣;学也,禄在其中矣。"(《论语·卫灵公》)必须指出,这里的君子并非泛指所有的人,而是立足于社会分工的观念指区别于其他社会职业的,专门从事传道、布道的知识分子群体。孔子强调君子应当以天下为己任而专注于努力学道、谋道,而不能像樊迟那样越职去学耕种——"学稼"和"为圃"(《论语·子路》)。他认为如果放弃自己的本分去种地反而可能饿肚子,只要潜心读书学道,就能够得到俸禄。由此可见,孔子并不是一般地反对黎民百姓对物质生活的追求,而只是要求君子以敬业的态度做好本分之内的事情。即便对"君子谋道不谋食"观念带有批判倾向的韦政通也承认,如果只限制在"士志于道"的"士"(或君子)身上,"谋道不谋食"也许尚有一定的道理。①

### 4. 忧道

有忧患意识和关切之情,才会形成强烈的责任心和担当观念,因而可以说忧患就是一种责任、一种担当。对儒家来讲,君子忧患的对象固然有国家安危等多种多样的内容,但最根本的是忧虑天道、地道与人道,因此孔子才在强调君子谋道不谋食之后,说"君子忧道不忧贫"(《论语·卫灵公》)。

"道"与"德"内外相联、相互贯通,所以儒家言说的"君子忧道"也就等于"君子忧德"。从自我道德修养责任来说,君子忧道实际上就是担心人对自我道德修养使命的放弃。由于深受孔子"德之不修,学之不讲,闻义不能徙,不善不能改,是吾忧也"(《论语·卫灵公》)忧患意识的影响,加之对尧舜之道的推崇,孟子辩证地认识到君子既有忧又无忧,终身担忧的是,自己也是一个人,却不能像虞舜那样成为天下楷模并名传后世,却没有一时的担心。君子只要不做违仁背礼的事,就算有一时的祸患,也没有

---

① 韦政通:《儒家与现代中国》,上海人民出版社 1990 年版,第 101 页。

什么值得担忧的。君子一旦具备了不能成为大舜一样的圣贤的忧患意向，就会促使自己效法他立德、立功、立言，践履虞舜之道。可见，君子只要内心充满忧患意识，就获得了努力践行儒家仁礼之道的精神动力。

(二) 积德

君子具有崇高的德性伦理，可谓有德之人；但是良好的德性并不完全是天生的，而是需要后天的修炼。提升自己的品德是君子不可或缺的责任。《大学》依据"德者本也；财者末也。外本内末，争民施夺"的思想，提出了"君子先慎乎德"的责任要求。对此，《周易》有着详尽的提示。君子从三方面彰显了对自我德性修养责任的重视：一则为工夫论上，通过果断的行动培育道德，借助于学习前人的嘉言懿行积累自己的品德，依赖自我积极进取昭示自己和他人的美好道德，根据内求诸己的方法修养自己的道德；二则为行为方式上，不仅按照上天的旨意扬善抑恶，还致力于蓄养文明之德、提高道德水准和扩展功业建树；三则为实践论上，既把成熟的德性体现在行为上，也以节俭为德去躲避危难而不去追求荣华、禄位。"君子务修其内而让之于外，务积德于身而处之以遵道。"（《荀子·儒效》）一个真正的君子把自我修养置于重要地位，不仅致力于内在的修身和外在的谦让，也致力于自身积累德性并按照原则处理一切事情。

(三) 为己

对儒家来说，为己诚然是所有人应当履行的责任，更是人格境界更高的君子的完全责任。荀子最为充分地阐释了君子的为己、律己责任。他忠实地继承了孔子"古之学者为己，今之学者为人"的为己之学，并从君子小人并提的维度把为己之学视为君子之学，把为人之学看成小人之学，指出君子的学习能够达到内外贯通，因而成为世人效法的榜样："君子之学也，入乎耳，箸乎心，布乎四体，形乎动静，端而言，蠕而动，一可以为法则。"（《荀子·劝学》）而小人的学习只停留在表面。荀子虽然绝对否定为己之学趋于片面化，但是他强调君子要注重为己而学的责任。君子尊重客观规律，有强烈的主观自觉性，有不等待、不靠恩赐而自觉、自主、自为和自我负责的精神。

（四）好学

儒家把好学与君子人格相结合，突出了君子的学习责任感。荀子在《荀子·劝学》中阐述了君子之学，他认为君子天生没有什么特异之处，只是善于凭借外物、学习师友而已。学习不单单是君子必修的道德责任课，也是君子防止行为产生事后过错的重要保证。

（五）修身

对儒家来说，如果说自我修身是普通人的道德责任的话，那么它更是君子不能推卸的伦理义务。《大学》从国家治理角度普遍性地提出"自天子以至于庶人，壹是皆以修身为本"的道德义务，而《中庸》最为明确地强调"君子不可以不修身"的修身义务规范。仔细梳理，就会发现儒家其他文献也就君子的修身责任作了阐释。

1. 反求诸己

反求诸己历来是儒家倡导的修身之道之一，也是自我道德完善的重要责任，孟子着力阐述了这一点。他指出，君子不同于常人的地方就在于他能够根据仁与礼来修养自己的心性："君子所以异于人者，以其存心也。君子以仁存心，以礼存心。"（《孟子·离娄下》）通过反省之后对他实实在在地有仁、有礼了，可那人的蛮横态度依然不改，于是君子又反躬自问：自己对他是不是不够忠诚？通过反思对他表现出忠诚了，他的态度依然如故，于是君子就会确定他不过是与禽兽无别的狂妄之人，根本没有必要去责难他。孟子这里倡导的反求诸己的君子为己为人之道，生动地表达了君子自我揽责、自我担责的道德主体精神，它是实现自我完善、自我修养的必要方略。

## 2. 注错得当

君子与小人本无绝对界线，相互可以转换。在荀子看来，君子与小人在资质、本性、智慧、才能等方面本没有什么根本区别，两者都喜欢光荣而厌恶耻辱、爱好利益而憎恶祸害。荀子既指明了小人正确处理自己才质的责任，也揭示了君子具有遵循正常途径合理挖掘和开发自己各种潜能的责任；如若处置不当、偏离正道，不注意自我修身，即使是奉行仁义道德，就算是君子也不能保证自身的安全而可能发生危险："仁义德行，常安之术也，然而未必不危也"（《荀子·荣辱》），甚至不排除与小人同流合污。

### （六）重行

对儒家来说，一个承担为己责任的君子必当是重视实践行动的人，孔子就说："文，莫吾犹人也。躬行君子，则吾未之有得。"（《论语·颜渊》）王阳明推崇知行合一，而他的特异之处是把这视为君子之学的内容。"君子之学，何尝离去事为而废论说？但其从事于事为论说者，要皆知行合一之功，正所以致其本心之良知；而非若世之徒事口耳谈说以为知者，分知行为两事，而果有节目先后之可言也。"①君子不能像世俗之人一样只是停留在言谈上，不能离开做事工夫，不能把知与行二者分开，而要在行动中去实实在在地做当做之事，完成自己应尽的本分。

### （七）改过

君子不是完人，难免也会产生过失。君子犯过，既有主观原因也有客观原因，既有外界原因也有自身原因，而君子自己不能很好把握尺度而偏离中道不失为原因之一。一般人要思过、改过、责过，君子更强调改过责任。《周易》指出君子应当见到善言、善行改变自己，如果有何过错就必须

---

① 吴光等编：《王阳明全集·传习录上》（上册），上海古籍出版社 2011 年版，第 58 页。

马上改正:"君子以见善则迁,有过则改。"(《周易·益卦》)孔子继承了这一君子改过迁善的责任规定,指出:"过,则勿惮改。"(《论语·学而》)君子要承担学习、忠信等多项责任,而其中不诿过、不惮改,注重责己之过、改过从善是重要的内容之一。

董仲舒继承了儒家"以玉比德"的思想传统,阐释了"君子比德于玉"的观点,并把它与君子改过结合起来。周敦颐不仅指明君子"进德修业,孳孳不息"①的道德责任,而且凸显君子改过的责任。他说:"孰无过,焉知其不能改?改,则为君子矣。"②人都会犯过错,也能改正自己的过错;只要善于改过,就不妨碍成为一名君子。可见,改过既是成为君子的前提,也是君子不可推卸的现有责任。

张载揭明了独特的君子改过论。他说:"君子于天下,达善达不善,无物我之私。循理者共悦之,不循理者共改之。改之者,过虽在人如在己,不忘自讼;共悦者,善虽在己,盖取诸人而伪,必以与人焉。"③这段话的大体义理是:君子虽然对天下可以表达或不表达善意但没有自我的私心私意;如果他人与我都能遵循天理,那么就共同喜悦,反之,假如违背了天理,就一起改正;他人有过错就如同自己有过错一般,故而君子注意自己责备自己,假如自己拥有善心、善德和善行,就努力帮助别人改进,并且做到与人为善。不难想见,张载充分表达了一个君子不光有责任自我改过,还有义务协助他人改过迁善,以寻求共同致善。

## 二、他人责任伦理

对儒家来讲,君子不仅要关心自我的生存、成长、发展和完善,也有

---

① 周敦颐著,陈克明点校:《周敦颐集·通书·第十四》卷二,中华书局2009年版,第25页。

② 周敦颐著,陈克明点校:《周敦颐集·通书·第十四》卷二,中华书局2009年版,第26~27页。

③ 张载著,章锡琛点校:《张载集·中正》,中华书局1978年版,第29页。

责任从对象性视域去关爱人、宽容人、仁爱人和重道义、讲礼义、主诚信、贵中和，以体现合理对待他人的责任伦理。

## （一）爱人：忠恕君子

儒家的仁学把仁视为人的道德本源和本根，而仁的本质规定就是爱人，仁最为充分地体现了利他主义的责任伦理。作为具有较高才智、德性和能力的君子，自然更应肩负起关爱他人的道德义务。君子不仁、君子恶人与君子爱人是不是存在逻辑矛盾呢？二者并不冲突。首先，儒家也承认圣贤会犯过失，君子并非绝对完满的，同样也会由于种种主观和客观的原因而不爱人；其次，就如孔子所说的"唯仁者能好人，能恶人"（《论语·里仁》）一样，君子也是爱憎分明，普遍地说他爱所有的人，特殊地说他对那些坏人、恶人就不可能爱也不应当爱。再次，君子具有通权达变的智慧，也具有既爱人又恶人的双重责任，他并非人们想象中的好坏不分的好好先生，而注重明辨是非、分辨善恶，因而也有君子之恶，这就是憎恶到处宣扬别人的过错的人，憎恶处于下位而毁谤上位的人，憎恶看着勇敢却不懂礼节的人，憎恶刚愎自用的人。

### 1. 以孝悌为本

在有子看来，由于本立道生，因此君子必须专事于事情的根本，尤其要掌握孝悌这一行仁的根本，以为履行仁爱他人的道德义务奠定实践基础："君子务本，本立而道生。孝弟也者，其为仁之本与？"（《论语·学而》）

### 2. 成人之美

儒家对成人之学关于"君子成人之美，不成人之恶"（《论语·颜渊》）的责任伦理思想做了探究，论述了儒家的君子成人责任伦理观点。

### 3. 修己安人

孔子的君子之学固然把有德有位的君子的修己责任置于重要地位，但是它认为君子修己的根本目的不仅是为了获得别人的尊敬,更是为了使他人和百姓得到安乐,很好地诠释了君子他人主义的伦理情怀和担责意识,它既现实又高远,加之天下之大、世道之繁,即便尧舜之类的圣贤,其治国平天下的治理也未必完全能够做得到。

4. 敬以直内

周易主张君子要用恭敬之心端正自己内在的思想观念,要用道义规范自己外在的行为:"君子敬以直内,义以方外。"(《周易·坤卦》)然而,儒家讲君子敬己的责任,也讲君子敬事、敬人的责任。子夏推崇的为政之道和君子之道是君子做事之前必须取得别人的信任:"君子信而后劳其民;未信,则以为厉己也。信而后谏;未信则以为谤己也。"(《论语·子张》)有位有德的君子,对下要役使百姓,首先必须取得他们的信任,否则他们就会以为是虐待自己;对上要对君主进谏,首先应当获得他们的信任,否则他们就会认为是在诽谤自己。显而易见,不论是"信而后劳"还是"信而后谏",均显现了对他人人格、思想等的尊重、尊敬,这两者既是有效的政治智慧,也是合理的政治责任和道德义务。

(二) 容人:宽厚君子

"地势坤,君子以厚德载物"(《周易·坤卦》)的光辉命题,从天道与人道合一的思维出发,塑造了华夏子孙博大、宽容的君子般情怀。儒家不但倡导所有人都应有培育自己宽以待人品格的责任感,而且尤为重视君子宽以待人、善待他人的处世责任和忠恕之道。

1. 不知不愠

对人宽容既是君子的一种优秀人生态度和境界,也是君子对待他人的责任,因此《论语》首章孔子就提出了"人不知而不愠,不亦君子乎"(《论语·学而》)的道德情感。朱熹所说:"不知而不愠者逆而难,故惟成德者能之。"[1]君

---

[1] 朱熹:《四书章句集注·论语集注》,中华书局2011年版,第50页。

子担心自己无能而不担心别人不知道自己:"君子病无能焉,不病人之不己知也。"(《论语·卫灵公》)

### 2. 求诸自己

孔子说:"君子求诸己,小人求诸人。"(《论语·卫灵公》)这句话的字面意思是君子要求自己而小人总是要求别人,而其深层意旨则是君子遇到问题、出现差错注重从自身找原因,体现了自我负责、自我担责的人生态度;而那些小人一旦出现差错、碰到挫折总是想方设法归结为别人的过错,力图撇清自己、推卸责任,缺乏自我承担的勇气和魄力。

董仲舒依据由"爱在人,谓之仁;义在我,谓之义。仁主人,义主我也"① 等思想观念构成的仁义法,以及"故自称其恶谓之情,称人之恶谓之贼;求诸己,谓之厚,求诸人谓之薄;自责以备谓之明,责人以备谓之惑"②的己他责任观,强调君子要注重"求仁义之别,以纪人我之间,然后辨乎内外之分,而著于顺逆之处也"。③ 指出君子必须坚持以仁治人、以义治我,具有像孔子所说的那样"攻其恶,无攻人之恶"(《论语·颜渊》),培育"躬自厚而薄责于外"④的宽容精神。

### 3. 宽以待人

周易提出了"君子以容民畜众"(《周易·师卦》)的理念,孔子弟子子张继承了这一君子观,指出:"君子尊贤而容众,嘉善而矜不能。我之大贤与,于人何所不容;我之不贤与,人将拒我,如之何其拒人也?"(《论语·子

---

① 张世亮、钟肇鹏、周桂钿译注:《春秋繁露·仁义法》,中华书局2012年版,第320页。
② 张世亮、钟肇鹏、周桂钿译注:《春秋繁露·仁义法》,中华书局2012年版,第321页。
③ 张世亮、钟肇鹏、周桂钿译注:《春秋繁露·仁义法》,中华书局2012年版,第320~321页。
④ 张世亮、钟肇鹏、周桂钿译注:《春秋繁露·仁义法》,中华书局2012年版,第321页。

张》)子张认为假如我是一个贤人,那么对别人无疑要宽容;假如我不贤良,那他人就会拒绝我,而且我自己也没有资格拒绝别人;出于此,君子就应当尊敬贤人、容纳众人,同时要学会赞美好人、怜悯能力差的人。

荀子崇奉君子用墨线约束自己,完全可以成为天下人效法的楷模。君子用渡船似的胸怀接待别人,所以能够宽容人,并依靠众人而成就天下的大事,如此一来,君子能够海纳百川、兼容并蓄。不像小人那样自己无能就嫉妒人、有能就骄傲自满,君子自己贤能而能容纳无能的人,宽宏大量、平易正直且开导他人,如若自己无能,则恭敬、谦让且谨慎侍奉别人,意味着君子宽以待人、兼爱众人责任的倡导。

朱熹也同意可以宽容小人。他认识到君子无害于小人,可小人常常对君子产生很大的伤害:"君子之于小人,未能及其毫毛;而小人之于君子,其祸常大"①,强力主张要去掉小人。但是他也肯定君子应当宽恕小人,只是必须要看正当不正当,千万不可过当:"圣人亦有容小人处,又是一截事。且当看正当处。"②

4. 赦人之过

"君子以赦过宥罪。"(《周易·解卦》)君子并非十全十美,也会犯过错,但是就像子贡所说的,要对自己的过错从不加掩饰,公开、透明。作为一个君子,一是不要怠慢自己的亲族之人,不要让大臣埋怨不任用、信任他们;二是对自己的旧臣老友,如果他们没有很大的过失,就不要舍弃他们;三是对任何人都不要责备。从不施罪于人到不使大臣埋怨,从不轻易遗弃故旧到不求全责备于人,无不体现了周公关于君子应当宽以待人的政治胸怀和为政责任思想,而"故旧无大故则不弃"更是彰显了君子赦人之过和善待他人的气度和义务感。

---

① 黎靖德编,王星贤点校:《理学丛书》,《朱子语类》卷第一百二十九,中华书局1994年版,第3092页。
② 黎靖德编,王星贤点校:《理学丛书》,《朱子语类》卷第一百二十九,中华书局1994年版,第3092页。

## （三）尚仁：仁德君子

仁是儒家伦理的核心，作为仁智兼具的君子，儒家自然会突出他应当负起重仁、近仁、向仁和行仁的责任。曾子从如何交友的视域提出了"君子以文会友，以友辅仁"（《论语·颜渊》）的规范，而荀子则从语言伦理的角度强调"君子之行仁也无厌"（《荀子·非相》）的观念，孔孟则分别提出了君子的以仁制欲和事君志于仁的责任伦理。

1. 以仁制欲

孔子说："富与贵，是人之所欲也；不以其道得之，不处也。贫与贱，是人之所恶也；不以其道得之，不去也。君子去仁，恶乎成名？君子无终食之间违仁，造次必于是，颠沛必于是。"（《论语·里仁》）追求富贵与规避贫贱是所有人向往的，就算君子也莫不如此。但是，区别于凡人，君子之所以为君子，就在于他时刻保守仁德，始终按照仁道原则来决定富贵与贫贱的价值取舍，而且他能够在紧迫危机和颠沛流离之时无一不遵循仁德办事。如此的以仁制欲行为，既是君子面临各种人生际遇能够超然于世的优秀品质，也是他深沉的为人处世责任所在。

2. 事君志于仁

毋庸置疑，孟子君子之学最有原创性的贡献是他提出了影响甚具的"君子之于物也，爱之而弗仁；于民也，仁之而弗亲。亲亲而仁民，仁民而爱物。"（《孟子·尽心上》）君子的政治伦理责任，在于事奉君主之时有志于推行仁道，致力于引导他使其行事合于理、当于道。

## （四）重义：情义君子

1. 义以为上

"君子喻于义，小人喻于利"（《论语·里仁》），"君子义以为质，礼以行之，孙以出之，信以成之。"(《论语·卫灵公》)孔子把义作为君子勇敢是否合理、是否带来秩序的重要尺度和约束条件，由此强调君子必须把道义置于重要地位，真君子是一个可以信赖的、负责任的、可靠的人。当君子接受了别人的委托，就有责任兑现自己的诺言，不顾一切地做自己该做的事，即使是忍辱负重、舍身取义也在所不惜。

### 2. 皆适于义

孟子指出，齐国、宋国和薛国君王分别赠送馈金，之所以有时接受有时不接受，一切根据是否合义来决定，只要合义就都是对的："皆是也。皆适于义也。"(《孟子·公孙丑下》)然后他以反问的方式不无感慨地指出，哪有真正的君子会被人用金钱收买的道理："焉有君子而可以货取乎？"(《孟子·公孙丑下》)这表明，一名真君子应当挺立起以义为重、义以为质、义以为上、见得思义的道义责任，而决不能见钱眼开、见利忘义，不然就会降格为伪君子、假道学。

### 3. 重视道义

荀子虽然并不完全否定人对利的追求，但是他推崇的士君子是那种"志意修则骄富贵，道义重则轻王公，内省而外物轻矣"(《荀子·修身》)的人，它遵循的人生准则是重义轻利，不同别人争权夺利，讲究的是心安理得、道义至上："身劳而心安，为之；利少而义多，为之。"(《荀子·修身》)强烈的责任感驱使他不因贫穷困厄而松懈对道义的追求。

## （五）尚礼：谦谦君子

### 1. 无争揖让

君子讲礼必定谦让，使自己成为"谦谦君子，卑以自牧"(《周易·谦卦》)。虽然任何社会、任何时代都充满竞争，但是孔子认为君子即便参与竞争也必须讲究礼仪，应当守规矩："君子无所争……其争也君子。"(《论语·八佾》）按照儒家一贯的重礼、尊礼的思想主旨，《礼记》提纲挈领地指出："君子恭敬撙节退让以明礼。"①

### 2. 文质彬彬

"君子博学于文，约之以礼"（《论语·雍也》），孔子则依据中庸之道十分注重君子内在的特质与外在的文饰有机结合，认为"质胜文则野，文胜质则史"（《论语·雍也》）。《礼记》也要求君子讲究服饰、容貌、语言和品德，以实现内在德性与外在文饰的完美统一："君子服其服，则文以君子之容；有其容，则文以君子之辞；遂其辞，则实以君子之德。"②

### 3. 恭而有礼

大概受到孔子"恭而无礼则劳"（《论语·泰伯》）思想的影响，弟子子夏安慰司马牛说，一个君子只要待人处世做到"敬而无失，与人恭而有礼"就好。君子在处理君臣、父子、长幼人际关系上坚持行动上极力推行礼义的风范："日莫人倦，齐庄、正齐，而不敢解惰，以成礼节，以正君臣，以亲父子，以和长幼。此众人之所难，而君子行之，故谓之有行。"③

## （六）重信：士君子耻不信

### 1. 讷言敏行

孔子特别强调君子的诚信责任伦理。他认为一个君子应当少说多做："君子欲讷于言而敏于行。"（《论语·里仁》）这意味着君子应当做一个讲信

---

① 郑玄注，孔颖达疏：《礼记正义》，龚抗云整理，王文锦审定，李学勤主编：《十三经注疏（标点本）》，北京大学出版社1999年版，第15页。
② 郑玄注，孔颖达疏：《礼记正义》，龚抗云整理，王文锦审定，李学勤主编：《十三经注疏（标点本）》，北京大学出版社1999年版，第1477页。
③ 郑玄注，孔颖达疏：《礼记正义》，龚抗云整理，王文锦审定，李学勤主编：《十三经注疏（标点本）》，北京大学出版社1999年版，第1668页。

誉的人。孔子倡导的为政之道力主"正名",主张德位一体的君子一旦名位确定后,一定要说得出口,而说得出口就一定要做得出事,做到口实一致、言行合一。

2. 口惠实至

《礼记·表记》借孔子之言既讲述了儒家的仁义之道,又着重论述了君子的诚信责任,提出了"君子隐而显,不矜而庄,不厉而威,不言而信"①。君子与其承担承诺的责任,还不如承受自己拒绝承诺造成的埋怨。用言辞送人情,用空话称赞他人,答应给人好处又不兑现,如此华而不实、虚伪欺诈、面而无信的举止为不负责任的小人做法,即使是正常的人也不认可,不屑去做,更何况是处于上层的诚信君子,绝对为其所不齿、所不为。

3. 能为可信:诚信君子

在《荀子·非十二子》中,荀子彰明了君子崇高的己他观,揭示了"能为可贵""能为可信""能为可用"等责任伦理。荀子从己他关系角度分别指明了人三种能够做和不能够做的情形,展示了人际关系中社会主体的自主性和制约性。在他看来,与"贵己"和"用己"一样,别人是否"信己",并不由自己做主,也不能强人所难,此乃对他人权利的尊重。如此一来,荀子所说的"能为可信"也就内含着"应为可信"的责任。

(七)贵和:中和君子

1. 和而不同

孔子指出:"君子和而不同,小人同而不和。"(《论语·子路》)儒家主

---

① 郑玄注,孔颖达疏:《礼记正义》,龚抗云整理,王文锦审定,李学勤主编:《十三经注疏(标点本)》,北京大学出版社1999年版,第1468页。

张《礼记·礼运》篇中说的"大同"而反对小人的"小同"和墨家的"尚同"。所谓"和而不同",意思是说,君子注重从事物差异和矛盾中去把握统一和平衡,而小人则追求绝对的无原则同一、专一、单一,这就从道德人格角度说明孔子推崇的是那种包容、调和、和解等君子型人格。君子遵循的为人处世之道,是既承认差异又和合不同的事物,通过互济互补,达到人际之间的统一、和谐,这与人生境界不高的小人偏重于"同而不和"和取消不同事物的差异的专一处世态度形成鲜明对照。

## 2. 和而不流

儒家有时"中"与"和"独立使用,有时则二者连用,构成了"中和之道"。而儒家贵和尚中,它所倡导的中和,既指自然中和、政治中和,也指心性中和、人伦中和。①《中庸》强调致中和:"喜怒哀乐之未发谓之中,发而皆中节谓之和。"《中庸》从三个层面表达了君子与人相处的责任伦理思想:其一是和而不流。在比较完南方人的坚强和北方人的坚强之后,孔子指出君子所欣赏的坚强品格是"和而不流"——与人和睦相处但绝不同流合污。其二是忠恕而行。孔子指出:"故君子以人治人,改而止。忠恕违道不远,施诸己而不愿,亦勿施于人。"君子虽然会尽到为人的责任,按照做人的道理去处理他人的过错,直到他改正为止,但也会履行人道的责任,依照体现中庸原则的忠恕之道,施加在自己身上的事情都不愿意做,绝不会强加给他人。其三是不怨天尤人。君子注重责己,重视端正自己,但薄责于人,从不苛求于人,并且对别人毫无怨言,做到上不抱怨天、下不抱怨人。

## 3. 反对好斗

《礼记》主张君子不争:"君子尊让则不争,絜、敬则不慢。不慢不争,则远于斗、辨矣。"②从原因来说,是参与斗殴的人自以为别人是错的、自

---

① 涂可国:《儒学与人的发展》,齐鲁书社2011年版,第308~340页。
② 郑玄注,孔颖达疏:《礼记正义》,龚抗云整理,王文锦审定,朱学勤主编:《十三经注疏(标点本)》,北京大学出版社1999年版,第1627~1628页。

己是对的,自己是君子别人是小人,从而导致以君子的身份与小人之间彼此互相残害:"己诚是也,人诚非也,则是己君子而人小人也,以君子与小人相贼害也。"(《荀子·荣辱》)这从反面说明,荀子力主君子有责任维护自己、亲人和君主的利益,防止互相伤害,保持人际和谐的气氛。

## 三、社会责任伦理

儒家君子的社会责任伦理,主要体现在以下方面。

### (一)为民的责任

《周易》提出了许多经典性的君子为民责任伦理思想,强调君子应当涵养自我德行、接济广大民众:"君子以振民育德"(《周易·蛊卦》),还指出君子对人民要无穷地教化、思念他们,持久地容纳、保护他们:"君子以教思无穷,容保民无疆。"(《周易·临卦》)并且要求君子依据常德行动、致力于教化民众之事:"君子以常德行,习教事。"(《周易·坎卦》)

孟子的仁民说提出了"善政不如善教之得民"的治道理念,阐发了君主和君子保民的政治责任,指出只要为民众谋福利、谋生存,那么虽劳不怨、死而无憾:"以佚道使民,虽劳不怨。以生道杀民,虽死不怨杀者。"(《孟子·尽心上》)不唯如此,孟子还揭明了君子的五种教民之道,这就是:"君子之所以教者五:有如时雨化之者,有成德者,有达财者,有答问者,有私淑艾者。"(《孟子·尽心上》)

王阳明主张人世间的君子应把不虑而知、不学而能和"无间于圣愚,天下古今之所同"的"良知"推及到治国、治民和治天下的实践之中,做到"视人犹己,视国犹家,而以天地万物为一体"[①],"视民之饥溺犹己之饥

---

① 吴光等编:《王阳明全集·传习录上》(上册),上海古籍出版社 2011 年版,第 90 页。

溺"①，关心"生民之困苦荼毒"。为此，他从儒家责任伦理维度强调君子要把致良知作为自己的重要义务："世之君子惟务致其良知。"②

(二)治国的责任

程颢和程颐说："当为国之时，既尽其防虑之道矣，而犹不免，则命也。苟惟致其命，安其然，则危塞险难无足动其心者，行吾义而已，斯可谓之君子。"③真正的君子治理国家时，如果竭尽一切心力还不能使之避免衰亡，那就只能听天由命，但是假如出于履行自己的责任需要——"行吾义"④，那么就应该像一个勇士一样"见危致命"(《论语·子张》)，即便牺牲生命也在所不惜、处之泰然。

(三)平天下的责任

《大学》建构了修身、齐家、治国、平天下的君子责任体系，孟子凸显了君子修身、平天下的责任担当，他指出："言近而指远者，善言也；守约而施博者，善道也。君子之言也，不下带而道存焉；君子之守，修其身而天下平。人病舍其田而芸人之田——所求于人者重，而所以自任者轻。"(《孟子·尽心下》)君子之言为善言，它虽然浅近内涵却包含着大道；君子所守之道为善道，它体现了修身以使天下太平的宏伟理想。一些人的毛病在于放着自己的田地不好好耕种而去锄别人的耕地，要求他人负重而自己承担轻的。一个名副其实的君子应当勇敢地扛起修身平天下的重担，做一个"以平天下为己任"的君子。

"天下兴亡，匹夫有责。"既有德又有位的君子，是社会的道德精英和

---

① 吴光等编：《王阳明全集·传习录上》(上册)，上海古籍出版社2011年版，第90页。
② 吴光等编：《王阳明全集·传习录上》(上册)，上海古籍出版社2011年版，第90页。
③ 王孝鱼点校：《二程集·河南程氏粹言》卷第二，中华书局2004年版，第1245页。
④ 此处的"行吾义而已"的"义"可理解为义务、责任。

政治精英，更应该承担起平定天下的重任。对此，力主精英治国的荀子用其君子观做了很好的诠释。他说："天地者，生之始也；礼义者，治之始也；君子者，礼义之始也。为之、贯之、积重之、致好之者，君子之始也。故天地生君子，君子理天地。君子者，天地之参也，万物之摁也，民之父母也。无君子则天地不理，礼义无统，上无君师，下无父子，夫是之谓至乱。"(《荀子·王制》)这里，荀子通过天地、礼义和君子三者之间的关系梳理展示了君子治理天地的责任：天地是生命的本源，礼义是天下治理的本源，而君子是礼义的本源；既然天地创造了君子，那么为了使礼义有头绪、天下有秩序，君子责无旁贷，而其中制作、贯通、积累、爱好礼义又是君子最原始的本分。不可否认，荀子的"无君子则天地不理"观念存在过分夸大君子治理天下作用的嫌疑，带有较为浓厚的精英主义倾向，不过，它终归彰显了君子平定天下责任的指向。

二程把天下观与君子观相融通，突出了君子关怀天下兴亡的责任感。程颢和程颐说："君子有为于天下，惟义而已，不可则止，无苟为亦无必为。"①君子治理天下，没有什么不为和必为，一切遵循道义，如果不合乎道义就不去做。如果说有为于天下是君子应当履行的责任伦理的话，那么惟义所在就是君子的德性伦理，君子的责任必须建立在德性基础之上。

---

① 王孝鱼点校：《二程集·河南程氏粹言》卷第二，中华书局2004年版，第1243页。

# 人己之辨与话语建构

吴中胜(赣南师范大学教授)

先秦诸子的"人己之辨",对后世士子的人生取向、后世文学的价值取向有深远影响。人处天地之间,为诗作文不仅仅是为了一己之私、一己之腹,而是有更高远的目标在。中国文论特别重视作家作品内在品德的修行和操守,品德的修行尤其重视"内修"而不是"外炫",目的在于内在品德的完美而不是做给别人看。人己话语的建构极大地提升了中国文论的人格境界和精神品格,对于今天文坛的道德建设也有重要的现实意义。

"人己之辨"出自《论语·宪问篇》:"古之学者为己,今之学者为人。"什么叫"为己""为人"呢?何晏《集解》:"孔曰:'为己,履而行之;为人,徒能言之。'"杨伯峻译注曰:"古代学者的目的在修养自己的学问道德,现代学者的目的却在装饰自己,给别人看。"[1]人之出处,是每个人必然要思考的人生大问题,人生价值观念不同,对这个问题自然有不同的看法,所以"人己之辨"自然成为诸子论争的一大辩题。先秦诸子的"人己之辨"对后世士子们的人生取向影响很大,对后世文学的价值取向更是有深远影响。人处天地之间,为什么爱文学呢?中国古代文论认为,作为一个有品格、有境界、有担当的士人,为诗作文不仅仅是为了一己之私、一己之腹,而是有更高远的目标在,或为个人道德境界之提升,或为个己心灵之安顿,或为天地之理而探索,或为人间正义而呐喊,或为万世太平而奋斗,或为优秀文化之传承而坚守。"人己之辨"极大地提升了古代文论的人格境界和

---

[1] 杨伯峻:《论语译注》,中华书局1980年版,第154页。

精神品格。

# 一、修己与为人

儒家特别重视人的道德境界和人格精神的提升,"人己之辨"也首先是由儒家提出来的。孔子认为,道德修养关键在于自己实践,而不是别人的评价。他说:"克己复礼为仁。一日克己复礼,天下归仁焉。为仁由己,而由人乎哉?"(《论语·颜渊篇》)"行己有耻,使于四方,不辱君命,可谓士矣。"(《论语·子路篇》)"行己有耻"即对自己的行为保持羞耻之心。从这个意义来说,"修己"关键是"修德",而"修德"的关键是"修心"。这跟中国人对"德"的理解是一致的。文字学家晁福林指出:"周代彝器中的'德'字大异于甲骨文之处,是它所有的字都带有'心'的偏旁。结合'心之官则思'的古训,我们可以肯定'德'字从'心',也就意味着'德'观念带有了更多的理性思考的色彩。"①无论是生成庄敬之心,还是"安人"抑或"安百姓",前提都是要"修己",即提升自己的人格修养。

道家主张一切自然而然,对于儒家所谓的"仁义道德"持彻底否定的态度,因而更不谈主观人为的"修己"之功了。老子认为:"大道废,有仁义。"(第十八章)主张"绝仁弃义"(第十九章)。道家反对人为做作、有任何外在功利目的的"自炫""自见""自是""自伐""自矜":"俗人昭昭,我独昏昏。"(第二十章)陈鼓应译为"众人都光耀自炫,唯独我昏昏昧昧的样子"②。"不自见,故明;不自是,故彰;不自伐,故有功;不自矜,故长。"(第二十二章)"自见者不明;自是者不彰;自伐者无功;自矜者不长。"(第二十四章)在儒家看来,"为己"和"为人"是问题的两极;但在道家看来,两者同样都是人为做作,故而都要反对。在精神实质上,道家更彻底地回答了"人己之辨"的问题,当然,实际上也泯灭了两者在实践层面

---

① 晁福林:《先秦时期"德"观念的起源及其发展》,《中国社会科学》2005 年第 4 期。

② 陈鼓应:《老子注译及评介》,中华书局 1984 年版,第 46 页。

的区别。

墨子主张功利实用,他判断事物的是非利害的依据是所谓"三表":一是"本之于古者圣王之事";二是"原察百姓耳目之实";三是"发以为刑政,观其中国家百姓人民之利"。胡适认为:"墨子的根本观念,在于人生行为上的应用。"①既然要重实利,所以在"人己之辨"上也不弄虚作假,认为修身是根本,名誉要与之相匹配:"本不固者未必几,雄而不修者其后必惰,原浊者流不清,行不信者名必耗。名不徒生,而誉不自长,功成名遂,名誉不可虚假,反之身者也。"(《墨子·修身》)

在朱熹看来,"为己为人之际"是人生的要紧路头,先要理会这个要紧路头,然后方可理会文字。作为学者必须重视自己的道德修养,当下许多学者好"报与人知",即外炫,这是不正之风。重视"为己"之学,朱熹多次强调这一点:"学者只是不为己,故日间此心安顿在义理上时少,安顿在闲事上时多,于义理却生,于闲事却熟。"②又:"因此大抵为己之学,于他人无一毫干预。圣贤千言万语,只是使人反其固有而复其性耳。"③又:"学问是自家合做底。不知学问,则是欠阙了自家底;知学问,则方无所欠阙。今人把学问事做外面添底事看了。"④宋明理学家大多重视"为己"之学,他们的思想言论成为中国士人品格挺立的标识。比如王阳明责人好名之病就说:"譬如方丈地内,种此一大树,雨露之滋,土脉之力,只滋养得这个大根;四傍纵要种些嘉穀,上面被此树叶遮覆,下面被此树根盘结,如何生长得成?须用伐去此树,纤根勿留,方可种植嘉种。不然,任汝耕耘培壅,只是滋养得此根。"⑤子学领域的"人己之辨"对文学的影响也很大,中国古代文论就特别重视作家内在品德的修行和操守。

---

① 胡适:《中国哲学史大纲》,东方出版社2012年版,第141页。
② 黎靖德:《朱子语类》,中华书局1986年版,第139页。
③ 黎靖德:《朱子语类》,中华书局1986年版,第133页。
④ 黎靖德:《朱子语类》,中华书局1986年版,第132页。
⑤ (明)王守仁撰,吴光等编校:《王阳明全集》上册,上海古籍出版社1992年版,第11页。

## 二、内修与外炫

中国人历来特别重视个人品德的修养,《周易》就明确谈到"进德""修德""厚德""育德""蓄德""明德"等词语:"进德修业"(《周易·乾卦》)、"厚德载物"(《周易·坤卦》)、"果行育德"(《周易·蒙卦》)、"以懿文德"(《周易·小蓄卦》)、"振民育德"(《周易·蛊卦》)、"多识前言往行,以蓄其德"(《周易·大蓄卦》)、"自昭明德"(《周易·晋卦》)、"反身修德"(《周易·蹇卦》),更有所谓"德之基""德之柄""德之本""德之固""德之修""德之裕""德之辨""德之地""德之制"之说。(《周易·系辞下》)对于德能修行的重视逐渐形成一种文化传统,中国古代形成一种重内在品德修行,鄙视外在炫耀的文化传统。《礼记·大学》里说:"大学之道在明明德""欲齐其家者先修其身""君子先慎乎德""修身在正其心"。这种文化传统在文学创作和文论中代代相传,形成中国古代文学的基本精神特质。

在创作层面,重视修身的作家很多,屈原和陶渊明具有某种典型的意义。屈原十分注重修炼自己的"内美"和"修能":"纷吾既有此内美兮,又重之以修能。""民生各有所乐兮,余独好修以为常。"(《离骚》)正是这种"内美""修能"兼备的人格形象,成为后世文学的永恒榜样。陶渊明也是后世文人反复提及的精神偶像。陶渊明作诗著文完全是为娱乐身心:"常著文章自娱,颇示己志。忘怀得失,以此自终。"(《五柳先生传》)萧统说:"夫自衒自媒者,士女之丑行;不忮不求者,明达之用心。"(《陶渊明集序》)陶渊明"不忮不求",他不是一个"自衒自媒"之人,他为诗为文,无非只是为了内心的完满和身心的愉悦。

在文论层面,对品格修行的强调更是中国古代文论的精神主脉。如曹丕:"观古今文人,类不护细行,鲜能以名节自立。"(《与吴质书》)又:"夫人善于自现……是以各以所长,相轻所短。"(《典论·论文》)对文人不重名节的指责恰恰是对人品修行重视的表现。《颜氏家训》是我国较早的家规家训,对族人的日常行为作了种种规范和训导,对于人品的修行是其中的重要内容,如《颜氏家训·勉学》:"夫所以读书学问,本欲开心明目,利于行耳。"①《颜氏家训·勉学》:"夫学者所以求益耳。见人读数十卷书,便自高大,凌忽长者,轻慢同列;人疾之如雠敌,恶之如鸱枭。如此以学自损,不如无学也。"②"君子当守道崇德,蓄价待时,爵禄不登,信由天命。须求趋竞,不顾羞惭,比较材能,斟量功伐,厉色扬声,东怨西怒;或有劫持宰相瑕疵,而获酬谢,或有喧聒时人视听,求见发遣;以此得官,谓为才力,何异盗食致饱,窃衣取温哉!"③对于"人己之学",《颜氏家训》有更明确的表述。颜之推提出,古今学者所谓的"为己""为人"内涵指向有所不同,但无论古今,有一点是共同的,那就是"讲论文章"最终的目的是为了"修身利行"。

南朝梁元帝萧绎论学更是大谈"人己之学":"古之学者为己,今之学者为人。学而优则仕,仕而优则学,古人之风也。修天爵以取人爵,获人爵而弃天爵,末俗之风也。古人之风,夫子所以昌言;末俗之风,孟子所以扼腕。"④萧绎从古今角度论述"人己之学",认为古之学者"为己",今之学者"为人",并重点剖析了今之学者的"末俗之风":有的虽然"博穷子史"却"不能通其理";有的只知"守其章句",却"迟于通变,质于心用";有的不能"定礼乐之是非,辩经教之宗旨";有的学人"以浮动为贵,用百家则多尚轻侧,涉经记则不通大旨";有的"苟取成章,贵在悦目";有的把言辞当作"伎术""戏笑";有的虽然"口谈忠孝""形服儒衣",内心却"不则于德义"。这些都是今之学人的"为人"之学,综其意思,萧绎主张学者应该重品德心性修养,同时要做到内外统一、言行一致,对于经典不能死守章句,要通其义理,注重实践应用。

古代文论特别重视作家的品德修养,品德修养有瑕疵的作家,艺术水

---

① 王利器:《颜氏家训集解》,中华书局1993年版,第41页。
② 王利器:《颜氏家训集解》,中华书局1993年版,第171页。
③ 王利器:《颜氏家训集解》,中华书局1993年版,第171页。
④ 萧绎撰,许逸民校笺:《金楼子校笺》下册,中华书局2011年版,第965~967页。

平再高也要受到批评指摘。沈佺期、宋之问是初唐诗歌大家,为中国近体诗的定型作出了重要贡献。但因为他们"谄事易之、三思","士林且羞于为伍,必不齿于诗文人之列矣"。

清初贺贻孙甚至认为"忠孝之诗,不必问工拙也"。① 也就是说,作家的道德品德最为重要,诗艺之工拙不是关键。吴乔则从雅俗角度来评论诗坛的两种风气:

> 诗文有雅学,有俗学。雅学大费工力,真实而暗然,见者难识,不便于人事之用。俗学不费工力,虚伪而的然,能悦众目,便于人事之用。世之知诗者难得,故雅学之门,可以罗雀,后鲜继者;俗学之门,箫鼓如雷,衣钵不绝。如震川、元美,时同地近,震川却扫荒村,后之学其文者无几;元美奔走天下,至今寿莫之作,犹溉余膏。苟为身计,刺绣文不如倚门市,无奈醒人不能酗酒,有目者不能瞑而执杖取道耳。人欲应酬,俗学甚善;若欲见古先作者之意,非视俗学如粪秽之不可响迩,不能见也。②

吴乔所说的"雅学"即古之所谓"为己之学","俗学"即古之所谓"为人之学"。"雅学"用功真实,却不受用;"俗学"虚浮,却受人欢迎。人要应酬,非"俗学"不可,但要想作品流传久远,则非"雅学"不能。

## 三、履行与徒言

如前所说,中国人对于"德"的理解,要基于内心,又要通过外在行为表现出来。也就是说,做人要言行一致,不能高谈阔论,纸上谈兵,实践起来却一无是处。《周易》:"言行,君子之枢机。"对于言行一致的重视,

---

① 郭绍虞编:《清诗话续编》,上海古籍出版社1983年版,第196页。
② 郭绍虞编:《清诗话续编》,上海古籍出版社1983年版,第474页。

也是中国文化传统的重要内容。

　　针对当时虚妄空作的文风,东汉王充《论衡》特别重视文章的社会功用,提倡文有"世用",反对"空作":"贤圣之兴文也,起事不空为,因因不空作。作有益于化,化有补于正。"(《对作篇》)要求文章为政治教化服务,树立社会正气。这体现了儒家的功用文学观。王充认为,有为之文多多益善。"为世用者,百篇无害;不为用者,一章无补。"(《自纪篇》)因为有用之文越多,社会效益越大。

　　颜之推说:"士君子之处世,贵能有益于物耳,不徒高谈虚论,左琴右书,以费人君禄位也。"①在他看来,古今文人多空谈而不涉世务之人:

> 吾见世中文学之士,品藻古今,若指诸掌,及有试用,多无所堪。居承平之世,不知有丧乱之祸;处庙堂之下,不知有战陈之急;保俸禄之资,不知有耕稼之苦;肆吏民之上,不知有劳役之勤,故难可以应世经务也。②

　　南朝梁元帝萧绎也说:"君子之用心也,恒须以济物为本,加之以立功,重之以修德,岂不美乎?"③齐梁时期的著名文学理论家刘勰更是强调文人既要能文也要能政:"安有丈夫学文,而不达于政事哉?""摛文必在纬军国,负重必在任栋梁;穷则独善以垂文,达则奉时以骋绩。若此文人,应梓材之士矣。"(《文心雕龙·程器篇》)

　　对于只会空谈而不涉世务的文人,古代文论历来持嘲讽甚至否定的态度。就是大诗人杜甫,古代也有"言大而夸"的质疑。清代石韫玉说:

> 愚于杜诗尚有一二小小不满意处,亦因其言大而夸,杜老生平每喜自命为皋、夔、契,后世或信或否姑勿深论,即如以诸葛武侯为伯

---

① 王利器:《颜氏家训集解》,中华书局1993年版,第315页。
② 王利器:《颜氏家训集解》,中华书局1993年版,第317页。
③ 萧绎撰,许逸民校笺:《金楼子校笺》下册,中华书局2011年版,第920页。

仲之间见伊吕，此语武侯未必受也。武侯一生以管仲、乐毅自比，未尝自命为王佐也。其隆中对曰："伯业可成。"未尝以王业许先主也。其以曹操为不可与争锋，其以孙权为可与为援而不可图三分之局，早已有成竹在胸，非如韩杜二人大言欺世者可比。有子曰："信近于义可复也。"武侯有焉，人必知武侯之自知分量，然后可以无言不践。若韩公若杜公，自命太高难乎免于后人之非笑也。①

的确，杜甫在《自京赴奉先县咏五百字》等诗中多次将自己比作古代圣贤。石韫玉认为，这是不知天高地厚，难免引后人耻笑。表面上说是"小小不满意处"，其实说的是为人处世的大问题。这种高调论早在宋代就有，欧阳修、宋祁撰《新唐书·杜甫传》就说杜甫："数上赋颂，因高自称道"，"性褊躁傲诞"，"旷放不自检，好论天下大事，高而不切"。② 苏轼也不太欣赏杜甫的出言高调："杜陵布衣老且愚，信口自比契与稷。"③大概也是受了欧阳修等人的影响。杜甫放言高调，大致是文人习惯，许多言论并无其人生实践的佐证，后人也不必尽信之，但这确实是其真情实意的流露，也是不能否认的。王嗣奭《杜臆》说："人多疑自许稷契之语，不知稷契元无他奇，只是己溺己饥之念而已。"这一点钱锺书论之深切："少陵'许身稷契''至君尧舜'：诗人例作大言，辟之固迂，而信之亦近愚矣。若其麻鞋赴阙，橡饭思君，则挚厚流露，非同矫饰。然有忠爱之忱者，未必具经济之才，此不可不辨也。"④不过后代的诗人，以忧君爱国为儿戏，完全没有真心诚意，这倒是应该批评的。袁宏道《显灵宫集诸公，以城市山林为韵》："自从老杜得诗名，忧君爱国成儿戏。"⑤指的就是这样一种现象。总

---

① 石韫玉：《独学庐馀稿》，《续修四库全书》影印本。
② 欧阳修、宋祁：《新唐书》卷二百一，中华书局1975年版，第1301页。
③ 苏轼撰，孔凡礼点校：《苏轼诗集》卷二十四，中华书局1982年版，第1278页。
④ 钱锺书：《谈艺录》，三联书店2001年版，第334页。
⑤ 钱伯城笺校：《袁宏道集笺校》卷十六。

的看来，杜甫人格高尚，后人要在这方面挑毛病，也只能从一些言论上挑些"小疵"，但终无大碍。

作为一代文坛巨匠和政坛名臣，欧阳修注重士人的品德修行，他批评当世学人流行的"欲假誉以为重，借力而后进"（《答吴充秀才书》）的风气。① 欧阳修还特别注重文人学士"身""事""言"三者的统一：

> 其所以为圣贤者，修之于身，施之于事，见之于言，是三者所以能不朽而存也。修于身者，无所不获；施之事者，有得有不得焉；其见于言者，则又有能有不能也。施于事矣，不见于言可矣。自《诗》《书》《史记》所传，其人岂必皆能言之士哉？修于身矣，而不施于事，不见于言，亦可也。孔子弟子有能政事者矣，有能言语者矣；若颜回者，在陋巷，曲肱饥卧而已，其群居则默然终日如愚人，然自当时群弟子皆推尊之，以为不敢望而及，而后世更百千岁，亦未有能及之者。其不朽而存者，固不待施于事，况于言乎！②

在欧阳修看来，修身最为要紧，施事其次，言论最次。文人学士言辞，有的可以做到，有的则不能，所以不能空谈。

理学家朱熹重视品德修行，自不待言。同时也重视践行：

> 学者读书，须要将圣贤言语体之于身。③
> 大抵学问只有两途，致知、力行而已。④
> 然尝闻之，为学之实固在践履，苟徒知不行，试与不学无异。⑤

---

① 陶秋英编：《宋金元文论选》，人民文学出版社 1984 年版，第 78 页。
② 陶秋英编：《宋金元文论选》，人民文学出版社 1984 年版，第 80 页。
③ 黎靖德：《朱子语类》，中华书局 1986 年版，第 176 页。
④ 朱熹：《晦庵先生朱文公文集》，上海古籍出版社 2010 年版，第 2237 页。
⑤ 朱熹：《晦庵先生朱文公文集》，上海古籍出版社 2010 年版，第 2811 页。

在朱熹这里，为学功夫知、行，学之后就要践行。

徐复观指出："道德实现的形式可以变迁，但道德的基本精神必为人性所固有，必为个人与群体所需要。西方有句名言是'道德不毛之地，即是文学不毛之地'，这是值得今日随俗浮沉的聪明人士，加以深思熟考的。"[①]先秦诸子的"人己之辨"对后世文论精神高地的构筑有重要意义，在市场经济的今天，对于清新今天的文坛风气也有重要的现实意义。

---

① 徐复观：《儒道两家思想在文学中的人格修养养问题》，《中国文学精神》，上海世纪出版集团2006年版，第3页。

# 君子与绅士和而不同

毛 艳(南昌航空大学讲师)

绅士与君子这两个词语是西方和中国特定社会历史文化的产物,虽然这两个词汇有相似性,甚至可以通用,但是它们之间差别很大,通过中西文化背景差异明显表现出来,需要加以仔细比较。英国著名汉学家葛瑞汉认为孔子"发现了人的特质,只在君子那里才充分展现出来,'君子'一词的意思颇近于英文'gentleman'(绅士)一词指涉的社会和道德等级,与'小人'相对立"。[①] 在此对绅士与君子的一些区别,加以说明。

## 一、身份区别:绅士多是贵族,君子来自各阶层

绅士的来源——骑士,本身就是一些中、小封建主,骑士身份的获得,是一名武士进入上层社会的标志,但这一般是世袭的。作为一种贵族封号,它必须经过长期的服役,并通过一定的仪式才能获得。如果出生于贵族家庭的子弟想成为骑士,他必须在7、8岁后即按照自己出生的等级,依次到高一级的封建主及其夫人身边当侍童,14岁后为随从,即见习骑士,接受专门的骑士训练,21岁时通过严格的考试和隆重的仪式,宣誓及其他宗教礼仪后,才正式取得骑士封号。从这样一种制度产生的文化,显然是一种封闭的贵族文化,其文化精神也是一种贵族文化精神。

---

① [英]葛瑞汉:《论道者——中国古代哲学论辩》,中国社会科学出版社2003年版,第25页。

英国哲学家、政治家、教育家洛克把那种既有贵族气派，又有资产阶级创业精神和才干，还有强健的体魄的人称之为"绅士"。绅士原本并不是从个人形象和风度上定义的，相反，绅士是一个阶层，是这个阶层的形象赋予了绅士在个人形象和风度上的定义。Gentleman这个词在英语里，过去专指那些乡绅，他们是贵族的亲戚、邻居、盟友或者旁系后代，很多都有贵族血统但没有爵位，这种地位实际上是英国严格的长子继承法所决定的。绅士们虽然在法律上是平民，但他们的家庭、血统、文化素养和生活习惯都是贵族式的，而且他们背后还有一个强大的绅士阶层和他们的贵族亲戚撑腰，所以其实并不需要向别人证明自己的高贵。他们在地位问题上问心无愧，所以自然就显得温和又宽容。

中国的君子可以是贵族，也可以是平民。在孔子之前，君子是君主的"专利"，是贵族、王公大人的代名词，往往和权势、地位联系在一起，一般老百姓无资格、无条件成为君子。中国主流的君子观，是孔子的君子界定，纯粹是道德高尚的体现，与个人身份无关，与孔子之前的君子认识发生了根本转折。虽然中国的精英士大夫、达官贵人、文人雅士、行伍将军、英雄豪杰多为君子，但是一般老百姓具有高尚道德者，也被划入君子行列。例如，中国历史上的二十四孝中的人物董永，具有美德，孜孜以求，矢志不渝，堪称君子，虽然他是平头百姓。无数保家卫国、为国捐躯的烈士，默默无闻，也是应该为其树立牌坊或墓碑的谦谦君子。孟子说"人人皆可以为尧舜"，明代王艮和李贽都眼睛向下，关注民生，关注百姓的平凡生活，体现了君子忧国忧民的君子情怀，王阳明认为"满街都是圣人"，这些都表明一般老百姓都能够经过修养、行动，成为社会需要的君子。

## 二、来源区别：绅士来自武士，君子多是文人

"绅士"源于17世纪中叶的西欧，由充满侠气与英雄气概的"骑士"发展而来。绅士来自骑士、武士。英国的绅士是骑士演变而来。骑士八大美德：谦卑(Humility)、荣誉(Honor)、牺牲(Sacrifice)、英勇(Valor)、怜悯

(Compassion)、诚实(Honest)、公正(Justice)、灵魂(Spirituality)。

英国绅士文化的发展经历了两个阶段：传统贵族文化和维多利亚女王时期的绅士文化。在维多利亚女王时期绅士文化发展成熟。它秉承原有贵族精神中的自由思想，遵行公平合理的竞争原则，有着勇敢的骑士气概，带有中产阶级的务实精神，追求"高雅"的艺术和得体的举止。当时英国人在社会各个领域的行为都带有绅士文化的烙印，构成了绅士精神(又称绅士风度)。①

绅士本身很看重自己的身份，他们希望所有人都能尊重自己，如果遇见不尊重自己的，会毫不犹豫地反击回去。有一个英国绅士去澳大利亚的时候，海关人员问英国人的职业，那人说："我是一个绅士。"在他看来，绅士就是一个职业，最后，那个海关人员差点和这个绅士动起手来，还好最后被其他人拉开了。早期的骑士是起源于日耳曼习俗的重骑兵，是中世纪欧洲战场上的主力军；11世纪以后在教会的影响下，骑士逐渐演变为"基督的战士"，并成为一种身份标志；13世纪左右在教会和社会环境的约束下，形成一种绅士风度和骑士精神。

君子多是文人，是文化传播者、礼仪执行者。春秋战国的君子往往穿儒服，为人们进行祭祀、丧葬等礼仪活动服务，是古代礼仪的传承者。君子文弱，绅士勇敢。君子自古以来是文人(知识分子)、士大夫阶层，讲究礼节，唯唯诺诺，先礼后兵。在《君子的尊严》这篇文章中，王小波认为君子其实不太好，因为中国的一些古话说"君子动口不动手"，还有君子要独善其身等等。在王小波眼里，君子就代表着"文弱"和"窝囊"，比如，说话不能说得太直接，因为要讲礼貌，而且不能伤害到别人。如果排队的时候遇见插队的，真正有用的办法就是对着那个人说，让他去排队，而君子顾虑到吵架的问题应该不会这样做。所以，如果遇上无赖的人，君子就只能忍着，或者心里想着"不跟他一般见识"，一边让无赖占了便宜。②

---

① [英]伯曼：《像新绅士一样生活——献给中国的商旅精英》，当代中国出版社2011年版，第1页。
② 王小波：《君子的尊严》，《小品文选刊》2019年第11期。

## 三、群体意识与个性独立

  君子文化强调仁爱，为他人考虑，树立国家、天下观念。君子的社会责任和远大抱负，需要胸怀天下，关注社会，顾全大局，舍弃小我，克己复礼，牺牲自我，"先天下之忧而忧，后天下之乐而乐"（范仲淹《岳阳楼记》），入世有为、自强不息、厚德载物、文质彬彬。这一观念历久弥新，流淌在每个中国人的血脉里，是人们交流的桥梁和纽带，已积淀成为中华民族的优良基因。君子的集体意识、大局观念是绝大多数中国人的价值标准和人生追求。千百年来，孔孟对君子文化影响深远，"君子坦荡荡，人长戚戚""君子喻于义，小人喻于利""君子一言，驷马难追""君子爱财，取之有道""君子之交淡如水""君子动口不动手""量小非君子""君子成人之美""做君子不做小人"，这些话语，在中国家喻户晓，君子形象得以广泛传播乃至深入人心，君子精神得以发扬光大。几千年的中华历史，在某种意义上，就是君子文化的发展史，一代又一代的中华君子带动、影响人民群众创造历史，也丰富发展了君子文化。中国君子文化主张孔孟之道，讲究大义，摒除私利，从善如流，提倡中庸、整体、友善，服从国家，舍小家为大家，被社会广泛接受。后来这样的观念逐步被赋予集体主义的色彩，被官方所强化。

  绅士文化提倡个性，认为孩子不是父母的附属品。绅士教育必须从培养孩子独立个性开始，严格按照独立人格的标准要求孩子。在绅士看来，孩子是一个独立的个体，其个性也是独立的。具有独立个性的绅士，自然会按照这样的标准把孩子培养成为同样具有独立个性的绅士。

## 四、内涵与外表

  "君子"与"绅士"都强调完美、全面的素养（道德、文化、技能等）。英国哲学家洛克研究绅士教育问题与对策，他的书籍阐明如何才能培养出符合社会需要的体格健壮、有理性、有德行、有教养、有才干的绅士,有开拓精神的事业家,论述了体育保健、道德教育(约占全书篇幅的一半)、智育(包括学问、知识和技能等)的关键问题。他反对养尊处优,娇生惯养。①绅士行为非常具体,表现在言谈举止各个方面,在家庭礼仪、接待和招待客人、餐桌礼仪、社交礼仪、婚姻礼仪、儿童与年轻人的礼貌举止等方面,都应该尽善尽美、循规蹈矩。②绅士的要求包罗万象,在职场与财富、礼节与礼貌、性与情感、风格与时尚、运动与休闲、健康与效率、美食与美酒等方面,都要求出类拔萃,引领潮流。③

君子更注重涵养和道德内化。君子讲究的是内心充满仁爱精神,重视培养道德修养的自觉性,将知识、美德、礼仪内敛于心,由内而外。

绅士更注重"形在其外",重视经验的获得和应用。学生的作为应该依"理"而行,诸事都应该立有规矩,按照原则。比如,别人说话时不能插嘴;具有良好教养的人必须在面貌、声音、语言、动作、表情上显现文化气质。霍布斯(1588—1679年)在其《利维坦》一书中强调绅士 gentleman 需外在符号认定,正如甲胄象征"贵族"和战士的优越地位,纹章用于识别绅士地位。19世纪和20世纪的纹章学家仍坚称绅士必须有纹章,这就与内在修养无关了。以财产和教养为标准的绅士人格到了维多利亚时代才趋于定型。工业革命后的两百年间,gentleman 逐渐囊括了收入丰厚的城市职业者,如律师、医生和商人等。商业文化赋予了 gentleman 以新的内涵,但是西方人会借助工业文明的优势彰显其外在的公平、尊严、尊重女性、彬彬有礼等道德理想。

西方绅士的服装非常考究,美国 G. 布鲁斯·博耶的《风格不朽:绅士

---

① [英]约翰·洛克:《绅士的家庭教育》,杨汉麟译,长江少年儿童出版社2014年版,第1页。
② [美]娅·约翰:《礼仪天下:像绅士一样行为与做事》,顾大僖译,中国言实出版社2005年版,第1页。
③ [英]迪伦·琼斯:《绅士的准则》,励静译,中国旅游出版社2008年版,第293页。

着装的历史与守则》，专注绅士着装，作者分26个章节，从头到脚，从里到外，从配饰到香水到外在风度，对称得上经典的绅士着装搭配进行了介绍。时尚总是瞬息万变，几个世纪以来的发展，导致男装的历史发生着革命性的变革，从华丽的宫廷服饰、扑着粉的假发头饰，发展到简洁利落的商务着装、清爽舒适的运动装束及观赏性和实用性俱佳的夹克、工装裤、防风防水雨衣等，男装的演变历史是值得严肃对待的学术研究。风格是将时尚化为个性的艺术，是一种独特的智慧。如果能花些心思深入了解经典男装的历史，遵守一些守则，那么结果就能够达到审美越好，风格越微妙。①

## 五、不拘小节与细致入微

君子担当道义，追求远大理想，往往不计细枝末节。尤其是大丈夫，更不讲究穿着打扮，孔子、墨子、荀子、韩非子等甚至讽刺那些衣冠楚楚的、着装儒服的"君子""仕君子"，是表里不一、招摇撞骗的假冒君子。艰苦朴素、克勤克俭，成为中国儒家、墨家、道家君子的外在形象。

西方绅士追求尽善尽美，在绅士着装上要求甚高，细节方面，独树一帜。在言谈举止、服装细节上更是要求甚高。"绅士形象、绅士风度往往体现在一些细节上，而与他彰显出来的富贵和权势没有多大关系。真正的绅士气派会在一些不为人注意的细微之处流露出来，诸如鞋子的品质、衣袋手绢精妙搭配、风格低调的汽车、不事张扬却让人过目不忘的出场等细节方面。"②

## 六、绅士讲究宗教，君子不谈宗教

绅士与君子，同样是追求成圣的目的，但是基督徒信靠的是耶稣基

---

① [美]G. 布鲁斯·博耶：《风格不朽：绅士着装的历史与守则》，邓悦现译，重庆大学出版社2017年版，第3页。

② [英]伯曼：《像新绅士一样生活——献给中国的商旅精英》，当代中国出版社2011年版，第15页。

督,君子则主要是靠自我的内在修持。在此意义上,基督宗教有其强烈的超越性,君子修身、齐家、治国、平天下的世俗感更加明显,孔子对神灵的存在不加强调,"子不语鬼力乱神"。

他们之间有相似的为人处世情怀,可以互通有无。近世基督新教的谢扶雅曾提出"基督徒君子"说。所谓"基督徒君子"就是以耶稣基督的非凡人格来使中国基督徒"养成基督化人格",而且成为"多具本国风格的学养与德操"的基督徒。而其在宗教文化上的意义则在于,可以结合孔子与耶稣,实现传统儒家的理想人格在基督宗教内圣化与升华。①

## 七、典型人物差别

### (一)西方的绅士典型

这方面的典型人物,星罗棋布,譬如:简·奥斯汀的《傲慢与偏见》(Pride and Prejudice)中,达西是一位举止高贵、一表人才的绅士;夏洛蒂·勃朗特的《简·爱》(Jane Eyre)中,罗切斯特是一名维多利亚时代的拥有扩张精神的绅士;英国的丘吉尔,是人们赞扬的绅士,他有充满幽默感的智慧警句,内容涉及政治、语言、动物、演说、朋友、自我评价、民族、女人与家庭、饮酒等等,让人在为人处世上受益匪浅。② 还有夏洛克·福尔摩斯(《福尔摩斯探案集》绅士的典范)、赫尔克里·波洛(《大侦探波罗》中优雅的比利时绅士)、亚森·罗宾(《亚森·罗宾探案集》中的侠盗绅士)、乔纳森·乔斯达(《JOJO奇妙冒险》中的绅士)等。

### (二)中国君子典型

中国历史上典型的君子,不胜枚举,包括:伊尹、伯夷、柳下惠、颜

---

① 王玉鹏:《绅士、君子与基督徒》,《中国天主教》2014年第2期。
② [英]恩莱特:《跟温·丘吉尔学做幽默绅士》,学林出版社2012年版,第7页。

渊、子路、子贡、张良、董仲舒、司马迁、班固、诸葛亮、管宁、郗鉴、谢安、房玄龄、韩愈、柳宗元、王安石、朱熹、苏轼、岳飞、文天祥、王艮、史可法、颜元、林则徐、孙中山、周恩来、钱穆、陈景润、王选、吴仁宝、袁隆平……

## 八、君子与绅士的通约性

　　君子文化与绅士文化具有同质性、通约性。中国君子与西方绅士都有着强烈的社会责任感。中国君子以"修身、齐家、治国、平天下"为己任，追求自身价值和社会价值的有机统一。而源于西方，特别是英国贵族这个特殊群体的绅士精神涵盖了言行举止、生命价值观、生活方式诸方面。可见君子与绅士的内涵很相似。虽然绅士与君子两者在表现形式上有所不同，但在表现内容"美"上是一致的。其一，在各自文化的背景下，君子与绅士都有彬彬有礼的意涵。中国古代，君子一词强调的是，作为一名正人君子，行为举止必须符合礼仪，不能做不符合礼仪的行为；绅士本是指一个阶层的人的身份和地位，但后来逐步发展为表现这个阶层的人有礼貌、行为举止大度与符合其身份的状态，主要侧重于描述贵族这个社会阶层，其行为举止必须与其所处的社会地位相符。可见君子与绅士具有相同的意涵。其二，良好的素质。君子在先秦典籍中，最早是指"君王之子"，后来也指具有良好素质的士大夫阶层，有知识，有修养，胸怀天下，孜孜以求。绅士也具有较高的素质和修养。其三，规矩意识、各美其美。君子与绅士都注重道德涵养，人格理想，非同凡响，时时处处能够严格要求自己，树立标杆，成为模范，引领潮流，成人之美。

　　当代英国的伯曼专门写了《像新绅士一样生活——献给中国的商旅精英》，就希望中国商界人士借鉴西方绅士，认为物质的富裕并没有迅速造就富人合理的生活规范与良好的道德观、价值观，提倡人们了解绅士内在修养和外在气质，培养安静、朴素、优雅的外表魅力，更突出了绅士注重荣誉、服务公众、坚定沉着的人格典范。这为中国的新富们从物质富有跨越到精神高贵提供了一个范本,说明了在全球化的今天,中西方在为人处世方面完全可以互通有无,追求完美。中西文化之间的交流和互动,是完全必要的,"无论在英国,还是在中国,很多绅士价值观至今仍然适用"①。

---

① [英]伯曼:《像新绅士一样生活——献给中国的商旅精英》,当代中国出版社2011年版,第5页。

# 儒家君子及其难题

李琳之(北京伟佳林文化书院院长)

孔子顺应时代的潮流，完成了新的君子人格价值观理论的建树，紧密联系的"仁义礼"一体论、仁政德治论和君子道德论三个部分组成，其中君子道德论，即君子人格理论，是其整个学说的基础，也是其最终达到"内圣外王"理想的唯一方法和途径。这种君子人格理论是建立在"人有五等"论基础上的："人有五仪：有庸人，有士人，有君子，有贤，有圣。审此五者，则治道毕矣。"(《孔子家语》)

庸人，是指那些内心深处没有严肃慎重的信念，做事马马虎虎，有头无尾，为人处世从不善始善终，满口胡言，不三不四的人。他们所结交的朋友三教九流，唯独没有品学兼优的高人。不扎扎实实地安身立命，老老实实地做事做人。见小利，忘大义，自己都不知道自己在干些什么。迷恋于声色犬马，随波逐流，总是把持不住自己。

士人者，心有所定，计有所守。那些被称作士人的人，有信念，有原则。虽不能精通天道和人道的根本，但向来都有自己的观点和主张；虽不能把各种善行做得十全十美，但必定有值得称道之处。因此，他不要求智慧有多少，但只要有一点，就务必要彻底明了；言语理论不求很多，但只要是他所主张的，就务必中肯简要；他所完成的事业不一定很多，但每做一件事都务必明白为什么。他的思想非常明确，言语扼要得当，做事有根有据，如人的性命和形体一样和谐统一，那就是一个人格和思想非常完整、独立的知识分子，外在力量是很难改变他的。所以富贵了，也看不出对他有何增益；贫贱了，也不会对他有什么损失。

君子者，言必忠信而心不忌，仁义在身而色不伐，思虑通明而辞不专，笃行信道，自强不息，油然若将可越而终不可及者。君子的特征是，说话一定诚实守信，心中对人不存忌恨。秉性仁义但从不向人炫耀，通情达理，明智豁达，但说话从不武断。行为一贯，守道不渝，自强不息。在别人看来，显得平平常常，坦坦然然，并无特别出众之处，然而真要赶上他，却很难做到。

贤者，德不逾闲，行中归绳，言足法于天下而不伤其身，道足化于百姓而不伤于本，富则天下无菀财，施则天下不病贫。贤人的主要特征是，品德合乎法度，行为合乎规定，其言论足以被天下人奉为道德准则而不伤及自身，其道性足以教化百姓而不损伤事物的根本。能使人民富有，然而却看不到天下有积压的财富；乐善好施，普济天下，从而使民众没有什么疾病和贫困。

圣者，德合天地，变通无方，究万事之终始，协品之自然，敷其大道而遂成惰性，明立日月，化行若神，下民不知其德，睹者不识其邻。所谓圣人，必须达到自身的品德与天地的自然法则融为一体，来无影，去无踪，变幻莫测，通达无阻。对宇宙万物的起源和终结已经彻底参透。与天下的一切生灵和世间万象融洽无间，自然相处，把大道拓展成自己的性情，光明如日月，变化运行，有如神明，芸芸众生永远不能明白他的品德有多么崇高伟大，即使见到一点，也不能真正了解其德性的涯际在哪里。

孔子的理想是建立一个可以"博施于民而能济众"的既仁且圣的德治社会。在这种仁政理想社会中，需要圣人、贤人和君子来共同完成。圣人和贤人是少数，一般的庸人和士人虽然是这个社会的主体，但是他们的德行浅薄，尚不足以胜任治理国家的重任，只有君子才是最合适的人选。在孔子看来，"政者，正也"。政治就是施政者通过用自己的言行而给百姓起到表率示范作用——"其身正，不令而行；其身不正，虽令不从"。孔子把人分成五个依次递进的等级，重在强调人通过后天的努力可以逐步达到君子、贤人乃至圣人的境界。庸人是社会上品行最低一等的人，乃先天生就而成，但庸人经过后天的学习则可以变成士人，士人经过努力，就可以达到君子的境界。但从君子达到贤人乃至圣人的境界，却是一个非常艰辛的过程，绝非一般人可轻易而为。君子处于这五等人的中间，从道德要求上看，既高于现实社会中大量存在的庸人和士人，又低于极少数令众人仰望的贤人和圣人。

正是看到了君子在所谓的德治社会中具有承上启下、举足轻重的作用，孔子十分重视对君子的教育培养，并在后续的教学实践中对君子人格内涵不断地予以挖掘、补充、发展和完善，最终形成了君子人格理论体系。君子的远大目标是"治国、平天下"；君子实现这个目标的方法是"慎独"、"致中和"；"天命之谓性；率性之谓道；修道之谓教。道也者，不可须臾离也；可离，非道也。是故君子戒慎乎其所不睹，恐惧乎其所不闻，莫见乎隐，莫显乎微，故君子慎其独也。喜、怒、哀、乐之未发，谓之中。发而皆中节，谓之和。中也者，天下之大本也；和也者，天下之达道也。致中和，天地位焉，万物育焉"。为此，孔子强调"君子有三戒：少之时，血气未定，戒之在色；及其壮也，血气方刚，戒之在斗；及其老也，血气既衰，戒之在得"，"君子有九思：视思明，听思聪，色思温，貌思恭，言思忠，事思敬，疑思问，忿思难，见得思义"。一言以蔽之曰："周虽旧邦，其命惟新。是故君子无所不用其极。"意为君子总是无时无刻不竭心尽力使自己和百姓达到尽善尽美的境界。

孔子以君子人格理论为核心的儒家学说像一根红线一样贯穿于后世中国两千多年的历史发展过程中，成为中国传统文化价值体系中的核心因素，对中国传统文化和中华民族心理人格的形成、发展和完善，起了决定性的作用。但由于孔子及其后续的发展者自始至终都是站在地主阶级的立场上，其根本目的是为统治阶级服务，这就导致其难以全面而客观地认识大自然和人类社会发展的规律，因而其理论和实践从一开始就存在着不可调和的矛盾，并形成了事实上的悖论。孔子的后继者意识到并试图克服这个矛盾，譬如在孔子提出"仁、义、礼"后，孟子延伸为"仁、义、礼、智"，董仲舒则进一步扩充为"仁、义、礼、智、信"，这"五常"实际上也成为西汉以后君子人格的五个标准，但由于其所站立场的局限性，这个矛盾始终无法消除。具体说来，表现在以下三个方面：

其一是"内圣外王"和"君为臣纲，父为子纲"的悖论。儒家君子人格理论的终极目的是"内圣外王"——打造一个可以让万民仰望、具备偶像气质的救世主式的君王，也就是通过"格物、致知、诚意、正心、修身、齐家"达到"治国、平天下"的最终目的。然而现实中的君王并非君子，更不是什么圣人，如果按照儒家的逻辑发展下去，君子进一步"内圣外王"的结果就必然是已经圣人化的君子要取代不作为或者乱作为的君王，但如此一来，儒家所谓"君君臣臣父父子子"的理论体系就要打破，所谓的圣人也就变成令统治者闻之色变的"乱臣贼子"。譬如西汉末年的大儒王莽，恭行儒家准则，言必称尧舜，行必效周公，利用自己良好的仁人君子形象，打破了中国历史每逢改朝换代便要杀尸盈野、血流成河的规律，在群臣"万岁"的山呼声中，不用一兵一卒，推翻前朝腐朽统治，成功登上了帝王的宝座，开创了一个新的纪元。然而仅在15年后，王莽新朝就被推翻，这个曾经是道德化身的"圣人"帝王最终被乱刀戳死，身首异处。王莽把一个力图做到"内圣外王"的儒家君子负面形象沉甸甸地撂到了之后两千多年来中国儒生的脑海里。他们自此就在"三纲五常"的桎梏束缚下，循规蹈矩地扮演起了帝王帮凶的尴尬角色，中国知识分子也就在无数可以改变历史轨迹的机会面前，哆哆嗦嗦地闪身挪步，中国历史从此陷入到了一种毫无质变内容的循环怪圈中。

其二是君子入仕参政的要求和"君子不党"的悖论。孔子建立君子人格理论的目的是为统治阶级培养合格的各级主政人才，所以积极入仕是对君子的基本要求。但政治从根本上说是党派管理，不同的施政观念，不同的施政纲领，很难或者说根本就不可能在一个朝政中同时兼容。因为施政就是从上至下要一以贯之地执行最高统治者所颁布的政策及其相应的纲领，如果没有统一的思想，没有统一的精神诉求，施政者就很难达到其施政的最终目的。这也就是现代文明社会为什么会采用一党制或多党轮流执政的原因。但儒家在强调君子要积极入仕参政时又强调"君子周而不比""君群而不党",要求君子不要拉党结派,不要排斥异己,这和政治本身的要求背道而驰,在勾心斗角的官场中也根本行不通。

其三是君子"笃志而体"和"君子三畏"要求的悖论。具有独立意志是孔子赋予君子人格的一个鲜明特征。君子人格的尊严是通过独立意志表现出来的,而意志实现的程度表明个体自由的程度。"笃志而体,君子也",能够独立思考,并按照自己独立意志行事者,才是君子。但这种独立意志不是盲目地固执己见,而是以理性选择为前提。所谓"知者不惑,仁者不忧,勇者不惧"是说,真正有知识有智慧的人是不会迷惑的,真正有仁心的人是没有忧烦的,真正勇敢的人是没有什么可怕的。但孔子又自相矛盾地提出了"君子三畏"原则:"君子有三畏:畏天命,畏大人,畏圣人之言。"这里的"天命"就是"道",即旧的礼教制度,"大人""圣人"则是维护旧礼教制度的传统势力。君子既要敬畏天命,又要敬畏地位高的人和圣人的训导。

# 孔子的君子德性论

唐代兴(四川师范大学教授)

孔子从人性出发,以仁、礼、乐为核心范畴,以"以仁入礼"为路径,以"中"为路标,向上,开出道德哲学;向下,形成君子学说。孔子君子学说从政治和伦理两个方面敞开,形成君子政治哲学和君子德性理论。后者的基本框架是修仁、中行、习礼,中正之道贯穿其中,并统摄仁、知、勇三德目和成仁的爱人精神、得知的有限理性精神和能勇的笃行精神。君子践履德性必遵恕、推己及人、无伤害三大道德原则和"己欲立而立人,己欲达而达人"美德原则。君子践履德性的日常方式是学而修己成人:学而修己,是成仁懂礼,做到恭、宽、信、敏、惠;学而成人,"慎言其行"和"先事后得",做到温、良、恭、敬、俭、让。统合此二者日常操守是自由、知耻、权责有界、崇德有止。"儒学事实上便是'君子之学'。"[1]余氏概括得准确,所谓君子文化,是关于人如何成为君子的文化。

## 一、君子定义的开新

"君子"概念不是孔子的发明,"君子文化"也不是孔子专利,君子之于孔子,其实已成一种传统。但讨论君子或君子文化之所以要直接溯源于孔子,是因为孔子以返本开新方式赋予君子以新内涵。《诗》《左传》《国语》

---

[1] 余英时:《现代儒学的回顾与展望》,生活·读书·新知三联书店2013年版,第271页。

等典籍所记载的"君子",大多指天子、诸侯、贵族、大臣,描述他们如何勤政务、得民心、明是非、尽忠诚;即或如"窈窕淑女,君子好逑"(《诗·关雎》)①,"乐只君子,福履绥之"(《诗·樛木》)②,"未见君子,惄如调饥"(《诗·汝坟》)③等,表达男女之情的"君子",仍然是记载年青贵族成员的君子修养、教养、德性和品质。所以孔子之前的君子,是政治学、男性意义的;而孔子以返本开新方式建立起来的"君子",却既是政治学意义的,更是伦理学意义的,并且首先和最终是伦理学意义的。

孔子对"君子"定义为高尚的人。

首先,看肯定性概念定义。子曰:"质胜文则野,文胜质则史,文质彬彬,然后君子。"(《雍也》)孔子从气质和修养两个方面来定义君子,指人成为君子必须具备"文质彬彬"的气质。文质彬彬之于人,既有天赋的因素,更有修养的功夫。孔子将天赋的因素称为"质",将修养的功夫定义为"文"。人如果只有天赋的因素,或修养的功夫不够,就会质胜而野性;若天赋的因素弱,或天赋的因素在修养的功夫面前丧失应有的伸张力,就会沦为矫饰或虚夸。唯有天赋与修养相得益彰,才可文质彬彬。文质彬彬的人,才是君子。君子气质则是天性与教化、本性与约束互为限度地生成。所谓互为限度地生成,就是文蕴含质,并且文本身是质;反之,质彰显文,并且质本身也成为文。孔子以文质定义君子,是从心理切入,表面上讲君子气质,实质上论君子何以使天性与教化、本性与约束达成统一。但这并不是孔子论"文质彬彬,然后君子"的目的,其目的是为君子德性—德行提供人性的、教育的和心理学的依据:文质彬彬内蕴中正之道。

其次,看否定式概念定义。子曰:"君子不器。"(《为政》)从修辞讲,"君子不器"是比喻;从语法论,"君子不器"属否定句式。孔子采用"君子不是什么"的排除法,间接地表达"君子是什么",以此来树立君子的基本形象。孔子为什么要用否定句式来表达其比喻?这须从"器"字入手:

---

① (清)阮元校刻:《十三经注疏》,中华书局2008年版,第273页。
② (清)阮元校刻:《十三经注疏》,中华书局2008年版,第270页。
③ (清)阮元校刻:《十三经注疏》,中华书局2008年版,第282页。

"器",即器皿、器具,它的用途是单一的,并且其单一性由器皿本身所决定:第一,器皿是一个具有使用功能的物;第二,器皿是人力的制造物,缺乏主体性能力;第三,器皿的使用功能被固化:"器者,各适其用而不能相通。"①

以此看孔子论"君子不器",君子不是物,而是人。君子不是用物者或驭物者,而是驭人者和驭民者。一切形态的器皿都是被制造的产物,并且,一切被制造出来的东西都烙印上某种模式,所以同类物形态相同、性质相同、结构相同、功能相同、用途相同;反之,君子是自我塑造者,体现主动性、创造性和个性化。器皿因为用而被制造,并且被制造出来的器皿必须满足制造者所用;相反,君子没有器皿那种制造与被制造、能用与被用的所属关系,君子就是君子,他自我塑造于天地之间,自由地存在于天地之间,不受任何强求,不受任何用与不用的规定性,一切都在于君子本身的使命和责任。所以,君子是自由的象征:君子必须自由,君子就是自由!如果不自由,如果不意识和追求自由,如果放弃或遗忘自由,如果不在自由中成就自己,不在自由中释放自己的德才、实现自己的使命和责任,就不是君子。所以,人要成为君子,必须突破器物观,并超越"一才一艺"的技能观,走向整体融通而自成其大。

最后,看具体的描述定义。孔子从"文质彬彬"和"不器"两个方面予以概念性定义之后,再对它予以多角度的描述性定义,择其要如下:

子曰:"君子喻于义,小人喻于利。"(《里仁》)

子曰:"君子坦荡荡,小人长戚戚。"(《述而》)

子曰:"君子周而不比,小人比而不周。"(《为政》)

子曰:"君子和而不同,小人同而不和。"(《子路》)

子曰:"君子泰而不骄,小人骄而不泰。"(《子路》)

子曰:"君子矜而不争,群而不党。"(《卫灵公》)

子曰:"君子求诸己,小人求诸人。"(《卫灵公》)

---

① 钱穆:《论语新解》,生活·读书·新知三联书店2016年版,第34页。

子曰:"君子怀德,小人怀土。君子怀刑,小人怀惠。"(《里仁》)

子曰:"君子上达,小人下达。"(《宪问》)

上述内容强调君子通晓道义、公义,在任何情境下都以道义为准则,维护公义。君子具备宽广的胸怀,保持光明磊落的性格,拥有独立不倚的人格,保持自在自由的生活。君子持正,具有中正之德,在任何情况下行为普遍合群。君子心存他人,在任何情况下与人和睦相处,但却各存己见。君子心溢光明,言行磊落,为人处事坦荡泰然。君子为所当为,争所当争:面对当为之事,君子必争而不党;面对所当不为之事,君子必不争而合群。君子存人于心,必怀德怀刑。君子怀行乃公道,怀刑有规范。君子以德行天下,以规范为言行准则,故为人处事公正,自然心地坦荡泰然。君子向上追求仁德和公道,高明和高尚。

## 二、君子德性的构成

孔子的君子理论,由事功和德性两部分组成。君子事功理论即是君子为政理论,孔子用"修德取位"和"以德正位"来定义①,突出君子必须德与位的有机统一②。对于君子德性理论,孔子用"文质彬彬"和"不器"来定义,突出君子德性的本质内涵和本体规定。在"文质彬彬"和"不器"的双重规范下,君子德性理论获得五个方面的内涵构成。

君子德性理论的核心范畴是"德"。孔子之论德,是主体论的,强调主体对德的建构到主体对德的践履这两个维度及展开的过程性。在孔子君子德性理论框架中,表述德的主体构建的概念是"仁",其建构的基本方式是"修仁";表述德的主体践履的概念是"礼",其践履的基本方式是"习礼"。修仁习礼,成为君子德性生成构建的基本方式,其中,"仁"乃根本,是

---

① 唐代兴:《试论孔子的君子学说》,《中国社会科学学院研究生院学报》2018年第2期,第21~31页。

② 唐代兴:《孔子君子事功理论的历史性生成》,《中国社会科学研究院学报》,2019年第3期,第32~43页。

"礼"得以产生的主体前提,因而,修仁构成习礼的动力机制。

在孔子那里,从修仁到习礼是一个过程,使这个过程本身构成"德"的实际体现的那种力量或方式,却是"中":"子曰:'不得中行而与之,必也狂狷乎!狂者进取,狷者有所不为也。'"(《子路》)这里的"中行"就是中道之行,中行者,就是行中正之道的人。这类人品性端庄,行为中正,既不偏私,也不极端,最值得依赖。孔子讲"中行",实际上是说仁化为礼的行为应该体现出来的限度状态,即其行为的合德状态,就是中行。

在孔子君子德性理论中,"学而"是一核心概念,它是君子按照"以仁入礼"路径去修仁习礼、达于中正之道何以可能的前提条件和根本方式。孔子之"学而",指"学"而且"习",它是"学而时习之"的简化表述。在"学而"中:学,指对不知、未知的了解、认知和吸收,有主动谋求之意;习,指对所学到的东西予以消化然后践履。所以,"习"者,首先指"内省领悟",即将所学到的那些共性的知识内容消化为个体人格化的智慧能量、思维内容;其次指"外化践履",即运用已经消化了的知识内容来指导自己的生活和行动。概言之,学,仅是获知;习是将获知的东西变成"智"和"用"。"习"作为学的后续方式,既是学智,也是学用,使之变成用的智慧和方法。

孔子的学而思想包括学知、学思、学行三部分组成,并且此三者又内在地生成建构起双重知—行关系:首先,从学知到学行,构成一种外在(即由学而行的)知—行关系:只有见多才能识广,只有博学才能力行。其次,从学思(内习)到学行(外习),构成一种内在(即由思而行的)知-行关系:只有深思才可力行,并且,只有思之确确,才可行之坦坦。

孔子君子德性理论的基本框架是修仁、中行、习礼,但其宏观结构却是道、德、文。其中,道者,中正;德者,仁礼;文者,学而。以中正之道为准则展开学而,修仁习礼,必然达到中行境界,并自然形成对中正仁道的坚守。由此观之,君子德性理论敞开了两条互为推进的线路:一条线路是"道→德→文",它敞开由准则而行为或由形上至于形下的线路;一是线路是"文→德→道",它敞开形下至于形上,或者由行为而准则的线路。

这正反两线路的相向展开,正好揭示了君子德性的主体性建构到主体性践履的有限理性。这种有限理性,不仅源于孔子德性理论的经验主义取向,更受制于君子德性理论的思想品质:"视思明,听思聪,色思温,貌思恭,言思忠,事思敬,疑思问,忿思难,见得思义。"(《季氏》)孔子的九思之"思",将主体性建构之"知"(修仁)和主体性践履之"行"(习礼)有机地统一起来,形成整体,并使这个整体内在生成建构起君子"仁、知、勇"的德性精神。

孔子之仁,从"修"讲,是恭、宽、信、敏;从"行"讲,是温、良、恭、俭、让。贯穿此两个方面形成互动生成的整体的那个东西,却是爱。所以,孔子德性理论之仁精神,亦是其爱的精神,因为仁在本质上是心存其人,人存己心中,就是仁;就是爱。

知己、知人、知事、知物、知天、知命:"子曰:'不患人之不己知,患其不能也。'"(《宪问》)"子曰:'君子病无能焉,不病人之不己知也。'"(《卫灵公》)"子曰:'不患人之不己知,患不知人也。'"(《学而》)"子曰:'不知命,无以为君子;不知礼,无以立也;不知言,无以知人也。'"(《尧曰》)但知的重心却是人。知的原则有二,一是以知为智原则:"知之为知之,不知为不知,是知也。"(《为政》)二是以知为乐原则:"知者乐水,仁者乐山;知者动,仁者静;知者乐,仁者寿。"(《雍也》)并且追求"知之者不如好之者,好之者不如乐之者"(《雍也》)。知的根本方式,是"生而知之者上也,学而知之者次也,困而学之,又其次也。困而不学,民斯为下矣"(《季氏》)。所以,"学而时习之,不亦乐乎?有朋自远方来,不亦乐乎?人不知而不愠,不亦君子乎?"(《学而》)

## 三、君子德性的原则

君子修仁,存人于己心,前提是克己和节制。具备克己与节制的能力,唯有通过学而知之,具备理性有限性精神,才践履礼而中行,但前提是遵循中正仁道。其中正仁道具体落实两个施仁的德性原则,即恕人原则和立达原则。

君子德性理论的恕人原则，指君子如何将所修之仁践履于生活的道德原则。

君子施仁的恕人原则是一个体系，它由敬畏、推己及人和无怨恨三个具体原则构成。一是敬畏原则。孔子以出门庄重和使民慎重为例说明待人施仁必敬畏的原则。庄重，不是对自己，而是对别人，庄重是对人有敬有畏。使民慎重，既包含敬民，更体现畏民。二是推己及人原则。待人以仁的基本准则是以己待人。以己待人的反面方法是：自己不欲求的事，不要强加于人；以己待人的正面方法是：自己所欲求的事，亦可鼓动别人欲求。三是无怨恨原则。推己及人的恕人原则要求慈心地善待他人；与此不同，无怨恨的恕人原则要求宽厚地善待自己。善待人是仁，善待己也是仁，而且是根本的仁，也是根源的仁，因为待人以仁是从待己以仁生发出来的。正是基于此，实施其无怨恨的恕人原则的基本方法有二：在邦无怨、在家无怨。家是个人生命的来源，也是个人存在的依据，生存的堡垒。无论贫富，它都属于自己，伴随自己，始终不渝地关爱着自己。所以，待家以仁就是无怨，无怨的本质含义是多爱。因为只有心中多爱和行有多爱时，才可无怨。从本质讲，无怨原则即是多爱原则。

整体看待待人以仁的这三个恕人原则，其中"待人以仁"中的"人"，涉及四个维度：一是具体的自己；二是具体的他人；三是以血缘为纽带组织起来的人群，即家庭和家族；四是以宗法为纽带建立起的邦国。仁立于中央地位的，既不是他人，不是家，也不是邦国，而是己。孔子教导仲弓要"在邦无怨，在家无怨"。这两个"无怨"的显性对象是家和邦，实质对象却是自己。只有无怨自己时，才可做到无怨于家和无怨于邦。如何才能做到无怨自己？孔子说："人不知而不愠，不亦君子乎?"（《学而》）无怨己的基本方法是"人不知而不愠"，人的拓展形态是家和邦，无怨的拓展方法就是"家不亲而不愠"和"邦不用而不愠"。

孔子推仁方法的心理学依据是：自爱多于爱人，爱人的原动力是自爱。

孔子推仁方法的生存论依据是：自利多于利人，利人的原动力是自利。

孔子推仁方法的人性论依据是：性相近，习相远。天赋相近的人性，是产生推仁方法的土壤，因为推仁的本质是舍己，推仁的目的是实现仁己；另一方面，天赋的人性在后天生存敞开中生利多争，运用推仁方法成为现实，因为推仁的实际努力是利人和爱人。

君子德性理论的美德原则，就是施仁的立人原则和达人原则。子贡曰："如有博施于民，而能济众，何如？可谓仁乎？"子曰："何事于仁，必也圣乎！尧舜其犹病诸！夫仁者己欲立而立人，己欲达而达人。能近取譬，可谓仁之方也已。"（《雍也》）在孔子君子德性理论中，施仁可展开为三个维度，并由此产生三步阶梯，形成三种境界。

第一个维度的仁，是众民之仁，它以求利为动机，以利己不损人为目的。其行为表现出来的基本伦理是道德。所必须遵守的行为准则是：己所不欲，勿施于人。

第二个维度的仁，是君子之仁，它以义为动机，以利民利国为目的。其行为表现出来的基本伦理是美德。所应该遵循的行为准则是：己欲立而立人，己欲达而达人。

第三个维度的仁，是圣人之仁，它以富天下和福天下为目的。其行为表现出来的基本伦理是圣德。所应该遵循的行为准则是：博施于民，而能济众。

## 四、君子德性的践履

君子践履德性的前提是修养，修己、成人、立世。君子修己的基本任务，一是成仁；二是懂礼。君子修己的目的是成仁，首先是养成恭、宽、信、敏、惠（的品德），做到"恭则不侮，宽则得众，信则人任焉，敏则有功，惠则足以使人"（《阳货》）。恭、宽、信、敏、惠的辩证法，是善待的辩证法，本质是利益取予的辩证法。对这一辩证法的践履和推行，既是仁，也是德。以此做进一步探究则会发现：孔子"恭则不侮，宽则得众，信则人任焉，敏则有功，惠则足以使人"的仁学思想里面，贯穿着"德—得"相通、"德—得"相生的利益伦理精神。

君子修己懂礼，就是具备温、良、恭、俭、让（《学而》），即温和、善良、虔敬、节制、谦逊，这是君子为人处事的基本礼貌，但首先是五种品德。在这五种品德中，温、良、恭，侧重于言行待人之礼德；俭、让，侧重于言行处事之利德。但无论是礼德还是利德，都强调人与人的互动性、互生性，突出君子品德的辩证法。

君子德性践履正道。君子修养德性，从"学而"入手，学之内习，养成恭、宽、信、敏、惠的君子品德和刚、直的君子人格；学之外习，形成温、良、恭、敬、俭、让的品德和容忍的君子人格。从学而恭、宽、信、敏、惠到温、良、恭、敬、俭、让，这是君子德性主体性构建指向生活践履道路的开辟，这一过程要求君子必须以道为指南。从认知方面，孔子对君子德性践履之道做了返本开新和损益两个方面的规定。遵从返本开新的周道，重建以仁入礼的当世文明，其前提必须正视和尊重传统，并理性地运用和发展传统，这是君子德性的有机内涵，更是君子践履其德性的必为要求，这个要求就是继承和发展传统，其根本准则和方法是损益，它构成君子践履德性方法的正道。

君子践履德性的基本方式，是将德性变成日常庸行。对君子德性的日常庸行，孔子从吃、住、事、言四个方面予以界定，指出"君子食无求饱，居无求安，敏于事而慎于言，就有道而正焉，可谓好学也已"（《学而》）。是君子践履生活的根本之道。在孔子君子德性理论中，"食无求饱，居无求安"仅仅是君子日常庸行的起步之道，以此为起步向前，才可践履敏于事，才能慎于言。对事要敏，对言要讷，这是君子品格，也是君子风度。放言淡缀、高谈阔论、大话连篇、大言不惭，始终成就不了君子。食无求饱，居无求安，敏于事，慎于言，此四者是君子日常生活正道，努力于此正道，最终能自我匡正。

## 五、君子德性的操守

君子德性践履的根本要求,是君子在日常生活过程中始终保持君子操守。君子在日常生活过程中始终保持君子操守,就是德。

自由:君子践履德性的根本操守。君子所需要持守的首要之道是自由,它是"主体在返观中自知其明觉的理性,同时有自主而坚定的意志,而且还因情感的升华而有自得的情操"。"这样便有了知、意、情等本质力量的全面发展,在一定程度上达到了真、善、美的统一,这就是自由的德性。"①君子日常生活和言行所要坚守的自由,必须以道为准则。这个作为选择和坚守自由的准则之"道",大而言之,是坚守以返本开新为认知论、以对传统的损益为方法、以"以仁入礼"为路径的文道救世之道,具体地讲,是以"仁德—公道"为内核的中正仁道,孔子将其定义为必须"守死"的"善道"。

知耻:君子践履德性的根本操守。在以道为准则的自由统摄下,君子践履德性所必须持守的基本操守是知耻。知耻是知善、知恶的日常呈现,也是君子在日常生活中保持自由的主体前提。孔子认为,对君子来讲,最根本的知耻是言行:"君子耻其言而过其行。"(《宪问》)

言行一致。孔子归纳出言与行的三种常态性关系,即言过其行、言不及行和言行一致。孔子认为,要为君子践履德性生活立法,必须索求解决"言过其行"和"言不及行"的方法,使君子言行相合相生。孔子最后找到解决"言过其行"或"言不及行"的根本方法,就是知耻。孔子认为,言行知耻的生活方法,应该成为君子践履德性生活的基本操守。因为在孔子看来,言不及行,是怯懦,怯懦的本质是自卑;言过其行,是虚夸,虚夸的本质是妄,是不诚。无论怯懦的自卑,还是虚夸的妄或不诚,都属君子不齿。当君子以怯懦的自卑为耻,以虚夸的妄或非诚为耻,就可完全能够做到凡

---

① 冯契:《智慧的探索》,华东师范大学出版社1994年版,第639页。

事"先行其言而后从之"(《为政》)。

权责有界:君子践履德性的基本操守。君子修德成己,必要为成人立世而为。君子之"为"虽然是自由的,但必须有准则和边界。这个"准则"就是"道";这个"边界"就是"有道""无道"。孔子为君子之"为"设计的边界,就是"有道":君子只能在"有道"的空间和舞台上追求"为",并实现"为";反之,超出这个空间范围而滑向"无道"的领域,就是耻:"邦有道,谷。邦无道,谷,耻也。"(《宪问》)"子曰:'笃信好学,守死善道。危邦不入,乱邦不居,天下有道则见,无道则隐。邦有道,贫且贱焉,耻也。邦无道,富且贵焉,耻也。'"(《泰伯》)

崇德知止:君子践履德性的奠基操守。君子以成人方式践履德性,不仅要有其基本操守,更应该有其奠基操守,这就是崇德知止。君子践履德性,就是做到在日常生活以崇德为基本操守。人要成为"先事后得"的真君子,真正在行为上尊崇德,其主体前提必须修养善心,学会心存善念。

# 在佛看君子如玉

释海元(九华山定西茅蓬法师)

君子，是我们每个人本具的实有性德，亦同真如本心，非增非减，无垢无净，本来具足，法尔如是。世间只缘有各种染著，才有了非君子。新时代的我们，应该了解有关君子问题，亦如有人说：不了解君子之道，就像中国人无法讲清楚自己是谁一样。其实，人人皆是君子，只因我们自己不愿深思、不肯承认、不知承担罢了，种善因得善果。由于人们接触环境各不相同，使得活生生的君子成了一种文字和代名词，一种高不可攀、遥不可及的风向标，人人皆知又没几人敢于担当的一种人格品牌形式，成为一种代码和符号。君子变成一种只能通过修行才可达到的结果。诚然，君子就是一种修为、一种境界、一种品质。其德人人实有，人人本具。如同词曲家王健、谷建芬在《有为歌》中赞叹诸葛亮一样："束发读诗书，修德兼修身。仰观与俯察，韬略胸中存，躬耕从未忘忧国，谁知热血在山林。龙兮凤兮思高举，世乱时危久沉吟。"作为中华民族一分子，本该具备忠贞奉献的赤子之情、君子之风。

《诗经》中早已告诉我们："谦谦君子，温润如玉。"谦虚而又严格要求自己的人，像玉一样温润。"玉"有多种美德，至少，在古代"玉"本身就寓意为"君子"，代表纯洁、高尚和修养。用玉传递君子美德，与品格高尚的人交往，不亦乐乎。得志，泽加于民；不得志，修身见于世。既然君子温润如玉，此世间谁能不欢喜呢？平时生活中，我们很大一部分就是涉及待人接物、遇人结缘。把玉送给有缘人，佛家讲"应观法界性，一切唯心造"，按此标准时时严格要求自己，并顺此意去做。我们每个人都会愿意做与人为善的人，送人美玉，温暖人心，可以广结善缘。"玉"，来时物美价廉，经手上和心里就会变得很珍贵，成为人间友好的使者，促进君子文化的传承。美玉，用心和佛法为其温润，其品质一定显得尤为尊贵。借玉澄心，传递真、善、美的讯息。心地善良和纯洁的美玉，相得益彰，相辅相成，是此世界美妙的种子，是君子品性。我们都应学君子，做君子，春风化雨，滋润心田，光明磊落，坦坦荡荡，自强不息，品德高尚。美玉送给人结缘，借玉澄心，以示吾意，希望人人都是君子。践行君子之道，传递芬芳爱心。君子内心一定是散发芳香和光芒的，为人民、为社会传递一种大爱并默默无闻，我们身边有很多真正的君子。有君子、有爱心，我们备感温暖。君子俭省节约，各种活动从不铺张浪费，既大气又高效。君子之交淡如水，这就是君子风范！君子之道，春风化雨，指点人生，引领人们向着更加光辉灿烂的明天奋勇向前。君子品味人生，奉献人生，乃光明之大道。

君子引导大众，完善美好人生，具有深远意义。"德不孤，必有邻"，古人讲君子怀德，新时代的我们，更应具备这种理念与特质。国无德不兴，人无德不立。每个时代都具有每个时代的精神和价值观念，当前，科学技术的飞速发展，为人们生活带来了日新月异的变化。在物质得到极大丰富提高的同时，精神生活亦显得尤为重要。国家提出文化自信，我们就要注重从物质到精神直至灵魂的生活。这是时代赋予我们的恩赐，应该懂得珍惜和把握，紧跟时代步伐，做一个听从时代召唤、爱国家、爱社会、爱人民的好公民，这就是君子行为。

君子在此世间，有理想、有本领、有担当、有良好道德修养，自然能够利人、利他、利天下。真正的君子，不会忘记自己在社会中应尽的义务和责任。"富强、民主、文明、和谐"及"人民对美好生活的向往，就是我们的奋斗目标"。作为公民、君子就应关心国家大事，和祖国同声音共命运，积极响应并奉行"爱国、敬业、诚信、友善"精神，向社会倡导"自由、平等、公正、法制"，积极培养和牢固树立社会主义核心价值观。每人都应奉献各自力量，把我们的家园建设得更加美好，让中华民族以坚定自信自强的姿态屹立于世界民族之林。"应观法界性，一切唯心造。"为国家、为社会、为自己，我们也要学君子做君子，提高国民素质，恢复君子本具功能和作用。

君子，一定是具有谦卑心、惭愧心、感恩心之人。若无感恩之心就是一种最大的恶。我们每个人都应该从自己做起，从内心做起，积极向上向善，做真孝子，敬天法祖，光宗耀祖。正知正见，有慈爱、感恩之心。例如，爱国，如同爱我们自己的父母亲，父母在不远游。中华大地生生不息，只为滋养世世代代的我们。可是有的人赚取了大量中国的人民币却去拿国外的户籍。祖国大地母亲孕育培养了我们，我们怎会弃她不顾呢？我们应该为自己的祖国和人民尽忠尽孝，像毛泽东主席那样"全心全意为人民服务"。我们是炎黄子孙，就应好好维护国家利益，不让祖国母亲伤心，更不能借助特权去大搞个人名利。增长贪嗔痴、欺压平民百姓，于心何忍？

我们有如此美好幸福的生活，就已足够，还在想什么呢？我们应该感恩世间所有一切。报效祖国和人民，是普通人，更是谦谦君子的本分。此世间无有多余一人和多余一事，情同手足，我们就是一家人。大家齐心协力，众志成城，感恩祖国，保卫祖国，捍卫祖国尊严和锦绣河山，反对战争，维护世界和平。爱护并尊重每一位公民合法权益，帮助需要帮助的人，做雪中送炭之事，这就是新时代君子的职责和行为。人生一世，应发扬慈悲喜舍精神，济世利人。有信仰，相信因果。倡导素食，善心，善语，善行，开启光明智慧。愿我们每一个人都像小草一样，为世界铺满绿茵，像一支燃烧的蜡烛一样，绽放微光把整个世界照亮。

以君子圣贤为榜样，崇尚圆满。《佛说吉祥经》曰：

"应与智者交，尊敬有德者，是为最吉祥。居住适宜处，往昔有德行，置身于正道，是为最吉祥。多闻工艺精，严持诸禁戒，言谈悦人心，是为最吉祥。奉养父母亲，爱护妻与子，从业要无害，是为最吉祥。布施好品德，帮助众亲眷，行为无瑕疵，是为最吉祥。邪行须禁止，克己不饮酒，美德坚不移，是为最吉祥。恭敬与谦让，知足并感恩，及时闻教法，是为最吉祥。忍耐与顺从，得见众沙门，适时论信仰，是为最吉祥。自治净生活，领悟八正道，实证涅槃法，是为最吉祥。八风不动心，无忧无污染，宁静无烦恼，是为最吉祥。依此行持者，无往而不胜，一切处得福，是为最吉祥。"（八风，也叫世八法：利、衰、毁、誉、称、讥、苦、乐）

# 文化自信推动君子文化

王光霞(长江大学副教授)

君子就是中华文化传统理想人格形象。习近平总书记对以爱国主义为核心的民族精神和以改革创新为核心的时代精神作出系统的理论阐述,激起了探究君子文化的活力,"主旋律更加响亮,正能量更加强劲"。可以说,文化自信,极大地促进了君子文化在新时代的创造性转化、创新性发展。

## 一、传播君子文化

人文精神的坚守是主流媒体的一种责任和义务。从"文明"和"人化"的角度说,君子文化应是由君子所创造的具有鲜明特点的物质、精神、政治、社会、生态"五位一体"的总和。近些年来影视出现的"君子热",使君子文化走进了千家万户。

君子文化研究的对象是人,文化即"以文教化",如同民俗一样,反映了民众对自然和社会的观察、理解、认同。君子是中华民族特有的文化概念,今天主流媒体以现代化的传播方式,利用我国国内首颗自主的民用高分辨率立体测绘卫星——资源三号卫星数据,制作了各类直观形象的精神标识,君子文化有了更多表现自己、与社会互动的机会。君子文化崇尚的是"为天地立心、为生民立命、为往圣继绝学、为万世开太平"的理想追求,全方面地展示人与社会的生命价值主题。专家从不同角度的文化解读与现实分析,活灵活现,深入人心,为君子文化的繁荣发展揭开了新的篇章。培养全面发展、自由发展的人应该成为君子文化的时代目标和历史使命，在群众中加以传播、推广。通过新媒体、自媒体，民众表达自己的君子观、人生观、自然观、宇宙观和生死观等，思接千载，古今融通，发起对当下人生境界、生活趣味的思考，得到了君子文化良好的陶冶与精神洗礼。

## 二、传承君子精神

孔子提出"君子和而不同"的思想，是高明的智慧和伟大的精神景观，对中华文化产生了深远影响。君子文化积淀着中华民族最深层的精神追求，比如，君子珍惜生命，创造生命的价值，对个人、家庭、族群、国家、人类、地球家园乃至浩瀚宇宙履行义务，匹夫有责，至今仍然是中华民族独特的精神的一部分。

君子文化倡导的人生价值，以关爱社会、推进文明为其理想追求，是一个民族的精神寄托；倡导的人生态度，是以遵德守法作为自身行为的取舍标准，是人生最宝贵的财富；倡导的行为方式，是将自身道德完善与社会责任义务紧密结合在一起，是中华民族独特的文化，为中华民族生生不息、发展壮大提供了丰厚的滋养。君子文化不仅影响到每个人，而且与国家、民族的政治、经济、军事、科技等息息相关。比如，儒家提倡的君子人格，与习近平同志要求领导干部"既严以修身、严以用权、严以律己，又谋事要实、创业要实、做人要实"的"三严三实"有一定联系，注入了正能量。

仰望星空，人们思考最多、最突出的，就是如何"做人"。天象、气候、地质灾难影响环境、电磁波，作用于人的情绪。按传统迷信的说法，天象乱、则地球生物必多事。习近平在《之江新语·做人与做官》一文中，引用"君子检身，常若有过"，这是我国古代名著《亢仓子》中的一句名言。从电视《法治在线》栏目中看到，君子文化流淌在每个中国人血脉里，栏目紧扣中国法治进程。君子之交是人们交流的桥梁和纽带。关注法治领域热点，需要遵纪守法，发扬光大君子为人处世的精华，揭示人与法的复杂关系。这体现了温情脉脉的人文关怀。君子文化生生不息，已积淀成为中华民族的遗传基因，世世代代哺育着中国人的精神世界。

不忘本来，才能开辟未来。2016年11月16日，习近平主席在第三届世界互联网大会开幕式上的讲话引用了"君子务本，本立而道生"，犹如历史与现实的对话，传统智慧温润古今。君子文化推动着我们把革命前辈开创的伟大事业不断推向前进。

## 三、塑造君子形象

社会主义先进文化与君子文化根脉相连，广大君子文化工作者在继承革命文化，传承君子文化的基础上，在塑造君子精神方面，坚持"我注六经"和"六经注我"相结合，为实现中华民族伟大复兴中国梦的宏伟目标，做出了巨大的成绩。

塑造时代精神必须切实把握社会主义先进文化的正确方向。无私奉献、敬业爱岗、不怕牺牲的君子精神，可歌可泣。近年来，央视播出的《出彩中国人》，展现了全国范围内各行各业的劳动能手和行业标兵，君子群星凸显。著名地球物理学家赵九章先生这样形容地质工作的职业特点："上穷碧落下黄泉，两处茫茫都不见。"当年，地质领域的一个先遣连，十个月后抵达目的地时只剩36人，仅1951年3月7日一天就举行11次葬礼，在冰雪绝地里牺牲近百人，真是九死一生，义无反顾。今天，在国土资源系统，只要提起在地质大调查中（1999—2010年底）将魂魄化作高原雄鹰的队员们，同样禁不住热泪盈眶。这生动地向世界展示了独具特色的君子精神。

只要有"德"且有"格"，人人皆可为君子。君子文化既是精英文化，也是大众文化。中国地质界自1999年开始的地质大调查历经12年，25个单位以每年上千人次的数量奔赴青藏高原，秉承着代代相传的优良传统，以相距4千米的路线拉网式考察荒凉原始的无人区，在"血与汗、冰与火"中徒步行走50万公里（相当于环绕地球12圈半），让人们看到了当代君子的智慧、坚韧与风采。其成果不仅填补了我国地质空白区，而且获得了让世界震惊的重大发现。他们用血肉、灵魂,铸就了一座座巍峨的丰碑,令君子精神大放异彩。为君子精神点赞,聆听君子人物故事,领略中华儿女拼搏精神。君子文化切合当下流行的"工匠精神",君子人格与文化自信凸显了时代价值。

## 四、君子文化走向世界

2015年12月19日至20日,第一届君子文化论坛在杭州开幕,来自海峡两岸高等院校和研究单位的近百位专家学者出席了大会。随着中国走向世界的脚步加速,世界要认识和了解中国的愿望也日益急切,在这样的条件下,君子文化迎来了走向世界的最佳时机。实现君子文化时代性转化的路径,就是要在传统文化与当代文化、东方文明与西方文明、精英文化与大众文化、理论探索与现实问题等结合上找准切入点。正如英国历史学家汤恩比说过:"拯救二十一世纪人类社会的只有中国的儒家思想和大乘佛法。"要使君子文化成为新时代文化建设的重要载体,成为弘扬社会主义核心价值观的重要抓手。一代代英雄人物的坎坷足迹,传达出了当代君子可歌可泣的筚路蓝缕、不屈不挠的时代精神。

旅游景区栩栩如生的雕塑,可以展示君子文化内涵。这些形象表达仁爱、正义、礼仪、诚信、宽恕、恭敬、廉耻等传统美德,以风景名胜区、国家公园、室内展厅等为载体和平台,愈来愈受关注。联合国教科文组织亚太地区非物质文化遗产国际培训中心、中华君子文化协会等组织,采取不同的措施,积极进行培训师队伍建设,树立现代立身处世的君子道德标杆,可以让君子文化在旅游中润物无声。

为认真贯彻党的十九大精神,落实习近平总书记在党的十九大报告中指出的"要深入挖掘中华优秀传统文化蕴含的思想观念、人文精神、道德规范,结合时代要求继承创新,让中华文化展现出永久魅力和时代风采"重要讲话精神,我们应该积极引导国人理性看待文化使命,促进君子文化"活起来""火起来"。

# 信义君子暖人心

靳　戈（河南农业大学硕士生）

信义君子，在中国历史悠久，根源深厚，被包括法家、道家、儒家和墨家等各个学派认同。"信义"对社会主义道德建设，维护社会秩序，提高人们精神境界，起到不可或缺的作用。

## 一、信义君子渊源

（一）"信义"文化的内涵

春秋战国时期，"信义"多次出现在经典中，如《孙子兵法》中讲，"以正治国，以奇用兵。兵以诈立，国以信存"。传统"信义"思想中的"信"，主要是指诚实守信。信任、信仰是它的含义的扩展。中华传统文化对"信"的思想非常推崇。孔子说过："人而无信，不知其可也。大车无輗，小车无軏，其何以行之哉?"意思是一个人不讲信誉，言而无信，真不知道他还能做什么。就好比像牛车没輗，马车没有軏一样，那车怎么能走呢?所以"人无信不立"。与"信"相反的便是表里不一，背信弃义，虚伪欺诈，不守信用。如果一个人经常背信弃义，他就会失去朋友，在社会上很难立足。如果一个社会缺失了"信义"，人与人之间尔虞我诈，这个社会将会"富而不乐，贵而不安"。如果政府缺失公信，民众就会对政府失去信心，国家就会出问题，这是古往今来执政的经验和教训。

"义"这个字的本来含义是"适宜、合理"。《新华字典》把"义"解释为"公正合理的道德或举动"。"仁者爱人,义者循理",荀子认为义就是理,遵循道理、情理、法理去做,就是合理适宜的,就是一种"义"举。"义"有恩义、情义、道义等几层意思。恩义,就是做人要知恩报恩不忘本。忘恩负义、见利忘义就是不义之举。情义,就是做人要讲亲情、友情、爱情。"无情何必生斯世",无情无义之人向来为世人所唾弃。道义,就是做人要行在道中,不做不合道义之事。道义的内容很宽泛,忠义、信义、正义、仁义都属于"道义"的范畴。

传统"信义"思想中,"信"与"义"之间存在内在关系,可谓"信中有义,义中有信",两者密不可分。诚实守信的人,是信义之人,符合道义要求。而讲恩义、情义、道义的人,才真正值得信任。"信义"本身就是社会主义核心价值观所倡导的重要内容。"爱国、敬业、诚信、友善"是"信义"思想的扩展,爱国是恩义,敬业是忠义,诚信是信义,友善是道义。

### (二)儒法学派的信义君子

儒家思想对"义"推崇备至。孔子强调:"不义而富且贵,于我如浮云","见义不为,无勇也","君子喻于义,小人喻于利"。"义"是正人君子内心深处建立的价值标准。孟子将"仁"的思想扩展为"仁义"思想,并确立为儒家道德体系的核心价值,对后世中国文化的发展影响深远。在价值观方面,他强调见利思义、舍生取义,孟子有句名言可谓家喻户晓:"生,亦我所欲也;义,亦我所欲也。二者不可得兼,舍生而取义者也。"儒家的"义利观",与市场经济社会下追求个人利益最大化为驱动力的基本观点之间,看起来好像是矛盾的,其实恰恰是完善的市场经济社会不可或缺的补充和保障。如果没有基于"义"的道德、法律原则作为底线,人们对利的追求就会是不择手段的,最终受到损害的必然是所有人的利,这样的市场经济决不可能是完善的市场经济。

法家的思想体系对"信"的依赖是深入骨髓的。韩非子强调:"小心诚则大信立。"讲的就是依靠点滴间的诚信,才能铸就良好的信誉。法家的思想是我们"依法治国"思想的早期来源，依法治国就要求令行禁止，赏罚分明，这是对法律的尊重，也是以法律为代表的治理体系的"信"。《史记·商君列传》中关于商鞅的记载说："令既具，未布。恐民之不信已，乃立三丈之木于国都市南门，募民有能徙之北门者予十金。民怪之，莫敢徙。复曰；能徙者予五十金。有一人徙之，辄予五十金，以明不欺。卒下令。"强调的就是推行法律，治理国家要有对信义的依赖。

## 二、信义君子之德

信义君子作为传统文化的重要组成部分，对我们的社会主义道德建设有着重要的作用，具体有以下四个方面：

### （一）社会公德

社会公德是指公民应该遵循的道德规范和行为准则。社会公德是整个社会的公民为了维护社会基本的公序良俗，在传统文化和现代文化交融基础上，形成的约定俗成的道德规范，它的约束力和约束范围在整个道德体系中都是十分突出的。社会公德有三个方面的作用：第一，促进社会建立新型的人际关系。社会公德要求我们文明礼貌、助人为乐，这样我们在社会生活中，无论是朋友之间还是陌生人之间，都能够融洽地相处，促进社会活动的正常进行。第二，促进形成良好的社会道德行为。社会公德要求我们爱护公物、保护环境等，这对我们社会公共设施的建设有着重要的支持作用，也增长了公共设施的使用寿命，提高了社会资源的利用率，也有助于营造良好的人居环境。第三，有利于社会秩序的稳定。社会公德要求我们遵守法律法规，这就在价值意识方面潜移默化地增强社会公民对法律的尊重和信仰，大大降低了违法违规现象的出现。

### （二）职业道德

职业道德是指民众在从事职业活动的过程中必须履行和遵守的职业操

守、行为准则。职业道德对从业者的约束相比法律而言是补充作用的，它规定了从业者"该做什么，不该做什么"，对整个行业的正常运行有着良好的促进作用，保证了从业者的生产活动稳定的进行。职业道德还具有具体性，有助于从业人员认识到自己对社会承担的责任和应尽的义务，有助于在各个行业领域内形成良好的风气，对行业的发展有着良好的促进作用。

### （三）家庭美德

家庭美德是人们在各自家庭生活中应当遵循的道德行为准则，包括在处理家庭中长幼、夫妻等关系以及处理邻里关系时，应当遵循的道德行为准则。家庭是国家社会的最小单元，家庭美德也是社会主义道德建设的重要组成部分。在长幼家庭美德方面，中国古代已经早有体现，尊老爱幼这一传统美德就是家庭美德在长幼方面最集中的体现。在夫妻方面，中国古代也有较为深刻的阐述，比如"相敬如宾""举案齐眉""相濡以沫"等典故，都是对夫妻之间关系的描写，倡导夫妻之间要相互尊重，感情和睦，对待问题要同舟共济、互敬互谅。家庭美德的培育关乎整个社会的社会主义道德建设，尤其是当前的中国社会正处于转型时期，各种利益格局正在调整，生活方式也在发生巨大变化，因而各种利益冲突、刺激、诱惑等都在增多。为此需要我们大力倡导以家人互相关爱、互相尊重、互敬互谅以及邻里和谐相处等为主要内容的家庭美德，形成家庭和睦、幸福，邻里礼让、融洽，社会宽容、和谐的良好风尚。

### （四）共产主义道德

共产主义道德是建立在生产资料公有制之上的，它与私有制之下道德为维护私有财产、巩固私有制服务的狭隘性、有限性有本质的不同，由于它在公有制基础上产生，因而突破了以往道德所具有的局限性，维护的是人类发展的集体利益。主要表现在以下几个方面：第一，弘扬共产主义道德，促进生产力发展，为社会主义经济建设服务。高尚的共产主义道德的宣传和教育，能够培养人们高尚的道德品质，促进社会形成良好的道德氛围，有利维护社会主义经济基础的巩固和发展。第二，弘扬共产主义道德有利于培养新一代建设人才。随着社会的发展进步，对建设人才的要求也越来越高、越来越全面，要求有高水平的现代科学文化知识、技能，这些都需要对共产主义精神的弘扬和培育。第三，弘扬共产主义道德有利于当前改革开放的深入推进。当前我国改革开放进入"深水区"，会在更深层次触及人们的利益，会遇到更多的新问题、产生新矛盾，弘扬共产主义道德使人们培育大局观、整体观，更自觉地维护国家和集体的利益。

# 殉道君子的身后命运

孙光耀(华东师范大学博士生)

刘宗周、黄道周俱为明末大儒、殉道君子，素来以"二周"并称。他们虽然在生前郁郁不得志，但到了清代地位却扶摇直上，先是受到乾隆帝褒扬，被列为《胜朝殉节诸臣录》中的第一等人物，进而得以从祀孔庙，受万世景仰。孔庙从祀制度秉承"崇德报功"的原则，意在表彰孔门弟子及后世儒家接续儒学"道统"者。清代以前，从祀孔庙者多以其道德文章名世，刘、黄则是以气节著称的"殉道之儒"。这与清代中后期内忧外患的政局时势密切相关，更是历史合力作用的结果。

刘宗周，在南明失守杭州后，不肯降清，绝食二十三天而卒。门人私谥"正义"，清赐谥"忠介"。在学术上，他上承许孚远，下启黄宗羲、陈确。其学以诚意为主，慎独为功。黄道周，为南明武英殿大学士，帅师至婺源抗清，兵败不屈，被清兵俘杀。隆武帝谥"忠烈"，清高宗乾隆四十一年(1776年)追谥"忠端"。其学引申触类，"深辩宋儒气质之性之非"。清道光二年(1822年)，道光帝同意江南道监察御史马步蟾之请，以刘宗周从祀孔庙；道光五年(1825年)，又应允闽浙总督赵慎畛之请，予黄道周从祀孔庙。"孔子有功万世，宜飨万世之祀；诸儒有功孔子，宜从孔子之祀。"① 孔庙从祀制度是以孔门弟子以及后世儒者附祭孔庙，从而彰显国家"崇德报功"，尊崇孔子和儒学的一种重要的政教制度。刘、黄二人并称"二周"，俱为明末大儒、殉道君子，此番接踵入祀孔庙，自是国之盛典，

---

① 黄彰健校勘：《明实录·神宗实录》卷一五五，中华书局2016年版，第4页。

意义非凡，与之相关的政治文化背景也值得关注。

# 一、忠与不忠：《胜朝殉节诸臣录》与《国史贰臣表传》编纂

## （一）杀身成仁：刘、黄殉节始末

清军入关后，刘宗周与明朝官僚拥立福王朱由崧，主张抗击清军。在南京和杭州相继失陷后，他极为悲痛，恸哭不食，决心以身殉国。在祭拜祖先坟墓后，跃入水中，因水浅不得死，被人救起。遂改为绝食，前后二十余日而死。黄道周则先在南明福王政权中任礼部尚书，后来又参与建立唐王政权，主张抵抗清军。唐王政权由军阀郑芝龙控制，郑芝龙"恃恩观望，不肯一出关募兵"。黄道周独自前往江西募兵以图恢复，"所至远近响应，得义旅九千余人"，结果兵败被俘，坦然就义。刘、黄二人，堪称"托孤寄命，临大节而不可夺"的儒家士大夫之典范，故而《明史》也予其以很高的评价。

## （二）盖棺论定：乾隆帝的刘、黄评价

清王朝的政权至康熙朝已日趋稳固，及至乾隆朝更是承平日久，为教忠劝忠，于是对明代殉节诸臣的评价日高。乾隆三十一年（1766年），乾隆帝读"国史馆进呈新纂列传，发现其中的《洪承畴传》于故明唐王朱聿钊加以'伪'字"，认为这"于义未为允协"。他指出："当国家戡定之初，于不顺命者自当斥之曰伪，以一耳目而齐心志。今承平百有余年，纂辑一代国史，传信天下，万世一字所系。予夺攸分，必当衷于，至是以昭史法。"这就承认了南明政权在历史上的合法地位。同时，对明末诸臣，如黄道周等，他认为"在当时抗拒王师，固诛僇之所必及"。但是，"今平情而论，

诸臣各为其主，节义究不容掩。朕方嘉予之，又岂可概以伪臣目之乎？"①对于这些抗清的明末臣子，乾隆帝也不以其对立之立场视为"伪臣"，反而予以平反。

十年后，即乾隆四十年（1775年），乾隆帝为"崇奖忠贞"，"风励臣节"，又命诸臣"议予明季殉节诸臣谥典"。同时，针对编修《四库全书》中出现的对明代书籍删减销毁问题，乾隆帝特别指出应该"区别甄核"，如钱谦益、金堡、屈大均等"不能死节、腼颜苟活"之辈所著之书"自应逐细查明，概行毁弃，以励臣节而正人心"。同时，"若刘宗周、黄道周，立朝守正，风节凛然。其奏议慷慨极言，忠荩溢于简牍。卒之以身殉国，不愧一代完人"，"其书为明季丧乱所关，足资考镜。惟当改易违碍字句，无庸销毁。"②

(三) 薰莸之别：二书的编纂

乾隆四十一年（1776年），乾隆帝谕大学士、九卿等，要求他们奉旨"将明季并建文时殉节诸臣，悉按史乘核查，拟予专谥、通谥，及应入忠义祠者，分册具奏，甚为允协"，"着照所议行。其进呈各册，于姓名事实，摘具梗概，颇见详备。著名为《胜朝殉节诸臣录》，交武英殿刊刻颁行"。③

时过境迁，清朝已立国百余年，乾隆帝为何于此时对胜朝的忠臣和贰臣发起大规模的总结与清算运动？主要有以下几方面的原因：

其一，居安思危，消弭隐患。清室入关之后，到康熙朝中后期，政权日趋稳固。及至乾隆朝，清王朝已经从立国之初"鼎革者"的角色转换为

---

① 《清高宗实录》卷七六一，乾隆三十一年五月甲午，中华书局1986年版，第373页。
② 《清高宗实录》卷七六一，乾隆四十一年十一月甲申，中华书局1986年版，第683页。
③ 《清高宗实录》卷七六一，乾隆四十一年二月庚戌，中华书局1986年版，第416页。

"守成者"的角色。在新形势下,清廷也居安思危,希望将来在危难之际能有忠臣义士为其分忧。所以,清政府修《胜朝殉节诸臣录》的一个原因便是"为臣子植纲常",鼓励忠孝节义。同时,在乾隆朝中后期,盛世之下隐藏的危机逐渐显露端倪。乾隆三十九年(1774年),清水教"教主"王伦领导农民在山东起义,这是清代自康熙朝以来百余年间最大规模的一次农民起义,揭开了清代中期一系列农民起义的序幕。这种情况下,清廷逐渐"意识到有必要着手处理长久以来汉人社会普遍存在的排外观念,并把官方编纂历史,看成重构社会话语,建立文化霸权的重要手段"。① 乾隆帝欲借助《贰臣传》的编纂,树立反面典型,以此来弘扬忠君思想,巩固其统治。在这样的政治环境下,《胜朝殉节诸臣录》和《贰臣传》便应运而生。

其二,通过历史书写来强化文化专制。刻意"淡化整个南明史中的抗清政治色彩"。同时也是为了"安抚清初以来汉族士子间普遍同情南明忠臣的情绪",夺取"知识阶层的南明史话语权"。② 清初贰臣无论是规模还是影响力都空前巨大,在政治、文学、史学等方面都有广泛建树,最终引起乾隆帝的警惕和重视。

其三,满汉矛盾与传统"华夷之辨"观念的影响。"华夷之辨""夷夏大防",古已有之。清室以少数民族入主中原,民族矛盾如同"达摩克利斯之剑"一般始终高悬于统治者头顶上。这一矛盾或许曾一度缓和,但随时都可能激化。清王朝建立之初,人心不稳,也不熟悉传统汉族地区的统治方法,需要汉人的助力,所以统治者对汉族贰臣也礼遇有加。但随着政权的巩固,投降的汉臣愈发遭到轻视,也越来越受到排挤。

其四,《贰臣传》的编纂直接起因于对钱谦益的批评和《四库全书》的编纂。"在'稽古右文'的过程中,发现钱谦益文集中多有诋毁满清之处,乾隆大为震怒。钱谦益作为明朝降臣,竟然敢于攻击当朝,思及其他贰臣,

---

① 陈永明:《清代前期的政治认同与历史书写》,上海古籍出版社2011年版,第185页。

② 陈永明:《清代前期的政治认同与历史书写》,上海古籍出版社2011年版,第209~213页。

发现其他前明文人中也有诋毁清朝的言论，遂下令全国范围内彻查违碍之书，大兴文字狱，肃清汉人的反满意识。"①由此，乾隆帝进一步萌生了编纂《贰臣传》以杀鸡儆猴的想法。

乾隆帝认为明清易代之际殉难完节诸人，"皆无愧于疾风劲草，即自尽以全名节，其心亦并可矜怜"。这些板荡忠臣对明室"茹苦相从、舍生取义，各能忠于所事，亦岂可令其埋没不彰"。于是诏令"稽考史书，一体旌谥"。②《胜朝殉节诸臣录》记载的殉节人物，合计三千余人。其中包括"专谥"者、通谥"忠烈""忠节""烈愍""节愍"者，以及"诸生韦布及山樵市隐，名姓无征、不能一一议谥者，并祀于所在忠义祠"者。刘宗周、黄道周俱在第一等级，各享专谥。

正如乾隆帝所言，编纂二书，将忠臣与贰臣对比，将其"一褒一贬，衮钺昭然"。"使天下万世共知予准情理而公好恶，以是植纲常，即以是示彰瘅。"③

## 二、登堂入室：二周从祀孔庙之经过

既然有乾隆帝的大力褒扬在前，那么刘宗周、黄道周二人的孔庙从祀之事在清代中后期的特殊形势下自然是水到渠成了。

道光二年（1822年），江南道监察御史马步蟾上《奏为理学儒臣请刘宗周从祀文庙以崇儒学事》。在奏折中，马步蟾指出刘宗周无论是德行操守还是学术思想都无可指摘，虽然乾隆帝已经专门赐谥"忠介"阐扬其"殉道"之行，但仍需要将其从祀孔庙以全面表彰。

---

① 陈林蕃：《〈清史列传·贰臣传〉研究》，福建师范大学2015年硕士论文，第18页。
② 《清高宗实录》卷九九六，乾隆四十年十一月癸未，中华书局1986年版，第316页。
③ 《清高宗实录》卷九九六，乾隆四十一年十一月癸未，中华书局1986年版，第317~318页。

经过讨论,礼部认可了马步蟾的建议,遂上《刘宗周从祀议》,在礼部的覆议中,特别突出强调了刘宗周所学"期于实践"的特点,认为他的从祀对人心学术都有所裨,这就发马步蟾之所未发,和时代需要相适应。所以,道光帝也毫无异议,诏令"予明臣刘宗周从祀文庙"。①

道光五年(1825年),福建在籍绅士编修陈寿祺书呈闽浙总督赵慎畛,认为"明儒黄道周行完忠孝,学贯天人,著述本于六经,节义兴乎百世"。"其发明圣学、卫道宗经,大旨与刘宗周相近。今宗周既从祀文庙,道周宜并请从祀。"于是,赵慎畛上《请黄道周从祀疏》,在赵慎畛看来,黄道周为人"硕学清操,孤忠亮节",著述"推究治道,体用兼赅",既是理学道统所系,又能补王学之流弊,同时"临危授命"、大节凛凛,不论学术还是德行都和刘宗周类似,理应一体从祀孔庙。

礼部同意赵慎畛所请。既然刘宗周已经从祀,那么道光帝对黄道周的从祀自然也就毫无异议,他同意赵慎畛之请,礼部"得旨允行"。② 他们在孔庙东西两庑的神位遥相对应,二人俱为一朝忠臣、千古真儒,可谓交相辉映。

## 三、旧庙新神:二周从祀之背景

嘉道年间的清王朝存在着严重的政治危机。有学者将其概括为四个方面,分别是吏治危机、社会危机、民族危机和政改失败。首先是吏治危机,吏治危机又突出表现在官场道德危机和人才危机两个方面。当时的官场全面腐化,欺下瞒上,得志的是一批奴才、庸才甚至贪才。第二是社会危机,社会危机又主要表现在三个方面:一是大量的流民游民饥民群,二是大量的宗教秘密结社,三是连续不断的农民暴动。而这三者又相互影响,严重动摇了清王朝的统治根基。第三是民族危机。民族危机主要表现

---

① 《清宣宗实录》卷九九六,道光二年闰三月辛卯,中华书局1986年版,第575页。

② 李桂林:《(光绪)吉林通志》卷四五,清光绪十七年刻本,第758页。

是满族与汉族之间固有的矛盾以及中华民族与西方列强之间的冲突。对内对外的种种矛盾和战争的隐患使得清政府的统治及其政权的合法性发生了动摇。第四是政改失败，面对种种危机，嘉庆帝和道光帝也试图进行一些改革，企图挽救末世的命运。但此时清王朝，处于风雨飘摇之中，统治者点滴的改革已经无力回天。而以上这四个方面又相互影响，相互强化，从而使此时清王朝的政治危机更加严重。① 面对内忧外患相交织的衰世景象，龚自珍曾敏锐地指出："起视其世，乱亦竟不远矣。"②

面对内忧外患和日趋衰败的时局，道光年间的诸多有识之士开始反思，他们普遍认为国家危机之根源在于"道德废，人心坏，风俗漓"，因而迫切呼唤"正人心，厉风俗，兴教化"，所以理学得以重振，经文经学也开始崛起，反思乾嘉考据学的时代氛围也在鸦片战争前后逐渐形成。"这一时期思想史的主题，是试图恢复理想的士大夫人格，其中杂糅了汉儒的经典之学，宋儒的心性之学，还有明末儒者的政治道德和经世意识。"③在这样的社会氛围下，清代大量增祀孔庙儒者，与之前历代的审慎态度形成了鲜明对比，而以刘宗周和黄道周为代表的"殉道之儒"得以入祀孔庙也是这一社会风潮的结果。

"当权者通过操纵象征强化他们的权威。"④道光时期，清朝国势日渐衰微，又逢张格尔之乱，时局动荡，吏治腐败，所谓"康乾盛世"早已是昨日黄花。此种形势下，清廷试图重振儒学的教化作用，需才孔亟，寄望于刘、黄从祀孔庙之盛典可以砥砺"海内士子，咸知厉廉隅而怀忠荩，勉德业而励修能，于学术人心不无裨益"，试图以此来再造河清海晏的太平盛世。

---

① 参见张国骥：《清嘉庆、道光时期政治危机研究》，湖南大学 2011 年博士学位论文，第 17~58 页。
② 龚自珍：《龚自珍全集》，上海人民出版社 1975 年版，第 7 页。
③ 段志强：《顾祠——顾炎武与晚清士人政治人格的重塑》，复旦大学出版社 2015 年版，第 108~155 页。
④ [美]大卫·科泽：《仪式、政治与权力》，江苏人民出版社 2015 年版，第 6 页。

清代之前，除孔门亲传七十二弟子外，得以从祀孔庙者多为皓首穷经，以道德文章名世的"传道""明道"之儒。及至清代，又相继出现了两个全新的类型，即"行道之儒"和"殉道之儒"。刘宗周、黄宗周就是"殉道之儒"的典型，刘宗周更是"殉道之儒"从祀孔庙之第一人。可以说，此二人的从祀标志着孔庙从祀的标准在晚清时期的新形势下发生的又一次"范式转移"。刘、黄以"殉道之儒"的身份得以从祀孔庙，也大开"殉道之儒"从祀孔庙之风气。具体而言，就是文天祥、陆秀夫、方孝孺这几位儒者此后都纷纷得以从祀孔庙。所以，刘、黄的从祀在一定程度上也为其他"殉道之儒"的从祀铺平了道路。刘宗周、黄道周虽是抱道君子，但在生前并不得志，反而作为胜朝殉臣，二人的身后地位却在清代扶摇直上，这也正是历史的吊诡之处。

# 周秦刻石颂君子

张志勇（河北大学博士生）

周秦之际的石鼓文上承"诗经三颂"，以《诗经》习用之语法句式，再现了周秦之际君主颂德告神的庄严场面，并从形式与内容两方面为秦帝国时期"刻石文"的出现奠定了基础；李斯的刻石文，则鲜明地标举出"颂今王之盛德"的创作观念，远超《鲁颂》所开创的写作道路并扬其洪波，以充满自信的姿态开启了后世蔚为壮观的"颂今王"之创作格局。

## 一、石鼓文的过渡性质

刻石树碑以昭显先辈盛德，崇广帝王功绩，为古之成法，从这一角度来看，石鼓文也是刻石文，进一步划分的话，石鼓文应当属于颂体文一类。作为颂体的石鼓文，或者说石鼓诗，它在颂体文的发展历史中，具有不可忽视的地位和意义。在石鼓文之前，流传下来的颂体文只有《诗经》中的某些篇章，在石鼓文之后，紧接着的是秦代的刻石文，石鼓文就有着承上启下的重要意义，同时，它继承了自《诗经》"颂诗"以传的整体性的文化传统，具有团结群体、沟通天人的精神特质，这为我们厘清先秦"颂"之含义提供了进一步的参考。石鼓文在形制上继承了"颂诗"主要为四言一句的韵文形式，且语言特征也与《诗经》一脉相承，石鼓文与《诗经》起着相互印证的重要作用，尤其是对《诗经》中"颂"的篇章有印证作用。

石鼓文在唐初的陕西陈仓被发现，指刻在十个形似鼓的石头上的古籀文四言诗。关于石鼓文的所属年代,目前一般认为是东周秦人所作。石鼓文以其独具神采的书风,向来为书法界所重视,杨沂孙、吴昌硕、王福庵等书法家都从中汲取营养。但是就石鼓文的内容来说,人们对它的关注还远远不够,尤其是站在文学的角度看,石鼓文在颂文体的演变中所扮演的历史角色和其所处的历史地位,是应该加以详细探讨的。

石鼓文凡十首,如果要把它划入某一文类的话,说它是刻石文似乎未尝不可,但如果再进一步划分的话,它应当属于颂体文。刻石树碑以昭显先辈盛德,崇广帝王功绩,为古之成法。石鼓文之外,保存较为完整的刻石有秦代刻石。《史记·秦始皇本纪》载:"二十八年,始皇东巡郡县。上邹峄山,立石。与鲁诸儒生,议刻石颂秦德,议封禅望祭山川之事。乃遂上泰山,立石。封,祠祀。"①秦代流传下来的刻石文主要出于宰相李斯之手,有峄山刻石、泰山刻石、琅琊台刻石、之罘东观刻石、东观刻石、碣石门刻石和会稽刻石凡七处。石鼓文虽与秦刻石分属不同的时代,且形制不同,但是值得引起注意的是,它们在"颂"的这一用途上都是一致的。南朝刘勰《文心雕龙》曰:"上古帝王,纪号封禅,树石埤岳,故曰碑也。周穆纪迹于弇山之石,亦古碑之意也。""夫属碑之体,资乎史才,其序则传,其文则铭。标序盛德,必见清风之华;昭纪鸿懿,必见俊伟之烈……是以勒石赞勋者,人铭之域;树碑述亡者,同诔之区也。"②石、碑为一,暂不论刘勰将碑、诔、铭和封禅各划为一种文体是否合理正确,其所说的"标序盛德""昭纪鸿懿"确实揭示了古代统治阶层刻石的动机——颂。有论者指出:"刘勰说'秦政刻文,爰颂其德'是讲秦刻石文在颂发展中的作用。其实,秦刻石文对多种文体的形成和发展都有影响,《文心雕龙》中提到的就有铭文、封禅文、碑文等。按文体划分,有人将秦刻石归之于铭文,然而从原初作意的角度讲,我们认为将其归之于'颂文'更为合适。也就是说,秦之刻石就是'秦颂',是'由于特定的历史条件及嬴政求不朽的帝王

---

① 司马迁:《史记》,中华书局1959年版,第241页。
② 黄霖编:《文心雕龙汇评》,上海古籍出版社2005年版,第48、49页。

心态而选择了刻石的形式'。"①

上面提到的秦代的七处刻石，都是颂美秦统一天下的功绩，从内容来看，石鼓文作为颂诗也是毫无疑问的：第一鼓《西去陈仓（灵雨）》写周景王一行西去陈仓，架桥渡河，最后怀着欢乐的心情到达目的地；第二鼓《郊外祀天（吾水）》写代表天子的大宗伯一行到郊外祭祀天地的情形；第三鼓《猎前释奠（吴人）》写虞人为田猎所做的准备工作——祖庙行祭；第四鼓《射猎鹿苑（车工）》按照时间顺序，先写射猎前准备车马的情况，再写射猎过程，其中士兵逐鹿的场面描写得尤为生动；第五鼓《猎归馈献（而师）》写了射猎完毕大捷收兵的热闹场面，以及在郊外献祭飨神的活动；第六鼓《高原捕雉（天虹）》写发现和猎捕群雉的情景；第七鼓《西学礼贤（銮车）》写大宗伯率领众人到西学祀贤及其具体场景；第八鼓《修道植树（乍原）》写修整道路种植树木的事件；第九鼓《日熊惊现（田车）》写官员出行打猎，对车马的华丽和打猎过程有详细描写；第十鼓《汧水捕鱼（汧殹）》写官员率渔人在汧水上捕鱼的情形。② 十鼓所记无一例外都是群体事件，包括出行、祭祀、射猎、建设等社会活动，从这些活动中，尤其是从对这些活动的描写中，我们能感受到这些活动在维系社会群体性的同时，也展现着人们对群体的认同之感和歌颂之情，如第一鼓最后的"其奔其敔，其攸其事"一句，写大家远途跋涉到达目的地之后欢欣鼓舞，击打着敔这种乐器，并在住所记录下此事，就怀有一种感恩的"颂"的情状在里边。再如第二鼓中的"嘉树则里，天子永宁""公谓大来，余及如兹邑，害不余习"，以嘉树掩映起兴，祝愿天子永远安宁，并记录下主持祭祀的大宗伯所说的祝词：天地交合万物通达，天将降福泽于村落及众生，虔诚的祝愿里，满含着对天子及上天的赞颂之意。余皆类此，不一一列举。

作为颂体的石鼓文，或者说石鼓诗，它在颂体文的发展历史中，具有

---

① 郭宝军：《中古颂文研究》，广西师范大学2003年硕士学位论文，第11页。
② 本文中关于石鼓文的命名、排序和释文，皆采用王圣美所著《石鼓文解读》一书，齐鲁书社2006年版，第5~25页。

不可忽视的地位和作用。

首先，在石鼓文之前，流传下来的颂体文只有《诗经》中的某些篇章，在石鼓文之后，紧接着的是秦代的刻石文，石鼓文有着承上启下的重要意义，同时，它继承了自《诗经》"颂诗"以来的整体性的文化传统，具有团结群体、沟通天人的精神特质，这为我们厘清先秦"颂"之含义提供了进一步的参考。何为"颂"？按《诗序》的说法是："颂者，美盛德之形容，以其成功告于神明者也。"这是从"颂"的用途和意旨角度来说的。但是"颂"的含义并不仅仅止于此。正如有的论者指出："先秦时代，'颂'是一个语义内涵非常丰富的词汇，在沟通神明的核心意义之下，借助具体的语境烘托可以侧重表达多种意义，如：诵读、仪容、赞颂神明的语言动作、与神明沟通的语言内容、祭祀的仪式展演、仪式上所使用的特殊音乐、演奏这类特殊音乐所使用的特殊乐器等。这些都共同构成了'颂'的意义整体，因此其适用范围也非常广泛，可以说在上古，'颂'是广泛指集歌、乐、舞、语为一体的与沟通神明、歌美神明有关的文化行为。"①

考虑到先秦具体的文化背景，在"美盛德""告神明"的一系列活动中，歌和诵是不可少的，可见"颂"又具有音乐性。而"美盛德""告神明"都是很庄重严肃的事情，其所用乐用语必须有别于一般宴飨的情况，故而"颂"的语言又必须是庄重诚挚的，甚至带有敬畏和笃诚的味道。如第二鼓《郊外祀天(汧水)》：

> 水既瀞，导既平，行既止，嘉树则里，天子永宁。
> 日佳丙申，朢朢薪薪。其雾导，柋马既迎。敖夏康康，驾叕盦黄。
> 左骖骙骙，右骖䮾䮾。䮾戟以叕，母不执惪。
> 𢓱𨏔霖霖，胡臭习习。公谓大来，余及如兹邑，害不余习？②

---

① 段立超：《上古"颂类"文学精神及其体类特征》，东北师范大学 2007 年博士学位论文，第 40 页。

② 王美盛：《石鼓文解读》，齐鲁书社 2006 年版，第 7 页。

前五句说到郊外祭祀,看到了干净的河水、平整的道路和葱郁的树木,然后"天子永宁"一句点出此行的目的,是来祭祀的;第六句至第十一句说明时间,并详细记述堆柴、陈牲、备鼎等一系列准备工作;第十二至十五句形象地描述了牲品与柴草共燔的情景;最后五句写主祭的大宗伯向众人报告祭祀结果和祝愿:祭祀完成,天将降下福瑞。这首诗将整个祭祀过程,包括前期对景明的环境的渲染,对准备工作的陈述,对祭祀场面的描写,以及祭祀后的祝愿,都做了交代,于这些细节中显出当时祭祀活动的盛大和当时的人们对祭祀的重视,祭祀活动整体显得庄重肃穆。这种庄重的气氛,在第三鼓《猎前释奠(吴人)》中,通过对人们紧张的心理和行为的描写,表现得更为明显:"吴人怜亟,朝夕敬惕。"通过对石鼓文的具体分析,我们可以进一步感受先秦"颂"的文化形态。

其次,石鼓文在形制上继承了"颂诗"主要为四言一句的韵文形式,且语言特征也与《诗经》一脉相承,石鼓文与《诗经》起着相互印证的重要作用,尤其是对《诗经》中"颂"的篇章有印证作用。正如徐宝贵在《石鼓文整理研究》一书中所说:"它在诗的形式上每句是四言,遣辞用韵,情调风格,都和《诗经》中先后时代的诗相吻合。这就足以证明:尽管《诗经》可能经过删改润色,但基本上是原始资料。因此,我们对于《诗经》的文学价值和史料价值,便有了坚实的凭证。"① 石鼓文的词汇,很大一部分与《诗经》是重合的,名词如"鳏鲤"(《汧水捕鱼(汧殹)》:"鳏鲤处之。"《小雅·鱼丽》:"鱼丽于罶、鳏鲤。")、第八鼓的"柞棫"(《乍原》:"柞棫其拔。"《大雅·皇矣》:"柞棫斯拔。")、"田车"(《日熊惊现(田车)》:"田车孔安。"《小雅·车攻》:"田车既好。")、"麀鹿"(《日熊惊现(田车)》:"麀鹿雉兔。"《小雅·吉日》:"麀鹿麌麌。"),等等;动词如"孔安"(《日熊惊现(田车)》:"田车孔安。"《商颂·殷武》:"寝成孔安。")、"既同"(《射猎鹿苑(车工)》:"吾马既同。"《小雅·车攻》:"我马既同。"),等等;重言如"济济"(《西去陈仓(灵雨)》:"盈渼济济。"《周颂·载芟》:"载获济

---

① 徐宝贵:《石鼓文整理研究》,中华书局 2008 年版,第 740 页。

济。"）、"汤汤"（《西去陈仓(灵雨)》："徒驭汤汤。"《大雅·江汉》："江汉汤汤。"），等等。此外还有虚词、代词、介词等都多有相同之处，此不赘述。石鼓文中多次提到了祭祀和歌舞的场面，如"其奔其敕"（第一鼓《西去陈仓(灵雨)》），"告于大祝"（第三鼓《猎前释奠(吴人)》），"徒具肝来，射夫其写。小大具迪，煌煌来乐"（第五鼓《猎归馈献(而师)》），"㝢车觑行，其徒如章。原隰阴阳，趋趋弃马"（第七鼓《西学礼贤(銮车)》），这是先秦文化行为中的代表之一，与"颂诗"中表现出来的是一致的，如《周颂·执竞》敲磬吹筦以祭祀武王，祈求降福："磬筦将将，降福穰穰。"《周颂·丰年》准备酒醴祭祀祖先："为酒为醴，烝畀祖妣。"《鲁颂·閟宫》写到祭祀完毕大家共飨时的情形："牺尊将将，毛炰胾羹。笾豆大房，万舞洋洋。"

从颂文体的角度来看，石鼓文承接《诗经》尤其是其中的"颂诗"传统而来，在颂文体的发展历史中有着不可忽视的重要价值，历来人们对石鼓文的关注一方面集中在其作为书体的造型上，一方面集中在对其时代的考订和文本的释文上，而于其在颂文体发展过程中的历史承担则无论及，这是有待关注和继续探讨的。

## 二、秦政刻石的简练肃正

刘勰云："秦政刻文，爰颂其德；汉之惠、景，亦有述容：沿世并作，相继于时矣。"讲的是秦刻石文在颂发展中的作用。当然，秦代刻石文对多种文体的形成和发展都有影响，比如《文心雕龙》中就提到铭文、封禅文、碑文等多体。按文体划分，一般把秦刻石归于铭文，但是，秦刻石的内容、目的和意义就是颂秦，所以，对这一特定历史条件下所形成的作品，一般被后人视为颂体而不是其他。

据《史记·秦始皇本纪》记载：二十六年统一六国，依廷尉李斯建议，分天下为二十六郡。为了"示强威，服海内"，多次巡游，且每到一处，辄刻石记功。流传下来的有：峄山刻石，泰山刻石，琅琊台刻石，之罘东观刻石，东观刻石，碣石门刻石，会稽刻石等。这些刻石内容都是颂扬秦嬴政统一中国的伟业。据李斯《议刻金石》云:"古之帝者,地不过千里,诸侯各守其封域,或朝或否,相侵暴乱,残伐不止,犹刻金石,以自为纪。古之五帝三王,知教不同,法度不明,假威鬼神,以欺远方,实不称名,故不久长。其身未殁,诸侯背叛,法令不行。今皇帝并一海内,以为郡县,天下和平。昭明宗庙,体道行德,尊号大成。群臣相与诵皇帝功德,刻于金石,以为表经。"刻石的目的很明白,理由很充分,"昭明宗庙,体道行德,尊号大成。"很是堂皇,"群臣相与诵皇帝功德,刻于金石,以为表经"。很是冠冕。我们且看一首《泰山刻石》:

> 皇帝临立,作制明法,臣下修饬。廿有六年,初并天下,罔不宾服。
> 亲巡远黎,登兹泰山,周览东极。从臣思迹,本原事业,祇诵功德。
> 治道运行,诸产得宜,皆有法式。大义箸明,陲于后嗣,顺承勿革。
> 皇帝躬听,既平天下,不懈于治。夙兴夜寐,建设长利,专隆教诲。
> 训经宣达,远近毕理,咸承圣志。贵贱分明,男女礼顺,慎遵职事。
> 昭隔内外,靡不清净,施于后嗣。化及无穷,遵奉遗诏,永承重戒。①

刻石先交代了嬴政平定天下、东巡泰山的经过,然后对秦皇的功德进行歌颂,四言古体,描绘不多,简练肃正。再看篇幅稍长的《会稽刻石》:

---

① 严可均校辑:《全上古三代秦汉三国六朝文》,中华书局1958年版,第122页。

皇帝休烈，平壹宇内，德惠修长。卅有七年，亲巡天下，周览远方。

遂登会稽，宣省习俗，黔首齐庄。群臣诵功，本原事迹，追道高明。

秦圣临国，始定刑名，显陈旧章。初平法式，审别职任，以立恒常。

六王专倍，贪戾慠猛，率众自强。暴虐恣行，负力而骄，数动甲兵。

阴通间使，以事合从，行为辟方。内饰诈谋，外来侵边，遂起祸殃。

义威诛之，殄熄暴悖，乱贼灭亡。圣德广密，六合之中，被泽无疆。

皇帝并宇，兼听万事，远近毕清。运理群物，考验事实，各载其名。

贵贱并通，善否陈前，靡有隐情。饰省宣义，有子而嫁，倍死不贞。

防隔内外，禁止淫泆，男女絜诚。夫为寄豭，杀之无罪，男秉义程。

妻为逃嫁，子不得母，咸化廉清。大治濯俗，天下承风，蒙被休经。

皆遵轨度，和安敦勉，莫不顺令。黔首修絜，人乐同则，嘉保泰平。

后敬奉法，常治无极，舆车不倾。从臣诵烈，请刻此石，光陲休铭。①

---

① 严可均校辑：《全上古三代秦汉三国六朝文》，中华书局1958年版，第122~123页。

这篇刻石和上篇相似，三句一韵，对秦始皇平定六国、一统天下的功绩给予大张旗鼓地颂赞。这篇和上面的《泰山刻石》皆被司马迁收入了《史记·秦始皇本纪》之中。王充《论衡·须颂》："秦始皇东南游，升会稽山，李斯刻石，纪颂帝德，至琅琊亦然。秦无道之国，刻石文世，观读之者，见尧舜之美。由此言之，须颂明矣。"①

关于秦朝留下的七篇刻石，虽没有冠名为颂，但后世均以颂体视之，而且直接影响了后世出现的巡狩颂。从形式上看，刻石多三句用韵（仅《琅邪台》特殊，二句为韵），金石清音，肃正清简，想来颇与法家思想浓厚的主笔李斯有关。这种用韵在后世的颂作中很少见，较为明显的是唐代元结的《大唐中兴颂》，也为每三句用韵。它与《诗经》三颂在用韵上的差别之大，不由使人将之归到文的范畴。刘师培说："秦之刻石与三代之颂不同。颂之音节虽无可考，然三代之诗皆可入乐，颂为诗之一体，必可被之管弦。秦刻石则恐皆不能谱入乐章。故三代而后，颂与诗分，此其大变迁也。"②这主要从能否入乐的角度来判定诗颂之分。

综上所论，自秦刻石的出现，颂体开始出现两种分途，一为继续四言古体诗的旧式，二为韵散结合新体式。对于后者的这种分途，在汉代被称之为颂赋或赋颂。可以说颂就是这时从诗中独立出来，走向了文的路途，但讲究韵仍是其自觉的遵循，刘师培云："三代之时，赋颂二体，皆诗之附庸；自兹而后，蔚为大国。汉魏之四言诗虽与颂近，而于文体中称诗不称为颂；《赵充国颂》等篇虽似四言诗，而于文体中称颂不称为诗，其区分盖起于三代后也。"③秦代尚有周青臣的《进颂》一文："他时秦地不过千里，赖陛下神灵明圣，平定海内，放逐蛮夷，日月所照，莫不宾服。以诸侯为

---

① 刘盼遂：《论衡集解》，古籍出版社1957年版，第855页。
② 刘师培：《左庵文论·文心雕龙颂赞篇〔上〕》，《国文月刊》第10期，1941年7月。
③ 刘师培：《左庵文论·文心雕龙颂赞篇〔上〕》，《国文月刊》第10期，1941年7月。

郡县，人人自安乐，无战争之患，传之万世，自上古不及陛下威德。"①内容上不必言说，其形式却与诗颂有别，全文并不押韵，虽多四言韵句，但夹杂五言、八言，有散文化的倾向，实开汉赋风气。后代的颂与诗迥别，纯散文创作的不多，仅韩愈的《伯夷颂》最为突出。其他均是诗颂或骈颂两端。我们再沿着刘师培的理路向下思索，汉乐府的部分篇什虽未有颂之名，但可被视之颂体，那么唐诗中的部分铙歌、郊庙歌辞、郊祀乐章等是不是可归入颂体？按照我们的理解，答案是倾向肯定的。

---

① 严可均校辑：《全上古三代秦汉三国六朝文》，中华书局1958年版，第232页。

# 君子谨言慎行

肖细明(武汉科技大学讲师)

中国传统教育的根本目的是培养品德高尚的君子,而谨言慎行是高尚品德的重要内容。谨言即指说话要谨慎而不能放纵,慎行意思是行为谨慎检点。在新的时代,我们每一个人更加需要谨言慎行。

## 一、传统文化中的谨言慎行

谨言,就是说话要谨慎。中国最早的典籍《诗经》《左传》中就有对谨言的记载。《诗经·大雅·抑》说:"白圭之玷,尚可磨也;斯言之玷,不可为也。"这句话的意思是:白玉的瑕疵容易处理,而语言的错误难以修正。这句话说明我们说话应该注意场合、语气、内容等,综合考虑好之后再说。《左传·昭公八年》也说:"君子之言,信而有征,故怨远于其身。"这句话的意思是君子说出的话,诚信确凿而有证据,怨恨不满都会远离他的身边。因此我们说话之前就一定要想到祸从口出,需要加强谨慎说话的意识。

孔子崇尚周礼。据《说苑·敬慎》载,孔子在参观周王祭先祖的太庙时,看到台阶右侧立着一个铜人,但嘴被贴了三道封条。在这个铜人的背面,刻着一行字:"古之慎言人也。"意思是这是古代一位说话极其慎重的人。这给孔子以极大的震动和启发,所以孔子在谆谆教诲弟子时,总是十分强调"君子欲讷于言而敏于行"(《论语·里仁》),并把"讷于言而谨于行"作为仁人的重要标志，反对言过其实，更反对巧言令色取悦于人，这正是成语"三缄其口"的典故。

古人还说过："立言有六禁：不本至诚，勿言；无益于世，勿言；损益相兼，勿言；后有流弊，勿言；往哲已言，勿袭言；非吾力所及，勿轻言。"此"六禁"者，是我国封建士大夫阶层道德自律的重要内容。当然，作为新时代的中国公民尤其是共产党员，思想境界不能停留在封建士大夫的水平上，必须超越这样的要求，从讲政治的高度，从党和国家的工作大局出发，深刻认识谨言的重要性。

一个人若想拥有高尚的品德，光谨慎说话还是不够的，还要做到言行一致，知行合一。如果一个人只会谨慎说话，但自身却做不到像他所说的那样，那他说的话是空洞的、无用的，甚至是可耻的，一个人学习到了圣贤的言论而谨慎说话，就必须付出行动使他的行为举止与道德观念相一致，正所谓"君子耻其言而过其行"（《论语·宪问》）。孔子的一生非常重视行，"行有余力，则以学文"（《论语·学而》）。一个有道德的人，不仅品德高尚、语言谨慎，而且必须把这种符合道德标准的高尚的思想意识和谨慎的语言外化为具体行动。例如，古代义勇之士多杀身成仁者，如功不言禄的介之推、投身汨罗的屈原都是将仁的道德意识体现在行动上的代表。

"行"是道德实施的关键阶段。道德修养不仅要获得道德知识，提高自己道德是非辨别能力，更为重要的是要化为行动，身体力行。如果只停留在前一阶段的修养上，那么这不能说是真正的修养。修养的最终目的是要变为行动，圣人如果不能做到道与行、知与行的完全一致，也就不能称为圣人。如果仅满足于学习而不去实行，那么所获得的道德知识，便无法经受检验和证明，只有把道德知识付诸实践，才能使道德观念更加明白清楚，从而将其"知"深化，把学习不断引向深入。

董仲舒也有相同的看法："强勉行道，则德日起而大有功。"（《汉书·董仲舒传》）只有努力践行道德行为修养，德性才会有较大的提高。二程提出"循理而行"，所谓"循理"，是求得并遵循"天理"，强调的是"知"，但"知"的最后落脚点在于"行"，这里的"行"指的就是道德践履。二程在继承"致知"和"力行"的思想基础上,着力强调知先行后的"知行观",但又认为"始于致知,智之事也;行所知而极其至,圣之事也"(《二程集·粹言》)。二程从"学为圣人,求得圣人之道"的教育目的出发,教导学生要"力学而得之,必充广而行之。不然者,局局其守耳"(《二程集·粹言》)。二程并没有因为持知先行后的观点而否定"行"的价值,这是应该注意到的。

## 二、谨言慎行应为党员义务

谨言慎行当为新时代共产党员的义务。谨言,要求党员干部严格遵守党的政治纪律和政治规矩,任何情况下不得妄议中央大政方针;严守党和国家的秘密,对未公开的内部讨论和组织决定,不能跑风漏气,擅自发表所谓的"个人意见",也不能口无遮拦地把某些"小道消息"当作说资四处兜售。一些党员干部到了八小时以外,特别是到了朋友圈子,往往就忘记了自己的身份,传播各种笑话、段子,嬉笑不分场合,调侃不顾对象;还有的干部丧失政治原则,传播政治谣言,人云亦云,混淆视听。其实,这样的党员干部,不仅自降人格,为群众所不齿,而且损害党和政府的形象,更为党纪所不容。

党员干部养成谨言慎行的习惯,第一要加强党性修养。时时处处用党章约束自己的言行,自觉在政治上、思想上和行动上与党中央保持高度一致,做到该讲到的话一定要讲到位,不符合党性原则的话、不符合政策要求的话一句也不说。第二要加强个人修养。经常反思自己的言行,静坐常思己过,做到心正不扭曲,身正不逾矩,言正不妄语。第三要诚实守信。说话心口一致,办事言行统一,为人表里如一,干工作老老实实,讲成绩实事求是,谈问题恰如其分,努力使自己的思想行为符合客观事实和客观规律。

既要谨言,更要慎行。哪怕就是在独处无人注意时,自己的行为也要谨慎不苟。习近平总书记要求党员干部"追求'慎独'的最高境界"。他在《小事小节是一面镜子》中写道:"于细微处见精神,于细微处也见品德。小事小节是一面镜子,能够反映人品,反映作风。小事小节中有党性,有原则，有人格。""每个领导干部都应慎独慎微，从小事小节上加强自身修养，从一点一滴中自觉完善自己，懂得是非明于学习、境界升于自省、名节源于修养、腐败止于正气的道理，始终保持共产党员的本色。"习近平总书记的谆谆教诲，每名共产党员理应铭刻于心，"注重加强自身修养，慎小事，拘小节，防微杜渐，两袖清风，筑牢思想道德和党纪国法两道防线"。习近平总书记告诫全党："在当前复杂的社会环境下，各级领导干部要加强思想道德修养，注重培养健康的生活情趣，正确选择个人爱好，慎重对待朋友交往，明辨是非，克己慎行，讲操守，重品行，时刻检点自己生活的方方面面，始终保持共产党人的政治本色。"

## 三、谨言慎行当为教育者的责任

谨言慎行当为新时代教育者的责任。课堂上，教师哪些行为可以做，哪些不能做，按理说有着明确要求，遵照《新时代高校教师职业行为十项准则》《新时代中小学教师职业行为十项准则》等相关规定，不会有过于出格的举动。

应该明确的是，新闻报道有的教师言行举止不当，只是个别现象，并不代表多数教师有问题，更不能想当然推理得出整个教师队伍存在言行不端的结论。毕竟教师也是普通人，是人就有可能犯错，也许是对学生爱之深、责之切、恨铁不成钢，因此一时冲动之下做出不当言行，这种情况在所难免。只要事后做出诚恳的道歉，得到对方的原谅，就不该继续炒作，过分指责。但是，站在推进教育改革发展和营造教育生态的角度，我们需要深入省思，以从根本上减少类似现象的发生。

既为人师，就要意识到自己的一言一行皆教育，不仅在课堂上、校园里，在与学生的日常交往中也要坚守谨言慎行的原则。教师的谨言慎行不是说说而已，不能只挂在嘴上，或停留在文件里，而是教育这一特殊行业的要求，是为师者的本分与本色。其实，吃教育这碗饭，固然要有丰厚的学识，但有爱心、有耐心、有师德，是底线也是前提。没有底线意识，不经常检视自己的言行，恐怕很难成为"长者安之，朋友信之，少者怀之"的好老师。

而好老师并非天生的，需要后天不断学习、反思和修炼，坚守宽于待人、严于律己、奋发向上的为师之道。课堂上，用生动鲜活的案例，唤起学生的兴趣，在学生心灵埋下真善美的种子；课堂外，静下心来钻研教材，形成一套自己的教学方法，引导学生树立正确的价值观；生活上，坚信"有人格，才有吸引力"，努力做为学为人的表率，做让学生喜爱的人。在学生眼中，亦师亦友，是永远值得信赖的"人生导师"。

教师时刻反思自身，有谨言慎行的意识，实际上也是在让校园更美丽，让教育更纯洁，让社会更文明。无论从哪个角度看，教师都是一个民族的文明标识，是让国家变得更美的主要群体，是引领社会求真向善的重要力量。都说孩子是祖国的未来，教师能否给予孩子积极影响，使其从小养成文明懂礼、乐学上进的习惯，拥有乐于助人、见义勇为的品质，有着责任担当和家国意识的情怀，很大程度上取决于教师自身的形象与举止，并决定着整个社会的未来前景。

教师做到做好谨言慎行，一方面需要牢记职业行为准则或规范，敬畏各种教育法律法规，有意识地学会控制情绪，以春风化雨的方式与学生相处，以循循善诱的方式教育教学，还要多检视自己是否有言行不当之处。有则改之、无则加勉的自省习惯不仅是教师职业的必然要求，也是成为优秀教师的必要条件。应该说，上至国家下至家长，近些年都非常关注师德，呼吁培育良师。在此种背景下，教师更要自律。在全社会营造文明之风的过程中，教师当为表率。另一方面，社会各界也要多关心教师，通过社会、学校、家庭之间的密切合作，在为教师营造良好育人环境的同时，也督促其提高教学能力，拥有高尚师德。

在新的时代，何止是党员干部、教师需要谨言慎行？我们每一个人也都需要做到谨言慎行。荀子就特别强调"参验反省"，认为"圣人"之所以成为"圣人"，不是因为"圣人"能说会道，而是以礼严格要求自己的结果，至今很有启发意义。

# 荀子的君子论

邱艳敏(中国计量大学硕士生)

荀子的君子认识，突出体现在君子之道、君子之礼、君子之义、君子之学四个方面。荀子发扬光大了孔子的仁爱思想，主张道义，对礼进行了哲学、伦理学、历史学、发生学、社会学、心理学、文化学、风俗学、教育学等方面的新论述，这是荀子君子观的亮点。荀子强调通过学习，达到君子的境界。但是荀子君子观仍然存在着概念混乱、礼法矛盾、服务于封建帝王等方面的局限。

## 一、君子之道

荀子认为，君子的道德要求注重道。刘泽华认为："到了荀子手中，士君子完全变成了表示道德和知识程度的一种称呼。"①

荀子主张"道统""大道"。荀子在当时的百家共存局面下，主张发扬光大儒家思想，排斥其他思想（"禁非道"），按照圣人的指点和标准认识君子。荀子说："圣人也者，道之管也，天下之道管是矣，百王之道一是矣。"（《荀子·儒效》）儒家的道主张仁爱、大公无私，一直主张"道统""大道""弘道"，是其思想精髓，被儒家特别强调。荀子积极发扬儒家这样的"道统""大道"，非常主动地"弘道"。荀子希望君子坚守道义，并且采取具体的礼仪来实践道义，与实际联系，克服现实的种种威胁利诱。混乱的

---

① 刘泽华：《先秦士人与社会》，天津人民出版社2004年版，第116页。

社会背景导致士阶层良莠不齐,忠心耿耿地"弘道"极为艰难。美籍华人著名学者余英时在《士与中国文化》一书中很深刻地指出:"正由于中国的'道'缺乏有形的约束力,一切都要靠个人的自觉努力,因此即使在高级知识分子群中也有许多人守不住'道'的基本防线。"①

君子应该严格按照"大道"要求进行活动。君子是美德的化身,到处都有美德的行为,荀子认为:"恭敬,礼也;调和,乐也;谨慎,利也;斗怒,害也。故君子安礼乐利,谨慎而无斗怒,是以百举不过也。"(《荀子·臣道》)人间的声、色、言,是考验君子的试金石,君子都应该谨慎对待:"故君子耳不听淫声,目不视女色,口不出恶言,此三者,君子慎之。"(《荀子·乐论》)

君子与小人的区分,是荀子特别重视的。这方面荀子发扬光大了孔子《论语》的做法,在先秦著述中非常突出。君子是美德的象征,汇集了各种各样的善,蕴涵了全德。关于小人,荀子指出:"言无常信,行无常贞,唯利所在,无所不倾,若是则可谓小人矣。"(《荀子·不苟》)荀子从人性论出发,认为君子与小人有相同点,例如:"材性知能,君子小人一也。好荣恶辱,好利恶害,是君子小人之所同也。"(《荀子·荣辱》)但是,他们之间存在更多的是不同点。荀子认为儒家学派中的子张氏、子夏氏、子游氏"贱儒""俗儒",违背大道,利欲熏心,道貌岸然,就属于小人,严重败坏了儒家的名誉。"弟佗其冠,衶禫其辞,禹行而舜趋,是子张氏之贱儒也。正其衣冠,齐其颜色,嗛然而终日不言,是子夏氏之贱儒也。偷儒惮事,无廉耻而耆饮食,必曰君子固不用力,是子游氏之贱儒也。彼君子则不然。"(《荀子·非十二子》)荀子对君子与小人的区分很细致。

荀子关于君子的新见解,突出体现在对道德上耻、辱的强调。耻辱的心理感觉,对形成和坚持道德观念非常重要,荀子分别对耻、辱,进行了说明,值得我们特别注意。关于耻,荀子指出:"故君子耻不修,不耻见污;耻不信,不耻不见信;耻不能,不耻不见用。"(《荀子·非十二子》)

---

① [美]余英时:《士与中国文化》,上海人民出版社2003年版,第96页。

荀子举例说明子游就是这样没有廉耻的人，因为"偷儒惮事，无廉耻而耆饮食，必曰君子固不用力，是子游氏之贱儒也"(《荀子·非十二子》)。关于辱，《荀子·正论》就有29见，其中论述道："不仁不知，辱莫大焉。将以为有益于人，则与无益于人也，则得大辱而退耳。"荀子将辱分为两种："有义辱者，有埶辱者。志意修，德行厚，知虑明，是荣之由中出者也，夫是之谓义荣。爵列尊，贡禄厚，形埶胜，上为天子诸侯，下为卿相士大夫，是荣之从外至者也，夫是之谓埶荣。流淫污僈，犯分、乱理，骄暴、贪利，是辱之由中出者也，夫是之谓义辱。詈侮捽搏，捶笞膑脚，斩断枯磔，籍靡后缚，是辱之由外至者也，夫是之谓埶辱。是荣辱之两端也。"(《荀子·正论》)

荀子的君子论，强调后天努力、修养、道德自觉和社会环境的重要，希望寻找到君子规律，对此进行了深入研究。美国学者史华兹认为："和孔子、孟子相比，荀子所说的君子更不倾向于依赖历史中那神秘的和深不可测的天道。"①

## 二、君子之礼

荀子对君子的新认识在于强调礼。他认为礼仪是人与动物区别的关键，使人与动物的区别具体化、形象化，比孟子的认识(仁、义、理、智四端)更加可见、现实。礼是君子道德的要求和开端。"君子者，礼义之始也。为之，贯之，积重之，致好之者，君子之始也。"(《荀子·王制》)荀子主张通过礼仪，改变环境，改造人性，人们都有希望成为尧舜。礼仪是人生和社会中重要的方面，是高雅人士的必修课。"将修小大强弱之义以持慎之，礼节将甚文，珪璧将甚硕，货赂将甚厚，所以说之者，必将雅文辩慧之君子也。"(《荀子·富国》)一个国家如果礼仪蔚然成风，就会达到

---

① [美]史华兹：《古代中国的思想世界》，程钢译，江苏人民出版社2008年版，第428页。

美好的地步。"故上好礼义,尚贤使能,无贪利之心,则下亦将綦辞让、致忠信而谨于臣子矣。"(《荀子·君道》)君子是能够自觉、认真、模范行使礼仪的佼佼者。"君子恭而不难,敬而不巩,贫穷而不约,富贵而不骄,并遇变态而不穷,审之礼也。故君子之于礼,敬而安之。"(《荀子·君道》)

礼仪在社会生活中多种多样,荀子就生死礼仪作了细致的说明。他认为生死礼仪是不可缺少的,是人之为人的特征。儒家强调三年之丧礼,是人文传统,表现对人生价值的尊重,应该发扬光大。荀子对此加以充分肯定和极力辩护:"礼者,谨于治生死者也。生,人之始也;死,人之终也;终始俱善,人道毕矣。故君子敬始而慎终,终始如一,是君子之道,礼义之文也。"(《荀子·礼论》)如果人不重视丧礼,那么就不能表现出敬重,"送葬之者不哀不敬,则嫌于禽兽矣,君子耻之"(《荀子·礼论》)。荀子坚决反对墨子的薄葬,认为是对死者的不尊重、对生命价值的贬低、对礼仪人文传统的忽视,有功利主义的缺陷,是"弊于用而不知文"(《荀子·解弊》)。余英时在《士与中国文化》一书中指出:"荀子则偏在礼的方面。总之,我们可以断言,离开了古代的礼乐传统,儒家中心思想的发生与发展都将是无从索解的。"①

同时,荀子也比较重视法的作用,有法制思想端倪。荀子强调君子应该有法治观念,这样才能治理好国家。"法者、治之端也;君子者,法之原也。故有君子则法虽省,足以遍矣;无君子则法虽具,失先后之施,不能应事之变,足以乱矣。"(《荀子·君道》)荀子特别强调要"令行禁止";"有良法而乱者,有之矣,有君子而乱者,自古及今,未尝闻也。"(《荀子·王制》)韩非子作为荀子学生,继承了荀子的法治思想。荀子并不假定人有先天的道德意识,他主张人性具有高度的可塑性,道德乃是环境发展的产物。正是在个人与他人、社会、世界的交往中,才有了道德与不道德、正义与非义的思想,不能脱离社会现实来谈论先天的道德。荀子的人性论导致他对社会制度设计等环境因素的高度重视,体现为重礼隆法、重

---

① [美]余英时:《士与中国文化》,上海人民出版社2003年版,第85页。

教育、重经典的阐释、重圣贤的示范效应等。

## 三、君子之义

无私的追求和行为,成为荀子提倡的观念。公道是荀子大力主张的,"公道通义之可以相兼容者,是胜人之道也"(《荀子·强国》)。荀子说:"探筹、投钩,所以为公也。"(《荀子·君道》)公共意识和公共思想,成为荀子追求的社会理想,荀子强调:"以公心辨。"(《荀子·正名》)"公平者,听之衡也。"(《荀子·王制》)

君子应该言行一致,善始善终。"君子之于言也,志好之,行安之,乐言之。"(《荀子·非相》)做事情要有爱心,善于帮助他人,并且"恭敬以先之,忠信以统之,慎谨以行之,端悫以守之,顿穷则从之疾力以申重之"(《荀子·仲尼》)。荀子认为君子应该宽容大度,海纳百川,不应小肚鸡肠。"君子贤而能容罢,知而能容愚,博而能容浅,粹而能容杂,夫是之谓兼术。"(《荀子·非相》)

荀子认为没有义,奸诈盛行,道德就会有危机并堕落,对于个人和国家都是危险的。"夫义者,所以限禁人之为恶与奸者也。今上不贵义,不敬义,如是,则天下之人百姓皆有弃义之志,而有趋奸之心矣,此奸人之所以起也。"(《荀子·强国》)

## 四、简短的结论

荀子作为儒家的重要代表人物,大力推进了儒家的君子研究。

首先,荀子从礼乐文化的角度,深化了君子观。儒家文化的具体运用体现为礼乐文化,礼乐文化是儒家文化之所以能够长期大众化、普及化的奥妙所在。荀子以礼乐文化的新认识,赋予君子观厚重的礼乐文化背景和底蕴,和以往主要强调从伦理、政治、经济角度看待君子问题不同,提供了崭新的思路。这是荀子君子观的新内涵、新贡献。蔡元培先生高度评价了荀子:"荀子学说,虽不免有矛盾之迹,然其思想多得之于经验,故其说较为切实。重形式之教育,揭法律之效力,超越三代以来之德政主义,而近接于法治主义之范围。"① 美国学者牟复礼对此大加赞扬:"荀子的哲学可以称之为文化哲学。他坚信,文化上的追求和提升应是一个人的基本天职。"②

其次,荀子侧重从礼学论述了君子的素质和修养。君子成为认真执行礼仪规范的榜样。"君子之道",本来是内在的、精神的、主观的,不好确切地、精确地把握,而荀子用外在的、具体的、客观的礼仪,来强化和实践"君子之道",的确是一种创意。牟复礼认为:"文化的核心是礼,礼就是格秩行为的规范。在荀子看来,礼的内涵十分宽广,包括庆典、仪式、乡俗、朝制,乃至情绪举止的分寸,等等。"③

再次,荀子的君子思想,在历史上的地位很高、影响很大。荀子是儒家关于理想人格的新的、进一步的阐发者。荀子的君子思想侧重于礼的外在性,与孟子侧重于仁的内在性相比较,各有千秋。牟复礼在《中国思想之渊源》总结了荀子礼学贡献:"对于伦理,荀子主张高度的规范化,在社会惯例的基础上,通过教育的熏陶、国家的政令灌输伦理纲常。"④

最后,荀子的君子思想,仍然存在问题和矛盾,需要有清醒的认识。荀子笔下的"君子"一词,有"人君""君人""士君子"等表达,含义有时相当混乱。在《荀子·君子》里,那些圣王(舜)、士大夫(伍子胥)、百吏官人才是他所说的君子,广大老百姓道德水平可能很高,但是由于没有社会地位,无法施展自己的人生理想,是不能成为君子的。例如,荀子说:"故与积礼义之君子为之则王,与端诚信全之士为之则霸,与权谋倾覆之

---

① 蔡元培:《中国伦理学史》,商务印书馆1999年版,第21页。
② [美]牟复礼:《中国思想之渊源》,王立刚译,北京大学出版社2009年版,第62页。
③ [美]牟复礼:《中国思想之渊源》,王立刚译,北京大学出版社2009年版,第62页。
④ [美]牟复礼:《中国思想之渊源》,王立刚译,北京大学出版社2009年版,第60~61页。

人为之则亡","故君人者立隆政本朝而当,所使要百事者诚仁人也,则身佚而国治,功大而名美,上可以王,下可以霸"(《荀子·王霸》),这里的"君子",明显就是君王的同义词,为君王歌功颂德,为统治阶级服务,强调了君主统治的道德合理性。这样的见解,在君子的概念上陷于从社会地位、身份、权贵上确定君子,在一定程度上是对孔子关于君子纯粹从道德上界定的倒退。

# 孟子与屈原的君子风格

朱若秋(三峡大学硕士生)

孟子是中国儒家代表,其著作《孟子》作为儒家经典的传世之作,是由孟子及其后人所编纂集注的语录体文论。朱熹的《四书章句集注》更加促使《孟子》作为"四书"之一广为流传,最终使得《孟子》被纳入科举考试的内容,让孟子在历史的洪流中得以被刻上中国古代优秀文人的标签。而屈原则是生活在两千多年前的一位爱国主义诗人,同时也是一位伟大的思想家和杰出的政治家。儒家学说在当时的楚国长期存在,这是不可否认的事实,就说明屈原接受了儒学,屈原和孟子之间存在着文人间千丝万缕的联系,有着鲜明的个性色彩。

## 一、美德的层面:从性善到本美

孟子的观念中,人之所以被称为人,与禽兽有所不同,是因为有"羞耻之心""恻隐之心""辞让之心"和"是非之心",合称为"四心",而从这四心发散出来的道德表征,则是"仁""义""礼""智",合解为"四端"。孟子将四端说成是人性当中所先天具有的本性,而在人的后天只不过是保持以及扩充这四端或者任其自然消亡。而正是由于四端会被忽视而消逝,所以孟子学说将"性善论"化为重点,同时提出"仁政"的思想。

屈原《离骚》的开篇就提及"帝高阳之苗裔兮,朕皇考曰伯庸"。他最开始介绍自己的远祖,到后来大篇幅隆重地说明自己名字的来源,以及到之后零星的有所涉及自己身份的地方，都会以一种很高贵的语句来描绘，这就说明了他的真实身份是一个贵族，并且在朝野之内担任较高的官职。这也就映衬了《史记·屈原贾生列传》中"屈原者，名平，楚之同姓也"以及其他史料中对屈原的记载。但为何《离骚》这一浪漫主义的抒情赋中，会出现众多的对自我身世的描述呢？通解完全文便会发现，各处的身世提及正是与自我的赞颂相呼应，以身份为铺垫，从个体血缘属性着手，由贵族身份引起有关高洁人格的述说。这种对自我个人美德的充分强调，正是屈原作品的又一明显特征。

《离骚》作为屈原的经典著作，从艺术特点方面可以展现其所有作品所具有的典型特征，因而它是一部具有高度凝练性和思想性的艺术作品。我国古代的大多文人，都会以山水融入诗词当中，借以抒发自己的情感。《论语·阳货》中称："小子何莫学夫诗？诗可以兴，可以观，可以群，可以怨，迩之事父，远之事君；多识于鸟兽草木之名。"但是屈原对待花草树木的态度是采取一个认真严肃的原则，他利用了花草树木的馨香，来书写自己的远大愿望和内心包袱，他从不玩弄花草，而是认真对待，赋予其政治意义。例如，"扈江离与辟芷兮，纫秋兰以为佩"，"擘木根以结茝兮，贯薜荔之落蕊。矫菌桂以纫蕙兮，索胡绳之纚纚"。屈原用花草树木，来诉说自己不愿意同流合污的高洁品质。他用众多的芳草形象与佞敌的污秽相对比，不仅突出了奸臣的逆流倒行、徇私误国，更加突出了自己高尚的德行和内在的本来的杰出情操。屈原将世俗之人与自身对比，凸显出自己本性之美。

美德作为文学论述的中心，在历代文人骚客身上都经久不衰。英国功利主义哲学家边沁说过："每一次遵从美德行事，纵使没有增加快乐，也可以减轻焦虑。"如果说孟子的仁政思想彰显了趋善说，表示从后天的角度，来推升自身的内在修养，那么屈原的爱国主义展现了本美论，表示从生性的方面，来达到与众不同的个人品德。二者的论说占据了两个不同的角度，在两个层面相互补充，阐释了个人作为一个个体，从自然属性层面到社会属性层面，都要达到完整的统一。

## 二、批判的重点：从霸道到庸才

"王道"正是孟子对梁惠王讲述如何治理天下的一个论点，所谓"王道"自然是与"霸道"一词相对，即以仁义治天下的思想主张。而王道的由来，正是由于当时春秋战国时期群雄割据，国家之间产生嫌隙，战乱频仍，各国争霸使得百姓民不聊生，而为了能够实现百姓安居乐业，摆脱战争的愿望，孟子将仁义融入了"王道"之中，劝诫君主停止使用"霸权"统治社会，放弃"霸道"对百姓的戕害，将福祉真正归于百姓自身，着力批判"霸权"思想，展现出了"民本"的雏形。

屈原，一直被冠以忠君爱国的文化符号，甚至有不少学者批评其对君王的态度是"愚忠"，但如果反观屈原的作品就不难发现，除了对自我内美的展示，更有不少表达对君王昏庸无度的批判，绝不单单仅是无脑的跟随。屈原连用"用""乃"表示因此、所以，呈现出语义顺承的意思，"固"意为本来即推本溯源，"焉"同因为的"因"，几个用法相似表示因果连接关系的字词，加之考察到历史的由因，表达出王朝破灭历史更迭的基本原因都是因为君王的昏庸无能，溃败不堪的朝政只能导致现存国家的灭亡，强烈的凸显出了社会发展的历史必然性，同时也用社会历史发展的规律来提醒朝纲，批判君王的不端行为，警示国君应该如何正确立身，从而来治国理政。《离骚》中明确提出使用美政，联齐抗秦，重视民生，以达到明德的目的。在这一层面上他接受儒家的天道观，继承"民本"的想法，主张推行"仁政"，但又因由时代条件不同，没有暴政的深入认识，缺少一分孟子口中对"仁"的强调，直接跳跃到"人"本身。

《离骚》通篇中多次强调了世道之恶，此处的"恶"不同于孟子"残民"的暴政，而是君王昏庸臣子污浊的表达。朝野上下"溷浊""幽昧"，这片"粪壤"愚贤颠倒、污浊不堪，"党人之偷乐"是典型的黑白不分的社会现象。

同样是在体恤国家朝政的方面，孟子与屈原又有着些许不同。同样是在世道未明的情况之下,所批判的重点一个是在"仁"中,另一个在"人"上,但都抱有开化德性、明道树本、修身传世的愿望和目的。

## 三、治事的中心:从忧世到救国

孟子言说始终带有"仁"的思想,是对任何人都起作用的。在理学这一层面上,儒家一贯追求"内圣外王"之道,很多学者都认为在孔子之后的孟子发展了"内圣"这一方面,即研究心理和修养,这也被之后的新儒学——宋明理学大为赏赞。孟子从内到外提及了个人修养的问题,虽说语录中很多都是植根于国家治理与百姓幸福,但不可否认的是孟子游说的不单单是一个国家,而是为天下太平幸福而思考的。最为明显的就是表现在天人合一这一问题之上,"天"在古代不仅仅代表着自然界,也不仅仅单指人民所处的某一个国家,应该是从人类社会的角度,从人的方面谈论天人关系。就孟子说来,他提出了"知天""事天"和"立命"的说辞,由此便能确定人在整个世界当中的地位和作用。孟子带有着强烈的"救世"观念,这是一种只有带有高度的社会关怀精神和社会主体意识才可以凝练出来的思想。既要保持自身的人格,又要实现救世的想法,这就是孟子学说的独特魅力所在,也是儒家学派的特性之所在。孟子主张的不仅仅是以道法来解救社会,更多的是以人格魅力去影响整个社会从而完成救世的转变。

真正的大丈夫,是要立于天地之间,坚定自己的信念,遵守自身的原则,无论是顺是逆,都不能使其屈服。而这里的大丈夫,应该与孟子的另一言说相结合。得志与不得志都要在不同条件下,依据当时的情况施展自己的抱负,为天下人谋福利。所以总的来说,孟子学说是以民本为中心,以天地为情怀的,他不仅仅是要救人,甚至救国,更是饱含着要救世的大丈夫气概。

屈原爱国,一生为了祖国颠沛流离,为了实现其政治理想,不惜"及前王之踵武",奔走先后。当他受到党人的迫害,不惜大声疾哭,用自己的满腔热血撒在楚国土地上,书写了一部为国劳心劳力的壮阔史诗。南宋洪兴祖在当时的历史情况之下,将屈原的行为定义为"屈原之忧,忧国也","长太息而掩涕,思故国也",首次把屈原的心境拔高到了忠君和爱国的高度,将"殉国"与国家的兴亡相联系起来。之后朱熹的《楚辞集注》,进一步发展了洪兴祖的想法,认为屈原的辞作表达了"忠君爱国,眷恋不忘之意"。至此,屈原的爱国精神才得以树立起来。屈原是心怀爱国、救国的诗人,但他的国仅限于自己所处的楚国,这一个"民族之国",相较于孟子的"天下之国",就缺少了一分忧世的意味。

总之,孟子和屈原都是享誉世界的文化名人。清代刘熙载在《艺概·文概》中将两者著作《孟子》与《离骚》放置在同一平面上加以审视:"《孟子》,'向明而治'时也;《离骚》,'风雨如晦'时也。"[①]这一论说指明环境维度是作品创作的基础性指标,会给不同时期的作品相似作品带来"求异存同"的文字效能作用,同时也能给予读者一个全新的视角,将文章从"世界"来加以考察。孟子与屈原在美德的层面、批判的重点以及治事的中心三个方面都有所不同,经过对比之后发现各有侧重。代表作是阳性文学《孟子》与阴性文学《离骚》,其文论观点在时空的发展中也呈现出互补的状态,不仅拓宽了儒家学派的思想空间,同时也将华夏精神美学推向了一个新的高度。

---

① 刘熙载:《艺概》,上海古籍出版社1978年版,第47页。

# 儒家君子之道脱颖而出

张翼飞(广西师范大学硕士生)

儒家君子之道,切实辩证,不走极端,兼顾高雅而普通,既阳春白雪又"下里巴人",与其他学派相互比较,综合优势非常明显,最为社会所青睐,成为官方和广大民众的必然选择。汉代儒家成为中国正统的、官方认同的学说,君子观逐渐集所有君子思想大成,成为中华文化中最为亮丽的精神花朵之一。

先秦不同学派挑战、反对孔子的君子之道,另立学说,进行辩论、攻击,十分突出。道家、墨家、法家就首当其冲。儒家的为人之道、君子之道,相对于道家、墨家、法家来说,有更多的优势,才使之成为社会政治、文化的最优选择。《汉书·武帝纪赞》云:"汉承百王之弊,高祖拨乱反正,文景务在养民,至于稽古礼文之事,犹多阙焉。孝武初立,卓然罢黜百家,表章《六经》。遂畴咨海,举出俊茂,与之立功。兴太学,修郊祀,改正朔,定历数,协音律,作诗乐,建封襢,礼百神,绍周后,号令文章,焕然可述。后嗣得遵洪业,而有三代之风。"

道家的君子观,不可捉摸,漫无边际,不知所终。其世界观、人生观和价值观奠定在虚无、静观、玄览、神秘甚至荒诞的理论倾向下,君子行为不能在现实基础上脚踏实地、稳步发展。这样的隐匿型、逍遥型君子人格,在某些方面只能是浪漫的、偏颇的、虚弱的、逃遁的、畸形的、病态的和危险的。历朝历代对道家的思想和作用反思甚多,近代中国的报纸就有文章论及道家的颓废性,仁者见仁,智者见智:"道则以修炼为工,炼形、炼气、吐纳为宗。及其至也,飞升白日,鸡犬皆仙……以长生为务,然虽载在典籍,而究荒渺难稽。有时为我,以萧然远引为高;有时兼爱,以普救众生为念。其道在杨、墨之间。当时非无资禀最高之士,源流透彻;然亦无益于苍生,无补于人世。况传之后世,二教之本原渐失,诵经亦不求甚解,符策惟依样葫芦,几不知何者为清净,何者为伏气?惟存二教之名耳。"①

墨家的君子观,局限很多,主要在这几个方面:(1)用兼爱代替仁爱,爱的空间加以拓展,但是无法从身边做起,十分空泛不务实。孟子破口大骂兼爱是无父无母之爱,不是"亲亲之爱",无法在生活中实行,最终众叛亲离。墨家在历史上"中绝",原因多种多样,但是其理论逻辑上的弊端,不能密切联系实际、过于"高大上"的突出问题,不能不说是客观存在的致命伤。(2)法古方法的欠缺。"背周孔而用夏政",是严重的开历史倒车,把夏代那个更加蛮荒、落后时代的社会状态作为效法、复古的典范,一是无依据,即使现在看夏代文明状况,考古学仍然没有说清楚(河南偃师二里头和山西临汾陶寺的发掘,显示其当时的文明仍然比较低下,到底是否为夏王朝,分歧仍然很大);二是墨家主张非乐、节用、节葬,仅仅适合简单的、经济非常不发达的社会情况下,满足下层老百姓的简单需要,而一旦社会进步、衣食无忧、安居乐业,人的全面价值和高层需求提到议事日程的时候,墨子的节约、非乐主张的反人文精神倾向,就过时了,不再有效了,甚至非常反动了。(3)"清庙之守"(《淮南子》对墨家的定位和评价)的戒律,近乎苛刻。墨家有自己的"家法",杀人者死,伤人者刑,非常严格,毫无例外,成员都要按比例奉献自己的俸禄或者劳动成果作为"会费",要求"摩顶放踵而利天下",纯粹无私奉献,"尚同"取消了个性、权利、多样的鲜活与生机,行侠仗义的自我折磨,个人对团体的绝对服从,这些只能使墨家的君子之学归于销声匿迹,使人敬而远之,更不用说

---

① 转自:路遥主编《义和团运动文献资料汇编》,中文卷上,山东大学出版社2012年版,第120页。

统治阶级对墨家集团的打压了。

  法家的君子观的局限主要是：(1)对人的要求严厉苛刻，没有了人间温情，不近人情，自然疏远了众人。对人性的积极方面估计不足，以人性之恶消极方面掩盖了全部真相，导致了严重的片面和极端。孔孟的人性善的学说尽管也有局限，但是反映出的是"万物向善"(亚里士多德也有这样的主张)的积极意义，表达的是人类社会追求的理想境界，为人们心向往之。(2)法家过分拔高了法治的作用，贬低了德治的作用。实际上，法治仅仅在有限层面发挥作用，漫长的原始社会和原始部落时期，人们都依靠习惯生活；在现实人们的交往空间里，譬如边远的山村，"依法办事"也是比较少的，人们往往是按照约定俗成的"乡规民约"模式生活的，道德风俗发挥的作用非常突出。即使人们"依法办事"，也不一定意识到自己行为是按照法进行的，何况人类社会长期的历史中，文盲普遍流行，人们根本不知道法治、法律条文，社会生活照样有序、稳定进行。人们在传统社会较多不依靠法治，也不需要大量的法治。若一切都依赖法治，恰恰说明了这个社会的可怕、犯罪的猖獗，说明并不是一个平安的局面。过度依赖法治的时候，配备相关立法、执法机关和庞大的队伍，必然增加社会成本，出现大量侦查、审判案例，不胜其烦，并不一定是低成本、和气协商的民主治理和美好的社会。韦政通先生指出："韩非深知政治权力对政治领导者的重要，但他不知道维护权力如只靠强制，而不顾到臣下百姓的需要和死活，权力是不可能常保的。这种权力必然导致横暴的形态，历史上有许多事例足以证明，政治领导未有不因横暴权力的腐蚀而崩溃的。针对这一点，老子采取了相反的观点，他深刻地了解到，拥有权力的领导者，最有效的控制方法，不外乎是刑罚诛戮，但一旦等到老百姓不怕死的时候，这种方法就会失效。"[①]

  从上面的比较来看，孔子的君子之学，注重修、齐、治、平的理路，

---

  ① 韦政通：《以力服人与以德化人》，载梁启超等，《国学大师谈国学》，国家行政学院出版社2015年版，第92页。

相对于道家、墨家、法家来说，其优势特别明显和突出。孔子的君子之学，切合实际，近乎人情、非常受用，普通人可以利用成为高尚的人（君子），可以提升人的精神境界，促进社会文明的进步，于人、于己、于社会，统筹兼顾，可以实现"效益最大化"，皆大欢喜，成为明智人生的最佳选择。汉武帝"罢黜百家，独尊儒术"的做法，不是仅仅靠强权对儒家学说加以"唯我独尊"，恰恰是顺应社会历史发展需要的必然结果，也是人心所向，尊重君子之学逻辑综合优势的必然选择。在一定程度上，遵循儒家的君子之道是"不二法门"。

秦王朝灭亡的教训，在于不施仁义。秦王朝法家的思想行不通。汉初贾谊在《新语·辅政》中指出："秦以刑罚为巢，故有覆巢破卵之患。"在《新语·道基》中又说"秦二世尚刑而亡。故虐行则积怨，德布则功兴，百姓以德附"。他还引《穀梁传》的话作为结论："仁者以治亲，义者以利尊。万世不乱，仁义之所治也。"贾谊专门写作了《过秦论》，强调秦亡于"仁义不施"。贾谊认为："汤、武置天下于仁义礼乐，而德泽洽，禽兽草木广裕，德被蛮貊四夷，累子孙数十世，此天下之所共闻也。秦王置天下于法令刑罚……祸几及身，子孙诛绝，此天下之所共见也。"贾谊在向文帝上的《治安策》中，绝口不谈"以法为教"，而代之以礼法并用，就是为了治国理政，认真总结经验和教训，自觉选择良好对策。董仲舒在《贤良对策》认为秦由于按法家的霸道哲学治国，"师申商之法，行韩非之说"，而反对施仁行义，"憎帝王之道"，其结果必然是"刑者甚众，死者相望，而奸不息"，是失道乱世。①治国理政需要儒家登场，顺应民意，非常必要。宋代宰相赵普指出"半部《论语》治天下"，儒家的思想对于为人处世、社稷安危意义重大，也是逻辑、学理上顺理成章的事情。

中国古代思想以儒家为主，兼收并蓄。即使汉武帝"独尊儒术"时代也不例外。汉武帝虽然采纳了董仲舒的"罢黜百家，独尊儒术"的建议，但并

---

① 萧君和主编：《中华民族史》（上卷），黑龙江教育出版社2001年版，第314页。

非儒教儒术一统天下，而是包含大量巫教、巫术。汉武帝还重用杜周、张汤、桑弘羊等法家代表人物，内行集权，外攘四夷，而儒学大师董仲舒并不被重用，仅仅只做了一个小小的江都相。汉武帝表面上"独尊儒术"，实际上外儒内法才是真。①

先秦君子观的演变，儒家思想和政治的微妙关系，百家争鸣与封建政权的相互勾连，的确盘根错节，存在千丝万缕的联系。儒家的君子观，尽管后来处于中国封建统治社会的道统、政统、学统"三位一体"的为人处世学说的权威地位，但是它也是和诸子百家、佛教、道教等文化互相交流、互相融合、互相兼容的。周桂钿先生对此有深入研究，以历史真实的情况为事实根据，说明社会存在与社会意识关系密切，社会意识的不同成分、不同学派之间具有相对独立性、历史继承性、复杂关系性，很符合马克思主义的唯物史观思想。"政权统一、国家统一，跟思想学术、理论观点多样化是两回事，也不互相矛盾。过去有一种说法认为，政治统一就要求思想统一，而思想不统一就会引起政治分裂。这种说法根据不足，历史没有提供这方面的证据，却提供了很多反证材料。秦始皇统一中国以后用法家思想统一天下的思想。思想虽然强迫统一了，而天下却大乱了。汉初，儒学与黄老之学互相矛盾，并没有危及政治的统一。"②

---

① 杜泽逊主编：《国学茶座》第 5 期，山东人民出版社 2014 年版，第 72 页。
② 周桂钿：《秦汉思想研究》(五)，福建教育出版社 2015 年版，第 187 页。

# 君子：从道到德

韩兆笛(武汉科技大学硕士生)　孙君恒(武汉科技大学教授)

士志于道。先秦的道、儒、墨、法四大家，君子观上鲜明体现了中国文化的"道统"理念与逻辑，无不遵道、崇德，共同为社会安宁和发展献计献策。诸子百家都是"王官之学"，的确抓住了这些学派的共同特征，即都是为社会政治服务，其"道统""政统""学统"三者合一，内在一致，"道统"为根本和灵魂，"政统""学统"是其具体体现和运用，在君子问题认识上遵道崇德、由道到德，非常明显。余英时认为，春秋战国时期，在周代封建制度中作为一个身份等级的"士"发生了巨大变化，"士"的身份特质不再是封建秩序下作为一个特殊的社会阶级，而在于其所代表的具有普遍性的"道"。①

**诸子与官位**

| 序号 | 学派 | 官位出身 | 来源说明 |
|---|---|---|---|
| 1 | 道家 | 史官 | 《汉书·艺文志》：道家者流，盖出于古之史官。历记成败存亡祸福古今之道，然后知秉要执本，清虚以自守，卑弱以自持。此为君人南面之术。 |
| 2 | 儒家 | 司徒之官 | 《汉书·艺文志》：儒家者流，盖出于古司徒之官，助人君，顺阴阳，明教化。游文于六经之中，留意于仁义之际。祖述尧舜，宪章文武。宗师孔子，以重其言，于道最为高。 |

---

① 余英时：《士与中国文化》，上海人民出版社2003年版，第5页。

续表

| 序号 | 学派 | 官位出身 | 来源说明 |
|---|---|---|---|
| 3 | 墨家 | 清庙之守 | 《汉书·艺文志》：墨家者流，盖出于清庙之守。茅屋采椽，是以贵俭。养三老五更，是以兼爱。选士大射，是以尚贤。宗祀严父，是以右鬼。顺四时而行，是以非命。 |
| 4 | 法家 | 理官 | 《汉书·艺文志》：法家者流，盖出于理官。信赏必罚，以辅礼制。 |
| 5 | 名家 | 礼官 | 《汉书·艺文志》：名家者流，盖出于古之礼官。古者名位不同，礼亦异数。 |
| 6 | 阴阳家 | 羲和之官（历法之官） | 《汉书·艺文志》：阴阳家者流，盖出于古羲和之官。敬顺昊天，历象日月星辰，敬授民时。 |
| 7 | 纵横家 | 行人之官 | 《汉书·艺文志》：纵横家者流，盖出于古行人之官。当权事制宜，受命不受辞。 |
| 8 | 农家 | 农稷之官 | 《汉书·艺文志》：农家者流，盖出于农稷之官，播百谷，劝耕桑，以足衣食。 |

资料来源：吕思勉：《国学知识大全》，吉林出版集团有限责任公司2012年版，第8~10页。

"道德"的本义，在先秦时期，不同于现在。"道、德"两个字，是分开使用的，是两个不同的概念。道者，路也，所由也，又与"导"通，引申用来表示事物变化发展的规律、规则以及做人的道理。"德者，得也"，《说文解字注》有云："用力徙前曰德。"所谓"德"，表示对"道"的认识和运用，践履后有所得。内得于己，为"道"；外施于人，叫"德"。由道而德，尊道贵德，弘道崇德，就是人道与天道打通，天人合一，人的生活获得了终极根据。①

"道"这个词汇，在道家出现前，已经被广泛使用。道的原始含义指道路、坦途，以后逐渐发展为道理，用以表达事物的规律性，最后上升为哲

---

① 韩星：《儒家人文精神》，陕西人民出版社2012年版，第130页。

学范畴。《易经》中有"复自道，何其咎"(《小畜》)，"履道坦坦"(《履》)，"反复其道，七日来复"(《复》)，都为道路之义。《尚书·洪范》中说："无有作好，遵王之道；无有作恶，遵王之路。无偏无党，王道荡荡；无党无偏，王道平平；无反无侧，王道正直。"春秋时，《左传》有"臣闻小之能敌大也，小道大淫。所谓道，忠于民而信于神也"和"王禄尽矣，盈而荡，天之道也"之说。"道"，由直观的形象、现实的政令、规范和法度，逐步向抽象化、一般化、普遍化发展。

"道"与"德"合用，始于春秋战国的荀子。《荀子·劝学篇》："礼者，法之大分，群类之纲纪也，故学至乎礼而止矣，夫是之谓道德之极。"这里的道德，是指人们的道德品质、道德境界和调整人和人之间关系的道德原则和规范，就是我们今天一般所说的道德。唐宋之间，这两个字连起来，变成一个固定而普遍流行的概念。道德逐渐合成一个固定的词，表示一般伦理道德，专指的儒家道德内涵也逐渐遗失了，儒家学说也逐渐以讲仁义为主，特别是经过董仲舒的进一步整合，"三纲五常"成为主导意识，把仁义与政治结合在一起，道德似乎成了虚空的东西，所以到韩愈的时候竟然说："仁与义为定名，道与德为虚位。"

遵道、崇德，先由"道"根本理念的认识，再进入到"德"的具体运用，表现为现实的社会政治管理(王官、帝王之学)、人生追求(君子人格)、个人素质(美德修养)等具体方面，由此扩展到芸芸众生、方方面面。君子、士就是遵道崇德的主体，陈来先生指出："士，是指在国君和庶人之间的一个阶级，所说君子则指其道艺而言。所谓士君子者，士指其社会身份，君子指其知识道艺。"[①]

效法古代圣贤、先王，以史为鉴，是先秦七子(韩非子除外)特别强调的遵道崇德的一大思路。韦政通先生在其《传统中国理想人格的分析》的论文中，引经据典，通过列表的方法，对此有深入研究，他认为在先秦参与

---

① 陈来：《古代思想文化的世界：春秋时代的宗教、伦理与社会思想》，生活·读书·新知三联书店2002年版，第293页。

古帝人格理想化工作的，有孔孟、墨子、庄子。儒家的荀子主张法后王，以粲然的周道作为文化理想的根椽，认为五帝之政，以德治国，涵养君子人格。《庄子》也赞美尧，如《天地篇》说："尧治天下，不赏而民勤，不罪而民畏。"韩非子强调法家革新，又更强化了其师荀子怀疑古史的大态度，坚决反封期古。①

"道统"得到了当代学术界的重视。张开炎认为，所谓"道统"，可理解为"具有权威性、合理性和合法性的有关人生、社会、历史、宇宙之道的学说体系，以及对这种学说确认、继承和发扬的规范与传统"②。刘泽华、侯东阳先生指出了"道统"与"帝统"之间的差异，认为道统指的是政治源流的一脉相承，百家共同尊奉的理论准则。③ 道统观则随着汉代大一统帝国的建立应运而生，是帝王、诸子百家在对兴衰治乱的政治经验总结的基础上得出的。瞿林东先生发表了论文《"道统""治统"与历史文化认同》，载《群青》2005年第4期。

道、儒、墨、法四大家的代表中，各自有自己心目中崇尚君子之道。见解异彩纷呈，众说纷纭，甚至唇枪舌剑，破口大骂，争论得不可开交。道家的老子《道德经》，顾名思义，开宗明义就是要讲道谈德，主张的是自然之道。道家的老子作为世界公认的中国第一个哲学家，其明确提出的概念"道"，一字包罗万象，非常简练，微言大义，开辟了中国哲学道学的先河，也扑朔迷离，引起了永久争论，留下了"何谓道""君子之道"的强大谜团，成为先秦君子观的中心线索。道家是自然之道、阴柔之道、上善之道；儒家强调的是仁人之道、成人之道、圣贤之道、中庸之道，特别关注仁爱之道、絜矩之道等；墨家注重的是兼爱之道、非攻之道、侠义之道、和平之道；法家重视的是法治之道、治人之道、治国之道等等。

---

① 韦政通：《传统中国理想人格的分析》，载李亦园、杨国枢编：《中国人的性格》，桂冠图书股份有限公司1988年版，第3页。
② 张开炎：《史统、道统与古代小说》，《社会科学战线》2003年第3期。
③ 刘泽华、侯东阳：《论汉代炎黄观念与帝统和道统》，《学术研究》1993年第2期。

日本学者对诸子百家都是"王官之学"政统的观点，也有看法。1920年日本的津田左右吉发表了他的研究中国文化的第一篇论文《上古时代中国人的宗教思想》(《上代支那人宗教思想》)，集中地表现了津田左右吉对中国上古时代的儒、道、墨、法等主流学派的总体性的见解。津田左右吉概述中国上古时代以上述四家学说为主干的主流性学术的基本倾向是"非宗教性的以帝王为中心的道德性文化"，是"表面上否定而实质上以充实人的欲求为中心的利己主义文化"，是"以儒学的仁孝为中心的权力阶级的文化"，是"欲求保守现状的尚古主义文化"①。

蔡方鹿先生认为中华道统的发展，有时代特色，儒家、道家、墨家、法家等都有表达，其历史划分为四大阶段——从伏羲到周公，从孔子到汉儒，从韩愈到程朱陆王，以及20世纪20年代以来的现代新儒家。②如果说道家的道德概括具有抽象的世界观、宇宙观的奇妙和高度的话，那么儒家的道德则侧重人生观的现实可行的方面，从亲亲到仁仁，逐步展开，合情合理，推己及人；墨家则博大而空泛，满腔热忱，侠义救世，自我泯灭，"摩顶放踵而利天下"；法家严厉处世，毫不留情，冷冰冰铁面无私，直面惨淡人生，冷酷对待社会治理。

---

① 刘萍：《津田左右吉研究》，中华书局2004年版，第214页。
② 蔡方鹿：《中华道统思想发展史》，四川人民出版社2003年版，第108页。

# 庄子君子观的哲学基础

曾文静(武汉科技大学硕士生)　孙君恒(武汉科技大学教授)

庄子注重无标准、无竞争的隐君子，甚至挑战自身学说的合理性，揭示了思想狭隘的人的现实状态，向往徘徊在云层之上的生活境界。庄子用幽默和严密的逻辑，抨击独断的主张，抱着怀疑的态度，排除了对纯粹工具理性的关注。

## 一、逍遥漫游

道在庄子心目中是对美德、智慧和超越物质条件的渴望，是精神通过漫游转换的完整寓言。中国的叙事常常把思想的自由旅途与天、地、人类社会发展的理想结合起来。在道这个概念里，短暂的存在只是一段航程、一条道路或是一段巡回。逍遥游被认为是打破常规的构想，进入到想象现实中是为了达到更高的意识阶段和终极自由。离开现实世界的这些人中，各位游者一直在路上，走向有多种开放的目的地，并且在路上他会经常改变自己的行程。最后的目的地就是自己的自在选择，这是非常光辉和超前的终点。

东方的神，一般的圣人，超出在日常生活活动的一般状态，即使他仍然生活在其他人群中。道人(行者)在两个世界中徘徊：一方面他实现了神潜在的象征意义，另一方面又实现了像道家圣人一样神圣般的美德。在神仙和圣人间直接徘徊的原因使人们进入到这种条件所附加的矛盾心理的核心——去漫游意味着要了解一切，同时现在我们一无所知。行者的每一次转弯可能会被赞扬为权威，或者被遗弃、被说成为流浪，甚至被贬低成一个乞丐。这就引出一个关键问题：漫游是偏离真理，还是走向真理的一种方式？其实，漫游的基础是一种合乎逻辑的、纯粹的自由。

庄子的漫游（逍遥游），关闭了生命中隐藏意义的无常，不是形而上学意义上的，而是作为一种存在主义的分析或者被称为"具体哲学"。漫游与人的生命统一代表着人的短暂存在，伴随着非常困难和突兀的转变。这种运动是离心式的——跨过了熟悉的边界去探寻遥远且近乎传奇的地方，用稳固单一的轨道去趋向遥远未知的世界。或许这种运动是向心式的——渴望被视为古代中心的东西，包括返回到文化源头的神圣之地。

漫游者，从已知世界超越的目的还有更深的含义，探究在未知领域发生的运动到底有没有发生。那遥远的地方并不存在，并且没有人看到那些地方。在极端的形式下，无地点的漫游是重言式表达的——行者来自游子村，来自地球边缘的平原等等。除了争取一个名声地位，自由的翱翔与墨守成规的官场作风是绝对对立的。真正的智者知道，他自己仍然是无知的，他从一个"没人看到过的地方"来并且接纳一切、也不评判别人的行为。

当思想的运转被打断，意识就会转向无意识，圣人就会达到专注当下和超越当下行动的状态，在这种状态里他无法描绘出"无序"情形下发生了什么。这种方式（道）的特点具体并且真实，但是通过预言和虚构思考，就会把现实神话，从而幻想建立成一个想象王国。作为行者的一个条件就是要跟随道，不知何故，像做梦一样，甚至是无知，因为他说不出来。他"忘词了"，他的舌头打结了。智者的内心是空虚的，没有什么思想将他和现实联系起来，他能获取与道的直接感知。跟着这个方向研究，道家的启蒙点可能就是对现实自成一体的批判。庄子发展了生命之梦的隐喻，从想象的视角，揭示了死亡和生命的新体验，也说明了存在真实意义的多样性、神秘性。

自然被看作自发和改变的，而不是对人类活动和变迁无关紧要的基础。贯穿于存在的差异性和平等性就是庄子道学的原则。道的自我转换包含了多样的相对性，人和蝴蝶联系在一起，生命和死亡也联系在一起。在云层上翱翔的人超越了天空和大地，超越了时间和空间。他们的思想状态依然不受任何运动的约束，庄子塑造了一种新的个人、诗意和文化类型，并通过"无翼飞翔"的寓言来表达打破无知的枷锁。精神之旅是由一种视觉的、非文本的、象征性的语言和所谓的"形象思维"来代表的，即把事物的画面和形象作为一种梦的隐喻。(《庄子》中的蝴蝶梦说明了生命的短暂性和二元性。)

## 二、梦蝶相对

庄子是中国最重要和最矛盾的思想家之一，在他的神秘哲学中，现实是被看作一种无限转换的表象所产生出的幻觉。他将自己的思想写成寓言故事，就是著名的"蝴蝶梦"。庄周梦蝶中，庄子从梦中醒来，他不确定他自己是否真的睡着并梦到一只蝴蝶，或者他是否是一只睡着的蝴蝶在做梦化为了庄子。根据这位哲人的观点，世界上没有什么是绝对的，并且认为将"存在"作为一种与"不存在"完全不同的状态是错误的。相反，庄子认为，无行为是一种行为，人们信以为真的事情其实并不是真正的了解。

梦的内容不是现实中的经历，它是假的。但是，一个人可以做梦，在梦中做各种奇怪的旅行，就好像这是真的一样。想象的力量，从伪深刻和迷人的思想展示出来。对庄周来说，他绝对不可能变成蝴蝶，但是这个梦的经历是真实的——在自身的关键时刻它不是梦，是一种感知。这种感知引出了一个不可回避的问题："生命是什么？仅是一个梦？或是梦拥有自己的生命？"它就像埃舍尔的黑白版画一样奇怪：两种隐喻和显像相互交织而存在。记忆和想象力包含了简单和复杂的形象，但是其目标是将记忆指向正在发生的客观形象——重新安排现实的经历以及不存在的虚构故事。

《庄子》展示的不仅仅是讽刺才能——通过讽刺他发现了无限，不断地经历着知识的有限边界。幽默通过不兼容的世界观碰撞产生，笑声像"重击"突然爆发，一个正常态度上的突破，迎接着不可接受。梦自身展示了"与现实相对的黑暗"——非结构性的，混乱的，持续运动的道的整体。自我修正的观念综合了道家哲学的三个认知存在方面：价值论，认知论和心理技术，表明了正义和开明的圣人的生活方式——与宇宙转变期一致的人。

人生要从想象中逃离就意味着要走入一条坎坷的定向——这是一种对所有差异立即一视同仁的不断体验，或者说是所有形式的表达绝对接近道的情况下的重新定向。《庄子》讨论了大觉，克服了梦和醒的状态的对立。天籁作为讲话和沉默之间的过渡，真正的诚忘预示着知识和无知。正如《庄子》在二十六章所提的："言者所以在意，得意而忘言。吾安得夫忘言之人而与之言哉！"

道家大师们无休止地谈论着自己的道路，借着寓言，他们更新了日常的启蒙，同时保持了完全的沉默。根据"不可言说的道"，主张无名就是自发的遗忘，顺其自然。在那里可以找到一个忘记语言的人，这样我就可以和他说话了。庄子在其著作中提出了矛盾的问题。道作为过程，是发生的可能性的增长而不是发生的产生，所以在道的表达中任何语言暴力显得过分并无用。庄子的思维深入地探索了这种因果不确定性和不可言说性，而不是相互对立的现实层面。

## 三、万物平等

"万物平等"的核心是不竞争：平等要求改变人们的世界观——摒弃任何以自我为中心的态度，将万物看做自然现象，自满自足，从认识论转向本体论，挑战了唯我意识的合理性。哲学在生活方式中的作用体现在智者描述的故事中——不是普通人的日常行为，而是哲学家的生活方式。我们已经看到庄子的嬉闹和自由——在想象的世界中漫游——用"无目的漫游"来表达。

想象作为一种思维方式，有着自身的前提、结构和力量，并深刻地体现在庄子的文本中。通过观察大量的自然现象，如飘风、江海、声音、颜色、婴儿、狗等，庄子试图去传递一种"反道运动"，这是一种对自然虚构、讽喻性的模仿。在经验层面上，宇宙的对立并不会发生在漫游者的思想和行为中。竞争行为的叙述在文本中共存，没有明确指出什么是虚构和想象。想象在广义上是思想形成博学思维的回忆——用经验的某些元素复述故事，以便创造一个与经验现实更具针对性的对比。在狭义上，想象仅仅意味着思想不只是一个物体的真实形象——我们可以开始想象无存在，例如《逍遥游》(《庄子》第一章)中的鱼鲲和鸟鹏，作为一个神话般旅程的例子。

道家赞扬了生存的美德和自然的和谐，回归了自然生活的原始态度。由内在转化过程所产生出真诚的、真实的心境被称为"自我"。许多道家的思想家从我们生活的普通社会世界中区别出"自然"——当我们随着我们的本性，其结果就是和平与繁荣；当我们反对本性，其结果就是混乱的。自然是自发和平与和谐系统的表达，所有人都可以认识到自己在道路上的位置。万物平等的道义要求改变人们的世界观：当看万物时，摒弃你任何以自我为中心的态度，摆脱令人窒息的命令式的方式。

庄子不仅努力去完善万物平等原则，而且还鼓励自我实现和个人表达的完整性。拒绝维持特权、隐私，并不意味着否定人格现象，而是描述相互存在模式下的基本主体间的相关性。智慧和超脱并不重叠：道者在世俗中拖着他的包袱，因为他的使命是忠于他所命定的时间。人性的观念描述了一种内在的倾向，以回应道的召唤，重新发现另一个(本体混合)自在的本真。

道虽然常年空无，但在道之外是不可能改变的。熟悉不断变化规律的人与伟大的终极(太极)和谐相处。聪明的人是冷静的、不受约束的、心胸宽广的，不像那些没有受过训练的人，他们不可能有存在主义的倾向。一个人对生产运作的开放性和预见性有着清晰的愿景，感知到有形转换背后的无形过程，以及表面坚持而背后隐藏的多事世界。庄子完全明白，天、地、万有、他自己都是一体的，万物最终都各就其位，完整地回复可以通过原始自然的纯净来实现。拥有真正智慧的人远远超出了事件的链条交替，而他无法控制自然的认识，使他更接近于与道自发的、创造性的、富有成效的合作。

# 士君子之先秦样态

李亚楠(天津市红桥区职工大学教师)

士君子,是先秦时期知识分子的统称,道、儒、墨、法四大家都不例外。那时的士,是贵族的下层或者是失落破败的贵族,从事文化传播活动,包括吹拉弹唱、祭祀等老百姓婚丧嫁娶庆典礼仪方面的活动。无论是儒家还是道家,在春秋战国都归结为"士"阶层,巫师、记史、礼乐师、祭祀者为主要职业,无非是治国理政、为人处世的观念有所不同而已。从历史逻辑上来说,"士"是一个更加悠久的概念和存在,儒家和道家是士的两个不同分支、两大阵营。"先秦时期百家争鸣,各派为政治主张、价值观念和理想人格设计争长论短。其中,尤其以儒、道、墨三家为重。儒家尤重理想人格设计,并深信不断的修养能提升人格的层次。"①

士的阶层十分复杂,形形色色。胡适的《说儒》,论述很细致。春秋战国,士的阶层中不乏滥竽充数、混吃混喝、招摇撞骗的人;有的是居无定所的流浪汉,寄生在当政权贵那里。孟尝君豢养了众多食客,就是典型。汉贾谊的《过秦论》指出:"齐有孟尝,赵有平原,楚有春申,魏有信陵,此四君者,皆明智而忠信,宽厚而爱人,尊贤而重士。"明代思想家李贽的《赠两禅客》诗:"孟尝门下客三千,狗盗鸡鸣绝可怜。"士的阶层五花八门,良莠不齐。汉人刘向将为君主服务的士分为以下四种:智士、辩士、仁士、勇士。到了春秋的后期,各国统治者及公卿贵族为了加强自己的政治实力,大肆招兵买马,广聚谋士、侠士,以便在兼并战争中和政界倾轧中

---

① 江万秀:《儒家伦理与传统文化》,陕西人民出版社1993年版,第67页。

立于不败之地。在《左传》等史籍中，都能见到当时公室和私门好施养士、士多归之的活灵活现的人物和事例。当时所聚之士的作用，主要是贴身武士，保护主人的人身安全，类似保镖；谋士出谋划策，当军师智囊，替主人争夺政治地位，除掉政敌和仇人；凭借大量武士的勇武，出生入死，以壮大主人的军师阵容。①韩非说："儒以文乱法，侠以武犯禁，而人主兼礼之，此所以乱也……犯禁者诛，而群侠以私剑养。"韩非把侠列为"五蠹"之一，认为他们是国家蛀虫，坚决反对国君给予这些人优遇宾礼。刘泽华先生将先秦的士分为七类：武士、文士、吏士、技艺之士、商贾之士、方术之士，以及那些缺乏同质性的士构成的一类其他。②

先秦儒家是以做人为主线逐步发展的。"儒"，偏旁结构是"人"加"需"，其字面意义反映的是人的需要，这样的需要强调的不是本能、生理的需要，而是人的高级的、高雅的、文化的、精神需要。那时的儒，就是读书人、明礼人、从事精神活动和文化传播的人，儒、士不分，是很宽泛的群体或者阶层，属于士阶层。先秦时期的儒家、道家和墨家都可以归入儒、士的阵营。那时没有儒家、道家和墨家的说法，是后人才把他们分门别类的。冯友兰在这个方面的研究，顺理成章。冯友兰先生认为："所谓士之阶级，即是一种人，不治生产，而专以卖技艺才能为糊口之资"，"士字之本意，似是有才能者之通称。"③历史学家吴于廑先生指出："早在儒学兴起之前，'儒'字就用来表示'学者'，或者'士'，或者'没有勇气作战的人'。因此'儒'是有学问的人。人们认为他在封建社会中比他的同胞们更知道'礼'。当对庆典事宜有任何疑问时，很自然地，人们会找到他来得到指教。由于中国人从远古时代就注重'丧礼'和'祭献'，而这些仪式在技术细节上十分复杂，向有学问的人请教常常很有必要。久而久之，这就成了'儒'的一种职业，为各种祭典仪式提供服务。他帮助人民根据合适的仪

---

① 陈宝良：《中国流氓史》（修订本），上海人民出版社2013年版，第46页。
② 刘泽华：《先秦士人与社会》，天津人民出版社2004年版，第1~14页。
③ 冯友兰：《论儒侠》，《人生四境界》，长江文艺出版社2016年版，第200页。

式和习惯来举行典礼。"①儒家作为士之一部分，其中有识之士，强调理想的追求、道德的情操、社会的作用和人生的意义。"孔子的大贡献：一、把殷商民族的部落性的儒扩大到'仁以为己任'的儒；二、把柔懦的儒改变为道刚毅进取的儒。"②

  道家的一派的士，强调做隐君子，进行了逍遥自在的人生选择。

  墨家一派的侠士，崇尚兼爱、非攻等君子思想。墨家主张"兼爱""尚贤"的必然逻辑，是严格执法，纪律严明，在一定程度上后来的法家一派的士的见解十分接近。相传"墨者之法，杀人者死，伤人者刑"(《吕氏春秋·去私》)，就是强调的惩罚行为的体现。墨家的"为贤之道"是"有力者疾以助人，有财者勉以分人，有道者劝以教人"，而法家的尚贤标准是从有功于耕战出发。由于"尚贤"，墨家在法律上也相应地主张"赏当贤，罚当暴"。如果"赏不当贤，罚不当暴"就起不到"劝善""止暴"的作用。为了使赏罚充分发挥威力，墨家还指出法律与道德、舆论等必须一致和互相配合。法律上的赏罚和社会上的舆论如果不一致，"上之所赏则众之所非"或"上之所罚则众之所誉"，也不可能"劝善""沮暴"。要使赏罚发挥作用，还必须反对徇私舞弊，做到"赏贤罚暴勿有亲戚弟兄之所阿"。墨家还提出"若见爱利天下以告者，亦犹爱利天下者也，上得则赏之；若见恶贼天下不以告者，亦犹恶贼天下者也，上得且罚之"。既奖励荐贤，又打击匿奸。这样就可做到"赏当贤、罚当暴，不杀不辜，不失有罪"。墨家的法的思想，也是以"兼相爱、交相利"为核心，并服务于他们的社会理想的。墨子很重视"法""法仪"或"法度"的作用，认为无论从事任何工作，都必须有"法"，如百工的"为方以矩，为圆以规"一样，否则便将一事无成。《墨子·经上》说："法，所若(顺)而然也"，一切都必须顺法而行。治理天下、国家当然更应该有"法"。墨家主张"以天为法"和"莫若法天"。因为

---

  ① 吴于廑：《士与古代封建制度之解体——封建中国的王权与法律》，武汉大学出版社 2012 年版，第 296 页。
  ② 胡适：《说儒》，漓江出版社 2013 年版，第 1 页；另见胡适、鲁迅、傅斯年等：《问孔》，海南出版社 2011 年版，第 19 页。

"天之行广而无私,其施厚而不德(《群书治要》作"息"),其明久而不衰",天是最公正、最仁慈的。既要"以天为法",则应以天的欲、恶来确定人们的行为准则。他们借口天对一切都"兼而有之,兼而食之",因而强调"天欲人之相爱相利,而不欲人之相恶相贼也"。"以天为法"就应以"兼相爱、交相利"为"法"。墨家所说的"法"是广义的,既包括法律、道德等行为规范,也包括规矩、准绳等度量衡。他们提出"以天为法"的目的,是想使"兼相爱、交相利"成为衡量一切是非、曲直、善恶、功过的统一的客观标准和理想境界。

# 岳飞的君子之道

关殷颖(武汉科技大学硕士生)

岳飞(1103—1142年),字鹏举,相州汤阴(今河南汤阴)人。他是南宋初抗金名将,能文能武,忠孝两全。他以恢复中原为己任,善于谋略,治军严明。在其戎马生涯中,他亲自参与指挥了126仗,未尝一败,是名副其实的常胜将军。后遭奸臣秦桧以"莫须有"的罪名陷害致死。淳熙五年(1178年),追谥武穆。宁宗追封鄂王。宝庆元年(1225年),改谥忠武。《宋史》有传。岳飞有《武穆遗文》(又名《岳忠武王文集》),其词《满江红》是千古绝唱的名词;"文官不爱钱,武官不惜死"是千古名言。忠孝是中国传统伦理道德的两大支柱。岳飞是忠、孝二字的忠实践行者和集大成者,留下了大量的忠孝事迹,是君子言行一致的典范。

中华民族是伟大的民族,自古以来,即被称为"礼仪之邦"。礼乐文化,泱泱大观,其中的忠孝观念,可谓源远流长,光耀千秋。《诗经》云:"哀哀父母,生我劳瘁。"《千字文》讲:"孝当竭力,忠则尽命。"《孝经》言:"忠孝道著,乃能扬名荣亲,故曰终于立身也。"孟子曰:"老吾老以及人之老,幼吾幼以及人之幼。"百善孝为先,"孝"是人类伦理的根基、人生道德的起点。中华上下五千年,仁、义、礼、智、信与忠、孝、节、义,在革故鼎新中得以传承和发展,成为中国传统社会中为各个阶层以及各家各派共同认可的价值追求。今天,"忠国孝亲、尊老爱幼"不仅是我们共同的道德遵循,而且成为普遍的社会共识和法律要求。在今天河南省汤阴县岳飞庙大门口的八字墙上,书写着两个苍劲有力、气贯长虹的大字——"忠、孝"。作为中华文化遗存，"忠、孝"二字，既代表了后人对岳飞一生事功成就的高度评价，也是对个人立身处世之根基的标尺诠释。"孝"为做人之本，"忠"为立身之根，"孝"为"忠"之始，"忠"为"孝"之果，"忠、孝"代表的是家国情怀，是儒家文化的集中体现。岳飞思想、品性、事功成就的根基，首先就在于"忠、孝"二字。古人云："自古忠孝难以两全"，然而在岳飞确是少有的例外。岳飞对国家忠贞，对人民恤爱，对家庭忠诚，对父母至孝，是人间"大爱"。不同历史时期，国家、民族所面临的形势和任务不同，忠孝观念则有不同的内涵要求和不同的表达方式，我们要辩证而又全面看待岳飞的忠孝观念，正确认识其中的道德教化功能，要立足于新时代背景，赋予其新时期的内涵，发挥其积极作用。

# 一、岳飞之忠

岳飞一生胸怀大志，渴望成为砥砺名节、以身许国的英雄。他北伐抗金，挥师百战，矢志匡扶社稷、名垂青史。但岳飞追求功名并非为了荣华富贵、利禄享受，而是为了尽忠报国、匡扶社稷的人生追求。当国家遭遇外敌入侵，真定宣抚使刘韐募兵，岳飞毅然报名从军，决心以身报效国家。自宣和四年(1122年)，二十岁的岳飞弃家参军离开家乡，从此出生入死，经历大小战役一百余次，驰骋疆场近二十年，直到39岁被冤死，把自己的一生都奉献给了国家，为"还我河山"，捍卫民族尊严，流尽了最后一滴血。

有人说，岳飞的精忠报国是"忠君"报国。事实上，在封建时代，士大夫文臣武将、普通老百姓效忠的最高对象，只能是帝王君主，君主是封建国家的总代表，君主拥有至高无上的权力，君主与国家、君权与政权结合在一起，所以效忠君主就是效忠封建国家，忠君和爱国难以分开，忠君的思想和行为自然被看成爱国的表现。同时，爱国的行动必须得到君主的支持，不然，难以取得成功。更多的史实证明，岳飞之"忠"，与其说看起来表面上岳飞忠于君主，倒不如说更忠于国家和人民。绍兴九年(1139年)，赵构等投降派在宋金第一次订立和约后，大行封赏、粉饰太平，岳飞则进《谢讲和赦表》言："臣幸遇明时，获观盛事。身居将阃，功无补于涓埃。口诵诒书，面有惭于军旅。尚作聪明而过虑，徒怀犹豫以致疑。谓无事而请和者谋，恐卑词而益币者进"，对所谓的"胜利"表示愤懑，再言："臣愿定谋于全胜，期收地于两河，唾手燕云，终欲复仇而报国；誓心天地，当令稽颡以称藩。"可见岳飞抗金意志之坚定，岳飞还曾当面对赵构说："金人不可信，和好不可恃。相臣谋国有臧，恐贻后世讥议。"绍兴十年（1140年），金人撕毁和约，向南宋大举进犯，验证了岳飞先前的判断。据《宋史·高宗纪》记载："（十年）夏六月甲辰朔，以韩世忠太保，张俊少师，岳飞少保，并兼河南、北诸路招讨使。丙辰，岳飞将牛皋及金人战于京西，败之。甲子，遣司农少卿李若虚诣岳飞军谕指班师，飞不听。"为了南宋的抗金事业，岳飞敢于挺身与以最高封建统治者赵构为代表的投降派作毫不妥协的抗争，而非一心一意附和赵构。可见岳飞绝非"忠"于赵氏一家，他关注的从来都不是赵构一个人的生死荣辱，更不是自己的荣华富贵，而是苍生社稷、百姓安危，是心系国家的大"忠"之举。虽如此，赵构贪恋君王权位、自身私利而自毁长城，授意秦桧之流加害岳飞。岳飞以自己的死，表达了对国家之"忠"，"风波亭"之鲜血，换来的是"一身虽死，青史留名"。

尽忠报国，是岳飞的生动写照，家喻户晓，历代传颂。《宋史·何铸传》载："秦桧力主和议，大将岳飞有战功，金人所深忌。桧恶其异己，欲除之，胁飞故将王贵上变，逮飞系大理狱。先命铸鞫之，铸引飞至庭，诘其反状，飞裂而示之背，背有旧涅'尽忠报国'四大字，深入肤理。"岳飞对国家尽"忠"，更主要的体现在他公而忘私、不避私仇。他善待降将，为国所用，从不为自家私利所系。绍兴二年（1132年）初，岳飞奉命征讨游寇曹成，擒获曹成的一员将领，大家都认为此人必死无疑，因为此人刚在战斗中刺死了岳飞亲弟弟岳翻。然而让大家意想不到的是，岳飞叫人松绑，对他说："我知道你是血性男儿，只要你今后愿为国家出力，将功赎罪，我可以免你一死。"此人闻言跪地拜谢，热泪长流。此人即是后来屡建奇功、乱箭穿身的大将杨再兴。不避前嫌，不计私仇，一切为军、为国所虑如岳飞者，亘古少有。就连高宗皇帝都曾赞叹岳飞："国尔忘身，谁如卿者！""非一意许国，谁肯如此！"绍兴十年（1140年），南宋朝廷授予岳飞"少保"官位的诏书是："武胜定国军节度使、开府仪同三司、充湖北京西路宣抚使、兼营田大使、武昌郡开国公、食邑四千户、食实封一千七百户岳飞：智合韬钤，灵钟河岳，气吞强虏，壮哉汉将之威棱；志清中原。奋若晋臣之忠概。师屡临于京洛，名远震于荒夷。"

更多的史实证明，所谓岳飞的"愚忠论"是站不住脚的。慷慨激越、气壮山河的《满江红》是赤胆忠心的精忠之歌，也是居安思危的警世之钟，不但是岳飞精神的生动写照，更是整个中华民族不屈不挠的精神战歌。

## 二、岳飞至孝

岳飞对父母之孝，感天动地，堪比古代二十四孝。岳飞孙岳珂曰："先臣天性至孝。"岳飞忠心耿耿，精忠报国，事母至孝，教子甚严，治家有方，家风优良，成为忠孝两全的典范人物。

岳飞父亲死得早，岳飞为父亲守孝三年。在南方稍事安定下来，便先后十八次派人深入沦陷区将母亲姚氏接至军营。母病每每"药饵必亲"，照顾无微不至。绍兴四年，岳飞正值奉命紧张筹划收复襄汉军务之际，忽闻母亲病重消息，心急火燎，上疏高宗《乞侍亲疾札子》曰："臣老母姚氏，年几七十，侵染疾病，连月未安。近复腿脚注痛，起止艰难，别无兼侍，以奉汤药。人子之心，实难安处。伏望圣慈，察臣悃愊，无他规避，暂乞许臣在假，以全侍奉之养。"拳拳哀心，感人至深。绍兴六年三月一十六日，岳母姚氏病故，岳飞闻讯悲痛难抑，朝夕号哭。岳飞急赴"丁母忧"，不久赵构下诏岳飞"择日降制起复"，岳飞回函《乞终制扎子》。据《金陀粹编》卷十四（家集）卷五（奏议中）载："幼失所怙，鞠育训导，皆自臣母……臣以身服戎事，未尝一日获侍亲侧，躬致汤药之奉。今者遭此大难，茶毒哀告。每加追念，辄欲无生。而陛下恩眷有加，即命起复，在臣么微,固深衔戴,然臣重念为人之子,生不能致菽水之欢,死不能终衰绖之制,面颜有靦,天地弗容。且以孝移忠,事有本末,若内不克尽事亲之道,外岂复有爱主之忠?"岳飞孝敬母亲、侍母谦愧之情,溢于言表。岳母病亡,岳飞与岳云父子赤脚扶棺近千里到九江,安葬母亲,也可观岳飞已经将"忠、孝"二字刻骨铭心,渗透血脉,加以传承。至今九江的岳母墓地,建有"孝庐",可以作证。

不仅如此,岳飞的"孝"心,也潜移默化地影响着家人。岳飞妻子李娃选择陪葬远在九江的婆婆身边,以使其死后仍能尽孝,可谓世间少有的好儿媳。岳飞一生谨记母亲"尽忠报国"的教诲,同时对母亲爱戴至孝,名不虚传。

## 三、岳飞忠孝历久弥新

中国人讲究"忠孝传家",忠、孝一直是中国人的两大精神支柱,是维护社会永续的"骨骼血脉"。圣人曾子认为要"忠孝合一",他说如果一个人做到了孝顺父母,并且认为这是天经地义的,那他对国家、君王、朋友也会这样做,即"忠孝合一"。"若内不克尽事亲之道,外岂复有爱主之忠?以身许国,何事不可为;以身许国,何事不敢为。"这是岳飞曾对全军将士讲的话,言为心声,纵观岳飞一生的言行,便可理解岳飞作为最下级军官"越职上书",直达封建最高统治者的胆识,违背高宗圣意"迎还二圣"洗雪国耻的勇气,不计个人得失安危的拳拳衷心和惊人之举。作为封建旧时代的文臣武将,岳飞模范地践履了这一要求。当然我们不能苛求古人,对于岳飞超乎常人的忠孝之举,我们要坚持辩证唯物主义的观点正确看待,坚持与时俱进地传承与发展。

古往今来,中华传统美德始终是中华民族赖以生存和发展的重要精神支柱,是社会主义核心价值体系的重要组成部分,而忠、孝正是调节社会人伦关系的基本道德遵循,是道德的原点和支点。在中国古代家国同构的社会里,岳飞作为一位文武双全的完美军人与恪守儒家传统道德规范的模范无疑更具有特殊的意义。毛泽东在接到母亲病危的家信后，抚棺恸哭，挥笔写下《祭母文》："吾母高风，首推博爱。"朱德也曾饱蘸深情地著文《回忆我的母亲》，赞颂母亲无比的爱和崇高品质。这些伟人的做法，无不受到中华传统儒家文化潜移默化的影响。"精忠报国，是我一生的目标"，习近平总书记曾在不同场合多次谈及岳飞的爱国主义精神。2017年，习近平总书记在党的十九大报告中指出："深入实施公民道德建设工程，推进社会公德、职业道德、家庭美德、个人品德建设，激励人们向上向善、孝老爱亲，忠于祖国，忠于人民。"

岳飞的爱国情怀、孝亲之举，是忠于祖国、爱亲孝亲的最好诠释。我们要大力弘扬岳飞"精忠报国"的爱国主义精神，把个人理想与全国各族人民的共同理想结合起来，把个人奋斗与国家前途命运结合起来，把忠于祖国、维护国家统一和民族尊严作为我们的自觉行为。岳飞"大忠、大孝"背后的力量支撑是"大爱"和"大德"。在改革开放和市场经济的大潮下，作为中国人传统价值观的"忠孝"观念也曾受到质疑和冲击，但随着我们对中国传统文化的重新认识和深刻反思，传统伦理价值观念得以回归并得到重视，使国家公民的道德境界得到提升，社会风气更加良善。今天，忠于国家，忠于人民，尊老爱幼，是建设有中国特色的社会主义文化的根本要求，对协调家庭关系，维护社会稳定，培养人们对国家、对社会、对家庭的义务感、责任心，建构和谐稳定的经济建设与社会发展环境等都发挥着积极而又现实的作用，我们要使之发扬光大，坚持立德树人，坚持社会主义核心价值观教育，为中国特色社会主义精神文明建设增砖添瓦，我们责任神圣而又伟大。

# 儒道墨法的互动

张军桥(河北师范大学教师)

儒、道、墨、法争鸣与交融的生态,展示了春秋战国君子栩栩如生的面貌。各个学派交互作用,互相融通,历史真实,盘根错节,错综复杂,在此仅仅勾勒一些要点。

## 一、儒与道

儒家和道家是中国历史上长期盛行的思想,在君子观上影响特别大。"道家的出现对当时及以后的中国学术界影响非常巨大,中国传统文化从思想上说,最终归于儒道两家。"①

(一)儒道本来是一家

儒道都是华夏文化的一部分。其实当时他们并不一定认识到自己属于哪个学派,也没有明显的区分自己的学派归属,现在我们所说的学派是后人研究方便划分的,才取名儒家、道家。"儒家治国虽然也讲过无为而治,但主要是侧重有一个好的礼乐文化。而道家则是从心灵生活的角度入手来说。"②两个派别都有巫史传统,说明了儒家和道家是都讲究巫术礼仪,

---

① 吴江:《吴江文稿》,中央编译出版社2009年版,第604页。
② 周海春:《儒学滥觞——孔子与早期儒学》,中州古籍出版社2014年版,第78页。

同根同源，密切相关，难以一刀两断。李泽厚先生在其《说巫史传统》一文对中国上古思想发展的历程作了一项极富"猜测"性的大胆的"假设论断"，认为孔、老儒道的思想"都来源于或脱胎于上古的巫史传统"，"巫术礼仪不仅是儒道两家，而且还是整个中国文化的源头"。① 司马谈在《史记·太史公自序》中对道家的基本精神作过一次总结说："道家使人精神专一，动合无形，赡足万物。其为术也，因阴阳之大顺，采儒墨之善，撮名法之要，与时迁移，应物变化，立俗施事，无所不宜，指约而易操，事少而功多。"

(二) 互相学习、学派交融

历史记载，孔子当年问礼于老子。庄子的学说也曾被认为来自孔子的弟子子夏。一方面二者之间有某种继承关系，另一方面，儒家成了道家批评的对象，反倒促进了道家学说的进一步发展和完善。当时的儒家和道家两个学派之间，互相学习、攻击、交融。章炳麟认为道家来自儒家。庄子云"固未尝绌儒学，且与以相当之地位"②，讽刺儒家的言论"是乃寓言"，就表明庄子的众多寓言所表达的思想，与儒家的想法并无本质上的分歧。

(三) 观念的相似

儒、道都推崇德行，有圣和仁义的道德层次差别方面的主张。在湖北郭店出土的楚简《五行》篇中，圣被描绘为"仁义礼智圣"五种德行的最高一种，仁义则是最基础的德行。儒道两家在价值观方面，有很多共同的认识，并不矛盾。令人惊讶的是，现在的竹书《老子》居然未曾弃绝这些，道家所要弃绝的三者——辩、为、作，也都是儒家常鄙夷视之的，看来儒家和道家的根本见解异曲同工。任继愈也曾提出过相似看法："已公布的有

---

① 李泽厚：《历史本体论己卯五说》，生活·读书·新知三联书店2003年版，第185页。
② 蒋锡昌：《庄子哲学》，摘要见詹石窗主编：《老子学刊》第8辑，巴蜀书社2016年版，第198页。

关楚墓竹简的文章,都正确地指出《老子》主旨在讲明无为、贵柔而不反对仁义。史书记载,孔子对老子虽不赞成,却还尊重。互相敌对、势成水火,那是学派造成以后的事。"①

日本学者津田左右吉认为:"《老子》之说,虽则反对儒家的教化主义,而不能不说他仍旧是继承着其思想。他以为民是当服从于王者或圣人之化的之一事,实同于儒家。又若孟子,他一面既以道德根于人性,而他实则又大说其教化主义,以之与《老子》参照,则知中国人殊难脱却其由上导下的思想。"②

儒家和道家具有的相似性,美国学者郝大维、安乐哲先生将其总结为三点。首先,"无论是儒家还是道家,他们都致力于培育特殊的人或事物的独特性和完整性,与此同时,根据这两家,特殊的人和事物的本质是在与其周围的条件的协同作用中形成的";其次,"儒家和道家都使用类推法决定事物之间的恰当关系……这两个传统都依靠类推法,将效法典范作为修持和教育的手段";再次,"无论是君子还是真人,都是有权威的(authoritative),他们感化了他们周围的人,使周围的人遵从他们。他们是已成就的典范,他们有感化力的、与社群整合的活动,导致他人的自我实现"。③

但也有学者提出了不同意见。例如,吕绍刚先生就认为不能依据简版《老子》不反对仁义就得出儒道不存在冲突的简单结论,他认为:"惟有'绝伪弃诈,民复孝慈',逻辑思路与另两句不同。要实现孝慈,非去掉虚假欺诈不可,这话儒家也可以说,不待老子费口舌。而且这话在老子那里等于一句废话,毫无意义。伪诈,与圣辩、巧利一样,在儒家那里必是具有正面意义的好东西。老子说绝弃它,才有意义。可见,伪诈在老子这里必

---

① 任继愈:《任继愈自选集》,群言出版社2014年版,第190页。
② [日]津田左右吉:《儒道两家关系论》,曹峰编:《出土文献与儒道关系》,漓江出版社2012年版,第141页。
③ [美]郝大维、安乐哲:《汉哲学思维的文化探源》,施忠连泽。江苏人民出版社1999年版,第176页。

躬有所指。其实《老子》讲'绝伪弃诈'的伪诈,指的是儒家鼓吹的仁义,仁义在道家眼中与伪诈同义。"再如,许抗生也表达了类似观点,他认为简本《老子》中虽然没有明显、激烈的反儒词语,"但简本《老子》的整个思想体系与以孔子为代表的儒家思想体系,是根本不同的两种思想路数",简本中不仅有贬抑儒家仁义、否定儒家思想的倾向,而且有与孔子儒家思想根本相对立的思想,"如简本中有'绝学亡忧''绝智'和'闭其门,塞其兑'(杜塞耳目)、'绝为弃虑'等思想,皆是与孔子的好学、好思的思想相对立的"①。关于早期的儒道关系争论,有学者对此进行了客观中肯的评价:"早期道家思想同儒家相比是截然不同的,具有本质上的差别。早期儒道之间虽然不是势同水火,但也绝不是其乐融融。"②

## 二、儒与墨

儒墨在春秋战国历史上并称为"显学",天下学问、学派不归儒则归墨,可见它们并驾齐驱、势均力敌。可惜,后来墨家销声匿迹,在近代中国才得以复兴。

### (一)儒墨来自相同文化背景

韩愈《读墨子》指出:"儒墨同是尧舜,同非桀纣,同修身正心以治天下国家,奚不相悦如是哉?余以为辩生于末学,各务售其师之说,非二师之道本然也。孔子必用墨子,墨子必用孔子,不相用,不足为孔墨。"有的人认为韩愈是"援墨注儒",认为将儒墨并举,伤害了儒家尊严和博大形象,我们感到韩愈的认识高瞻远瞩,洞察历史真相,他能够将儒墨优势互补,进行融合,给予儒家发展注入了新的活力,恰恰说明了儒家兼收并蓄

---

① 许抗生:《再读郭店竹简老子》,《中州学刊》2000年第5期。又见胡键主编:《哲学社会科学学术动态分析》,上海社会科学院出版社2015年版,第107页。

② 吕绍刚:《郭店楚墓竹简辩疑两题》,《史学集刊》2000年第1期。又见胡键主编:《哲学社会科学学术动态分析》,上海社会科学院出版社2015年版,第107页。

的包容性、兼容性和综合性的优势。

墨家尽管强调尧舜"夏政""古礼",和孔子因循、损益的"夏礼""殷礼""周礼"不同,但是孔子时代"夏政""夏礼"没有直接明确的历史文本记载,只是"传说时代"的神话人物,或者后来的"道听途说"。墨家所强调的最终依据,仅仅是二手转载材料,"合理想象",不足为凭。孔子因循"殷礼""周礼",特别是"周礼",有理有据,切实可靠,经过孔子严格取舍,更有说服力。在一定程度上,墨家也是就"周礼"而加以谈论,批评孔子的。

(二)儒墨的相互吸收和借鉴

《墨子》有《非儒》篇,直截了当批评儒家;《孟子》激烈攻击墨子的兼爱是无亲生父母的爱,不能令人信服。儒、墨之间在争鸣、辩驳、诘难的过程中,相互有所吸收,如儒家经典《礼记·礼运》中的大同思想"人不独亲其亲,不独子其子,使老有所终,壮有所用,幼有所长,鳏寡孤独废疾者皆有所养",就是墨家"兼爱"说的发展,或者两者完全可以互通、相发明、相媲美。墨家强调效用的"兴天下之利,除天下之害"的说法和做法,与儒家的重生尊身思想,与儒家"修、齐、治、平"的理想,九九归一,社会美好的愿望都相互接近或者一致。

# 三、儒与法

(一)师承关系

韩非子是儒家荀子的徒弟,法家思想形成后的第一位实践者——李斯,也和韩非子一起在荀子门下求学。"荀子的弟子中最有名望的是李斯和韩非。"[①]法家的兴起,是儒家的道德说教不能满足当时社会需要,缺少

---

① 郭志坤:《荀学论稿》,上海三联书店1991年版,第27页。

时效，不能"快刀斩乱麻"而产生的。法家认为要恢复社会秩序的有效、快捷方法是法律，对于原来周礼中的"刑罚"思想进行了发展。

李悝在魏国变法，吴起在楚国变法，他们皆是公认的法家代表。李悝是出自儒家，直接师承儒家的子夏，带有儒家的痕迹，但其在魏国帮助魏文侯进行的改革又是法家的主导思想。当时学派争鸣，相互切磋，思想传承和表现形态很复杂，不能仅仅简单断言他完全属于某一个学派。

(二) 儒法兼容

许多学者和政治家是儒法兼具的。荀子的思想，就体现和倾向于儒家的"礼"和法家的"法"的相互结合，一改以往儒家的向内求其诚心的心性之道，转而向外发展，以实现"外王"、治国。齐国的太公姜子牙、管子的法家思想，吸收了东夷的一些传统风俗，齐国的法家并不是像秦晋法家那样，而是兼用礼法、王霸并用。

(三) 外儒内法

在某种意义上说，法家是不讲道德的儒家，法家继承并发展了儒家对行为手段的重视。外儒内法是儒法密切关系的生动体现。内儒即是以儒家重视人、以人为本、合理分配利益等观念为原则；外法即以法家的观念建立政治架构，以法治观念治国。外儒内法是表面上推崇儒家思想，但是实际操作上依赖法家，往往是儒法结合、儒法互济。政治强硬的事功，与伦理劝导上的自律，软硬兼施，是历代统治者稳固其统治的两大基本手段，也是构成外儒内法的重要成因。一般而言，儒学重仁政，讲究以伦理促进统治，主张"以德治国"；法家讲法制，重在事功和严格惩罚，强调"依法治国"。两种思想彼此糅杂，形成了"软硬兼施"、"恩威并重"、双方互补的治国理政方略。中国历史上长期以来，礼法相结合，"以德治国"和"依法治国"并重，就反映出儒法之间水乳交融的真实态势。

在管仲的思想里，能够找到儒、墨、道、法等多家思想线索。管子综合诸子百家思想，兼收并蓄，《管子》里包括老子《道德经》道、气的思想。

孔子的礼、义、廉、耻说,被《管子》明确为"四维"。《管子》还包括孟子的"民本"思想。管仲是历史上第一个提出"法"概念的人。《管子》一书问世后,众说纷纭,莫衷一是,有人把它列入道家,有的列入法家,也有的认为相同于儒家,但该书是一部集古代思想大成的书,则毫无疑问。①

---

① 何立明:《中国士人》,上海交通大学出版社2017年版,第22页。

# 管鲍善交

龚　武（安徽省管子研究会副会长兼秘书长）

"管鲍之交"，人所共知；"管鲍善交"，鲜为人知。其实"管鲍善交"才是"管鲍之交"的源头。"管鲍善交"出于《列子》。列子，又叫列御寇，是战国时期人，在《列子》的《力命》篇里，比较全面、系统地描述了管鲍之交的故事。这个比司马迁记载的还要早、还要详细，也更客观全面。

## 一、管鲍的君子之交

"管鲍善交"的关键是"善"，有两层意思，一层是这不是世俗意义上的交情，是"好的、完美的"交情，再一层意思是"交善"，即这是一种彼此相互善待的交情。就是说鲍叔牙善待管子，管子在超越性的意义上善待鲍叔牙。所谓善交，就是君子之交。君子重义。礼义廉耻，国之四维。义字当先，天下为公，可谓是君子人格中最核心的软实力。管鲍之交所展现的历史图景，恰恰就是这个君子人格核心理念的人格化。在列御寇笔下，管鲍之交是典型的、有非常内涵的"君子之交"。列子对管鲍之交的记载是客观的，有格局的，所以也更为接近历史事实。列子这段记载甚至成为司马迁写作《史记·管晏列传》的直接借鉴。遗憾的是，司马迁借用了列子的素材，却阉割了列子的精神，而以春秋笔法，让管鲍之交变了味。如其曰："管仲贫困，常欺鲍叔，鲍叔终善遇之，不以为言。"这里的管鲍之交已经不是"君子之交"：鲍叔还是"君子"，管仲已然变成了"小人"。谬种自此流传。

## 二、解读"管鲍善交"

管子与鲍叔牙是一对"发小"。在北京方言里,从小到大都一直是朋友,才叫发小。2010年5月,纪连海应邀来管子故里颍上讲学,他原本不以为鲍叔牙是颍上人,但是在飞机上琢磨这事,觉得有问题。他说:"人与人之间最高的境界是无条件地相互信任,比方我们人与人之间,刚刚认识,相知很少,是不可能推心置腹,更不用说相互托付隐私和大事了。管鲍之间发生的那么多私密的、生死攸关的大事,不是'发小'根本办不到。所以,只有鲍叔牙和管子都是颍上人,从小就在一起长大的,才能理解他们这种超乎寻常的友谊关系。"

管鲍双方总是用自己的缺点来烘托对方人格的完美。譬如,管仲就以自己的"经商多分利润""办事不妥""入仕不顺""打仗败走"和"囚鲁不死"等五项人生中最不堪的坎坷经历甚至污点,来衬托鲍叔牙的品德高尚。这与后来鲍叔牙推荐管仲为齐国相国之际列举了自身有五个地方不如管仲,有异曲同工之妙。古人常常用自己的劣短,来反衬朋友的优长。鲍叔牙向公子小白推荐管子时说:"若必治理国家者,则其管夷吾乎!臣之所不若夷吾者五:宽惠柔民,弗若也;治理国家不失其柄,弗若也;忠信可结于百姓,弗若也;制礼义可法于四方,弗若也;执枹鼓立于军门,使百姓皆加勇焉,弗若也。"(《国语·齐语》)

在齐桓公不忘管仲那一箭之仇时,鲍叔牙则为管子辩护他是各为其主,如果你是他的主子,以后他也会这么做的。鲍叔牙就这样使用了与管子一样的自揭其短的方法,推辞掉了公子小白赋予自己"宰"领众臣的相位,而甘愿"以身下之"。

"管鲍分金"的故事讲的是他们合伙做生意分钱的事。"管鲍善交",当然内容远不止于"分金",而有更为深广、丰富的内涵。管子与鲍叔牙是一生一世的好朋友。管子后来辅佐齐桓公实现了齐国的复兴,管子的朋友鲍叔牙在管子成就大业的人生道路上,作为齐国政治团队的重要人物之一,也始终扮演了一个举足轻重的角色。"管鲍善交"真正的灵魂在于，功成名就，权倾朝野之后，朋友之间还怎么处？管、鲍给出了完美的解释。

管子在与齐桓公讨论国事，经常谈到"人事"问题。管子对桓公说，使用、选拔和爱惜人才，首先就是要在奖惩赏罚上出于公心，追求一个"当"字，就是"用刑罚不私其仇，论奖赏不私其亲"，"赏当其功，罚当其罪，禄当其位"。

管子与齐桓公论说交友之道，以为最要不得的就是为谋求一时个人私利的"乌集"之交。论及朝廷大臣的为官之道，管子极力深恶痛绝"群臣比周"和"结党营私"，将这两条当作最大的祸国殃民，明确告诉齐桓公把这两条是作为识别"乱臣"和"奸臣"的标准。管子甚至有感而发喊出"废私立公，能举人乎？"的强音，提出"非信士不得立于朝"。统领百官的管子不仅是言者，而且是行者。

司马迁觉得不值得继续写下的故事，列子却认为恰恰是"管鲍善交"的高潮而"不得不写"。

就像管子囚鲁不为公子纠而死，没有杀身成仁一样，管子在晚年弥留之际，病榻荐相，依然没有推荐鲍叔牙为自己的继任，管子再一次做出了世俗难以理解的艰难的决定。管子似乎超越了儒家和世俗的"仁义"概念，甘当一个后儒和世俗眼中"不仁不义"的人。病榻论相时，管子、鲍叔牙和齐桓公都年过七旬，到了风烛残年，事实是不久鲍叔牙和管子便去世了，接着宁戚和齐桓公也相继去世。病榻论相，在某种意义上也是管子的政治遗嘱。

管仲与齐桓公的对话被易牙知道后，易牙跑去见鲍叔牙，对他说："你当年那么帮管仲的忙，可他现在却批评你的缺点，不让你做丞相！"鲍叔牙对他说："管仲这是先国家而后友情。他说的没错啊，如果我做了丞相，你们这班小人早就要统统滚蛋了！"

"管鲍善交"也是对管子用人的"组织路线"的一个最好注脚。管、鲍同殿称臣，叱咤风云几十年，身体力行言行一致，恪守君子"群而不党"的底线，践行了庄严的承诺，树立了"君子之交淡如水"的风范。遵管子病榻之嘱，齐桓公驱逐了易牙、开方、竖刁几个小人。管、鲍死后，齐桓公挺不住劲，还是把这些"嬖(bì)人"又招了回来。

刘向在《说苑》中写到鲍叔牙逝世。管子到鲍叔牙墓前，行父兄之礼，泣不成声。随从的官员问管子为何对鲍叔牙行这么重的大礼。管子就说了一大段话，也与列子的"管子叹曰"和司马迁所记载那一段"管子曰"大同小异。这样"管鲍之交"就有了第三个版本。高大上的管鲍之交，在管子病榻论折射出的管鲍彼此心有灵犀和默契上达到高潮，并画上了圆满的句号。后世多有效尤管鲍或管鲍桓者，均不得其三昧，如刘备三顾茅庐，刘、关、张桃园结义，如李世民君臣，终极难以达到管鲍之"善交"的崇高境界。

## 三、从"管鲍善交"看君子文化

君子文化究竟有哪些内涵呢？本人归纳为三个层面，十二条戒律或者十二个方面的内容。

一是天下为公。大道之行也，天下为公。这个是中国传统文化的精髓，也是君子文化的最高原则，是灵魂。"君子怀德，小人怀土。"管、鲍背井离乡，千里迢迢建功立业于齐国。他们无疑都是心怀天地之大德和慈悲之心的君子。

因为君子没有私心杂念，所谓"君子坦荡荡"就是因为胸怀一颗公心。君子要志存高远，不为良相则为良医，不为良医则为良师。要修身、齐家、治国、平天下。管子立德、立言、立功，和鲍叔牙二人齐心协力一生奋斗，辅佐齐国"尊王攘夷""一匡天下"，而不是为了谋求私人利益或自私自利的快乐。

二是群而不党。君子好处事，他的人际关系一定是融洽的友善的。孔子曾经说君子跟小人有一个很大的区别，就是君子群而不争，矜而不党。管子和鲍叔牙之间的交情不仅做到了，而且做了最好的榜样。管子还在著作中反复强调反对"群党比周"，把"废私立公"立为贤臣的标准。儒家还有一个"君子周而不比,小人比而不周"说法。

三是"虽千万人吾往矣"。道(真理)之所在,虽然万千人阻止我自己也要去。所谓"天行健,君子以自强不息",管、鲍以自己不流于世俗的行为,包括管子以"箭射小白"和囚鲁不为公子纠而死的身体力行,确实做到了。

以上三条,属于政治、思想、信仰的层面。

四是礼让不争。这是尧、舜开启的政治禅让先例,君子"群而不争",管子、鲍叔牙也做到了。尤其是鲍叔牙早年让贤荐举管子和晚年主动回应管子病榻论相,未被荐举而指出自己性格缺陷,言行始终高度一致,前无古人后无来者。

五是君子之交。"君子之交淡如水","君子和而不同,小人同而不和"。管子和鲍叔牙终身为友,但是没有发现他们之间的庸俗行为,而且超越了江湖意义上的交情,使得友谊在他们身上闪耀出圣洁的光芒。

六是君子成人之美。"君子成人之美,不成人之恶,小人反是。"君子总是善于帮助他人,看到他人成功,君子总是感到高兴;小人则嫉贤妒能,惟恐他人超过自己、过上好日子。管子和鲍叔牙也做到了。鲍叔牙举荐管子,管子举荐了齐国五杰和宁戚。他们都是不求回报的成人之美。

七是君子贵有自知之明、知人之明。管、鲍做到了。管子对自己有自我反省,在举荐齐国五杰任职时,说自己的不如某方面的才能。鲍叔牙向齐桓公坚辞相国之位,而举荐管子,说自己有五个方面不如管子。管子在知人之明方面更加突出,上自对齐桓公的评价,也包括对鲍叔牙、隰朋等人的评价,都是公道而精准的。

以上这四条,是为人处世的层面。

八是君子诚实守信。君子修辞立诚。管子说:"非诚贾不得食于贾,非诚工不得食于工,非诚农不得食于农,非信士不得立于朝。"又说:"不为不可成,不求不可得,不处不可久,不行不可复。"管子不仅是言者而且也是行者,鲍叔牙在诚实守信上更是千秋楷模。

九是"君子喻于义,小人喻于利"。"君子爱财,取之有道。贞妇爱色,纳之以礼。"君子也是人，也有七情六欲，但是君子的行为和索取，都应该在道的指导下，而不是那种"有奶就是娘"的见利忘义之徒。管子和鲍叔牙早年贫穷，然而无论是居家、经商、谋职，都做到自食其力，居齐发达之后，也是合法取得地位和财产，并没有任何劣迹可陈。

十是君子"穷则独善其身，达则兼济天下"。"君子固穷，小人穷斯滥矣。"君子在自己的志向不能得到实现时，仍然能够固守自己的志向；小人一旦身处困境，则有可能胡作非为。管子和鲍叔牙用辉煌的一生作证：他们不仅做到了，而且做得很好。

十一是"君子求诸己，小人求诸人"（《论语·卫灵公》）。君子做事，依靠自己的能力，如果不成功，也总是从自己身上找原因；小人做事，总是依赖他人，如果不成功，也总是把责任推到他人身上。管、鲍相濡以沫，出了问题总是主动承担责任，总是拿自己缺点和不足去烘托对方的成绩和优长。

十二是君子死得其所。这是君子的生死观。管子在早年和囚鲁生涯，面临生死考验，做得特别不容易。管子"为社稷、宗庙和祭祀而死"的誓言，掷地有声。管子为后世"人固有一死，或重如泰山，或轻如鸿毛"的理性生死观奠基，做了"第一个敢于吃螃蟹"的人。

这五条，是君子个人慎独、修身、选择的层面。

古人，尤其是儒家还有一些也属于君子文化的内容，如"君子远庖厨，不在是非中，瓜田不纳履，李下不整冠"；如"君子死，冠不免"，"君子不立于危墙之下""君子不器"等，如果理解为防微杜渐、视死如归、不做无谓牺牲和有大志向，也不失为是做人的道理和方法；但如果从负面理解，变成胆小怕事、迂腐、明哲保身和不务实，就成了君子文化中的糟粕，为今人所不足道了。君子文化中还有一个颇具争议的隐逸观念，又称"隐逸文化"。孔子说过"邦有道则仕，邦无道则隐"，"道不行，乘桴浮于海"，与孟子说的"穷则独善其身，达则兼济天下"看似相似，然而倾向于消极，被后世一种放浪形骸、逍遥避世、无所作为的行为所放大。

现在，君子文化流淌在每个中国人血脉里，是人们交流的桥梁和纽带,已积淀成为中华民族的遗传基因。做君子是绝大多数中国人的价值标准和人生追求。中华民族繁衍昌盛,中华文明生生不息,正是源于伟大的君子精神。现在全国各地都在进行"君子文化"发掘和建设,作为一种文化导向,落脚点在于时代在呼唤"君子"文化,让君子人格归来,如此,才能真正实现君子文化的"古为今用"。

# 子路的君子形象

刘 琰 钟 奥（三峡大学硕士生）

子路，春秋鲁国人，以政事见称，被称为"孔门十哲"之一。子路性鄙好勇，在"文"与"质"的较量中，因其"野人气质"突出，遂被描述为如李逵式的人物。其实，在孔子的教育下，子路的匹夫之勇变为"君子之勇"，率直转为"君子之直"，更因"君子知耻"，使他向善、向贤看齐，最终形成一种"弘毅进取"的君子人格。

## 一、君子之勇

子路好勇是他最大的特点，对此夫子经常敲打他，批评道："暴虎冯河，死而无悔者，吾不与也"；① "由也好勇过我，无所取材"；② 甚至诅咒他不得好死。③ 从中可看出，面对子路的有勇无谋、鲁莽冒险的行为，孔子是极为担忧和不齿的，谈论"君子之勇"也就成为儒家思想中重要的内容。"君子之勇"是以义为上，君子无义容易犯上作乱，小人无义则容易变成盗匪之徒。在此基础上，荀子提出："义之所在，不倾于权，不顾其利，

---

① 杨逢彬注译：《论语·述而篇第七》，长江文艺出版社2015年版，第64页。
② 杨逢彬注译：《论语·公冶长篇第五》，长江文艺出版社2015年版，第39页。
③ 杨逢彬注译：《论语·先进篇第十一》，长江文艺出版社2015年版，第103页。

举国而与之不为改视,重死、持义而不饶,是士君子之勇也。"①这就使"君子之勇"更具体化,有不畏权势、不重私利、持义不让的特点。"勇者无惧"②,要求君子不怕任何困难和危险,为心中的道义勇往直前。

## 二、君子之直

《论语》是一本语录集,里面记载孔子与其弟子们对话的许多情景,其中以子路与孔子的对话居多。而子路率直的个性也就在与孔子交谈中表现得淋漓尽致,从而被读者们津津乐道。子路这种率直的特点主要有三方面。一是孔子向弟子们提问时,子路老是第一个抢答;二是喜驳斥老师的观点,表示自己不同的见解;三是喜怒哀乐不加修饰。子路率直明显表现出鲁莽冲动、心直口快、不谨慎、不虚伪、不会花言巧语的个性,他的君子之直,突出表现在诚实守信上。《论语·颜渊》中曰:"子路无宿诺。"③这就表达了子路信守诺言,说到做到,一诺千金。孔子称赞道:"片言可以折狱者,其由也与?"④为人正直,直言不讳,坚守正道,乃君子之德。

## 三、君子知耻

子曰:"行己有耻"⑤,"士志于道,而耻恶衣恶食者,未足与议也"⑥,

---

① 荀况著,谢丹、书田译注:《荀子·荣辱》,上海书海出版社2001年版,第24页。
② 杨逢彬注译:《论语·子罕篇第九》,长江文艺出版社2015年版,第89页。
③ 杨逢彬注译:《论语·颜渊篇第十二》,长江文艺出版社2015年版,第115页。
④ 杨逢彬注译:《论语·颜渊篇第十二》,长江文艺出版社2015年版,第115页。
⑤ 杨逢彬注译:《论语·子路篇第十三》,长江文艺出版社2015年版,第127页。
⑥ 杨逢彬注译:《论语·里仁篇第四》,长江文艺出版社2015年版,第32页。

"邦有道，贫且贱焉，耻也；邦无道，富且贵焉，耻也"①等等。君子之耻主要体现在以下几个方面：(一)君子以巧言令色、虚伪为耻；(二)君子以不学为耻，要勤学好问；(三)君子以言行不一、言过其行为耻；(四)君子以求道为己任，不应以穿破衣、吃粗粮为耻；(五)君子应该有弘道精神，以追求富贵为耻。而子路能够从一介赳赳武夫变成一名磊磊君子，从普通平民变为政治精英，这不得不归功于儒家的耻感文化在他身上发生的显著效用，这也是大多数研究者未曾留意的地方。子路的"君子知耻"使他能够知错就改、闻善而行；见义而为、弘扬正道；勤奋好学、积极进取等。这种精神无疑是值得我们学习和发扬光大的，也是我们立身处世的必修课。

## 四、弘毅进取

"士不可以不弘毅，任重而道远。"②子路经过儒家思想的教化后，其性鄙好勇虽未完全消失，但匹夫之勇转化为"君子之勇"，率直转化为"君子之直"，既懂礼节又不乏朴实，如孔子所言"文质彬彬"。子路"弘毅进取"的君子人格，展现了一种阳刚之美，一扫传统书生的羸弱之气。当国家危难、民族振兴之际，这种精神更显得弥足珍贵。

---

① 杨逢彬注译：《论语·泰伯篇第八》，长江文艺出版社2015年版，第76页。
② 杨逢彬注译：《论语·泰伯篇第八》，长江文艺出版社2015年版，第75页。

# 朱熹与柯翰的君子之交

郑晨寅(漳州城市职业学院教授)
汤云珠(漳州城市职业学院副教授)

柯翰(约1105-1177年)字国材,号行行,温陵(泉州)人,随父徙居安平,举进士,后避隐庄江,授徒为业。南宋绍兴二十三年(1153年),朱熹任泉州同安主簿,兼管学事,乃聘柯翰为同安县学直学,教诲诸生,同安学风为之一新。朱熹亦常与柯翰讲学论道,辨析经义。《柯氏族谱》称柯翰"独能以海滨之儒弘淑濂溪之道","研钻理窟,契合考亭",实为"有同道学之祖"①。柯翰未有文集传世,但在《晦庵先生朱文公文集》中收录有《答柯国材》书信四封及《举柯翰状》《讲〈礼记〉序说》《一经堂记》《祭柯国材文》《答廖子晦》等与柯翰有关的内容,《朱子语类》则有朱熹引柯翰论《尚书》一则,这些都是了解、研究柯翰及其与朱熹关系的基本文献。初仕同安,正是朱熹理学思想的发轫期,与宿儒柯翰的交往,对朱熹早期格物致知论与"仁"的思想产生积极影响;而二人之学术往还,正可视为"君子和而不同"②"躬行君子"③"君子以友辅仁"④之典范,是对"君子之交"的极佳诠释。

---

① 福建省同安县新民镇梧侣村村民委员会、老人协会编印:《梧侣柯氏族谱》,1996年未刊稿,第171页。
② 《论语·子路》:"子曰:君子和而不同,小人同而不和。"
③ 《论语·述而》:"子曰:文,莫吾犹人也。躬行君子,则吾未之有得。"
④ 《论语·子路》:"曾子曰:君子以文会友,以友辅仁。"

## 一、君子和而不同："匪同而和"与"肺腑以倾"

明《考亭渊源录》与清《儒林宗派》《闽中理学渊源考》皆以柯翰为朱门弟子，非是。朱熹（1130—1200年）于绍兴二十三年（1153年）首仕同安，时年24岁，并于次年见柯翰，据朱熹为柯翰所作《一经堂记》载："绍兴二十三年秋七月，予来同安。明年，乃得见柯君而与之游相乐也。"①而《举柯翰状》称其"行年五十，矍矍不倦"②，故柯翰约长朱熹25岁。朱熹对柯翰尊敬有加，《一经堂记》称其"造诣之极，非予所敢量也"③，《答柯国材》称其为"丈""老丈"④，《祭柯国材文》亦称之为"老丈"⑤。陈荣捷先生认为："国材显然为长辈下交于朱子。列为门人，诚缺乏标准矣。"⑥所言是矣。

朱熹《举柯翰状》称其"守道恬退，不随流俗，专以讲究经旨为务……置之学校，必能率励生徒，兴于义理之学，少变奔竞薄恶之风"⑦，可见朱熹对柯翰的为人、学术有较高的评价，并引为同道、寄以厚望。据《一经堂记》："时君以避地邑居，教授常百余人，属予治学事，因得引君以自助。"⑧由"属予治学事"一言可知柯翰对朱熹在同安推行教化是积极、主动

---

① 朱熹撰，朱杰人、严佐之、刘永翔主编：《朱子全书》（修订本）卷七十七《晦庵先生朱文公文集》，上海古籍出版社、安徽教育出版社2010年版，第3695页。本文中以下简称《文集》。
② 《文集》卷二十，上海古籍出版社、安徽教育出版社2010年版，第897页。"行年"指当时年龄，也可指行将到达的年龄，故柯翰生年在公元1105年左右。
③ 《文集》卷七十七，上海古籍出版社、安徽教育出版社2010年版，第3696页。
④ 《答许顺之》提到柯翰时亦称之为"丈"，皆见于《文集》卷三十九，上海古籍出版社、安徽教育出版社2010年版，第1729页、1732页、1749页。
⑤ 《文集》卷八十七，上海古籍出版社、安徽教育出版社2010年版，第4070页。
⑥ 陈荣捷：《朱子门人》，华东师范大学出版社2007年版，第112页。
⑦ 《文集》卷二十，上海古籍出版社、安徽教育出版社2010年版，第897页。
⑧ 《文集》卷七十七，上海古籍出版社、安徽教育出版社2010年版，第3695~3696页。

支持的。而柯翰在任职县学后,亦身体力行,勤治学事,以报朱熹知遇之情。除学事之外,《一经堂记》又称"至他事亦多赖以济焉",为朱熹施政同安、发展教育做出贡献。

在离任后与同安县学诸生许顺之等人的通信中,朱熹屡屡询问柯翰近况,如称"国材、元聘为况如何"①、"国材在甚处?久不得书,甚念之,因书烦致意也"②等等,关切之情,可见一斑。又据朱熹《答丁宾臣》载:"前日柯国材之子来馈,亦已却之,非独于左右为然也。"③可见柯翰在与朱熹离别之后,除信件往还之外,亦曾遣子馈问,二人保持着较密切的联系。《答柯国材》(二)云:"时事竟为和戎所误,今岁虏人大入,据有淮南,留屯不去。鉴前事之失,不汲汲于渡江,欲图万全之举,此可为寒心。而我之所以待敌者,内外本末一切刳弊,又甚于往年妄论之时矣。奈何奈何?远书不能详言也。"④"今岁虏人大入"乃指隆兴二年(1164年)十月金兵大举渡淮南侵,而权臣乞和误国,时局堪忧。于此信亦可略知二人在抗金爱国、反对和议上之志同道合。淳熙四年(1177年)柯翰去世,朱熹作《祭柯国材文》以悼之,中云:"余少之时,试吏君里。实始识君,敬慕兴起。致君序室,以表后生。弦诵洋洋,德义振声。阔焉日章,反复讲评。匪同而和,肺腑以倾。自兹一别,遂隔生死……缄辞千里,寄此辛酸。"⑤一方面既表达了朱熹对柯国材的敬慕、哀悼之情,另一方面也表明两人乃讲学辩论、"和而不同"的君子之交。

府、县志皆称柯翰"笃于正学",《祭柯国材文》则称其为学"苦心刻意,探讨之勤,白首不置",可见柯翰治学之严谨、刻苦。但朱熹也对其

---

① 《文集》卷三十九《答许顺之》(四),上海古籍出版社、安徽教育出版社2010年版,第1737页。"元聘"为徐元聘,号芸斋,同安人。
② 《文集》卷三十九《答许顺之》(二十六),上海古籍出版社、安徽教育出版社2010年版,第1755页。
③ 《文集》卷五十八《答丁宾臣(硕)》,上海古籍出版社、安徽教育出版社2010年版,第2801页。
④ 《文集》卷三十九,上海古籍出版社、安徽教育出版社2010年版,第1730页。
⑤ 《文集》卷八十七,上海古籍出版社、安徽教育出版社2010年版,第4070页。

缺点进行了善意的批评,《答石子重》(七)云:"国材苦学最可念,所恨驳杂滞泥,自无受用处。"①《答许顺之》(四)则云:"国材、元聘为况如何?昨寄得疑难来,又是一般说话。大抵齐仲、顺之失之太幽深,顺之尤甚。而三公失之太执著,中间一条平坦官路却没人行着,只管上山下水,是甚意思。"②综合来看,朱熹推许柯翰之苦学,但认为其学失之"驳杂滞泥",太过"执著"。"驳杂",当指其虽"于经无不学",但缺乏主脑,不能"反求诸己",其结果便是"滞泥""执著",无法融会贯通,会归一理,故其所得有限。君子之交,和而不同;君子之言,恺切如是。

## 二、君子躬行:"躬行君子"与"格物致知"

朱熹初至同安,正是其理学思想的发轫期,柯翰积极参与了朱熹的思想建构,并在此后的书信往还中相互问难、持续阐发。其中,对朱熹早期格物论形成的影响不可忽视,而其格物思想的明确提出正是在同安。在同安主掌县学时期,朱熹总共为诸生出了三十三道策问题目,束景南先生将之称作"摆脱佛老通向二程理学的探索足迹"③,而笔者更为关注其中蕴含的格物致知思想。如《策问》第九提出:

> 《大学》之序,将欲明明德于天下,必先于正心诚意。而求其所以正心诚意者,则曰格物致知而已。然自秦汉以来,此学绝讲,虽躬行君子时或有之,而无曰致知格物云者。不识其心果已正,意果已诚未耶?若以为未也,则行之而笃,化之而从矣。以为已正且诚耶?则不由致知格物以致之,而何以致其然也?④

---

① 《文集》卷四十二,上海古籍出版社、安徽教育出版社 2010 年版,第 1925 页。
② 《文集》卷三十九,上海古籍出版社、安徽教育出版社 2010 年版,第 1737 页。
③ 束景南:《朱子大传:"性的救赎之路"》(增订版),复旦大学出版社 2016 年版,第 130 页。
④ 《文集》卷七十四,上海古籍出版社、安徽教育出版社 2010 年版,第 3572 页。

朱熹早年兴趣广泛，十五岁时即向宗杲弟子道谦禅师学禅，自此出入佛老十余年。当然，他也曾留意于包括《大学》在内的儒家经典："某年十七八时读《中庸》《大学》，每早起须诵十遍。"①但并没有对"格物致知"给予足够的重视，从其《答江德功》（二）可知之："格物之说，程子论之详矣。……盖自十五六岁时知读是书（按：指《大学》），而不晓格物之义，往来于心三十余年。"②绍兴二十三年，二十四岁的朱熹南下赴同安任时，经过南剑，初见延平李侗，谈其学禅所得，不获李侗首肯。李侗批评朱熹悬空参悟许多禅家虚理，而于眼前实事却理会不得，故须在日用常行间着实做工夫，青年朱熹的为学路径与学术思想至此开始发生重大改变，对《大学》的思考与领悟也日渐亲切深入。在此《策问》中，朱熹强调了格物致知的重要性，认为格物致知是正心诚意、明明德于天下的必由之径，极有必要加以倡明。他认为自秦汉以来，格致之学面临断绝的危险，《论语·述而》有"躬行君子，则吾未之有得"之语，连孔子都感慨在生活中躬行实践之难，而朱熹认为，如今即使是"躬行君子"也不了解格物致知之学了，他从正反两个方面论证了正心诚意者必由格物致知所进。后来朱熹发展出即物穷理、躬行理则的格物致知论，与此时的思考、探析不无关系。在此《策问》之末，他要求"言其所以然并以格物致知之所宜用力者，为仆一二陈之"，引导学子联系生活实际，思考格物致知之源头及其着手处。

《策问》三十一又云：

> 今欲使之学者必出于庠序，世其禄者必出于成均，而所以教之者必自洒扫应对进退，以至于义精仁熟、格物致知，以至于治国平天下。又当皆合乎先王之意，不但为文词而已。二三子考于经，以为如

---

① 《朱子语类》卷十六，上海古籍出版社、安徽教育出版社2010年版，第506页。
② 《文集》卷四十四，上海古籍出版社、安徽教育出版社2010年版，第2037页。

之何而可也？①

此处，朱熹主要强调学校教育的重要性，并提出了从洒扫应对进退以至于格物致知、治国平天下这一教学模式，与后来《大学章句序》所言庶几近之。这些都说明，朱熹在同安任上对"格物致知"已有所关注，并以此教导诸生。柯翰既为直学，对朱熹这一思想当能理解并予以配合。柯翰极重践履实行，故自号"行行"，由《祭柯国材文》"行行之名，不肖所怛"可知②。《朱子年谱》则载："有柯翰者，家居教授，常百余人，行峻不为苟合，遂请为学职。众益有所严惮，不敢为非。"③《同安县志·儒林传》则称其"内行峻洁，众严惮之，久皆化服"④。于此皆可见柯翰近乎"躬行君子"之称。柯翰于礼学颇有造诣，朱熹请柯翰在县学中所讲学的内容之一即《礼记》。在柯翰开讲前，朱熹先为诸生阐明"礼"之大用与学习《礼记》的重要性，最后强调："今柯君直学，将为诸君诵其说而讲明之，诸君其听之毋忽。"⑤而《大学》正是《礼记》其中之一篇；朱熹《一经堂记》虽是借"一经"之堂名加以发挥，却亦包含与柯翰探讨格物致知大旨之意。

绍兴二十六年，朱熹于任职期满之际为柯翰作《一经堂记》，在交代了作记缘由之后，更云：

> 予闻古之所谓学者非他，耕且养而已矣。其所以不已乎经者，何

---

① 《文集》卷七十四，上海古籍出版社、安徽教育出版社2010年版，第3578页。

② 《文集》卷八十七，上海古籍出版社、安徽教育出版社2010年版，第4070页。《梧侣柯氏族谱》称其"常以行二自称，盖有慕乎仲氏之'惟恐有闻'也与"。（第170页）此处记载有助于我们理解柯翰其号乃来自《论语·公冶长》"子路有闻，未之能行，唯恐有闻"之语（子路名仲由，即所谓"仲氏"），但"行二"则为"行行"之讹，即误认叠词后一个字的简写符号"々"为"二"。

③ 朱熹撰，朱杰人、严佐之、刘永翔主编：《朱子全书》（修订本）卷一《附录》戴铣《朱子实纪年谱》，上海古籍出版社、安徽教育出版社2010年版，第26页。

④ 林学增修，吴锡璜纂：《同安县志》（据民国十八年铅印本影印），成文出版社1967年版，第942页。

⑤ 《文集》卷七十四《讲〈礼记〉序说》，上海古籍出版社、安徽教育出版社2010年版，第3586页。

也？曰将以格物而致其知也。学始乎知，惟格物足以致之。知之至则意诚心正，而《大学》之序推而达之无难矣。若此者，世亦徒知其从事于章句诵说之间，而不知其所以然者，固将以为耕且养者资也，夫岂用力于外哉！①

由"不已乎经"而论及《大学》之"格物致知"，恰可体现经学向理学转向的趋势；"推而达之"则强调应遵循《大学》所提出的格物致知、诚意正心、修齐治平之为学次第。从初读《大学》到《大学章句》的完成，朱熹的格物致知思想有一个逐渐形成并臻于完善的过程，而此处所言无疑具有明显的阶段性特征。格物致知论作为探讨主体体认客体之理的学说，必然包含着物我、内外两方面的辩证关系，如《朱子语类》所言："致知，是自我而言；格物，是就物而言。若不格物，何缘得知？"②在《一经堂记》里，朱熹认为"学始乎知，惟格物足以致之"，人要致知，必须通过格物，这是向外一面；同时，他又提出"岂用力于外"之说，补充了内向之路径。朱熹后来所谓"合内外之理"的格物思想于此亦可略见端倪③。乐爱国先生认为在任职同安期间撰写的《策问》及《一经堂记》中的相关言论，说明了"朱子很早就注意到《大学》的'格物致知'"④；我们进一步认为，《一经堂记》可视为朱熹早期格物论的代表之作。

朱熹《答柯国材》（二）又云：

熹自延平逝去，学问无分寸之进，汨汨度日，无朋友之助，未知终何所归宿。迩来虽病躯粗健，然心力凋弱，目前之事十亡八九。至

---

① 《文集》卷七十七，上海古籍出版社、安徽教育出版社2010年版，第3696页。
② 《朱子语类》卷十五，上海古籍出版社、安徽教育出版社2010年版，第473页。
③ 可参见《朱子语类》卷十五，上海古籍出版社、安徽教育出版社2010年版，第477~478页。
④ 乐爱国：《朱子格物致知论研究》，岳麓书社2010年版，第55页。

于观书,全不复记,以此兀兀,于致知格物之地,全无所发明。思见国材精笃之论而不可得,临书怳然也。

据陈来先生考证,此书作于隆兴二年(1164年)①,朱子三十五岁。于此亦可认为,"格物致知"是朱熹与柯翰一直在探讨的一个问题。从绍兴二十八年起,朱熹几次拜见李侗,并多次书信往还问学,获益极大。故朱熹在此虽自谦"于致知格物之地,全无所发明",但此或与信中提及"延平逝去"之伤感有关。同年所作《答江元适》(二)则云:"盖熹之所闻,以为天下之物无一物不具夫理。是以圣门之学,下学之序始于格物以致其知,不离乎日用事物之间,别其是非,审其可否,由是精义入神,以致其用。"②可见当时朱熹并未忽视对格物致知之发明。可以说,与柯翰的结识、交流对朱熹之于格物论的阐发具有较大的帮助,而君子当躬行实践格物致知之道,乃二人之共识。

## 三、君子以友辅仁:"为仁由己"与"以时过我"

"仁"是儒学、理学的根本范畴,关于"仁",柯翰与朱熹亦有深入交流。《答柯国材》(一)云:

> 辱书,示以颜子、子贡俱以仁为问,而夫子告之有若不同者。此固尝思之,而非如足下之说也。"为仁由己",此论为仁之至要,盖始终不离乎此。夫其所以求师友而事之之心岂自外至哉?既得师友而事之矣,然不求诸己,则师友者自师友耳,我何有焉?以此意推之,则二说者初不异也。如足下之言,恐非长善救失之意。足下思之而反覆其说,则熹之愿。……斋居无事,宜有暇日,以时过我,幸得讲以所

---

① 陈来:《朱子书信编年考证》,生活·读书·新知三联书店2007年版,第31页。本文涉及朱熹书信系年大致以陈著为准。
② 《文集》卷三十八,上海古籍出版社、安徽教育出版社2010年版,第1702页。

闻,而非所敢望也。

此处朱熹与柯翰讨论颜渊、子贡之问仁,以阐发为仁之旨,亦可见"以友辅仁"之风。《答柯国材》(一)约作于绍兴二十五年(1155年),由"斋居无事,宜有暇日,以时过我"可知其时朱熹在同安任上,而柯翰或仍担任县学直学一职。儒学家绝大多数也都是教育家,由《答柯国材》(一)可以推想,柯翰与朱熹探讨的既是儒学问题,也是教育问题,故有"长善救失"之说。① 不同的是,柯翰可能认为孔子所训示颜渊之仁偏于内向(克己复礼、为仁由己),而子贡之仁偏于外向(博施济众、立人达人),二者"有若不同";朱熹则认为"为仁由己"是理解"仁"的锁钥,师友只是外在因素,关键要向内"求诸己",也就是说,"仁"(理)内在于自我。"所以求师友而事之之心岂自外至"一语说明,朱熹认为学者之求良师益友以进德修业,本是一种基于"成就自我"的内在需求,即使得到师友之助,亦须尽己心以穷其理,如此方是"为己之学"。②

这里亦涉及理学心性论的问题。孟子提出"心性合一"之说,认为:"君子所性,仁义礼智根于心。"(《孟子·尽心上》)心乃性之根源。朱熹后来发展了张载、二程的心性学说,提出了"心体用说"(或称"心统性情说"),心有体用之分,故有性情之名。而仁体、心体皆是主体所固有之道德本体,故求仁、为仁乃道德自律,而非他律,此亦"为仁由己"的根源。在朱熹看来,道德本体的实现,正是要通过理性的自觉体验与认知。而据《答柯国材》(一),柯翰对此之认识与朱熹有异,似乎未能体察仁与心之微

---

① 《礼记·学记》:"学者有四失,教者必知之。人之学也,或失则多,或失则寡,或失则易,或失则止。此四者,心之莫同也。知其心,然后能救其失也,教也者,长善而救其失者也。"

② 绍兴二十三年,朱熹初至同安时,命名主簿廨燕居西斋为"高士轩",并作《高士轩记》,中有"夫士诚非有意于自高,然其所以超然独立乎万物之表者,亦岂有待于外而后高耶?"(《文集》卷七十七,上海古籍出版社、安徽教育出版社2010年版,第3692页)亦体现了"无待于外"之思想,但更多属于佛道之静修,与此求诸师友讲学论道已有不同。

妙关系。

柯翰所说"以仁喻心"当是没有区分心之体用(如此则否认了仁的形而上的超越性),"理一"和"分殊"正是体用本末的关系,"仁义"为"理","行之"则有"分殊"。确实,严格地说,恻隐之心并不是仁,而只是仁之端、心之用。朱熹辨析之精微、思维之缜密亦可由此略见之。朱熹于乾道八年(1172年)作有《仁说》,于此有较深入阐述,可参见。①《答柯国材》(二)则提到以"元"、以"中"而求仁,从"不仁之人"推寻仁字等,由于无关宏旨,此不详述。

由以上"仁"之异同辨析并结合上文格物论之探讨可以看出,柯翰徘徊于经学与理学之间的学术旨趣与朱熹有所不同,朱熹既直陈己见,更希望柯翰能与自己多加交流、切磋("以时过我,讲以所闻"),此正契合君子"以文会友、以友辅仁"之道。

总之,柯翰与朱熹相遇、相知于其入仕之始、理学思想形成之初,并长期保持交往,不能不对朱熹产生一定的影响。其学术交往中体现出来的君子之风,亦为我们弘扬君子文化提供了一个有益的视角。

---

① 《文集》卷六十七,上海古籍出版社、安徽教育出版社2010年版,第3279~3281页。中云:"故人之为心,其德亦有四,曰仁义礼智,而仁无不包。其发用焉,则为爱恭宜别之情,而恻隐之心无所不贯……'克己复礼为仁',言能克去己私,复乎天理,则此心之体无不在,而此心之用无不行也。"

# 苏轼的君子之风

闫　艺(武汉科技大学城市学院教师)

苏东坡作为典型大文豪、宋代士大夫，洋溢着君子情怀。南宋陆游在《跋东坡帖》中对苏东坡高度赞扬："不以一身祸福，易其忧国之心。千载之下，生气凛然。"苏东坡的"作品比较全面地反映了封建士大夫知识分子的精神面貌和生活面貌"。①苏东坡的君子士大夫精神，给当代人留下了可贵的启迪。

## 一、仕途仁心

"士志于道"的士大夫精神，展现为天下胸怀，坚持理想和道德，追求人生的最大目标。近代国学大师王国维非常推崇苏东坡："三代以下诗人，无过屈子、渊明、子美、子瞻者。此四子者，若无文学之天才，其人格亦自足千古。故无高尚伟大之人格，而有高尚伟大之文章者，殆未有之也。"②苏东坡就是这样孜孜不倦、兢兢业业、脚踏实地的人生抱负、理想人格追求者。

苏东坡为国效忠、为民效力的信念始终不变。他按照古代文人士大夫的"达则兼济天下，穷则独善其身"的处世哲学，以"致君尧舜"的理想积极

---

① 中国社会科学院文学研究所中国文学史编写组：《中国文学史》，人民文学出版社1982年版，第586页。

② 王国维：《王国维论学集》，中国社会科学出版社1997年版，第310页。

入世，在被疏或自疏的境地，坚守独善之道。即使是"处江湖之远"，他也不单单是只忧其民，而总是找机会为国家出谋献策。苏东坡的"为国不可以生事，亦不可以畏事"，强调的是要有责任担当。这正是儒家自强不息的弘毅品格。

苏东坡是恪尽职守的良臣、忠臣。《江神子·密州出猎》就表现了他希望驰骋疆场、以身许国的豪情壮志。经历了人生挫辱的他，看清了官场政治斗争中不可避免的阴暗和险恶，也感受到了人生的无奈，他仍然执着地按照孔子所说的"知其不可而为之"。

> 老夫聊发少年狂，左牵黄，右擎苍。锦帽貂裘，千骑卷平冈。为报倾城随太守，亲射虎，看孙郎。酒酣胸胆尚开张，鬓微霜，又何妨。持节云中，何日遣冯唐。会挽雕弓如满月，西北望，射天狼。
> 
> （《江神子·密州出猎》）

## 二、义肝侠胆

苏东坡为人刚毅，正直不阿。他的书生、文人的义气、骨气十足。林语堂的《苏东坡传》对苏东坡的刚直非常敬仰："苏东坡这样富有创造力，这样守正不阿，这样放任不羁，这样令人万分倾倒而又望尘莫及的高士，有他的作品摆在书架上，就令人觉得有了丰富的精神食粮。"①

苏东坡敢于谏言。为官的他敢于进谏，为君、为民、为社稷着想，不在乎自己的乌纱帽。他曾洋洋洒洒给主上宋神宗一本《万言书》，表明自己的政治主张。他爱憎分明，不会投机善变、不阿随权势、不盲从权威的刚正气质，使他一生于官场中动辄得咎，甚至成为待罪的囚徒。"苏轼与王安石、司马光、章惇三个人，或者是知音，或者是朋友，但在他们当政时

---

① 林语堂：《苏东坡传》，张振玉译，湖南少年儿童出版社2020年版，第1页。

成为持不同政见者。原因当然是复杂的，与士大夫的责任有关，与耿介的个性有关。"①

## 三、自在追求

苏东坡追求个性独特，情趣盎然。他作为文人雅士，拥有浪漫、洒落、自得、闲适、安乐的精神境界。士大夫承受着巨大的精神压力，他们决不会放弃自我的社会职责和道德价值追求。坚持社会的道义与责任，同时又化解那些强烈的忧患意识所带来的心灵的痛苦和精神负担，追求超脱的心灵境界，即是一种内心深处自觉的快乐、平和、超然、淡泊、洒然的态度和心境，一个自然境界。

逍遥自在、淡泊名利，成为苏东坡精神停泊的港湾。老庄道家文化、魏晋士大夫的洒脱、禅宗的放下，可以给予苏东坡心灵极大的愉悦、安慰。士大夫既追求"先天下之忧而忧"，有"志于道"的情怀，同时又追求逍遥的境界，为官、为人、为诗，有不同的情景，有不同的情怀。宋代文人周敦颐、程颢皆主张求"孔颜乐处，所乐何事"。程颢常常是"吟风弄月以归"，邵雍高扬"安乐窝中事事无"。士大夫群体中提倡安贫乐道，追求孔颜之乐。圣贤大业、社会责任、崇高理想和个体权利、人格自由，既执着又超脱的精神，又客观存在、相辅相成。

## 四、宠辱不惊

顺境中，宠辱不惊。元丰末年至元年间，苏东坡时来运转，甚至有过"未周岁而阅三宦"的殊遇，"人在玉堂深处"时，却怀念黄州东坡雪堂"手种堂前桃李，无限绿阴青子"的农夫生活；他还告诫自己"居士，居士，莫忘小桥流水"，仍然追求市民的田园风光、自给自足。他自杭州知州入为

---

① 喻世华：《苏轼的人间情怀》，江苏大学出版社2017年版，第189页。

翰林学士承旨时，作《八声甘州·寄参廖子》词来表白自己："谁似东坡老，白首忘机"，提醒自己应该服老，把握自我。苏东坡在顺境中，履行着自己的人生追求、政治职责、文人风格，但仍然保持顺应自然的淡泊秉性。

逆境中，仍然从容，展示了苏东坡的另一特质。作于黄州时期的《定风波·莫听穿林打叶声》便是一例，苏东坡写道："莫听穿林打叶声，何妨吟啸且徐行。竹杖芒鞋轻胜马，谁怕？一蓑烟雨任平生。"苏东坡写出了在突如其来的政治风雨面前，内心仍然坦荡，气度仍然从容。《念奴娇·中秋》则有着更为浓厚的浪漫主义情调，苏东坡的心灵仿佛是在天上人间，逍遥自如，"便欲乘风，翻然归去，何用骑鹏翼"，随心所欲，悠然自得。

## 五、乐观处世

苏东坡笑对人生、超然物外，非常达观。苏东坡认为人之所以不快乐，是因为有欲望而不能得到满足，减少欲望就减少了痛苦，追求欲望则只会徒增烦恼，苏东坡善于发现人生乐趣。他有一般的感官快乐，更有高雅的精神快乐。读书、写作、琴棋书画的快乐，平凡人的饮酒、吃饭、喝茶、享用水果的快乐，与朋友交往的快乐，都能够使他的生活，处处充满快乐。苏轼自己说："某平生无快意事，惟作文章，意之所到，则笔力曲折无不尽意，自谓世间乐事，无逾此者。"[①]

## 六、平等待人

苏东坡一生保持了赤子之心，坦诚待人，光明磊落，让人肃然起敬。苏轼喜欢与村野之人同饮，他与百姓相处得十分融洽。"杖履所及，鸡犬皆相识"，"人无贤愚，皆得其欢心"。在他看来，"酒"的面前，人人平

---

① 苏轼撰，王如锡编，吴文清等点校：《东坡养生集》，福建科学技术出版社2013年版，第155页。

等，无分贵贱。苏东坡下乡时，一位83岁的老翁拦住他，求与同饮，"欣欣然"。西新桥建成后，"父老喜云集，箪壶无空携，三日饮不散，杀尽西村鸡"。苏东坡不但与文人学士同饮，也与村野父老共杯，欢乐之状溢于言表，他与"父老"关系十分融洽，没有一点官架子。"父老"们也不把他当官看，只当同龄兄弟，真情相待。

## 七、天人合一

苏东坡哲理词代表作《水调歌头》，天上人间，浑然一体，"但愿人长久，千里共婵娟"。刘辰翁《辛稼轩词序》说："词至东坡，倾荡磊落，如诗，如文，如天地奇观。"士大夫是一个追求文化修养，反对追求物欲而道德自律性很强的社会群体或阶层，被统治阶级、普通老百姓都认可为社会的良心（良知）。"苏轼设想了一个既无愧于自己又无愧于社会的北宋士大夫的一种理想人格模式。"①

---

① 金甫：《苏轼"和陶诗"考论》，复旦大学出版社2013年版，第173页。

# 南宋"六君子"事件

乔东山(新乡学院博士生)

南宋发生了两次"六君子"事件。第一次在宁宗庆元元年,韩侂胄诬陷宰相赵汝愚,太学生杨宏中等六人上书,为赵汝愚鸣冤,抨击韩党的李沐,得罪了韩侂胄,六人遭到处罚。第二次是理宗宝祐四年,台官丁大全弹劾宰相董槐,太学生刘黻、陈宜中等六人上书抨击丁大全,因此获罪。前后六人虽遭处罚,但他们的行为得到了士人同情,被誉为"六君子"。"六君子"上书言事,为国为民,敢于直言,不畏强权,不避祸难,精神值得肯定,但是其中有的人一生行迹并不配君子的美称。

## 一、庆元六君子事件

宋宁宗庆元元年(1195年),右丞相赵汝愚遭到韩侂胄一党的诬陷,被罢相。太学生杨宏中、周端朝、张行、蒋傅、徐范、林仲麟等六人上书,为赵汝愚鸣冤,并要求召回他以及此前因为他辩护而遭到贬黜的国子祭酒李祥、博士杨简等人,窜逐韩党的右正言李沐。这一举动触怒了韩侂胄,韩侂胄将他们六人处以编管等处罚。杨宏中等六人被誉为"六君子"。此事件发生于庆元年间,所以六人被称为"庆元六君子"。

淳熙十六年(1189年)二月,孝宗将皇位传给儿子赵惇,赵惇就是光宗,孝宗称太上皇,被尊为寿皇圣帝,简称寿皇。光宗精神不是很正常,加之皇后李氏的挑拨,光宗和寿皇的关系一直很紧张。绍熙五年(1194年)

五月，寿皇病笃，光宗拒不前往重华宫看望寿皇。六月九日，寿皇驾崩，光宗也不前去执丧礼。古代最讲究孝，光宗身为皇帝竟不执丧礼，在当时是大不孝的行为。群臣纷纷劝谏光宗，光宗就是不听，政局不稳，一时间人心惶惶，谣言四起。为了稳定局势，知枢密院事赵汝愚，联合韩侂胄等大臣，在征得太皇太后吴氏的同意后，拥立光宗的儿子嘉王为帝，以光宗为太上皇。通过这次强行的内禅，局势得到了稳定。这其中，赵汝愚、韩侂胄功劳最大。韩侂胄自认为有定策功，希望得到节度使的头衔，然而赵汝愚却对他说："吾宗臣也，汝外戚也，何可以言功？"只给了他宜州观察使兼枢密都承旨的头衔和官职。韩侂胄的不满，利用"传导诏旨，浸见亲幸"的机会"时时乘间窃弄威福"①，任命自己的亲信为台谏官，"言路遂皆侂胄之人"②，然后以赵汝愚为宗室，以不利于社稷为由，指使台谏官弹劾赵汝愚。结果，赵汝愚被罢相，谪永州。赵汝愚在途经衡州时暴薨，据说是韩侂胄指使衡州守臣钱鍪干的。

赵汝愚被斥后，很多人为他鸣不平。国子祭酒李祥、博士杨简"连疏救争，俱被斥"。太学生杨宏中说："师儒能辨大臣之冤，而诸生不能留师儒之去，于谊安乎？"意谓老师们都能辨白大臣的冤屈，我们学生怎么就不能留住老师呢？我们怎能心安？多数太学生不应，唯有"林仲麟、徐范、张行、蒋傅、周端朝五人愿预其议"。六人把矛头对准了韩侂胄。韩侂胄大怒，"坐以不合上书之罪"，将六人外地编置。但他们声名鹊起，天下称之为"六君子"。

## 二、宝祐六君子事件

宋理宗时期，发生了太学生刘黻、陈宜中、黄镛、曾唯、陈宗、林则祖等六人上书弹劾丁大全，因此获罪，受到编管、安置的事件。刘黻、陈

---

① 《宋史》卷四七四《韩侂胄传》，中华书局1977年版，第13732页。
② 佚名：《庆元党禁》，文渊阁四库全书本。

宜中等六人被誉为"六君子"。关于这件事的起因、发生的时间，各种史料记载不同。为了恢复历史的真相，有必要做一番考证的工作。

宋末元初的周密在他的名笔记《齐东野语》卷二十中有一条笔记，名为"庆元开庆六士"。其中写道："开庆间，丁大全用事，以法绳多士，陈宜中与权、刘黻声伯、黄镛器之、林则祖兴周、曾唯师孔、陈宗正学，亦以上书得谪，号六君子。"这条笔记篇幅不长，但把事情的来龙去脉大致交代清楚了。周密（1232—1298年）作为宋元之际的著名学者，距开庆年间（1259年）又不远，其所撰的《齐东野语》历来被认为有较高的史料价值。照理说，此条记载应可信，然而我们翻检其他史籍，就会有惊奇的发现。

上书学生中以刘黻、陈宜中为首，二人在《宋史》中都有传。《宋史》卷四〇五《刘黻传》说明了刘黻上书的原因——丁大全弹劾董槐，迫使董槐罢相去国，并且说当时丁大全是御史台的官员。查《宋史》卷四一四《董槐传》，董槐被丁大全攻击导致罢相是在宝祐四年（1256年）。这样，此处记载与《齐东野语》的记载，在事情发生的时间、丁大全的官职等方面均有较大出入。《宋史》卷四一八《陈宜中传》记载甚详，时间是宝祐中，起因是丁大全为殿中侍御史，"在台横甚"。陈宜中、刘黻等六人因上书而得罪了丁大全，遭到削籍拘管的处罚，六人的行为得到三学生和士人的同情，被誉为"六君子"。

此处记载的时间及丁大全的官职是和《宋史·刘黻传》一致的，只不过没有提及六人上书弹劾丁大全的具体原因，只笼统地说是因为丁大全"在台横甚"。

《宋史》卷四一四《董槐传》的记载恰弥补了《宋史·陈宜中传》的不足，说明了陈宜中等上书弹劾丁大全的原因。《宋史·董槐传》指出原来陈宜中等上书的原因是丁大全攻击董槐，且"发省兵迫遣之"，导致丞相董槐被策免。

上述《宋史》诸传记载一致，且可相互补充，它们都与《齐东野语》的记载矛盾。至此，我们不能不怀疑《齐东野语》记载的准确性。《宋史》卷四四《理宗四》所记的时间和起因都与《宋史》诸传一致，进一步说明《齐东野语》的记述是错误的。此书与《宋史》诸传所不同者,在于受处罚的学生是太学武学生刘黻等八人和宗学生等七人,加起来共计十五人。笔者认为这并不矛盾,可能此处记载的是全部被处罚的学生,而《宋史》诸传记载的是为首的六名学生。记载两宋史事的典籍《宋史全文》卷三五记载与《宋史》纪传基本相同,也是说三学生因丁大全弹劾、迫逐董槐而上书,但没有记录上书的三学生的姓名,并且说十一月当朝廷任命丁大全为左谏议大夫时,太学生们又再次上书反对。结合前述《宋史》纪传的记载,刘黻、陈宜中等六人的上书应该是在第一次。记载宋末历史的重要典籍《宋季三朝政要》卷二只记载了五人,与其他的记载相比少了陈宗,应该是遗漏了。

以上不同史料的对比,可以认为"六君子"事件大概如此:宝祐四年,因御史台的官员丁大全弹劾、迫逐丞相董槐,董槐被迫罢相去国,太学生刘黻、陈宜中、黄镛、曾唯、陈宗、林则祖等人上书声讨丁大全,因此得罪,刘黻、陈宜中等六人受到削籍、拘管的处罚。六人的行为,得到了太学官员和学生的同情,被誉为"六君子"。为了与之前的六君子区别开来,依据事情发生的年代,可以称他们为"宝祐六君子"。

## 三、六君子审视

首先,前后六君子的上书都是针对有权势的大臣而发表的不同政见。他们明知这些言论将招致大臣的不满,自己可能会因此惹祸,但还是毅然决然地发表出来,表达自认为正义的呼声。史书上记载了庆元六君子之一的徐范上书署名时的事,徐范和其他人已经知道韩侂胄将对上书之人予以"重辟",有人害怕了,要求除去自己的署名,友人也好心地劝徐范削去署名,然而徐范慨然而说"业已书名矣,尚何变"。八百年后的今天,听起来仍然掷地有声。这是真正的"明知山有虎,偏向虎山行"的举动。若没有极大的勇气、魄力和崇高的正义感,绝不会做到这一点。这也体现了他上书为国、为民、敢于直言、不畏强权、不避祸难的高贵品质。中国自古就有君子的称谓,随着时代的发展,其具体含义虽有所变动,但核心内涵没变,即指称那些心系苍生、不事权贵、恪守礼仪、信守承诺的人。称某人为君子,是对该人的极高褒美。前后六人的上书行为和书中的言辞所表现出来的精神,证明他们无愧于君子的称誉。

其次,前后六君子上书时的身份都是太学生。太学生是宋代政治史上的一股重要力量,从徽宗的陈朝老抨击奸相蔡京误国,到钦宗朝的陈东领导的伏阙上书爱国群众运动;从高宗朝的"太学之士千余人,为文以哭(宗)泽"①指斥朝中"谗人",到孝宗朝的张观等为挽回国运,毅然上书言事,发表一代公论,伸张正气。② 太学生每每在国难当头之际、民族危亡之时,挺身而出,发表独立于官方的意见,掀起一股股爱国救国的高潮。可以说,太学生参政已经逐渐形成一个传统。而且,随着时间的推移,太学生参政的热情愈来愈高,意识愈来愈强。凡遇到看不惯,觉得不对的政治现象,他们就上书直言,以致被人们称为"无官御史台"③。

前后六君子的上书言事,实际上是继承了以前宋代学生参政的传统,并且是在参政意识愈益强烈的情况下进行的。正因为太学生在宋代政治生活中占有重要地位,在时人眼中是一股特殊的力量,所以前后六君子的举动才受到极大关注,引起强烈反响。与六君子大约同时上书的还有官僚、布衣,这些人没有被称为君子,唯独六人获得如此美誉,恐怕与他们太学生的身份不无关系。同时也可以看到,前后六君子与其他多数宋代太学生的参政一样,勇于发表自己的见解,揭露当权者的阴暗面。这其实是"民间舆论对权势的监督,这是宋代专制社会的一抹绚丽的民主色彩"④,值得高度关注。

最后,需要注意的是,人们是针对前后六人的上书的言行而称他们为

---

① 李心传:《建炎以来系年要录》卷一六,中华书局2013年版,第395页。
② 关于宋代三学学生参政的研究成果甚多,新近的研究可参见王曾瑜:《三学生、京学生与宋朝政治》,《燕京学报》新29期,北京大学出版社2010年版。
③ 罗大经:《鹤林玉露》丙编卷之二《无官御史》,中华书局1983年版,第271页。
④ 王曾瑜:《三学生、京学生与宋朝政治》,《燕京学报》新29期,北京大学出版社2010年版。

君子的，而并非对他们的盖棺定论。若从他们一生的行迹来看，有的人无愧君子的美誉，有的人则担当不起这个称号。最典型的两个人物是刘黻和陈宜中。

刘黻除了在宝祐四年上书弹劾丁大全外，还屡次劝谏皇帝，针砭时弊。如侍御史陈垓诬劾程公许，右正言蔡荥诬劾黄之纯，导致程、黄二人罢黜。刘黻率领诸生上书，指出这是诬告，请求理宗召回程、黄，并且要理宗不要听信一二小人之言，而要听天下公论。后刘黻见理宗经常游幸，荒废朝政。他又进谏，提醒皇帝不能游玩无度，否则易蹈汉武帝、唐明皇的覆辙。理宗经常不经过三省而私降内批，这是违反典章制度的，也容易导致皇帝为所欲为。刘黻又上书反对内降恩泽，主张严格按照规章制度办事。他在担任沿海制置、知庆元府时，"建济民庄，以济士民之急，资贡士春官之费，备郡庠耆老缓急之需。又请建慈湖书院"①，以实际行动践行了儒家的君子之道，体现着君子之风。

陈宜中"为人多术数"，其父为吏受赃，应当受到黥刑。陈宜中向温州守臣赵克愚求情。赵克愚认为陈宜中之父是个"黠吏"，最后还是将陈宜中之父依法处置。后来，陈宜中为浙西提刑，成了赵克愚的上级。他表面上对赵克愚很客气，但暗地里摭拾其过错。后来赵克愚因事得罪了贾似道，后者欲将赵克愚废罢。陈宜中得知此事后，就向贾似道说赵克愚家居期间有不法事，贾似道令章鉴弹劾赵克愚，结果赵克愚被贬严州。陈宜中在"六君子"事件后谪建昌军。陈宜中看透了贾似道的心思，就首先"劾元凤纵丁大全肆恶，基宗社之祸"。德祐元年（1275年）十一月，已为丞相的陈宜中"遣张全合尹玉、麻士龙兵援常州"，"玉与士龙皆战死，全不发一矢，奔还。文天祥请诛全"。张全没有完成任务，并且坐视友军不管，文天祥请求诛张全，完全是合理的，但陈宜中竟"释不问"。临安被元军占领后，南宋流亡小朝廷撤到广东，益王即位，陈宜中为左丞相。井澳之败后，陈宜中想让小皇帝逃往占城。他先去占城打探风声。他到占城后，看到广东

---

① 《宋史》卷四〇五《刘黻传》，中华书局1977年版，第12249页。

的小朝廷已不可能有什么作为，就待在占城不回去了。陈宜中为了身家性命而抛弃君主，与君子的行为南辕北辙。元代史臣说陈宜中在六人之中"尤达时务"①。通过上述一系列的行为可以看出，陈宜中真可谓达时务的"俊杰"。然而这样的"俊杰"，岂是儒家所讲求的"君子"？

---

① 《宋史》卷四一八《陈宜中传》，中华书局1977年版，第12529页。

# 闻一多赞君子之风

沈国磊(安徽利辛文化学者)

闻一多为人、为学，都和君子有关。其为人的君子风范，家喻户晓；其对《诗经》的君子研究，非常独到。

闻一多的《诗经新义》《诗经通义》等著作，在形式上都是以训释词义为主，与传统笺注相似。"为了证成一种假说，他不惜耐烦地小心翻遍群书，为了读破一种古籍，他不惜在多方面作苦心的彻底的准备，这正是朴学所强调的实事求是的精神。"(《闻一多全集·郭沫若序》)闻一多超越清儒甚至同时代许多人的高明之处，就是他不仅仅停留在从古代文献中寻查证据，而是充分运用现代的科学知识(包括从西方引进的一些学术理论)，从各个不同的角度，去深入地发掘隐藏在诗歌"意象"中的文化内涵。郭沫若评价闻一多说："他那眼光的犀利，考索的赅博，立说的新颖而翔实，不仅是前无古人，恐怕还要后无来者的。"(《闻一多全集·郭沫若序》)

《国风·曹风·鸤鸠》是中国古代第一部诗歌总集《诗经》中的一首诗。现代学者多以为这是一首赞美淑人君子德行的诗。关于此诗的主旨及创作动机，历来有众多说法，其中有两种截然相反的意见：一说赞美，一说讽刺。《毛诗序》云："《鸤鸠》，刺不一也。在位无君子，用心之不一也。"朱熹《诗集传》则云："诗人美君子之用心平均专一。"方玉润《诗经原始》对于上二说基本同意朱熹说，而亦不废《毛诗序》说之一端，取调和态势。此诗从字面传达的信息来看，确实是颂扬"淑人君子"而无刺意。但文学作品由于欣赏理解角度不同，若说此诗反面文章正面做，那也可备一说。

鸤鸠即布谷鸟，该鸟仁慈，"布谷处处催春耕"，裨益人间。又喂养众多小鸟，无偏无私，平均如一。《诗集传》谓："（布谷鸟）饲子朝从上下，暮从下上。"就是这个意思。所以《左传·昭公十七年》载："鸤鸠氏，司空也。"杜预注："鸤鸠平均，故为司空，平水土。""鸤鸠在桑"，始终如一，操守不变，正以兴下文"淑人君子""其仪一兮""其仪不忒"的美德，与那些小鸟忽而在梅树，忽而在酸枣树，忽而在各种树上的游移不定形成鲜明对照。小鸟尚未成熟，故行动尚无一定之规。因此，各章的起兴既切题旨又含义深长。各章起兴之后，即转入对"君子"的颂扬。关于这一点，《诗集传》引"陈氏曰"："君子动容貌斯远暴慢，正颜色斯近信，出辞气斯远鄙倍。其见于威仪动作之间者，有常度矣。"

如果说一、二章是颂"仪"之体，则三、四章是颂"仪"之用，即"君子"对于安邦治国佑民睦邻的重要作用。三章的"其仪不忒"句起到承上启下的转折作用，文情可谓细密。四章的末句"胡不万年"（意谓：这样的"君子"，怎不祝他万寿无疆？）则将整篇的颂扬推至巅峰。①按照闻一多先生的思想，《鸤鸠在桑》这一篇不光是一个国家的风教，一个民族的诗教，在世界文化中仍有重要意义。

闻一多从揭示《诗经》中的"隐语"或意象的文化内涵入手，对《诗经》（主要是《国风》）的思想内容和文艺特质，作了全新的阐释和展现。他推崇实证，"继承了清代朴学大师的考据方法"，同时又"益以近代人的科学的致密"（《闻一多全集·郭沫若序》）。在形式上多以文字词义的考辨为主，而在内容的解说上则运用多种现代学科知识和方法，从不同的角度进行君子文化新的审视、新的阐释。

"其仪一兮，心如结兮"是闻一多先生《七子之歌》中所写的词。香港和澳门回归问题的解决，不仅使祖国统一大业迈出重要一步，而且也为国际社会以和平方式解决国家间的历史遗留问题，提供了新的范例。历经百年沧桑的香港回到祖国怀抱，中国人民洗雪了香港被侵占的百年国耻。澳门

---

① 姜亮夫等：《先秦诗鉴赏辞典》，上海辞书出版社1998年版，第291~293页。

的回归，标志着在中国国土上彻底结束了外国列强的占领。这是旧中国的政府不能也不敢解决的问题，是中国共产党对于中华民族的历史性贡献，是"君子"文化的延续。"其带伊丝，其弁伊骐"在今天看来也有着"一带一路"的底蕴，丝绸，驼马，也和"君子"们站在一起，是一个完美的"君子"形象。《周易·渐卦》："鸿渐于陆，其羽可用为仪，吉。"

冯友兰曾说，孔子一生思考的问题很广泛，其中最根本、最突出的就是对如何"做人"，就是提倡要人做君子，寻求精神上的"安身立命之地"。闻一多探究了"君子之道"，也是地地道道的君子。

# 李先念的君子风范

黄忠信(大悟作家协会秘书长)

李先念出生于湖北红安县(解放前谓之黄安县)高桥乡的一个农户家庭,虽家道贫寒,但得父母支持且他本人勤奋好学,曾读过《四书》等私塾学堂课文。后来受早期无产阶级革命家董必武指引投身革命,并成为职业革命者,是一位挺身救亡的仁者、智者、君子。

## 一、保家卫国

李先念深刻领会抗日持久战的战略意义,领导新四军第五师以大小悟山为核心,遍及桐柏、信阳、罗山、黄安、黄陂、礼山、应山、孝感等广大地域。他坚信正义的事业,必定胜利、必然胜利,满怀信心在革命根据地抗日反顽。

即使在这么险恶的环境中求生存,李先念依然矢志不渝。例如:当时,大悟山南是国民党孝感县县长,国民党第五战区第十九游击纵队队长刘梅溪的地盘,他手上拥有两千余人,一直想在孝感称王称霸。于是,他为了扩大自己的地盘,同时向主子邀功,对外企图消灭许金彪及其所有共产党的力量,对内他要逐步吞掉各地方小民团。当他听说李先念只带了不足两百人要在大小悟山落脚时,则积极筹划一举灭掉这支新四军抗日力量。李先念到此之后,以新四军豫鄂独立游击支队司令员的身份,只带了几个警卫员就跨进刘梅溪衙门。刘梅溪见李先念自动送上门来,心中暗暗大喜。李先念在虎窝狼巢里依然坦坦荡荡,威风凛凛。这是借助了"仁道"

的光芒照耀啊!

李司令之后还游说国民党军中一大批爱国将领,充分肯定和赞颂他们的爱国精神,陈述利弊,广泛争取抗日力量和物资,特别是紧缺的军用与医疗物资,起到了枪杆子所无法起到的作用。

## 二、彰显大义

1941年8月下旬,当李先念指挥新四军第五师在陂安南粉碎日军十三路"扫荡"时,国民党顽军"湖北鄂东保安第一旅"在旅长李九皋这个死顽分子鼓动下,企图乘虚而入,报2月份被罗厚福之第一、第九团打得丢盔弃甲、差点被俘的一箭之仇。他曾通过收买叛徒,捕获我陂安南县委书记田东及十余名共产党干部,并残酷杀害。李先念应新四军广大指战员之请,于月底在雨夜中包围了一旅在黄安的驻地,一举歼灭其一个整编旅计4000余敌,其中活捉了旅参谋长王子发。

按说这个王子发在保一旅任参谋长,没少祸害新四军,但李先念让他回去为我党作宣传,争取更多人同情和支持抗日,充分体现我党我军区别对待各种不同情况的人,出于以大仁大义对待俘虏和争取一切可以争取的抗日力量共同抗日等多重因素考虑,经过与刘少卿等支队领导充分协商,最后还是把他放了。

释放前,李先念亲自跟他交代政策,陈除利害,晓以大义,并警告他:"日本人那么狠,我们都不怕,还怕保安团?国民党腐朽没落,不得人心,不是长把瓢!"王子发后来果然收敛了许多,不再与新四军发生摩擦。这为我党我军发展壮大赢得空间。后来李先念还义释过王弼卿和安陆赵棚区长等国统人员。

全歼保一旅令武汉行营十分恼怒,为达到消灭新四军第五师、为保一旅报仇之目的,国民党武汉行营先后派桂系一七四师和死顽分子程汝怀一个师,挤进大小悟山这个狭小地带,妄图借桂系之手,灭第五师主力于此。国民党顽固派的这点小把戏,李先念一眼洞穿,在进一步加强与桂系合作的同时,敲痛程汝怀,致使他步步退缩,也令桂系官兵十分感动,都惊叹：李司令，义薄云天也！

## 三、上兵伐谋

1939年，李司令驻地右翼，花园白沙镇有个反动透顶的胡翼武，死心塌地投靠日本人，祸害人民，与抗日力量对抗，对我党危害更甚。为尽快将其消灭，李司令痛下决心，决定联合地方具有中立性质的民团曹省三。曹曾与抗日力量许金彪有过合作，现在又遇上胡翼武、蒋少瑷两个方面的兼并威胁，担心自己迟早被他们鲸吞。当李司令要求他联合新四军灭胡翼武后，当即表示倾自己三百人枪之力，暗中协助。

这样一来，李司令既扫除了障碍，又增强了实力。后来一举灭了胡翼武这个心腹大患，缴获大量枪弹物资，既为受他欺压的民众报仇雪恨，又卸掉了日本人一只胳膊，大灭鬼子的嚣张气焰，同时，更重要的是从实质上壮大了我新四军的声威。

战前，李司令充分考虑此役方方面面，决定派周志坚在沙子岗伏击云梦伪军，因为胡翼武的把兄弟贺承慈可能出动援兵，后来果如所料，因准备充分，不一会儿工夫贺承慈即丢下数十人，狼狈逃窜。驻扎在北新街的死顽民团刘亚卿纠集七、八百人枪欲乘虚而入，攻占我新四军驻地南新街。而南新街此时仅有十几个留守人员。李司令沉着应对这一突如其来的紧急情况。良久，他指示许金彪立马带去仅有的一个班，并面授机宜，要衣着齐整、精神抖擞地在街上往返巡逻。还要许骑上他的枣红马，装出大摇大摆、若无其事的样子。果然，刘亚卿一听手下人报，犹豫再三，恐日后与新四军结下梁子，成为出头鸟，思来想去还是自动撤兵了事。这是正义力量和运筹帷幄显示出来的君威、军威和神威。

## 四、勇者制胜

自古勇与智交相辉映，智者之勇，无往而不胜。

1939年1月，李先念奉中共中央和中原局指示，率领新四军豫鄂独立游击大队自竹沟南下,向武汉北,大小悟山外围老根据地挺进,经四望山到达一个名叫龙门新店的关口时,与国民党游击支队司令吴少华狭路相逢。吴少华仗手下有600人枪,背后有汤恩伯撑腰,挟要地以自重,天不怕、地不怕、祸害一方。为向其主子邀功,他时常密切关注我党我军消息,这回,他早已布置妥当,摆下架子捞一把。

这边,李司令早已探得仔细,遂带领支队战士大摇大摆地开到关下,并命人对关口守备喊话:我们是国民革命军新四军独立游击支队,奉命南下,到敌后打日本人。那守备头目出得墙头答道:"没有上级的命令,什么小队支队,一律不准由此通行。"战士们听后齐声吼道:"为了抗日,中国的地方,我们哪儿都能去,谁也拦不住我们。"守备头目从未见过这阵势,吓得连忙进去报告,不一会儿又出现在墙头上。他俯下身子问道:"你们哪位是司令?"李司令从容不迫地抬一下手,说:"我就是。我们去敌后抗日,路过贵军防区,希望支持!"李司令胸前露出"国民革命军新编第四军"一杠三花的上校军衔,吴少华见此连忙礼让其上。一番言来语去,吴少华自知此人了不得,不是对手,遂放下全部歹毒心思,并派人礼送独立支队出境。事后,战士们无不啧啧称赞,都不敢相信在双方力量及诸因素绝对悬殊的态势之下,竟然能如此轻松通过,真乃李司令智勇所至啊!

纵观现代历史,我党自大革命运动兴起至抗战结束,甚至解放战争前阶段,均处于各反动势力、各种不利因素的重重包围之中,但我党却能屡次化险为夷,化不利为有利,最终由弱到强,取得建立新中国的伟大胜利。究其根源,全在一个"仁"一个"义"字之上,全在我党的主张与初衷无不体现在仁和义之上。

李先念一生,大仁、大义、大智、大勇。他出身贫苦,内心滋生出一种强烈的家国情怀,后经董必武引导走上了革命道路,投入到斗争的洪流,最终成为伟大的无产阶级革命家,成为万众敬仰的君子。他的身上闪耀着仁者、义者、正人君子的光辉。

# 李先念君子理财

陈欣欣(黄冈市委党校教师)

伟大的无产阶级革命家李先念同志,自1954年调至中央工作后,一直主抓经济工作,积累了很多经济建设的经验,提出了很多经济建设思想,堪称君子取财有道、用之有道,在今天仍然有比较重要的价值。

## 一、提倡开源节流

(一)增加财政收入来源,积累资金

1. 做好税收工作。一切收入和工资,毫无例外都应当征收所得税。李先念明确指出:"许多同志不重视税收工作,甚至不愿干税收工作,以为马列主义是用不着收税的,这是不对的……国家要建设,经济要发展,首先就需要资金,而资金的来源主要靠税收。"[①]在"一五"计划初期,面对税收中心逐渐转移到国营企业的情况,他指出要正确处理好公私关系,继续整顿税源,加强乡镇税收。面对要把集中资金搞工业化,又要改善人民生活的局面,李先念提出,农业和工商税收要增加,但增加又不要超过一定限度,否则政策和任务就要发生矛盾。

2. 调整好积累和消费的比例关系。李先念十分重视收入和支出的科学

---

① 李先念:《李先念论财政金融贸易》(上卷),中国财政经济出版社1992年版,第5页。

合理性，即处理积累和消费的关系。他提出，合理的积累必须同人民的生活水平结合起来，要照顾到国家、集体、个人的利益，在规定税收政策、工资制度、物价政策时，既要考虑到人民的消费水平，又要兼顾国家积累，将长远利益和局部利益结合起来。要对国民收入的分配和再分配进行研究。财政是对国民收入进行分配和再分配的工具。国民收入的分配和再分配是关系到国家积累和人民消费的比例关系的，在预算上即体现为基本建设投资与经费、事业费的比例关系。如果不适当地增大了积累的比重，就会影响到人民的消费水平。反之，如果不适当地增大人民消费的比重，也会影响到社会主义建设发展的速度。1964年他在《对当前经济工作的几点意见》中强调了国民经济要稳步前进："处理积累与消费的关系，我们的方针应当是，在国民收入增长的基础上，适当扩大国家积累，逐步改善人民生活。在国民收入增长较快的条件下，积累增长的速度，应当稍高于消费增长的速度，以保证基础工业有较大的发展。"[1]李先念同时指出，增加国家积累，也必须合理，不能过多。

(二) 财政支出要管严、管实、管好

厉行节约，积累资金。李先念指出，节约是增加社会主义积累的重要源泉，是克服资金不足的主要办法，必须坚持节约原则，实行严格的经济核算和严格的节约制度，保证资金合理地、集中地、有效地使用。如何做到节约，李先念将节约理论和实践相结合，强调整顿编制，一定要百分之百地迅速执行，限期完成。所有人员、车马、房屋、用具一律按编制与制度的规定办理，不得超越，不准打埋伏。整顿工作应该进行动员，打通思想。我们号召节约，号召精打细算，但掌握制度的同志又必须保障必需和尽可能地及时供给。

李先念在《1954年国家决算和1955年国家预算报告》中指出，没有资金的积累，中国无法建设社会主义，要实行严格的经济核算和严格的节约

---

[1] 李先念：《李先念文选》，人民出版社1989年版，第286页。

制度，就必须保证资金合理集中地使用。"社会主义的节约，就是要善于使用我们的自然资源，善于使用国家的资金，善于使用最宝贵的财产——人的劳动力，善于使用物力，以便用最少的消耗，取得最大的生产成果。"①节约就要"在工业中努力提高产品的数量和质量，努力试制新产品，降低废次品率，节约用电、用煤，节约原材料特别是钢材、木材、有色金属、粮食、棉花、茶叶、油脂等；在运输业中努力提高运输效率和车辆船舶周转率；在商业中努力降低商品周转费用特别是降低商品损耗率；减少一切企业中的非生产性开支，努力争取超额完成成本计划和利润计划"②。

保持一定的财政结余。李先念认为地方必须把结余留作后备力量。"如果没有财政结余的支持，就无法保证粮食统购统销和对私商改造的资金需要，财政和信贷就不能平衡。"③同时，结余并非越多越好，"使用上年结余，就需要有数目相等的信贷资金或流动资金来弥补，所以实际上还等于增加本年的开支。这是没有实际意义的"④。因此，财政结余只能在平衡基础上略有结余，需要做到既要追求高速度，又保持财政收入平衡，适当留有余地。

## 二、平衡财政经济

（一）财政、信贷和现金的综合平衡。李先念在 1954 年 8 月中国人民银行全国分行行长会议上指出："在 1953 年全国财经会议中学到的一条经

---

① 《伟大的人民公仆：怀念李先念同志》编辑组编：《伟人的人民公仆：怀念李先念同志》，北京：中央文献出版社 1993 年版，第 128 页。
② 《李先念论财政金融贸易》编辑组编：《李先念论财政金融贸易》（上卷），中国财政经济出版社 1992 年版，第 101 页。
③ 《李先念论财政金融贸易》编辑组编：《李先念论财政金融贸易》（上卷），中国财政经济出版社 1992 年版，第 149 页。
④ 李先念：《李先念文选》，人民出版社 1989 年版，第 166 页。

验是：财政预算、信贷计划与现金计划都要平衡。"①他又指出了信贷平衡对现金平衡和财政平衡的影响，为了防止骑虎难下，地方还要加强银行和信用合作社的储蓄工作，动员社会游资。这项工作做得好坏，直接影响到现金平衡的稳定性。如果做好了，就可以解决现金的平衡，巩固国家的预算，并对地方预算的平衡也是有好处的。

(二)财政、信贷、物资统一平衡。1957年1月，在各省、自治区、直辖市党委书记会议的讲话中，李先念明确提出了"财政、信贷和物资必须统一平衡"的概念，认为财政、信贷和物资三者必须统一平衡是社会主义经济建设中必须遵守的一条客观规律。他说："1956年财政金融工作当中的主要经验是什么呢？根据我们的体会，就是财政、信贷和物资必须统一平衡。"同时，他从三者的辩证关系入手，指出三大平衡是社会主义经济建设的客观规律和重要政策，"物资平衡是统一平衡的基础，财政平衡则是统一平衡的关键"，"财政和信贷最后都要归结到有没有物资，矛盾最后都集中到物资是否能够平衡"，"财政和信贷平衡了，大体上整个物资也是平衡的"，"财政、信贷和物资三者必须统一平衡，是社会主义经济建设中必须遵循的一条客观规律"。②

(三)外汇收支平衡。1978年国务院召开务虚会，强调要利用外资，引进国外先进技术设备，李先念做了在努力实现外汇收支平衡的前提下利用外国资金、引进国外先进技术设备的重要讲话。他认为："大规模的引进，必须有进有出，逐年保证外汇的支付能力"③，不能搞无外汇能力的盲目引进，大规模引进先进技术，必须同大规模的出口贸易结合起来，"要有计划地把各种出口基地迅速组织起来，实行'以进养出'"④。

---

① 《李先念论财政金融贸易》编辑组编：《李先念论财政金融贸易》(上卷)，中国财政经济出版社1992年版，第37~38页。
② 李先念：《李先念文选》，人民出版社1989年版，第233页。
③ 《李先念论财政金融贸易》编辑组编：《李先念论财政金融贸易》(下卷)，中国财政经济出版社1992年版，第372页。
④ 《李先念论财政金融贸易》编辑组编：《李先念论财政金融贸易》(下卷)，中国财政经济出版社1992年版，第380页。

## 三、改革财政管理体制

### （一）从供给财政转向建设财政

李先念对于供给财政存在的弊端提出了自己的见解，认为在统收统支情况下，"各企业收入多少，收入是否完成，和自己本身的支出几乎不发生关系。这对于促使企业从物质利益上关心自己，更好地发挥组织收入、节约支出的积极性，有一定的限制"①。"地方对于本地区的收支、难于因地制宜，统筹安排；地方一些特殊的支出需要，有时得不到解决或者不能及时解决，并且在预算确定以后，增加的收入和节约的支出，往往不能由地方另外使用。因此，地方积极性的发挥，受到一定程度的限制。"②李先念认为从供给财政转向建设财政，关键在于废除统收统支，给地方和企业一定的财政和财务管理权限，在收入方面，确定中央与地方的财政分成比例、企业的利润提留比例，地方和企业可按国家有关规定自行安排这些资金，多收可以多留、多开支，节约的可自行支配。另外，还应该允许地方有一定的自筹资金来发展地方事业。除国家规定的大型项目由国家财政拨款外，其余的一般性开支都由地方和企业自行解决，国家财政不予包干。对于个人，则取消供给制，实行劳动工资制，多劳多得。

### （二）改进财政管理体制

1. 适当扩大地方财政管理权限。李先念在1956年曾提出过设想：中央财政只颁发一个地方预算收支的总额控制数字，不再分列各类各款的详细数字，地方在这个总的控制数字内，可以根据当地的实际情况，权衡轻重缓急，编制地方的国民经济计划和地方预算；可以考虑使地方有适当数

---

① 李先念：《李先念文选》，人民出版社1989年版，第193页。
② 李先念：《李先念文选》，人民出版社1989年版，第223页。

量的自筹资金,在不过多增加人民负担的原则下,积极培养地方财源,增加自筹资金,地方可以根据需要自行安排这些自筹资金;地方结余可按照有关规定留给地方使用。1958年,李先念根据实际情况又提出切实划分中央收入和地方收入的办法,即根据企业、事业管理范围的划分和几年来地方预算的执行情况,将一些收入项目划归地方,一些收入项目规定出中央和地方分成的比例,在一定时期内固定不变。这样,地方的收入比较固定了。地方就可以根据经济的增长情况,计算出自己可能有的收入数字,安排事业,安排支出。十一届三中全会以后,他进一步支持实行两级财政的体制改革。① 1980年,李先念指出:"今年开始实行两级财政,中央和地方都要自求平衡。地方财政实行包干,不要包而不干。除了打起仗来,除了特大的自然灾害,除了发生意料不到的特殊情况,包干数不变了。"

2. 改进企业财务管理制度。李先念认为,"在国家预算中,不论从收入的来源或者从支出的方向来看,社会主义的企业都占着重要的地位"②,而"做好国营企业的财务管理工作,已经成为财政工作中最主要的任务"③。针对企业的财务管理问题,他提出了一系列改进企业财务管理制度的措施:积极实行利润分成的制度,规定从企业利润中按一定比例的数目留给企业,由企业根据指定的用途自行安排支出。这个比例确定之后,在一定时期内基本保持不变。扩大各企业部门负责人在财务管理上的权限和责任。

3. 改进农业贷款管理。李先念认为,在农业贷款管理方面,应该配合整个财政体制的改革,适当地扩大地方的权限,加大地方的责任,使地方能够在一定的范围内根据自身的需要,统筹安排本地的各种农业贷款。各地农业贷款的发放,除了国家根据需要增加的少量拨款以外,一律在现有指标的范围内,由地方统筹安排,"包干"使用。农业贷款应该坚持有借有

---

① 邹惠卿:《李先念经济思想研究》,青海人民出版社1993年版,第152~153页。
② 李先念:《李先念文选》,人民出版社1989年版,第192页。
③ 李先念:《李先念文选》,人民出版社1989年版,第193页。

还和按期归还的原则,以保证资金的正常周转。大力吸收农村闲散资金,增加农村存款。农业贷款应该主要用于生产费用和期限较短、收效较快的小型建设过程费用上。有关生活方面的贷款仍然由信用合作社发放,贷款资金主要靠信用合作社吸收存款,银行补助的部分应该逐年减少。农业贷款、农产品预购定金、信用合作社放款以及农村中的其他信用投放,应该由地方统一安排,合理使用。①

(三) 加强财政监督

李先念非常重视财政部门的监督工作。他强调:财政就是要对预算进行审查,对经济拨款和企业收入上缴进行监督,对各种财务报表进行审核分析,对贪污浪费现象要利用国家财政监督的武器,进行有力的斗争。财政监督和信贷监督的作用在于通过财务收支的分析和比较,及时地发现问题,反映情况,引起有关党委、有关领导部门的重视和支持,引起广大群众的重视和支持。财政金融工作者应该从群众中来,到群众中去,实行批评和自我批评,加强相互协作,接受群众监督。财政监督和信贷监督不仅要善于发现各个有关部门的缺点,还要善于发现财政金融工作本身的缺点。只有这样,才能相互监督,相互协作,共同进步,共同提高。

---

① 《李先念论财政金融贸易》编辑组编:《李先念论财政金融贸易》(上卷),中国财政经济出版社1992年版,第279~280页。

# 当今若干楷模

王　新（河南护理职业学院老师）

2018年是改革开放40周年。40年来的模范人物，按照儒家的君子标准，完全是地地道道的君子典范。勇立潮头，敢为人先，兢兢业业，脚踏实地，勤奋工作，艰苦攻关，独当一面，在自己的岗位上积极贡献，成绩突出，名副其实，名不虚传。我们对他们的德行、成就肃然起敬，就应该以他们为楷模，让杰出人物深入人心，发挥传、帮、带的作用，促进社会更好、更快地发展。通过榜样人物，实行教化、引领，润物无声，潜移默化，这是我们中华民族立德树人、道德教育的宝贵经验，值得继续发扬光大。非常幸运的是，我们与模范人物陈景润、王选、袁隆平、吴仁宝等结缘，他们给我们留下了非常难忘的印象。

围绕庆祝改革开放40周年，党中央、国务院表彰了一批为改革开放作出杰出贡献的个人。对受表彰个人授予改革先锋称号，颁授改革先锋奖章，对受表彰的外籍人士颁授中国改革友谊奖章。这次表彰是中央庆祝改革开放40周年活动的重要组成部分，旨在通过选树褒扬改革先锋模范人物，用鲜活的事例讲好改革开放故事，讲好新时代中国特色社会主义故事，引导全社会致敬先锋，见贤思齐，在新时代新起点上，汇聚改革开放再出发的磅礴伟力，坚定不移将改革开放进行到底，意义重大，影响深远。2018年于敏等100名同志获得改革先锋称号和改革先锋奖章，是当之无愧的当今君子。

激励青年勇攀科学高峰的典范陈景润先生，1983年陈先生来山东大学。当时还有著名数学家王元研究员、潘承洞教授。陈景润先生衣着朴素，穿的是妻子由昆从部队带来的黄军装，为人低调，不善言谈。王元研究员代表他们给山东大学的师生进行演讲，讲到陈景润先生、潘承洞教授、王元研究员在数论研究上，都千方百计致力于科学探索，相互之间互通信息，结下了珍贵的友谊。他们的追求，矢志不渝，真是君子之道！他们的友谊，砥砺前行，实乃君子之交！

科技体制改革的实践探索者王选，是中国科学院院士，发明汉字激光照排系统，是北京大学的骄傲，也是民族之光。王选院士科学报国，兢兢业业，脚踏实地，奉献一生，乃真正君子。他是北京大学教授，也是无数人心中永远的丰碑，是我们做人的楷模。他痴迷研究，废寝忘食，精益求精，追求卓越，奖掖后人，豁达处世，善待名利，和儒家君子风格完全一致，是当今每个读书人应该加以学习的。每个学期，我们在大学课堂里播放王选院士的传记故事片，通过重温他的人品和事迹，我们都备受教育。

2014年，我们到湖南长沙参加"湖湘三农论坛"，见到了杂交水稻研究的开创者袁隆平，他几十年如一日，一心扑在水稻研究上，老骥伏枥，志在千里，那种不服输的拼搏精神，对科学研究的全力以赴，对祖国和世界的爱写在朴朴实实的稻田里，一心一意造福芸芸众生，其博大的君子情怀，让人刮目相看。

2017年的君子文化论坛，在江苏省华西村举办。与会代表们身临其境，仔细缅怀了华西村改革发展的带头人吴仁宝书记的丰功伟绩、高瞻远瞩、无私奉献，目睹了蜚声海内外的"中国第一村"。大家公认吴仁宝书记是地地道道的君子，是响当当的农村致富引路人。《仁人君子吴仁宝》《大成君子钱学森》《哲人君子任继愈》等一套君子文化丛书当代君子系列同时发行，专门把吴仁宝书记作为君子榜样，树碑立传，真是实至名归。

中华传统君子文化有树立榜样的优秀传统，儒家特别强调见贤思齐，知错就改，强调这是君子之道。古代的贤明帝王尧舜，被孔孟高度赞扬，他们是历朝历代君主和老百姓的心目中的明君；文圣孔子、武圣关公（后来加岳飞）、清官魏征、包拯、范仲淹、文天祥、林则徐等，杰出科学家墨子、张衡、张仲景、李时珍等,都是中国历史上赫赫有名的君子,得到了广大群众的高度赞扬,家喻户晓。正是有这样的"民族脊梁"、中流砥柱,他们的榜样力量无穷,极大地鼓舞、引导、鞭策了后来者,中华君子文化才生生不息,绵延不断,后继有人,薪火相传,历久弥新。"儒家君子的自强意识是中国文明史上首次出现的个体新精神,具有伟大的哲学革命的意义。在中国历史发展中始终起着积极作用,激励历代志士仁人为国家的富强努力奋斗,特别是经历近百年艰辛曲折革命历程考验证明仍然具有先进意义,有助于我们确立道路自信、制度自信、理论自信、文化自信。"①

---

① 王国良:《儒家君子人格的内涵及其现代价值》,《武汉科技大学学报》(社会科学版),2015年第2期。

# 第四部分

# 君子致用与践行

# 君子人格与当代传承

宋冬梅(孔子研究院)

君子文化是中华民族重要的文化基因。君子人格是儒家推崇的理想人格范式,比之西周时期,孔子赋予其更高尚的道德意义,其内涵主要包括立志尚学、义以为上、安贫乐道、自强不息、和而不同、仁爱坦荡等内容。新的时代,我们应在传统君子文化的基础上照着讲、接着讲、创新地讲,使之被赋予新的时代意义,融入社会主义核心价值观的理论体系。在力行实践上,应人人崇尚君子人格,争做美德君子,重树泱泱中华文明古国的君子国风。

## 一、君子人格要领

儒家所推崇的君子人格内涵丰富。丰富的内涵是儒家思想道德集中于具有君子人格的人的综合文明结晶,其主要内容体现在以下几个方面:

第一,立志尚学。要做一个君子,只有不断地学习,才能储备知识,使自己成为一个有智慧的人。一个人只有具备勤奋不辍、高瞻远瞩、严谨求实的学风,才能成为一个具有深厚文化底蕴的儒雅君子。

第二,义以为上。这是儒家基于自身的义利观而对君子人格所作的一种界定,反映了儒家的道德价值取向。义利相比,君子只有"义以为上""义以为质",才能"礼以行之,孙以出之,信以成之"(《论语·卫灵公》)。君子在现实生活中,务必做到"见利思义""先义后利""以利从义""以义导利""舍利取义",力避世俗功利与私欲的纠缠,视"仁义之德"为安身立命之本。

第三,安贫乐道。孔子说:"君子忧道不忧贫。"(《论语·卫灵公》)孔子本人推崇"士志于道,而耻恶衣恶食者,未足与议也"(《论语·里仁》)。那些内心填满物欲而无道德理想追求的人,总是忧心忡忡,体验不到人生的真正快乐。孔子与颜回安贫乐道的精神,在历史上被称为"孔颜乐处"。

第四,自强不息。孔子有"发愤忘食,乐以忘忧,不知老之将至"的人生历练,"士不可以不弘毅,任重而道远。仁以为己任,不亦重乎?死而后已,不迹远乎?"(《论语·泰伯》)胡适在《说儒》一文中,曾把儒家君子人格概括为"弘毅进取"。

第五,和而不同。君子言和,是在保持自己个性和独立性的前提下,尊重和承认对方,并与之求同存异、和平共处。和,犹如音乐中的合奏,音质不同,唯其不同,才可合为美妙的音乐。又好比饮食中的五味调和,风味各异,唯其各异,方能调为可口之佳肴。和而不同,意味着凡是无关原则的,要讲协调、重和睦,不要小题大做,闹不团结,而凡是有关原则性的,就要坚持,不应苟同。

第六,仁爱坦荡。这是儒家推崇的君子必备的阔达胸怀。先秦儒家的孔子、孟子、荀子都谈到君子心胸宽广,问心无愧,不忧不惑不惧。儒家"以直报怨""以德报德",正直对人,不记私仇、泄私愤,不报复他人;别人有恩于己,就要记着报答他。这不同于以牙还牙、冤冤相报的小人之争,而符合民间常说的冤家宜解不宜结、知恩图报不结怨的传统观念。

总之,儒家君子人格内涵丰富,可用孔子概括的"仁、智、勇"将其统领起来。孔子说:"君子道者三,我无能焉:仁者不忧,知者不惑,勇者不惧。"(《论语·颜渊》)《中庸》上讲:"知、仁、勇,三者天下之达德也。"一个真君子具备了内心的仁、智、勇,就少了忧、惑、惧,就增强了把握幸福的能力。仁者爱人,故能胸怀天下,不以一己私利而忧愁;智者明礼,故能克己复礼,不为一己私利而迷惑;勇者礼仁,故能大义凛然,杀身成仁,不因一己私利而畏惧。仁、智、勇充实君子心灵世界,便能活出尊严,健康成长、搞好学习、成就事业,是仁人志士乃至一个民族走向成功的法宝。

## 二、君子人格的培养

君子是儒家树立与追求的人格风范,新时代应该接续君子文化的道统,使之薪火相传,在思想理论上厘清脉络,在力行实践上付诸行动,做到知行合一。

首先,从我做起不外求。孔子十分强调人作为主体的内心自觉和主观努力,主张"为仁由己","君子求诸己,小人求诸人"(《论语·卫灵公》)。具有君子品行的人,首先想到的是要靠自己去解决问题,去规约自己,而不是求助于别人。

其次,勤学不辍志于道。坚持不懈地学习是实现君子人格的重要途径。孔子主张:"学以致其道。"其实,每个人在出生时,天赋差别不大,如果说道德品质有什么差别的话,那也是由于受后天的环境影响而养成的不同习惯所造成的,正所谓"性相近,习相远也"。

最后,躬行实践笃根本。"纸上得来终觉浅,绝知此事要躬行。"君子人格的培养,更是如此。子贡曾问孔子,怎样才是君子?孔子回答说:"先行其言,而后从之。"(《论语·为政》)意思是说,是君子就要把自己的实际行动摆在言论的前面,然后再去说。孔子又说:"君子欲讷于言而敏于行。"(《论语·里仁》)君子要言语迟钝,行动敏捷。还有:"古者言之不出,耻躬之不逮也。"(《论语·里仁》)即君子如果不能力行,最好不要议论,议论而不力行,只能成为"佞人""巧言令色"之人。

## 三、新时代的君子文化:照着讲、接着讲、创新讲

传统的君子文化要重视,要传承,要担当,要照着讲、接着讲、创新讲。照着讲,就是厘清传统文化中君子文化的源流、内涵、思想要义及其

功能等；接着讲，就是将传统的君子文化加以扬弃地吸收借鉴；创新讲，就是赋予传统君子文化新的内容、新的形式、新的时代意义，使之成为构建当下社会主义核心价值观的重要资源。

儒家文化是中国传统文化的主流，在我国历史与社会的发展中发挥了不可磨灭的作用。2014年9月24日，习近平总书记在纪念孔子诞辰2565周年学术研讨会暨国际儒学大会上讲话指出，孔子创立的儒家学说以及在此基础上发展起来的儒家思想，对中华文明产生了深刻影响，是我国传统文化的重要组成部分。中国优秀传统文化的丰富哲学思想、人文精神、教化思想、道德理念等，可以为人们认识和改造世界提供有益启迪，可以为治国理政提供有益启示，也可以为道德建设提供有益启发。习近平总书记在庆祝中国共产党成立95周年大会上的重要讲话中提出，文化自信，是更基础、更广泛、更深厚的自信。在5000多年文明发展中孕育的中华优秀传统文化，在党和人民伟大斗争中孕育的革命文化和社会主义先进文化，积淀着中华民族最深层的精神追求，代表着中华民族独特的精神标识。我们要弘扬社会主义核心价值观，弘扬以爱国主义为核心的民族精神和以改革创新为核心的时代精神，不断增强全党全国各族人民的精神力量。

日新月异的新时代，物质发展在极大提高人们生活水平的同时，也带来了心迷逐物的现代病：欲望吞噬理想，心为物役，人心浮动等。这需要我们要从传统优秀的君子文化中，找回能够强化道德约束与慎终追远的定力，增强我们民族在现代化浪潮中强身壮体的抗体。儒家的君子人格作为做人的理想范型，是对圣人人格的补充。其君子人格所体现的有志于学的价值趋向、重义轻利的品格、安贫乐道的风范、自强不息的精神、仁爱坦荡的胸怀等，对当代君子人格的构建有着积极的借鉴意义，对于当代社会人们加强群体合作关系、克服社会危机、解决环境问题，促进人类健康发展、社会和谐进步、人类文明进步有着积极的意义。

# 恐惧时代如何做君子

吴万伟(武汉科技大学教授)

《恐惧之道：21世纪的恐惧文化》①，是英国公共知识分子和评论家、肯特大学社会学荣休教授弗兰克·菲雷迪(Frank Furedi)的著作。其著述包括《恐惧文化》《恐惧政治》《知识分子都到哪里去了?》和《偏执的家长》等。对此，可以联想到中国儒家的君子文化。

菲雷迪教授在1997年出版《恐惧文化》一书，主要章节包括《危险的激增》《我们为什么会恐慌?》《虐待文化》《危险的陌生人的世界》《你能信任谁》《新的礼节》《恐惧的政治学》等。他在书中谈及人们渐渐从有无危险的角度来看待亲密的人际关系，增加人们在交往时的恐惧感，助长社会形成怀疑的氛围，竭力想回避社会面临的各种挑战，挫伤冒险、探索和实验精神。该书因敏锐的洞察力和神奇的预测性而广受推崇。

2018年新出的《恐惧之道：21世纪的恐惧文化》有哪些新内容呢？首先，时空背景不同了，他的大部分预测都变成了现实。过去几十年，恐惧文化愈演愈烈，恐惧的使用频率大幅增加，诸如"恐惧政治""犯罪恐惧""恐惧因素"等时髦术语的兴起说明恐惧已经变成当今公共对话中最显著的参照物。其次，《恐惧之道》试图探讨密切联系在一起的两大主题：恐惧为何在当今社会赢得道德上的支配地位？当今的恐惧与从前体验到的恐惧有

---

① Frank Furedi, *How Fear Works: Culture of Fear in The Twenty-First Century*, London: Bloomsbury Continuum, 2018. 该书的中文版即将由北京联合读创文化传媒有限公司出版。

何不同？

　　菲雷迪教授认为道德权威衰落、恐惧主题制造、无限追求安全是恐惧文化泛滥的三大原因。首先是道德权威的衰落。恐惧似乎提供了暂时解决道德不确定性的办法，为此受到众多利益团体、政党和个人的欢迎。当今社会持续遭到令人恐怖的信息的大轰炸，我们时时刻刻遭遇难以衡量的、无法对付和控制的种种威胁。我们已经养成了从恐惧视角看待一切的习惯，与此同时还养成消极被动和孤独无助的心态，所有这些都加剧了无奈和焦虑的情绪。恐惧视角的形成鼓励不同群体出于利益目的争先恐后地制造恐慌，相互指责对方制造恐惧气氛，大打恐惧牌。结果，我们竭尽全力要在未知和危险的世界里不断寻求新的安全感。我们渴望绝对的确定性，对不确定性实行零容忍，以为实现零危害的目标是可能的，但这些一厢情愿的追求反而加剧恐惧和不安全感。恐惧是如何产生的？媒体在恐惧文化泛滥中发挥了什么作用？哪些人从恐惧文化中受益呢？所有这些都是菲雷迪教授在阐释当今困境中试图回答的问题。菲雷迪教授预测，除非社会找到对待不确定性的更积极定位，否则，恐惧的政治化就会愈演愈烈。菲雷迪教授相信，理解了恐惧之道就能鼓励我们养成更加积极的态度，帮助我们走向较少恐惧的未来。

　　民众无知、专家盛行、精英权威衰落，是恐惧文化泛滥的主要推手。菲雷迪教授曾在为拉克尔（Walter Laqueur）的《欧洲的末日》和戈尔（Al Gore）的《理性的破坏》写的书评中谈及对公众的怀疑和对未来的恐惧。他说，在戈尔看来，公众的无知是美国政治生活的基础。戈尔警告说："当公众在政治过程中只是观看，聆听，没有说话的份儿，整个政治过程就是骗人的。"但是，这正是当今提升专家意见的地位后给公众分配的角色。拉克尔在《欧洲的末日》中表现出来的焦虑不是公众的政治无知，而是欧洲精英对文化的无知。他注意到欧洲精英已经失去了对自己生活方式的信仰。"在当权派中间，属于某个国家（或者欧洲）的思想只剩下很少的荣誉感，"他说，"这样的社会根本无法为新来者提供任何指导。"在这样的"文化和道德相对主义"气候下，许多新移民对所在国的生活方式无动于衷也就可以理解了。

"专家独裁"，比比皆是。在充满破坏性、道德及思想出现混乱的时代，作为理性和科学化身的专家，成为给人安慰的权威。这是一种宣称代表客观真理的权威形式，专家作为这种真理的拥有者，拥有了更优越的道德地位。专家地位上升的前提，是传统权威的衰落。风俗习惯和传统真理的逐渐退却，人们缺乏足够的思想资源认识世界，造成了寻求指导和建议的需要。在西方社会遭遇因果关系危机的时代，公众自然乐意拥抱那些宣称拥有科学真理权威的人。现代时代的一个特征，就是不能再想当然地做事，个人在没有专业人士指导的情况下无法管理自己生活，出生、上学、就业、婚姻和死亡的任何方面，都成为专业顾问的服务范围。我们生活在充斥个人培训、导师和顾问的时代。政客退缩在专业知识的复杂性和议题的盾牌后面，而不是竭力简化解释或者解决问题。专业知识变成了干涉公共和私人生活进行辩护的手段，而政府不能发挥任何建设性的作用。①

菲雷迪教授在"专家独裁"中说，政治精英因为对自己的权威性缺乏信心，开始寻求其他的途径来为自己的行动赋予权威色彩，比如他们拥抱科学和专家意见的权威性。欧洲精英主动放弃主权，与国际机构中的其他精英分享权威，是缺乏安全感的寡头精英的尝试，要为自己的行动推卸全部的责任。这就是当今的政府跻身国际公民社会中比面对本国大众感到更自在和舒适的原因。但是，权威外包是非民主的，破坏了决策民主的责任追究制。通过专家来管理让政治选择成为多余的东西。②他在"敬重精英的时代已经终结"中进一步阐述了道德权威的衰落。他说，在人类经验的几乎每一个领域，专家都被呈现为创造事实和真理的人。那些不尊重专家的人将面临风险，如被指责为不理性、愚昧迷信或者就是个笨蛋。问题不在于

---

① 参见 http://www.theaustralian.news.com.au/story/0,25197,25979808-25132,00.html，中文版请参阅《专家暴政》，《儒家邮报》第 107 期 2009 年 9 月 26 日。

② 参见：http://www.spiked-online.com/index.php?/site/reviewofbooks_article/3853/，中文版请参阅：《专家独裁》，http://www.aisixiang.com/data/16142.html 2007-10-09。

专业知识本身，推崇专业知识的背面是宣扬公众无能的观点。很多评论家认为公众是非理性的，常常受制于情感冲动。政治精英不是把民众越来越不敬重其观点看作人们对其价值观的否定，反而认为这是民众拒绝承认事实或拒绝承认真理本身。最近，民众对西方既得利益者的真理的敬重越来越弱小，已经促成它发起一场反对民粹主义的圣战。

恐惧文化泛滥的典型表现，是即使平凡的行为现在也被看作内在具有风险和危险性很大的事。从前，社会是把恐惧和清楚认定的威胁联系在一起：恐惧死亡，恐惧某个具体敌人，恐惧饥饿等，恐惧成为人们用来认识世界和对世界做出反应的工具，恐惧本身成了一种威胁，它可以附着在各种各样的事件和现象上。恐惧意识开始被看作存在的正常状态。个人的所谓脆弱性和无力感与我们面对的挑战的可怕威力形成强烈反差。通过不断夸大人类面临的风险，污染、全球变暖、灾难性流感、大规模杀伤性武器、各种健康威胁，甚至个人选择的局限性好像都被当今不确定性无情控制了。①

恐惧文化有种种表现。猪流感爆发，被世界卫生组织官员称为"全人类都受到威胁"。热衷制造耸人听闻的恐怖信息的宗教人士，喜欢诉说环境破坏是人类的罪过，世俗的人士则喜欢夸大问题的严重性，挂在嘴边的话是"这不过是冰山一角"。尤其是理科专家，最喜欢的话是"研究显示"。健康积极分子最喜欢的说法是"对你的健康是个威胁"。环保主义者的口头禅是"除非我们改变生活方式，否则地球就将被毁灭"。人际关系专业人士最喜欢的诊断是"你有自尊方面的问题"。法律和秩序道德鼓吹者最喜欢的魔法是"犯罪在蔓延"。恐惧市场企业家最喜欢的口号是："你的安全是我们最大的关心。"他们常常利用流行的恐惧文化推销其企业兜售其产品。他们常常警告忐忑不安的家长，除非购买他们的安全商品，否则将要承担伤

---

① 参见：http://www.spiked-online.com/index.php?/site/article/3053/，中文版请参阅：《除了"恐惧文化"外，什么都不足惧》，http://www.aisixiang.com/data/13945.html，2007-04-13。

害自己孩子的责任。①

今天的"治疗文化"对"人际关系上瘾"的诊断,表达了对亲密关系的深刻怀疑,对亲密、激烈和相互依赖的关系的强烈厌恶,不断地教导我们考虑自己的需要以便获得满足。人们很少因为爱自己太多而被批评,你再怎么爱自己也不算过分。追求爱情成了一种具有风险的行为,围绕人际关系的焦虑重新塑造了对热烈爱情的欲望,亲密关系的狂喜,和失去亲密关系伙伴的痛苦和失望,并把所有这些当作疾病的症状。"小心点,你可能会受到伤害"成为反映时代心态的信号。②

性道德化、恐惧道德化、威胁道德化、婴儿喂养道德化、艾滋病道德化等,甚嚣尘上。菲雷迪教授曾经在"心不在焉的时代"一文中,论及注意力不集中被道德化。互联网的崛起和数字技术的广泛使用给我们身边带来没完没了的干扰源:来自朋友的短信、电邮、图片分享,源源不断的音乐和视频,不停变化的股票报价、新闻和更多新闻。如果关掉数字流,我们就陷入错失恐惧症(FOMO),陷入总在担心失去或错过什么的焦虑心情中。他说注意力不集中越来越多地被认为是年轻人实现社会化的障碍。在19世纪,注意力不集中的状态变得彻底道德化,被视为工业进步、科学发展和繁荣的威胁。到了19世纪末,心不在焉已经成为种族堕落的标志。到了20世纪70年代,注意力缺乏症(ADD)的合法性医疗诊断进入主流语言,被呈现为有缺陷的道德控制。最近几十年见证了注意力不集中这种概念化的戏剧性翻转。与18世纪它被视为异常不同,注意力不集中常常被描述为正常状态。注意力不集中不再被视为只影响少数人的状况,人类专注潜力的削弱被描述为存在问题,据说与源源不断流向我们的数字信息流的破坏作用有关。专注仍然被认为是值得向往的却几乎难以达到的目标。

---

① 参见 https://www.spiked-online.com/2009/05/05/what-swine-flu-reveals-about-the-culture-of-fear/,中文版请参阅:《猪流感与恐惧文化》,https://club.kdnet.net/dispbbs.asp?id=2804685&boardid=1,2009-5-11。

② 参见 http://www.spiked-online.com/index.php?/site/article/1328,中文版请参阅:《自恋让你盲目》,http://www.cssm.org.cn/view.php?id=10670,2006-08-11。

幸福政治是保姆国家和治疗国家的表现，是治疗文化恐惧、文化演变的结果。菲雷迪教授说，幸福当作美德来庆祝是受到个人利益至上心态和对公众生活的醒悟来推动的。西方社会对社会参与和公民责任所必需的美德和感情的价值越来越不重视，而旨在实现自我满足的感情被当作值得称道的东西来推崇。个人自我已经成为社会、道德、文化生活的关注焦点。新工党政府的幸福生活精神领袖理查德·莱亚德（Richard Layard）宣称："公共政策的基本目标是让社会更幸福。政府成为个人的心理治疗师和感情管理者。评论家描述的'保姆国家'如果用'治疗国家'来描述可能更准确。治疗政策的目标就是在政府和个人之间通过管理我们内心的生活建立密切关系。幸福已经变成了可以被老师讲授的容易消化的公式和公众可很快学会，政策制定者能有效管理的东西。但是，幸福决不能像幸福快餐一样被生产出来或者标准化，也不能依靠仁慈的政策制定者的恩赐。为什么？因为真正的幸福是个人通过与生活的挑战搏斗而经历的过程。"①

与幸福政治相比，身份认同政治是更具现代性特征的热门话题。菲雷迪教授在《身份认同政治的隐蔽历史》中把身份认同政治的发展分为四个阶段。一、对启蒙性普遍主义的反叛。启蒙思想家认为，人类是通过创造历史而创造自我。启蒙因此能够发展成为一种超越个人和个别族群的特殊经验而上升为意识形式。反启蒙的观点则谴责人类的普遍主义，宣称唯一重要的身份认同是属于特定民族或者族群的身份认同。二、左派和新社会运动。20世纪60年代的民权解放运动提出黑人身份的政治化是前进方向。其他族群和少数派别拥抱类似的途径以便获得新权利，女性解放和同性恋者解放的运动将焦点集中在女性和同性恋者体验的具体性上，以便实现她们被剥夺的权利和自由。三、受害者身份认同的汇合。在20世纪60年代和70年代，激进主义变得筋疲力尽，越来越不愿意投入社会变革的工程中去。在此期间，左派的很多传统盟友逐渐被描述为体制受害者。受害者的

---

① 参见 http://www.spiked-online.com/index.php?/site/article/311。中文版，请参阅：《为什么'幸福政治'让人发疯》，http://www.cssm.org.cn/view.php?id=9792，2006-06-06。

意思不再是个人遭受的例外形式的伤害而是不公平社会的必然条件,受害者的意义被扩展到包括了众多不同族群的体验。受害者意识的蔓延很可能是这个时代最具典型性的文化遗产。受害者的权威占支配地位,变成了身份认同构建的重要文化资源。四、身份认同政治的治疗性心态。"不受谴责的受害者"的观念赋予自封的受害者一种道德权威的优越感。从前的学校身份认同政治将攻击目标针对他们看到的政治的经济和社会壁垒,将其精力用来克服各种歧视,其主要目标是实现平等。但是,与当今身份认同政治不同,他们没有通过"都是我"的心理性和自恋式语言投射其争取的目标。人类的团结成为身份认同政治的主要牺牲品之一。①

"恐惧恐惧本身"也提上日程了。例如,育儿方式,从前家长觉得孩子需要一定的恐惧才能健康成长,如今的家长已经习惯于孩子的恐惧,甚至要不惜一切代价消除孩子的恐惧。专家担忧家长在管理孩子的恐惧时无能为力,现在孩子们被认为比从前更加脆弱得多。与此平行出现的还有以孩子为中心的育儿文化,尤其是在中产阶级家庭。家长和教育者被警告应该承担起责任,保护孩子免受心理健康遭到破坏的威胁。教育者也支持保护孩子免受恐惧侵扰的呼吁,常常有人宣称家庭作业引起孩子们的脊椎弯曲、晚上做噩梦和精神崩溃。孩子们的恐惧是通过成人的想象协调的,常常表达了家长心中潜伏的焦虑。对脆弱身份、对失败、对低自尊、对标准降低、对考试影响孩子心理的恐惧等,对竞争的恐惧、对竞争性体育运动的恐惧和对纪律的恐惧都是教育辩论中经常出现的话题。通常,这些恐惧的幽灵被放大,对脆弱孩子的焦虑获得独立的生命。现在有可证实的文献,恐惧不安的"直升飞机家长"是限制孩子健康发展的罪魁祸首。不过,作者也指出仅仅批评直升飞机家长也不公平,因为家长的种种做法也是迫不得已,遭遇连篇累牍的安全警告和专家建议狂轰滥炸,家长遭受强大的

---

① 参见 http://www.spiked-online.com/spiked-review/article/the-hidden-history-of-identity-politics/20596,中文版请参阅:《身份认同政治的隐蔽历史》,参见 http://www.aisixiang.com/data/107231.html,2017-12-10。

文化压力，自然心惊胆战。①

走向较少恐惧的未来，其选择的途径是挑战历史记忆的丧失，恢复英雄主义和英勇行为的历史记忆，可以消除恐惧视角感知未来的单一维度倾向的危害。同时，要直面宿命论者的悲观情绪，人类并非只是人生或者神灵的棋盘上的棋子，可以通过概率思维掌控风险，培养对不确定性的自信心，重新思考社会化教育的方式，重新审视对公民的期望，并思考人性问题，要敢于运用自己的理性，思考恐惧视角之外的选择，让社会拥有能够赋予民众意义和希望的价值观。菲雷迪教授在《让人性重新返回人文主义》中阐述了类似观点。他说，人文主义思想最吸引人和最重要的因素是它拒绝固定的思想体系的需要。真理是有，但它只是对特定的时刻而言。人文主义的重要性不在于它反对什么，而在于它主张什么——人类经验作为知识基础的重要性。正是通过人类思想和社会经验的交互作用，才能让社会变得人性化，推动社会的前进。当今人文主义者面临的重大挑战，是厌恶文化的泛滥对人类及其发挥积极创造性角色潜力日益明显的疏远心态。这种心态不是来自宗教，而是来自世俗。人类常常被描述为威胁地球存在的讨厌的寄生虫，如"地球第一"运动者(Earth First)叫嚣的"四条腿好，两条腿坏"。人文主义面临的真正挑战是对人类尊严的蔑视。当今世界好像被普遍的厌恶人类的心态所控制，人们对人类取得的进步不屑一顾，对人类运用理性改变事态发展的能力严重缺乏信心。重新恢复能动性和历史思维意识是重新让公众参与政治生活的前提。它要求我们坚持人类从前的成就，包括追求卓越的标准，人类行为和价值的文明形式。20世纪确实有让人惊骇的罪恶，人类陷入野蛮和屠杀的堕落深渊。尽管现代社会堕落的规模比从前更加巨大，但是也只有在我们这个时代这样的事件才被普遍认为是道德上的耻辱。具有讽刺意味的是，对现代社会的罪恶表现出来的道德上的强烈厌恶，常常伴随对确保更加人性化的社会可能性的理性和有意识干预自然和社会的框架的公然否定。人类能动性的重新确立不需要创立伟

---

① 参见 https://aeon.co/essays/from-spare-the-rod-spoil-the-child-to-helicopter-parenting。

大的哲学,而是需要通过给予人性以力量,实现人文主义的人性化。①

正如菲雷迪教授在为该书写的中文版序言中所说,我们的机构和文化都陷入极度恐惧之中。心怀恐惧已经成为当今半官方的公共教义,只不过名义上还没有说出来而已。人们被持续不断地提醒和敦促要意识到危险,要谨慎和小心,要小心翼翼地避免冒险,要听从形形色色的专家给出的五花八门的警告。恐惧文化传播了这样一种观念,我们面对的威胁,要远比人类历史上遭遇的威胁,更为严重得多。普遍使用的诸如"丧失信心""丧失胆量""丧失自信"等说法,往往表明人们对应对挑战和威胁,感到焦虑和紧张。这种悲观主义论调变得如此猖獗,显示了恐惧在当今社会发生的作用不容忽视。

毫无疑问,恐惧之道在中国有体验和文化的独特表现。我们中国人对未来的焦虑和担忧,常常集中于不同问题上,未必与美国和欧洲的恐惧一样。但是,最近爆发的有关疫苗安全、孩子教育、医疗卫生服务的质量等恐惧表明,恐惧文化揭示的种种不安全也同样在困扰着中国人。

孔子生活在兵火连天的春秋战国时代,恐怖不断,但是他强调做一个与人为善的君子,不支持工具主义的人生观、教育观。儒家的基本概念"仁",可加以教育,促进道德进步,带来个人的成长和共同体的构建。成为君子就应该是学生们在道德生活中的第一个目标。儒家的最高理想是圣王和大同,前者是个人修养的最高境界,而后者是共同体发展的最高境界。内圣外王的观念,说明了儒家中两者之间的不可分割性。儒家教育的目标,是通过修身培养个人美德。儒家的自我概念,并非现成的自我,而是一直在进行修养中的自我。修身是带来理想世界秩序的第一步,其特征之一是强调推己及人。孔子说"己所不欲,勿施于人"(《论语》),儒家的"恕",应该是站在别人的立场上,理解和同情他人的需要的愿望。通过政治参与改善社会行为,是儒家自由教育的另一个目标。在孔子看来,政治

---

① 参见 http://www.spiked-online.com/index.php?/site/article/2044。中文版请参阅:《让人性重新返回人文主义》,http://www.ilf.cn/Theo/93626_2.html,2006-11-6。

参与对个人的道德进步非常重要，君子积极参与高尚的政治活动。

仁、义、礼，是儒家道德教育的三个关键。一个君子是在个人和社会成长过程中将三者结合起来的人。礼，作为行为规范，被看作能够给共同的社会活动带来满意后果的社会习惯。通过参加礼仪实践，人们与其他社会成员进行交流，承认相互的依赖性，确认相互的信任和对共同目标的共同承诺，意识到自己在共同体中的位置、别人对自己的期待和将来行为的要求，并为整个共同体做贡献。17世纪儒家社会批评家顾炎武的名言"天下兴亡，匹夫有责"，说明社会关系和政治参与对道德生活的重要性，普通公民应该关心国家大事，为国家服务。历史学家余英时说，儒家强调安心立命，尽力完成个人理想，同时尊重别人，就是所谓的"博学知服"，是做一个有尊严的知识人的最好办法。①

---

① 吴万伟：《〈精神之贵：一个被忘却的理想〉简评》，《社会学家茶座》2014年第3辑，第113~122页。

# 君子慎独

姚才刚(湖北大学教授)　张旭琴(湖北大学研究生)

慎独是传统儒家君子提倡的一种道德修养方法,也可以指经道德修养后达到的一种道德境界。韦政通先生说:"现代人恐惧独处,是一种很普遍的病,传统的慎独功夫,极有助于克治此病。慎独不只是一种修养工夫,也是自我培养智慧的一种必要的生活方式。"①对传统儒家君子慎独学说进行历史考辨、义理疏导并揭示其现代价值,很有必要。

慎与独作为单一概念,曾广泛见于先秦典籍之中。在儒家经典之一——《尚书》中,"慎"字34见,"独"字3见,如"克慎明德"(《尚书·文候之命》),"无虐茕独"(《尚书·洪范》)。《周易》"慎"字9见,"独"字7见,如"慎之至也"(《系辞上》),"不独富也"(《象传·小畜卦》)。许慎《说文解字》曰:"慎,谨也";"独,犬相得而斗也"。段玉裁注慎为:"言部曰,谨者,慎也,二篆为转注。"注独为:"犬好斗,好斗则独而不群,引申假借之为专壹之称。"可见,慎即谨慎之义,上古文献一般作这种解释。"独"字本义废弃,专用假借义,可以解释为单独、独处或老而无子。《诗经》无"慎独"范畴出现,但已暗含了后来慎独学说的义蕴。《诗经·大雅·思齐》云:"邕邕在宫,肃肃在庙,不显亦临,无射亦保。"此段文字,佶屈聱牙,其大意为,一个人虽于幽隐之中,仍心存戒惧,有所持守,不可恣肆妄为。再如《诗经·大雅·抑》云:"视尔君子,辑柔尔颜,不遐有愆,相在尔室,尚不愧于屋漏。无曰不显,莫予云觏,神之格思,不可度

---

① 韦政通编著:《中国哲学辞典》"慎独"条,台湾水牛出版社1993年版。

思,矧可射思。"这也表达了类似思想,即于暗室屋漏之中,不睹不闻之际,也应做到问心无愧,不要以为屋里漆黑一团,无人监督,便失去兢兢业业之心,这显然为潜在的慎独思想。

《大学》《中庸》开宗明义提出慎独思想。《大学》第六章云:"所谓诚其意,毋自欺也。如恶恶臭,如好好色,此之谓自谦,故君子必慎其独也。"《中庸》第一章云:"故君子戒慎乎其所不睹,恐惧乎其所不闻,莫见乎隐,莫显乎微,故君子慎其独也。"慎独字面意思并不难理解,即人们在闲居独处之时,最容易任情恣意,产生不合道的行为,因此,为君子之人,特别要在独处之时保持警惕。后世学者大都以此为依本,阐发自己的学说,先是作为道德修养论,后来将其上升到本体论的高度,达到无所不包的境地。实际上,战国至秦汉之际,慎独作为独立范畴出现,不仅仅限于《大学》《中庸》。如《礼记·礼器》篇曰:"礼之以少为贵者,以其内心者也。德产之致也精微,观天下之物,无可以称其德者,如此则得不以少为贵乎?是故君子慎其独也。"荆门郭店楚墓竹简与长沙马王堆汉墓帛书之儒家文献部分也有关于慎独的文字记载。

东汉郑玄编注《三礼》,唐代孔颖达编纂《五经正义》,根据疏不破注的原则,孔氏无法突破郑氏藩篱。汉唐之际,郑、孔学术地位异常显赫,因此,他们在一定程度上奠定了这一时期慎独学说的基本框架。这期间还有徐干、刘勰、李翱等亦对慎独思想作了阐发。总的来讲,他们的慎独说大多尚停留在道德修养论层面之上,对"慎独"所作的字面疏解,基本上是忠于《大学》《中庸》的原意的。

且看郑玄注解:"慎独者,慎其闲居之所为。"(《十三经注疏·礼记》)他只注解了《中庸》里的慎独,省略了对《大学》里慎独的注解。显然,他认为《大学》《中庸》里慎独为同义,不必再作区分,这一点与明末刘蕺山不同,笔者将于后文对此再作进一步论述。郑氏联系了《大学》里的"小人闲居为不善,无所不至,见君子而后厌然,掩其不善,而著其善"来讲慎独,以小人闲居可能为不善来反证慎独之必要,这是基于慎独的表层意义来讲的。

东汉建安时期文学家、思想家徐干从显微关系来探讨慎独思想,他认为:"夫幽微者,显之原也;孤独者,见之端也。"(《中论·法象》)幽微比显见处于更为根本的地位,但恰为人情之易疏忽的地方,故对此应当心存敬慎。显微之间是辩证统一的,有谨独察微之功,方有孤忠劲节之显。南北朝时期刘勰极力描绘了慎独境界:"内无忧患,外无畏惧,独立不惭影,独寝不愧衾,上可以接神明,下可以固人伦,德被幽明,庆祥臻矣。"(《刘子新论·慎独》)何以有此境界?只缘有"戒慎目所不睹,恐惧耳所不闻"的慎独功夫。在自然界中,"荃荪孤埴不以严隐而歇其芳,石泉潜流不以涧幽而不清"(同上),石泉潜流尚可如此,何况人乎?慎独之后方可达到"无忧无惧,独立不惭"的境界。这与中国民众常说的"不做亏心事,不怕鬼敲门"相近。慎独能使人挺立起道德人格,进入极高的道德境界。

孔颖达对慎独的疏解与郑玄的注不相违背。"虽曰独居,能谨慎守道也。"(《十三经注疏·礼记》)作为君子,于不睹不闻的隐微之处,能循性而行,合于常道,睹闻之处便自然不会有所违越。所谓"莫见乎隐,莫显乎微",即是使罪过愆失不见迹于幽隐之处,不显露于细微之所,这与后来的理学家解释略有不同。中唐时期的李翱将慎独解释为"守其中"(《李文公集》卷三),他深受当时佛教的影响,把"清净"看作人的本性,主张通过扼制人欲来恢复清净的本性。"心不可有须臾之动"(同上),因此,宜慎其独。否则,"其心一动,是不睹之睹,不闻之闻,其复之也远矣"(同上)。这种思想实际上是宋明理学"存天理,灭人欲"之说的思想先导。

汉唐以降,理学兴起,诸多理学家开始对"慎独"作出新的解释,使其带上浓厚的理学色彩。

程颢将慎独与"理"(天理)紧密联系起来:"洒扫应对,便是形而上者,理无大小故也。故君子只在慎独。"(《二程遗书》卷十三)又说:"纯亦不已,此乃天德也。有天德便可语王道,要只在慎独。"(同上,卷十四)程颢学说的最高范畴是"天理",天理是自然界的最高原则,也是社会的最高原则,它具有精神性的本体的意义。人要体认天理,必须要有慎独的功夫,慎独之功即在于克制私欲,省察涵养,丝毫不懈怠于微小者,最终达到"仁者与万物同体"的境界,这样慎独便被纳入了博大精深的理学体系之内。朱熹释"独"为"人所不知而己所独知之地"。他说:"独者,人所不知而己所独知之地也。言幽暗之中,细微之事,迹虽未形而几则已动,人虽不知而己独知之,则是天下之事,无有著见明显而过于此者。"(《四书集注·中庸章句》)何为几?几为善恶之几,即指意念已萌动而他人还不知道,处于隐而未见,微而未显时,然而这时的是非善恶对自己心之灵明来说是昭灼显著的,于此谨独,于此审几,可防患于未然。朱子这种由独知之地,谨察善恶之几,穷究理之微小者以求其所当然的方式,与郑玄、孔颖达慎独学说大相迥异。唯其如此,方使慎独观念成为一理学之哲学术语。

明中叶,王阳明心学兴起。王阳明以"致良知"说独树一帜,良知是心之本体,不假外求。阳明有时将良知解释为"独知",如他曾说:"工夫到诚意,始有着落处。然诚意之本,又在致知也。所谓人虽不知而己所独知者,此正是吾心良知处。"(《传习录》下)独知之知即是人心之灵明,即是良知。至于慎独,他说:"格物即慎独,即戒惧。"(同上)显然,慎独与格物同谓。格物是阳明教法的基本功夫,是就正心、正意、为善去恶的实践层面上来讲的。联系独知,则慎独可释为戒慎乎不睹不闻而己所独知这一知之明觉,它是内向自觉与外向推致在实践活动中的统一。刘蕺山是明末大儒,与以前的理学家不同的是,他的学说径直以慎独标宗。其弟子黄宗羲曾评价道:"先生之学,以慎独为宗,儒者人人言慎独,唯先生始得其真。"(《明儒学案·蕺山学案》)刘蕺山的慎独学说,是在改造和重新解释历史上的慎独观之后提出来的。他将"独"置于本体论地位,认为孔门相传心法惟在慎独,由慎独方可"修齐治平",由慎独而"天地位,万物育"。

刘蕺山对《大学》《中庸》的慎独说作了区分,认为《大学》是就心体言慎独,《中庸》是就性体言慎独。"独"是虚位,独之实体是指性体、心体两者的统一体。性体侧重于强调道德本体所具有的客观性与普通性,心体则主要揭示道德主体的能动性与创造性,性体与心体是紧密相连的。性体的具体而真实的内容即在心体中彰显,而心体的主观活动也可由性体的客观性、超越性得以保证。刘蕺山旨在说明，人需要通过自身的克制之功及自律的道德实践才能超越外在的形骸之障，与天沟通，实现内在的超越。

以上对慎独学说粗略的历史考辨，足见历代学者的重视。儒家提倡的慎独学说对陶铸我们的民族性格起了很大的作用，即便在政治极度黑暗时期，也有不少清正廉洁、气节凛然的人，不乏品行卓绝之士，与个人注重慎独不无关系。力倡慎独学说的刘蕺山及其弟子大多能"以气节自守，或操戈抗清，或消发隐遁，或不食清粟，终老布衣，或殉节报国"①，较好地体现了"慎独"之功。

慎独的现代意义在于挺立个体的道德人格，强化个体的道德践履，以道德实践中个体的自律来维系和强化社会的道德风尚。儒家的慎独究其实是一种"反求诸己"式的自我修养方式，它把内在道德意识的自我觉悟作为主要目的，以实现自己的人性为首要任务，主张返回到自身，确证自身的存在和价值，并从自身出发来寻求普遍意义。这种向内反求的修养方法可以说是成就理想人格的关键，而理想人格的塑造是建构现代社会的一个必要条件，因为现代化其实是人的现代化，它不但要求人有较强的能力素质，还要有较高的精神境界，要有一定的道德理想来支撑。传统儒家君子慎独学说可资借鉴之处正是在于它强调了道德自律，经过自我反思后自愿、自觉的结果，而非外在的强制，纯粹是对道德原则、道德规律的尊重。我们需要对传统儒家君子慎独学说，加以批判地继承与创造性地转化，并将其融入当代人的精神生活之中。

---

① 衷尔钜：《蕺山学派哲学思想》，山东教育出版社1993年版，第108页。

# 君子立德立功立言

张 华(武汉图书馆)

## 一、君子立德

立德(做人),就是要追求理想的、高尚的人格,有比较高的道德修养。这是人生立命最基本的东西。如果把人生比喻成一棵树,那么"立德",就好像是一棵树的主干。"立德"贯穿于人生的全过程,坚持学养和修养的递进,才能完成"立德"。孔子说,君子有三德,仁者不忧、知者不惑、勇者不惧。容德,以仪表形态正君子之形;颜德,以表情姿态正君子之姿;辞德,以言语声音正君子之声。

"仁"筑就博大的胸怀,"智"用知识和智慧,让人有正确认识事物和处理问题的能力,"勇"者敢作敢为,勇敢前进,所向无敌。"仁者不忧",指导人们以仁厚、宽和的心态,面对自己身边的每一个人、每一件事。"知者不惑"告诉人们如果对事物的机理了如指掌,任何时候、任何情况下办事,都会运筹帷幄,游刃有余。比如,买一只股票前,至少要把上市公司的情况了然于心,才能有的放矢。孤陋寡闻,甚至什么都不知道,就会在黑夜中苦苦摸索、乱转瞎飞,谈不上君子应该具有的素质。"勇者无惧",绝不是让我们去逞匹夫之勇,胆大心细,有"智"、有"仁"的"勇",才算大勇。兰在深林亦自馨,岂因风雨阻鸡鸣,君子追求高雅,知识丰富,敢于作为,努力进取,创造美好生活。

## 二、君子立功

　　立功(做事)，就是建立功勋，做出利于天下大众的事情。也就是做一件又一件具体的善事，来丰富、充实人生。如果人生是一棵树，那么"立功"，就好比是一棵树的花与果。敏则有功，建功立业的前提必须要勤敏。时不我待，君子做大事必须审时度势当机立断，应将实现个人价值与社会价值统一协调起来。

　　随着社会的发展与进步，主体选择的自觉性不断增强。但个人的价值选择，要服从于社会全局，兼顾国家、集体和个人三者之间的利益，这是社会主义核心价值观的必然要求。中国传统君子的价值观中，曾有过"穷则独善其身，达则兼济天下"的道德要求，有过"先天下之忧而忧，后天下之乐而乐"的爱国主义情怀，也有重义轻利的价值本位和"学而优则仕"的官本位取向。我们应剔除其糟粕，汲取其精华。

## 三、君子立言

　　立言(表达)，就是要用我们自己的思想成果来与这个世界进行交流，丰富我们人类的文明宝库。"文章千古事"，思想的传递要靠文章。如果人生是一棵树，那么"立言"，就好比是一棵树的种子。关于"立言"，《左传》那段叙述"三不朽"的《疏》中这样解释："立言谓言得其要，理是可传……其身既没，其言尚存……撰集史传及制作文章，使后世学习，皆是立言者也。"可见"立言"包含两层意思，一为说理，一为作文。言就是言论，著的书也是言。从古到今，多少先圣先贤为后世立言，留下了许多经典巨作。

　　立言也不容易。立言，不是看这个人文字如何，还要看这个人德性如何。如果说这个人德性不能为更多的人称颂，那是立不住的。《易经·系辞传》曰："君子居其室，出其言善，则千里之外应之。"君子坐在家里，说的、想的都是善的，对社会、对他人都是有益的，则即使在千里之外也会得到响应。还有下一句："居其室，出其言不善，则千里之外违之。"一个人坐在家里胡思乱想，甚至有坏念头，说的话对他人、对社会都是有负面影响的，违背了自然规律。这种话传出去连千里之外的人都会反对。孔子讲："君子之言，之所以动天地也，可不慎乎？"

立言并不是每个人都能立的。立言最难，立功中的大功、小功都是功，立德中的大德、小德都是德。但如果立言，不是大言，就无法做到不朽。要做到不朽的话，必须真正有大功、大德，才能立大言。老子得道，但他并没有到处去游说，也没有著书立说，而是骑着青牛准备隐退。出关时，被守关的官员留住，请他立言，于是就坐下来立言，写出《道德经》。孔子也非常谨慎，《论语》是他的弟子将他的言论记录下来而成，那些言论既通俗又严谨，没有乱说半句。不乱言、胡言，学术上成一家之言，谈何容易。"文章千古事"，思想的传递要靠文章立言。

毛主席在纪念张思德发表《为人民服务》的文章中说："我们为人民而死，就是死得其所。"在《纪念白求恩》文章中，提倡成为"一个高尚的人，一个纯粹的人，一个有道德的人，一个脱离了低级趣味的人，一个有益于人民的人"。这些话语依然激励着今天君子，积极进取，奋发图强，严格自律，兢兢业业，有所作为，不愧于新时代。

# 君子孝悌

赵清文(河南大学博士生)

《论语·学而》中记载孔子弟子有若的话说"君子务本",并说"孝弟为仁之本"。孝弟在以"仁"道为准则的实践中,具有前提性和基础性的意义,君子不但要从孝弟入手培养仁德,而且要以孝弟教化天下,作为实现"仁政"的基本途径。

## 一、"务本":君子之学的要求

孔子提出了"学为君子",从而超越了以往将"君子"视为完全由出身决定的观念。一个人只要努力修身进德,坚持不懈,总有一天能够"下学而上达",获得"天命"的眷顾,即使出身不是贵族,也能够获得君子的"位",取得施展治国平天下的抱负的机会。在《论语》中提到"君子"时,既有以"位"言者,也有以"德"言者,还有试图通过修"德"以得"位"者的学者、言者。

如果要恰当地理解本章中的"君子"以及君子之所"务",离不开对于《论语》中"学"和"行"的关系的理解。《学而》中提出并贯穿于整部《论语》之中的"学为君子"的基本理念,以"学"作为获取"君子"身份的途径;而孔子所要培养的"君子",最终是以担负齐家、治国、平天下的职责和使命为理想目标的。孔子认为如果能够运用所学到的道理和知识,恰当处理好现实中面对的各种实践问题,即"可与权",作为学者需要达到的最终目标。从这个意义上说,孔子之所教、学者之所学,最终要解决的其实就是如何"行"的问题。在孔子等早期儒家那里,"学"是正确的"行"的前提,又是人们可以平等地取得"君子"身份并将自己的理想抱负付诸于"行"的一条基本途径;而"行"则是"学"的目标,同时也是检验"学"的成效和境界的标准。

日常生活中的事务千头万绪,君子对"道"的追寻和践履应从根本入手。《大学》中说:"其本乱而末治者否矣,其所厚者薄,而其所薄者厚,未之有也!"根据儒家的理解,在具体齐家、治国、平天下的实践中,分清本末,抓住根本,是一个至关重要的问题。在君子对"道"的理解和践行中,把握住"道"之"本",既是认识"道"的前提,也是实现"道"的前提。因此,在儒家看来,"本"既是"道"的本质之所在,也是"道"的实践之起始。在君子的"学"与"行"中,"务本"便成为必然的要求。

## 二、"为仁":君子的根本所在

孔子曾经说:"富与贵是人之所欲也,不以其道得之,不处也;贫与贱是人之所恶也,不以其道得之,不去也。君子去仁,恶乎成名?君子无终食之间违仁,造次必于是,颠沛必于是。"(《论语·里仁》)君子看重的不是富贵贫贱的结果,而是是否循"道"而行;一个人如果偏离了"仁"的要求,就不能称其为"君子"。由此可见,在孔子看来,君子之"道"作为一种人道,"仁"是其最基本的内涵和最本质的要求。从这个意义上说,通过学习追求"道",就是去培养"仁"的德性品质;在实践中遵循"道"的要求,就是按照"仁"的标准去待人处事、齐家治国。在孔子的教育理念中,"圣人之教人学,欲何为乎?学为仁而已矣"①。"为仁"的过程,就是领悟"道"、践履"道"的过程,无论对于"学"还是"行"来说,如何抓住根本,从何处入手,则是能否真正将"为仁"的理念有效地落到实处的重要前提。

---

① 崔述:《论语余说》,《崔东壁遗书》,上海古籍出版社1983年版,第609页。

宋代之前，对"为"字，基本都释为"是"。如，皇侃《论语义疏》中在解释"孝弟也者，其为仁之本与"一句时说："此更以孝悌解本、以仁释道也。言孝是仁之本，若以孝为本，则仁乃生也。仁是五德之初，举仁则余从可知也。"①"孝是仁之本"，将"为"字直接训为"是"。但是，在对后世有着深远影响的《论语集注》中，朱熹将"为仁之本"的"为"字解为"行"。他说："为仁，犹曰行仁。"②朱熹的这一观点，直接来自北宋理学创始人之一的程颐。程颐不赞同前人将孝弟视作"仁之本"的观点。在他看来："孝弟是仁之一事，谓之行仁之本则可，谓之是仁之本则不可。盖仁是性也，孝弟是用也。性中只有仁义礼智四者，几曾有孝弟来？仁主于爱，爱莫大于爱亲。故曰：'孝弟也者，其为仁之本欤！'"③程颐认为，"仁"是"性"，在理学体系中具有形而上的本体意义，而"孝弟"只是"用"，是"仁之一事"，即实行"仁"的一种具体行为。尽管"仁主于爱，爱莫大于爱亲"，也只能将"孝弟"看作"行仁"的根本，而不能作为"仁"的根本。因此，程颐将"孝弟也者，其为仁之本与"理解为"行仁自孝弟始"。"不敬其亲而敬他人者，谓之悖礼，不爱其亲而爱他人者，谓之悖德，故君子'亲亲而仁民，仁民而爱物'。能亲亲，岂不仁民？能仁民，岂不爱物？若以爱物之心推而亲亲，却是墨子也。"④根据"亲亲而仁民，仁民而爱物"的逻辑，君子按照"仁"的准则来对待他人、对待百姓，乃至对待世间万物，必然要从以仁爱之心对待自己的父母开始。换句话说，孝弟是实践"仁"道的逻辑起点。而从本体意义上讲，作为全德之称的"仁"则是包涵孝弟的，应当说"仁是孝弟之本"，而非"孝弟是仁之本"。

孔子的伦理思想体系是以"仁"为核心的。一方面，"仁"不但被孔子视为君子立身处世的基本要求，将"仁人""仁者"作为理想人格的标准，而且又被看作君子齐家、治国、平天下的根本原则，主张以"仁政"来实现"王

---

① 皇侃：《论语义疏》，中华书局2013年版，第6页。
② 朱熹：《四书章句集注》，中华书局1983年版，第48页。
③ 程颢、程颐：《二程集》（上册），中华书局1981年版，第183页。
④ 程颢、程颐：《二程集》（上册），中华书局1981年版，第310页。

道"。另一方面，在孔子及其弟子们看来，无论是在立身处世层面上，还是在国家治理层面上，"仁"都不是抽象的原理，而是一种直接面向实践的价值准则。他们所关心的不是关于"仁"的基本原理的论证，而更多的是探讨如何在人事的实践中"为仁""行仁"。因此，在《论语》中，除"为仁"外，"安仁""利仁""求仁""得仁""依于仁""用其力于仁""好仁"以及"违仁""去仁"等同"仁"的实践问题有关的词句比比皆是。可以说，对仁道的践行和弘扬，即"为仁"，既是君子实践的基本要求，又是君子的特殊的职责和使命之所在。

## 三、"孝弟"：君子"为仁"入手处

《论语》"其为人也孝弟"章分为上下两节，其核心是阐明君子实践的基本要求，即如何"为仁"的问题。其中，下节"君子务本，本立而道生。孝弟也者，其为仁之本与"阐述了以孝悌作为"为仁之本"的道理，而上节"其为人也孝弟，而好犯上者，鲜矣；不好犯上，而好作乱者，未之有也"，则说明了为什么要以孝悌作为"为仁之本"的原因。

建立在自然情感基础上的仁爱，最先指向的也是自己的父母、兄弟，然后"老吾老以及人之老"，将这种感情推至于天下人。这样，以"仁"为核心的伦理思想体系就有了一个扎实的现实生活的基础。"善事父母为孝，善事兄长为弟。"①作为子对父的道德要求的"孝"和作为弟对兄的道德要求的"悌"（"弟"），在以"仁"道为准则的实践中就具有了前提性和基础性的意义。君子"为仁"，在实践中分为两个层次。

首先，在仁德的培养中，要将孝悌作为入手处。"君子务修孝弟，以为道之基本。基本既立，而后道德生焉。"②"仁"的核心是对人的"爱"，其根源在于人的自然情感，而孝悌是爱的情感中最直接、最深厚的体现。因

---

① 朱熹：《四书章句集注》，中华书局1983年版，第48页。
② 何晏：《论语注疏》，《十三经注疏》（下册），上海古籍出版社1997年影印本，第2457页。

此，从孝悌入手培养"仁"，在儒家看来是一条根本的途径。正如《论语正义》中解释"孝弟为仁之本"时所说："'仁'者何？下篇'樊迟问仁。子曰："爱人。"此'仁'字本训。《说文》'仁'字从二人，会意，言己与人相亲爱也。善于父母，善于兄弟，亦由爱敬之心。故《礼》言'孝子有深爱'，又言'立爱自亲始，立敬自长始'，敬亦本乎爱也。孝弟所以为仁之本者，《孝经》云：'夫孝，德之本也，教之所由生也。'德兼仁、义、礼、智，此不言德，言仁者，仁统四德，故为仁尤亟也。《孟子·离娄篇》：'仁之实，事亲是也；义之实，从兄是也。'又云：'亲亲而仁民，仁民而爱物。'是为仁必先自孝弟始也。"①正是在这一意义上，古人将孝悌视为仁爱的根苗，君子的仁德最终无论多么博溥广大，都是从此处进行培植呵护的结果。

其次，对于君子来说，"为仁"更重要的是将"仁"德推行于天下，把"仁"道的要求贯彻于齐家治国的实践之中，这是由君子的职责所决定的，也是培养"仁"德的目的之所在。对于君子来说，要实现"仁政"，追求的不只是自身不去做犯上作乱的事情，还要通过教化，让人民都能够自觉认同和遵守社会秩序，这样才能够实现"天下平"的社会理想。在社会治理实践中推行孝悌，以孝悌教化天下，才是"孝弟为仁之本"所要表达的核心。程廷祚的《论语说》中，曾经对历代注家认为本章主要针对"学者"立论的观点提出质疑。他认为："修孝弟以兴仁道，疑此章非独为学者言也。盖犯上作乱，害之在家国者，春秋之世，无国无之。有子之意，乃欲人君躬行孝弟，以化其下，使民兴于仁，有以革其悖逆争斗之心，而国家长享和平之福，此本立道生之说也。若欲学者敦行孝弟，则事有精密广大于此者，虽云通于神明，放乎四海可也。而遽言'犯上作乱'，何为哉？"②程廷祚的怀疑是有道理的，但他认为本章只是要求"人君躬行孝弟，以化其下"，则背离孔门"君子之学"的宗旨。本章明说"君子务本"，因此不是专对"人君"说的，而是对儒家所要培养的"君子"的一种具有普遍性的告诫。

---

① 刘宝楠：《论语正义》(上册)，中华书局1990年版，第7~8页。
② 程廷祚：《论语说》卷一，清道光十七年东山草堂刻本。

"尧舜之道，孝弟而已矣。"孟子的这一观点，恰好可以和有子的"孝弟为仁之本"互为注脚。孝悌等用于处理家庭关系的伦理准则之所以能够起到维护社会秩序的作用，一方面，是由于孝悌的本质是爱和敬，由敬爱自己的父母兄长开始引申到敬爱他人，有利于和谐的社会关系的构建。这就是朱熹所说的："观此文意，只是云其为人孝弟，则和逊温柔，必能齐家，则推之可以仁民。务者，朝夕为此，且把这一个作一把头处。"①另一方面，"孝弟，顺德也，故不好犯上，岂复有逆理乱常之事"②。作为子对父、弟对兄的道德义务，孝悌中包含着"顺"的要求；在有上下等级之分的社会中，孝悌之德有助于服从观念的形成。从这个意义上说，孝悌是以教化的手段，来实现社会安宁和秩序的入手之处；而教化的目标一旦实现，不但可以保障统治的长治久安，同时也不再需要刑罚等暴力工具，来强行达到"刑罚省"的目的，这自然也就使"仁民"的政治理想得到了落实。在儒家的政治理想中，教化是推行"仁政"的主要手段，而孝悌则是教化的入手点。因此，"君子"在社会治理中弘扬仁道，必然要以孝悌作为根本。

---

① 朱熹：《朱子语类》(第2册)，中华书局1988年版，第461页。
② 朱熹：《四书章句集注》，中华书局1983年版，第48页。

# 墨家的君子仁义

陈珊秀(武汉科技大学教师)

## 一、关于仁

孔墨仁爱与兼爱实质相同,两者可以互相融通或者替换。韩愈在《读墨子》中强调:"孔子曰泛爱众,以博施济众为圣,不兼爱哉?"冯友兰指出:"墨子对儒家的中心观念——仁义——并没有提出异议。在《墨子》一书中,墨子经常讲提到仁义和仁人、义人,但是其含义和儒家略有不同。墨子认为,仁义都是'兼爱'的表现。"[1]韩愈对墨家的历史价值给予了客观的认识,他认为:"孔子必用墨子,墨子必用孔子,不相用不足为孔墨。"(《韩愈集·读墨子》)

(一)孔墨相同,直接利用

韩愈着重强调孔墨相同点或者相似性,倡导孔墨互用,推动文化发展。

1. 爱的内涵一致。韩愈把墨子的"兼爱"视同孔子的"爱人"。韩愈在《韩愈集·原道》明确指出:"博爱之谓仁";在《韩愈集·原人》里说"一视而同仁,笃近而举远",是爱的根本原则和规范;在《读墨子》中强调:"孔子曰泛爱众,以博施济众为圣,不兼爱哉?"(《韩愈集·读墨子》)这些说

---

[1] 冯友兰著,赵复三译:《中国哲学简史》,新世界出版社2004年版,第58页。

明了孔墨仁爱与兼爱两者实质的相同,强调了两者可以互相融通或者替换。明确揭示博爱就是仁,韩愈是第一人。这是韩愈对中国人道思想的一个发展。韩愈的"原道",主张一视同仁的博爱,创造性地吸收了墨学成果。宋儒张载《正蒙·诚明篇》说:"爱必兼爱",正是继承发展了韩愈"孔子必用墨子""博爱之谓仁""一视同仁笃近举远"的思想。梁启超指出:"墨子的兼爱主义,和孔子的大同主义,理论方法,完全相同。"(《墨子学案·第二章》)"兼爱"说更受到孙中山的称誉,比之于"平等,自由,博爱"之属,把它作为民族文化中固有的好道德,以号召国人,建设新社会文明。孙中山指出:"古时最讲爱字的莫过于墨子。墨子的'兼爱',与耶稣所讲的博爱是一样的。"①

2. 思想来源一致。韩愈《读墨子》指出:"儒墨同是尧舜,同非桀纣,同修身正心以治天下国家,奚不相悦如是哉?"韩愈《原道》云:"汤以是传之文、武、周公。"这些说明了儒墨在思想来源上都是圣贤之道,具有一致性。墨家渊源与儒家的一致,其一同源于尧、舜、禹之道,其二同源于周礼。

3. 圣人崇拜一致。韩愈强调圣人的决定作用和巨大影响。韩愈认为圣人启迪了人们的生存之道、发展之道。韩愈论述了圣人的非凡作用:"圣人之于人,犹父母之于子。"(《韩愈集·进士策问十三首》)如果没有圣人,人类就会面临灭亡的危险,"如古之无圣人,人之类灭久矣"(《韩愈集·原道》)。韩愈具体指出了历史上的圣人:包牺、女娲、神农、夏后氏、尧、舜、禹、汤、文、武、周公、孔子。有了圣人,社会才能够有"先王之教",实行正确的发展之道,永远立于不败之地。

4. 贵王贱霸一致。孔子提出为政以德,宽厚待民,推广王道。《史记·十二诸侯年表》曰:"孔子明王道。"孟子的"仁政"是对孔子"为政以德"的继承与发展,反对横征暴敛的"霸道"。墨子在《修身》篇中指出王道属于"以德治国"的"君子之道也",具体体现为"兴天下之利,除天下之

---

① 孙中山:《孙中山全集》第九卷,中华书局1985年版,第244页。

害"。

5. 尚贤主张一致。墨子的《墨子》一书中有《尚贤篇》，主张平等地选贤任能，不拘一格，选拔人才，"农与工肆之人，有能则举之"(《墨子·尚贤上》)。韩愈指出："孔子贤贤，以四科进褒弟子，疾殁世而名不称，不上贤哉?"(《韩愈集·读墨子》)"四科"指德行、言语、政事、文学。韩愈在指出杰出人才的重要性的同时，强调了善于发现和识别人才的作用。在《韩愈集·杂说》一文中，韩愈把贤能之人比喻为千里马，把好的管理者比喻为善于相马的伯乐，对人才选拔与管理提出了独到的见解。

6. 尚同见解一致。韩愈指出："《春秋》讥专臣，不'上同'哉?"(《韩愈集·读墨子》)儒家的《礼记·礼运》说："大道之行也，天下为公……是谓大同。"墨子强调尚同。墨子主张是非善恶的意见要统一于上级，小至乡里，大至天下，都应该如此。墨子有"一同天下之义"(《墨子·尚同上》)的尚同思想，要求建立共同的价值观，步调一致，产生组织整合的最大效应，强调了整体的认同感、凝聚力和执行力。

7. 天神观念一致(学界论述比较多，在此不赘述)。美国学者倪德卫强调儒家和墨家是同一的："我认为，孔子、孟子和墨子都在同一条道上朝着同一个方向前进。"①

(二)孔墨互补，甄别利用

韩愈希望孔墨互用，发挥各自的优势，促进思想文化进步。

1. 名行互补。韩愈认为孔墨相辅相成，应该达到"儒名而墨行""墨名而儒行"，一方面以上追孟子、继承道统自命，另一方面直接为广大老百姓说话，体现了墨家的理念。孔墨各有特点，各具优势，应该进行结合。本杰明·史华兹认为："儒家把注意力集中于内在的方面，完全沉浸于纯

---

① 倪德卫:《儒家之道——中国哲学之探讨》，周炽成译，江苏人民出版社2006年版，第103页。

粹的动机之中……墨子的精神气质与现代激进派和现代治国专家似乎相同。"①

2. 道术互补。韩愈在《送孟东野序》里，主张道术结合、孔墨相用。墨家的思想核心主要在"百姓日用"方面，侧重于事实论或实用论，儒家主要是道德方面，关注价值论和伦理观，有互补必要。罗慈先生认为："尽管孔子的《论语》、孟子和荀子的人类学都有道德黄金律（Golden Rule），尽管对于弱者和穷人不同派别都有认识，儒家还是无法真正脱离隶属和不平等的世界。"②

3. 体用互补。韩愈融墨于儒，倡导一视同仁的博爱，乃是以儒为体、以墨为用，即融摄墨学归于儒学。韩愈主张儒家的道是正道、大道或者道统，认为墨家的道是小道、道术，儒家的仁爱按照天道→王道→人道的逻辑结构和顺序展开，需要融入墨子有效措施的支撑。费孝通先生认为："春秋战国之交的墨子，继承了夏文化的诸多思想观点，诸多文化内涵，提出了与孔子思想有异的思想学说。孔子是周文化的代表……提醒大家注意，墨子和孔子，分别代表了不同的民族传统文化，从而为丰富华夏民族的思想文化宝库做出了各自的贡献。"③

## 二、关于义

墨子曰："万事莫贵于义。"墨子心目中的大义在于公利、国泰民安、天下之利。墨子希望"兴天下之利，除天下之害"。墨子针对利益争霸，晓之以理，谆谆告诫，指出义的钩、镶，胜过船战的钩、镶。以义为钩、

---

① 本杰明·史华兹：《古代中国的思想世界》，程钢译，江苏人民出版社2004年版，第152页。
② Heiner Roetz, Confucian ethics of the axial age. Albany: State University of New York Press, 1993, p.277
③ 中国墨子学会首席名誉会长费孝通副委员长在首届墨学国际研讨会上的讲话（1992年10月6日），载张知寒：《墨子研究论丛（二）》，山东大学出版社1993年版，第3页。

镶，能够恭敬推拒。不然就不会亲，恭敬推拒就容易轻慢，就会很快离散。互爱互敬，才能相利。用钩来阻止别人，别人也会用钩来阻止你；用镶来推拒人，人也会用镶来推拒你。互相推拒，就互相残害。

墨学的利益宗旨不是谋求自己的私利，而是公利（社会利益）。公利是普天之下、芸芸众生的利益，是占社会最大多数的、广大劳动群众的利益，是相对于少数统治者的区区私利而言的最大化的社会利益。① 墨子用医生行医做类比指出，如果一种药只能为四五个人服务，使之得利的话，那么它的价值就特别有限，只有能照顾到天下所有人，才是好药。

墨子强调，正义在于公利，为天下兴利除害，是治理国家的根本对策。"天下有义则生，无义则死；有义则富，无义则贫；有义则治，无义则乱。"（《天志上》）追求公共利益，就要反对自私自利的思想与行为。蔡尚思说："以公利为正义，不重个人的名利。与儒家的求名不求利，道家的反对名利相反。"②要实现公共利益，每个人必须做到对他人有利，达到互利互惠、互相帮助。梁启超在《墨子学案》（第一章二）里面认为："墨子特别注意经济组织的改造，要建设一种劳力本位的互助社会。"③

墨子旗帜鲜明地提出"兼相爱、交相利"的互利理论，就是一种义气。墨子强调了人与人之间的平等，提出了一种无差别、无等级"尚兼反别"的兼爱观，提倡一种不分亲疏贵贱、普遍平等地相爱互助的思想，响亮提出了"官无常贵而民无终贱"的观点。墨子所宣讲的"使天下人兼相爱，爱人若爱其身"，直至今日仍然充满着理想主义的色彩，闪现着人性的光辉。梁启超认为："墨家此种交利主义，名义上颇易与英美流（如边沁一派）之功利主义相混。然有大不同者。彼辈以'一个人'利益为立脚点，更进则为'各个人'利益之相加而已（所谓最大多数之最大幸福）。墨家不从一个人或各个人着想，其所谓利，属于人类总体，必各个人牺牲其私利，然后总体

---

① 万光军、丁乃顺：《从道德仁义到仁义道德》，《贵州社会科学》2011年第12期。
② 蔡尚思主编：《十家论墨》，上海人民出版社2004年版，第330页。
③ 蔡尚思主编：《十家论墨》，上海人民出版社2004年版，第3页。

之利乃得见。"①

互利要求"有力者疾以助人，有财者勉以分人，有道者劝以教人"（《墨子·尚贤下》），从而达到"强不执弱，众不劫寡，富不侮贫，贵不敖贱，诈不欺愚"（《墨子·兼爱中》）的理想社会。江泽民同志2000年访问俄罗斯时，就引证了墨子的这段名言，说明了国家民族之间要互相尊重、平等互惠的原则立场。在其位者，"敬惧而施"（怀着敬惧之心努力去做事）；农工肆人"竞劝尚意"（互相劝勉，崇尚道德）；为政者"爱民、节用"，国与国之间"非攻、恶战"。墨子正是用自己善良的意愿，表达了人民互利互惠、和平相处的普遍要求。

墨子的功利主义，不是求私利，也不是狭隘的牟利、逐利。在他看来，并非所有的利都是义，窃人桃李，对窃贼而言是利，只在"亏人自利"，属于不义。对墨子来说，自利未必一定不义，但亏人必定是义的反面。义与不义的分界线，在人而不在己，即：是利人还是亏人。从窃人桃李，到攘人鸡犬、取人马牛、杀一不辜，直至攻城陷国，"亏人自利"的程度越大，不义的程度也相应地越严重。最严重的情形莫过于天下之人个个"亏人自利"，这便是墨子最担忧的人人"交相贼"的局面，是天下最大的祸害。可见，墨家强调的是在公利、互利原则引导下，得到平等与法制公正保证的规则功利主义。墨子特别强调侠义精神，主张怀天下之义，以义利人，义薄云天。这是墨子君子情怀的非凡之处。

---

① 梁启超：《先秦政治思想史》，天津古籍出版社2003年版，第147页。

# 君子群体的特质与作为

柳河东(山西儒学研究会会长)

## 一、当代儒家的历史定位：现代君子群体

儒家，或称儒者，是指信仰儒家文化、能够遵守儒家道德伦理规范、依照儒家文化义理生活和立身处世的人，包括精英和平民两大层面，儒家精英是指圣人、贤达、君子，儒家平民则指一般民众。当代儒者，是一群有坚定中华文化信仰、儒家情怀，为振兴当代儒林、复兴中华文化、造福家国天下勇于担当、积极有为的时代君子。

(一)担当精神

"君子谋道不谋食"(《论语·卫灵公》)，"朝闻道，夕死可以"，"士志于道，而耻恶衣恶食者，未足与议也"(《论语·里仁》)，"士不可以不弘毅，任重而道远。仁以为己仁，不亦重乎？死而后已，不亦远乎？"(《论语·泰伯》)当代儒家应是这样一群有崇高的人生理想追求，有强烈的家国天下情怀，能够为振兴儒学与中华文化而进取奉献的时代君子。

(二)务实作风

"君子欲讷于言敏于行"(《论语·里仁》)，"力行近乎仁"(《中庸》)，"刚毅木讷，近仁"(《论语·子路》)，"富而可求也，虽执鞭之士，吾亦为

之"(《论语·述而》),"君子耻其言而过其行"(《论语·宪问》)。空谈误国,实干兴邦,任何事业和成功都是用汗水和实干铸就而成的,当代儒家应是一群脚踏实地,崇尚实干精神,务实力行的时代君子。

(三)忧患意识

"人无远虑,必有近忧"(《论语·卫灵公》),"生于忧患,死于安乐"(《孟子·告子下》),"不患无位,患所以立"(《论语·里仁》),"先天下之忧而忧","居庙堂之高则忧其民,处江湖之远则忧其君"(《岳阳楼记》)。忧患意识是对人生、社会、国家、民族前途命运的关心而产生强烈的责任感和使命感,体现民本情怀和道德自觉,亦是当代儒家作为时代君子必具的优秀特质。

(四)反思能力

"君子求诸己,小人求诸人"(《论语·卫灵公》),"不患人知不己知,患不知人也"(《论语·里仁》),君子"内省不疚"(《论语·颜渊》)。时常反躬自省,审视检点自己的思想、品德、言论、行为是否符合道义,遇到问题首先从自身寻找原因。当代儒家应是一个具有反省能力,自知自明,内心富强的时代群体。

(五)克己功夫

"非礼勿视,非礼勿听,非礼勿言,非礼勿动","克己复礼为仁。一日克己复礼,天下归仁焉"(《论语·颜渊》)。使自己的视、听、言、行符合礼法规定,克制不良欲望和不当言行,便可以达到仁的境界。当代儒家应是现代社会中遵纪守法,道德自律,思想言行保持中正的时代典范。

(六)尚学品格

"学而时习之,不亦乐乎"(《论语·学而》),"三人行,必有我师焉,择其善者而从之,其不善者而改之"(《论语·述而》),"苟日新,日日新,又日新"(《大学》)。"敏而好学","不耻下问",从善如流,逐步完善修养,开明德性,以达至善,成就自我,应是当代儒家作为时代君子的必备品格与特质。

(七)高尚情操

"君子不器"(《论语·为政》),"君子忧道不忧贫"(《论语·卫灵公》),"邦无道谷,耻也","见利思利"(《论语·宪问》),"君子义以为上"(《论语·阳货》),"不义而富且贵,于我如浮云","子钓而不纲,弋不射宿"(《论语·述而》)。儒家圣贤、君子所重的道义,是集体利益和长远利益。在功利主义至上、商潮滚滚、唯利是图的当下,能够激浊扬清,坚守道义,引领风尚,取利以义,取财有道,应是当代儒家的责任和使命所系。

(八)自强厚德

"天行健,君子以自强不息","地势坤,君子以厚德载物"(《易经·大象传》),当代儒家应乾行永健,精进不息,有着坚强的意志;坤厚恒载,襟怀开阔,有着宽容的态度。

## 二、当代儒家的现实行动:挺立、壮大、有为

君子文化的复兴,依赖着能够用生命去践行的优秀群体。当代儒家、时代君子将通过群体的成长、挺立、壮大,积极有为而推动中华文化的复兴。

(一)个体的挺立:铸就现代君子人格

当代儒家当从"学、思、践、弘"四个字做起,树标杆、做表率。

1. 学习:今天一切有志成为时代君子的人,均应当摒弃功利、浮躁之心,以补课的心态,心存敬畏,认真学习中华经典,从中华文化母乳中汲

取有价值的营养和正能量,开启生命大智慧。

2. 探思:每个时代有每个时代的特点和社情,当代儒家应当立足当下,针对现代社会的实际情景,善于思考,勇于探索,大胆创新,对传统儒家思想、理论、礼仪、规制等进行现代性、创造性转化发展。

3. 践行:当代儒家须得有坚强的精神信念,不因外界的影响和内心的困闷而动摇自己的行动。世风的转化,不是一朝一夕之事,当代儒家还要有战斗精神和持续行动的能力。要立身行道,立志弘道,在现代市场经济和政治文化生活中展现才能,体现和实现价值。

4. 弘扬:当代儒家是正仁心、明信义、致良知的君子。通过鲜活生命的彰显,使儒家传统中骨子里的、血脉中的不朽东西,能够穿越历史时空的恒常价值和精神,如忧患意识、担当精神、力行作风、乐天知命、好礼乐群、奉献精神等,在新时代进行活化、弘扬、光大。

(二)群体的壮大:建设儒家社会组织

建设富有生机活力的现代儒家社会组织很有必要。儒学社团、儒家社团,刻意聚合全国、全世界各方面的力量,形成振兴儒林、复兴中华文化的合力。

1. 国际性组织:国际儒学联合会、世界儒家社团联合会、世界儒教联合会等的建设。

2. 全国性组织:中华孔子学会、中华儒学会、中国孔子基金会、中华儒林事业发展联合会、中国儒教协会等的建设。

3. 地方性组织:省、市、县级当代儒家社会组织建设。

4. 基层性组织:城市社区与农村儒家基层组织建设,如:儒学讲习堂、孔学堂、国学馆、儒学传播中心等,推动"接地气"、生活化、大众性的工作开展。

文庙、书院、先贤祠、宗祠等的管理运营组织建设,也很重要。

实体性机构,在当代儒家科研、教育、培训、传媒等实体性机构的建设中不可忽视。也可以考虑使儒学产业化,在当代养老、抚幼、济困福利产业的培育与建设中,发挥作用。

(三)系统的有为:与现代社会系统的良好互动、有机相融

传统儒家在中国历史上已有与国家社会互动相融二千多年的成功经验,这是我们的优良传统,也是我们的最大优势,当代儒家在现代与国家社会的互动相融必不会逊色。

1. 政治上:当代儒家、现代君子积极入政、从政、参政、议政、为政、服政、拥政、监政,将传统儒家的王道仁政、礼乐刑政、内圣外王、修齐治平、大一统等优秀理念和经验在现代政治生活中创新化发展,发扬光大,为现代民主法制建设做有价值的贡献。

2. 经济上:当代儒家、现代君子积极投身现代工商业,学而优则工商,工商优则学,开创现代市场经济中"修身、齐家、治企、富天下"内圣外王之新辉煌,以儒家伦理引导、改良、驾驭现代市场经济和现代工商业,用儒学义理教育和熏陶企业家、职业经理人、从业人员,抑制功利主义的过渡泛滥,使义利统一起来,达至良财与美德相映成辉,保障国民经济健康、持续发展。

3. 文化上:加强儒学基础性理论研究和儒学现代化、当代化的应用性理论研究,举办儒学学术会议、讲座、读书会、培训等,开展群众性国学经典诵读、儒学普及活动,加强电影、电视剧、戏曲、音乐、舞蹈、诗歌、散文、报告文学、微电影等大众喜闻乐见的艺术,利用广播、电视、报纸、刊物、网络等大众媒体,进行儒学大众普及,引导和带动大众学习传承儒家文化。

4. 教育上:当代儒家、现代君子积极投身现代学校教育、现代书院、现代私塾、国学早教等教育建设事业,做优秀的教育工作者、管理者、开创者和良师、名师,推动以儒学为主的中华优秀传统文化在校园内、课堂上、书本中有效弘扬,让大、中、小学生及少儿适时接受儒学经典、国学经典教育,加强中华文化熏陶,接受圣贤智慧和精神的哺育、滋养,促进励志、修身、养性、增才、启慧,提升人文素养,增强人生发展后劲,为

国家和民族培养优秀人才和时代君子。

5. 社会上：当代儒家、现代君子依托各级儒家社会组织，走进农村、社区，通过所管理的文庙、书院、讲堂，所经营的慈善、福利、教育、培训、宣传等机构，和所举办的祭孔、纪念先贤先儒、人生大礼（成童礼、成人礼、婚丧寿礼等）、单位重大活动典礼、传统节日、地方传统活动等礼乐教化活动，以春风化雨的方式，潜移默化地推广儒家伦理和优秀价值理念，传播正能量，引导世俗人伦，为提升国民人文素养和道德情操，建设人文大国，构建和谐社会做出积极贡献。

# 宗祠是君子传承的载体

欧阳宗岩(湖南洞口县委组织部)

宗祠因建筑、工艺、族规、家训、楹联、书法等精华，形成宗祠文化，已成为根深叶茂的民俗，其中的文字、绘画、雕塑等展示出"忠孝廉耻"等君子风采。宗祠在新时代君子文化的传承和发展中，发挥着独特作用。

## 一、君子与宗祠相辅相成

君子文化的核心内容包括"忠孝廉耻"，此四字犹如"芯片"般居于重要地位。"君子一言，驷马难追。""君子爱财，取之有道。""咱们先小人，后君子。"可以说，课堂、职场、商场，乃至菜市场，随时都能听到"君子"之声。君子文化现已走下精英文化的圣坛，逐渐演变成雅俗共赏的大众文化。曾几何时，君子文化被赋予了更宽泛更通俗的含义。由毛泽东提倡的"五个一"到改革开放初期提出的"五讲四美三热爱"，再到"八荣八耻"和谐文化的倡导，直至全面建设小康时代将"社会主义核心价值观"写进国家宪法，君子文化的内容更加精练、更加规范、更加通俗，具有普适性的君子文化越来越被广大民众接受和践行。

宗祠源起于周代天子专有的宗庙，现俗称祠堂，是供奉、祭祀列祖列宗的场所。"祠堂"一词最早见于汉代，因建于墓所而称墓祠，到南宋朱熹《家礼》立祠堂之制，明嘉靖时才"许民间皆联宗立庙"，后统称为宗祠。宗祠一般由祠前广场、牌头大门、戏楼、天井、正厅、寝堂及左右厢房等部件构成。其选址讲究风水，一般背山面水，明堂宽大方正，左衬右托，四势匀和。

宗祠是氏族的圣殿。一座宗祠就是一个氏族辉煌历史的缩影，是宗法族权组织化、宗族势力集中化的标志。宗祠因注入了人文学、堪舆学和家族文化、楹联文化、书画艺术等诸多民族优秀传统文化的精华而形成独特的宗祠文化。宗祠文化虽萌芽于周、成型于宋、兴盛于明清，但在近代却因社会基本制度的变革而未能如君子文化那样存有浩繁典籍，累积研究成果。曾几何时，宗祠全部收归公有，多改建为学校和粮库，且在特殊时期被"破四旧"，遭受人为破坏而出现严重缺氧的断层。21世纪初，随着行业改革的深入、师资力量的整合和并校工作的展开，大多数宗祠皆退还给原有氏族。各氏族复修过程中集聚了全族的人力财力，在极短的时间里就将面目全非的宗祠修复成雕梁画栋、美轮美奂的祠堂。

"中国宗祠文化之都"湖南省洞口县，境内已修复40余座宗祠，被纳入国家级文物保护单位的就有11座。如今，乡村中规模最宏伟、装饰最华丽的建筑物，非宗祠莫属。在华夏大地，一座座古朴典雅、建构完美的宗祠，如一颗颗璀璨的明珠，镶嵌在现代建筑群中，成为乡村一道道靓丽的风景。

宗祠因契合了尊宗敬祖、佑族旺丁的归属心理，被广大民众接受和拥戴，已成为根深叶茂的民俗文化。根深，是因为国人的家族观念、宗族思想的深入骨髓，这是民族基因所致；叶茂，则是我们社会关系的发展主要是以姓氏血缘关系在衍进。这种具有原动力的最亲近、最频繁的社会交往，由于"江西填湖广""湖广填四川"的历史原因，变得越加宽广。时下，分居一省多地，乃至多省多地的族亲间的联谊聚会活动，因始祖诞辰、修谱庆典等，变得越来越频繁。宗祠举行的各项喜庆活动，不仅同姓裔亲前往朝贺，有姻亲关系的他姓也会派人前往敬贺。这些联谊活动，极大地融洽了广大民众的淳朴情感，更加快了宗祠民俗文化的传播和发展。

## 二、宗祠传承君子之风

宗祠，重在祭祖敬宗、联宗谊亲，融合了君子文化，提倡"仁义礼智信"等伦理道德内容，越来越受到广大民众的喜爱和推崇。宗祠的形制包括牌头、外墙、大门、戏楼、厅堂、寝堂、厢房等有形载体，分别以文字、绘画、雕塑等文化符号，展示了"忠孝廉耻"等君子精神。

宗祠正面牌头的外墙上，一般都绘有称为"四君子"的梅、兰、竹、菊和"高洁""挺直"的"松"以及"花之君子"的"莲"等花草树木；左右外墙上则绘配"二十四孝"经典故事的图画。正中大门上首除塑有祠堂名外，还有氏族郡望，左右两门上首则塑有"敦宗""睦族"等语词；左中右三大门的石柱门框皆刻有精炼的楹联。正厅左右墙壁上则刻挂有本氏族的族规家训，主要为爱国、孝悌、敬业、诚信、友善，勤俭等传统道德规范。尤为突出的是戏楼、正厅、寝堂皆悬挂雅致的楹联，少则十几二十副，多则三四十副，湖南洞口县高沙镇曾氏宗祠竟达90余副。这些楹联多为本族学高德深的贤达撰书，内容多为赞美忠孝礼义的优良家风和修齐治平的家国情怀。如"资水如练，凤岭如屏，四面尽环淑气；孝子在周，忠臣在汉，千秋无愧宗风"，这是曾氏宗祠正厅悬挂的楹联，为晚清重臣曾国藩撰书。

重大节庆或族内耄耋寿诞，宗祠都会邀请戏班子唱几天"大戏"。戏文多为经典剧目，如《五女拜寿》《目连救母》等。祠堂的戏楼的楹联，可知晓其褒贬的物与事："耳属于垣听曲里声音只是歌功颂德；眼眶如鉴看台前色相无非演孝传忠。"这是洞口县山门镇黄泥村杨禹公祠戏台联。再如，洞口县毓兰镇石桥村尹氏宗祠戏台联："几千年过眼烟云看净生旦丑鱼龙粉黛成世象；廿四字核心价值许善恶忠奸默化潜移启人文。"将兴国之魂的社会主义核心价值观撰进对联中，赋予宗祠文化与时俱进的新时代君子文化意象。

祠堂正厅和寝堂，还有与楹联相映成辉的匾额。堂号匾一块，如"爱敬堂"或"六一堂"等；四言短句匾不限，如"裔远昭德""孝第忠仁"等，一般有二三十块。这些楹联、匾额都是请书法大家题写、用上等木料雕刻，再漆成黑底或红底，描成金字。既防日雨风化，又利长久悬挂；既厚重精致，又端庄大气。

值得指出的是，族谱也是宗祠文化不可或缺的部件，所有宗祠形制各部的文化符号表达的内容在族谱里都会有专文刊载。族谱中的世系源流、人物传记、祠堂祖茔以及族规家训等内容一般都记载得比较全面。因族谱有"十五年一小修，三十年一大修"的规例，在续修族谱时既可适时增添和修正相关谱志内容，还可及时融入更多的伦理道德等君子文化内容。族谱面面俱到，为民众查询、传阅提供了有利条件。近年来，各姓氏皆发起修纂全国通谱。通过修通谱，族内一二十辈几十年未曾谋面的裔亲得以相见相认，不仅加深了族内外宗亲间的情感交流，更促进了宗祠文化等民俗文化的传承和发展。

如今的宗祠已不同往昔时常四门紧闭，而是大多在春节、清明节等节假日免费对外开放。有些宗祠甚至安排专人负责管理，天天敞开大门迎访。如湖南洞口县高沙镇曾氏宗祠不论是否节庆假日皆免费对大众开放，且在祠内设置"孝文化博物馆"，开办"太古私塾"国学班，将孝德文化紧密融合在宗祠文化之中。这些继往开来的"凝聚在生活之间""实践范畴"的活动，有力地弘扬和传承了君子文化。中央电视台中文国际频道（CCTV4）曾在 2015 年 5 月 20 日《走遍中国》6 集系列片《望乡》中专门推播了该县宗祠文化专题片《家族传奇 500 年》。

走进祠堂，吟诵之间，似与君子对话。我们或许可以说进祠堂前的小人，进了祠堂受到祖宗教化后就想着要成为君子了。因为"人皆可以为尧舜"，"君子、小人本无常，行善事则为君子，行恶事即为小人"。宗祠自省自警的教化功能，在"润物细无声"中历久弥新。宗祠在手机、微信等高科技飞速发展的新时代，仍然会是君子文化传承的重要载体，为君子文化的发展发挥出应有的作用。

# 寇准和包拯为官为人

王 斌(金华职业技术学院教师)

## 一、寇准的直谏与教诲

寇准(961—1023年),今陕西渭南人,太平兴国五年进士,累官同中书门下平章事、尚书右仆射、集贤殿大学士,封莱国令。因澶渊之盟时力促真宗御驾亲征,为王钦若所谮而罢相。死后追谥忠愍。

(一)犯颜直谏

他为人豪放正派,敢于犯颜直谏,太宗视为唐之魏徵。在政治上,荐贤嫉恶,善断大事。曾经与毕士安合谋力排众议,护驾亲征,指挥若定,重挫辽军。寇准为官刚正不阿,敢犯颜直谏,曾一度被排挤出朝。宋真宗即位,又入朝任官。景德元年(1004年),升同中书门下平章事。当年冬天,辽皇太后和辽圣宗亲统大军攻宋,他力排众议,劝真宗亲征,遂与辽订立澶渊之盟。次年,遭参知政事王钦若谗言所害,被罢相知陕州。天禧三年(1019年)再相,不久又罢相,封莱国公。后因副相丁谓陷害,被贬为道州司马、雷州司户参军,死于雷州贬所。

寇准强调:"为天下择君,谋及妇人中官不可也,谋及近臣不可也,唯陛下择所以付天下望者。"不要光问自己身边的人,要为国家前途打算。这样的论断在当时多么难能可贵!他与皇帝有时争论,真宗气得就走,他拉着皇帝衣角不放,继续争辩,在那封建专制时代,这点精神多么难得,他不怕几起几落,远贬边州,敢于坚持他的主张。寇准多次密奏,确实为君王考虑,有着对国家分裂的担心,符合寇准的忠君爱国性格。寇准的行为似乎有点大忠若愚的意味。中国封建社会历史上,"密奏"司空见惯,"密奏"者或为明哲保身,或为陷害好人,或为邀宠升官,当然也不乏大忠若愚为国家前程考虑者。寇准忠心耿耿,效忠君王,与奸臣斗智斗勇,其官场人生就是寇准心烦意乱的士大夫情怀的真实写照。①

他还一心为老百姓利益着想。坚持他的换法刑平主张,打击贪官污吏。公元991年,他以推官身份,向皇帝告王淮和参知政事王沔贪污十万,开罪了刑部两府。宋史寇准传载:"为官四十余年,不营私第不置产,余资以散乡里,被贬之后,身无余资。"其为官清廉,为人称道,老百姓感动哭泣。真是有口皆碑!

(二)六悔铭记

宋朝宰相寇准的《六悔铭》是君子之学的精华。"官行私曲,失时悔;富不俭用,贫时悔;艺不少学,过时悔;见事不学,用时悔;醉发狂言,醒时悔;安不将息,病时悔。"(《六悔铭》)这里道尽了为人处世的6大要事、悔事。《六悔铭》是留给后人的一服良药。为官上"官行私曲,失时悔"。一些人当官时,结党营私,贪污受贿,滥用职权。一旦东窗事发,后悔还来得及吗?最好是得意别忘形,见利莫伸手,给自己留条后路。经济上,"富不俭用,贫时悔"。无论古今,凡穷奢极欲、纸醉金迷的,几个有好下场?才能上,"艺不少学,过时悔"。人生的学识和技艺,多是在青少年时学到的。有艺在手,便不愁立身之所。而常有一些人,黑发不知勤学早,白首方悔读书迟。学习上,"见事不学,用时悔"。三人行,必有我师。见贤思齐,见不贤而内自省。饮酒上,"醉发狂言,醒时悔"。酒场逞英雄,当时很快活。等一梦醒来,便要付出代价。健康上,"安不将息,

---

① 马夏民:《寻访乡贤》,山西人民出版社2013年版,第89页。

病时悔"。休息是为了工作，休息好才能工作好。人生漫漫路，都可能会有各种各样的事情、遭遇、遗憾和后悔。有权、有钱、有酒、有色的时候，谨慎一点，收敛一点，以后的悔事，会少很多。这是谆谆教诲，是寇准给予我们的金玉良言。

## 二、包拯的清廉与孝顺

包拯（999—1062年），今安徽合肥人。他为人正直，两袖清风，堪称"青天"。

### （一）为官清廉

清廉不阿的包公，是为官的好榜样。包拯是清廉自爱的。比如他担任端州长官的时候，不仅把前任们加征"贡砚"中饱私囊的弊病革除掉，更是在自己离任后没带走一方砚台。湖笔、徽墨、宣纸、端砚，哪一个不是读书人的挚爱呀！他就能做到不贪不占，坚守自己的原则。包拯是不徇私情的。比如他在家乡庐州做官的时候，亲友们觉得有了倚仗，开始胡作非为、仗势欺人，他坚决做到执法如山，在公堂上把他的一位舅舅杖责处理，从那以后亲友们不敢再犯法。而且他在为官的整个时期都不随意与人交往，从不巧言令色取悦他人，甚至平常没有私人信件，与亲戚、朋友都不相往来，不给别人也不给自己徇私的机会。包拯是执法为民的。比如他在开封担任知府时，坚决地进行了司法制度改革。原先老百姓告状的时候，必须先把诉状交给守门的小吏，然后由小吏呈递给知府，知府认为需要审理的，再由小吏通知老百姓。长此以往，小吏们就开始勒索百姓，不"打点"他们，他们就把状纸压在自己手中，推迟或者干脆不报给长官，常常会出现因为送不起钱而状告无门的情况。包拯到任后，大开府门，让老百姓直接向自己陈情投诉，再加上他执法严峻、不畏强权，很快就威名大盛。要知道开封可不是一般的州府，而是北宋的都城，满街都是豪门权贵、皇亲官宦以及与他们关系密切的人，在这样的环境中能真正做到执法公正是很难的。"包青天"这个称呼也就是在这个时候开始被传诵。

包拯忠心耿耿，直言进谏。在担任监察御史时，认为国家靠向契丹缴纳财物来换取和平不是长久之计，建议操练军队、挑选将领，致力于充实边境守备。在担任使者出使大辽回京后，又进一步提出了选择将领和应对边境突发情况的具体意见。调任河北转运使后，建议废除百姓过河过桥过竹索道等重税。在担任谏议大夫时，他建议宋仁宗立太子，引起了仁宗的警觉，要知道立储是个特别敏感的话题，不过包拯说道："老臣60多岁了，又没有儿子，不是为了自己家今后作打算，而是为了国家着想啊！"仁宗听后大为感动。但更多的时候，包拯的谏言是很刺激人的。由于当时的官僚体系过于冗繁，不必要的官员太多，他建议官员到70岁就得退休。当时是没有退休年龄的，这事儿让老前辈们气愤不已。甚至有时候，他连皇上也不放过。一天，仁宗上早朝之前，张贵妃轻声对仁宗说："今天千万别再忘了任命我父亲为宣徽使的事儿啦！"仁宗说："知道了，知道了！"散朝回来之后，贵妃问："事情怎么样啦？"仁宗抹了一把脸，说："别提了，包拯坚决反对，唾沫都喷了我满脸！"从这件事情上，看得出包拯的耿直，也看得出宋仁宗的大度。我们是不是应当这样理解：包拯之所以成为包青天，固然有他自己的努力，也应当有当时的社会对他的支持。

(二) 孝顺齐家

包拯孝顺齐家，名不虚传。少年时便以孝顺而闻名。在宋仁宗天圣五年，即公元1027年时，包公中了进士，当时28岁。包公先任大理寺评事，后来出任建昌(今江西永修)知县，但是他的父母因为年老多病，不愿随他到他乡去。在封建社会，如果父母只有一个儿子在身边，那么这个儿子不能只顾自己去外地做官，扔下父母不管，这是违背封建法律规定的。一般情况下，父母为了儿子的前程，都会跟着儿子去外地，而父母不愿意随儿子去做官的地方养老，这种情况在封建时代是很少见的，因为这意味着儿子要遵守封建礼教——辞去官职照料父母。由于父母不愿跟随包公去外地，包公便辞去了官职，回家照顾父母。他的孝心得到了官吏们的称颂。

几年后，他的父母相继离世，守丧期满之后，包拯仍然不愿意做官，家乡亲友见状，多次劝慰包拯出仕。过了好久，包拯才接受了朝廷任命，赴天长县任知县。包公能主动辞去官职，照顾父母，说明他不是那种贪恋官场的人，更体现出他是个孝顺的人，对父母的养育之恩懂得回报，这一点，值得大家学习。孝顺是中华民族的传统美德，一个人能够孝敬自己的父母长辈，就表明他有一颗善良仁慈的心，有了这份仁心，就可以帮助许许多多的人。我们应该做一个孝顺的人，这不仅仅是个人的道德品质，更是对社会责任的承担。

他在晚年为子孙后代制定了一条家训："后世子孙仕宦，有犯赃滥者。不得放归本家，亡殁之后，不得葬于大茔之中。不从吾志，非吾子孙。"共37字。

包拯平日不苟言笑，他公而忘私，做人坦荡，不与故人、亲朋私下来往。不过，虽然嫉恶如仇，但包拯绝非酷吏。他曾上疏朝廷不要让苛虐之人担任司法官员。虽然身居高位，包拯的衣服、饮食、日用却和布衣百姓无异。广东肇庆端砚天下闻名，是当时的贡品。此前历任端州长官，大多征集数倍于贡品数量的端砚用来贿赂朝中权贵。包拯主政端州时，严格按照贡数生产，自己任满回朝时，连一方端砚也没带走。包拯一生，最恨贪官污吏。他不但弹劾、惩办了无数贪官，还留下家训教导后代，"后世子孙仕宦，有犯赃者，不得放归本家，死不得葬大茔中。不从吾志，非吾子若孙也"。包拯之廉，由此可见一斑。"清心为治本，直道是身谋。秀干终成栋，精钢不作钩。仓充鼠雀喜，草尽兔狐愁。史册有遗训，毋贻来者羞。"这是包拯唯一传世的诗作，可谓诗如其人。正因为如此，包拯深得百姓拥戴。

# 君子的层级性及其价值

石耀辉(三晋文化研究会副会长)

"君子"是中国优秀传统文化的核心概念之一。"君子"一词,从身份标识演变成道德内涵,倡导积极的人生价值,将自身完善与社会责任紧密结合在一起。君子人格的"层级性",应得到足够重视。

## 一、君子人格的层级性

孔子在《论语》中讲人生修养有"圣人""仁人"和"君子"三个境界。"圣人"如尧、舜、禹等,他们实现了内圣外王,是历史道德的符号,有至高的政治地位,道德圆满,功业辉煌,高不可攀。"仁人"也就是"志士",他们没有赫赫文功武治,但无私无畏,为民族和社会利益不惜奉献生命,是现实社会中绝少数人才可能做到的,如文天祥、谭嗣同等。而"君子"也具有道德修养,能够恪守人生信条,但考虑到种种现实的因素,权衡利弊得失,"君子"不及"仁人"那样具有自我牺牲精神,而是人格建树中比较普通的一个层次,也是最普遍、最关键的一个层次,可以说是一种"趋众人格",因而也是现实社会中大多数人经过努力可以做到的。三者的人格境界,"圣人"最高,"仁人"次之,"君子"又次之。

人格境界的层级性,《孔子家语·五仪解》中曰:"人有五仪:有庸人,有士人,有君子,有圣,有贤。审此五者,则治道毕矣。"

所谓庸人者,心不存慎终之规,口不吐训格之言,不择贤以托身,不力行以自定，见小暗大而不知所务，从物如流而不知所执。此则庸人也。所谓庸人，内心深处没有自始至终谨慎行事的规诫，说话满口胡言，交友不三不四。见小利，忘大义，随波逐流，缺乏坚守。

所谓士人者，心有所定，计有所守。虽不能尽道术之本，必有率也；虽不能遍百善之美，必有所也。是故智不务多，务审其所谓；行不务多，务审其所由。智既知之，言既得之，行既由之，则若性命形骸之不可易也。富贵不足以益，贫贱不足以损，此则士人也。所谓士人，心中有坚定信念，做事有原则。虽不能精通天道和人道的根本，但向来都有自己的观点和遵循；即使不能把各种善行做得十全十美，但必定有值得称道之处。所以，他不要求智慧有多少，但务必要彻底明了；言语不求很多，但要务必中肯简要；事业不一定很多，但每做一件事都务必遵循事理。他的思想非常明确，言语扼要得当，做事有根有据，犹如人的性命和形体一样和谐统一。富贵了，也看不出对他有何增益；贫贱了，也不会对他有什么损失。这就是士人，亦即知识分子。

所谓君子者，言必忠信而心不忌，仁义在身而色不伐，思虑通明而辞不专，笃行信道，自强不息，油然若将可越而终不可及者。此君子也。所谓君子，说话一定诚实守信，心中对人不存忌恨。秉性仁义但从不向人炫耀，通情达理，从不武断。行为一贯，守道不渝，自强不息，态度舒迟，坦坦然然，然而真要赶上他，却很难做到。这才是真正的君子。

所谓贤者，德不逾闲，行中归绳，言足法于天下而不伤其身，道足化于百姓而不伤于本，富则天下无菀财，施则天下不病贫。此则贤者也。所谓贤人，品德合乎法度，行为合乎准则，其道性足以教化百姓。乐善好施，普济天下。这就是贤人。

所谓圣者，德合天地，变通无方，究万事之终始，协庶品之自然，敷其大道而遂成惰性，明立日月，化行若神，下民不知其德，睹者不识其邻。此谓圣者也。所谓圣人，品德与天地的自然法则融为一体，统物通变，通达无阻。对宇宙万物的起源和终结已经彻底参透。与天下的一切生灵和世间万象融洽无间，自然相处，把大道拓展成自己的性情，光明如日月,变化运行,有如神明。他与日月同辉,化行天下如同神明,百姓不知道他的德行,见到他也识别不出他与常人的区别。达到这种境界的人才是圣人。

从上文可以看出,在五种人格中,"君子"居于第三层"中位"上,上有"圣人""仁人",下有"士人""庸人"。《论语·卫灵公》指出:"直哉史鱼!邦有道,如矢;邦无道,如矢。君子哉蘧伯玉。邦有道则仕,邦无道则可卷而怀之。"史鱼是仁人志士,朴重无畏;而蘧伯玉是君子,洁身自好。君子温文尔雅,文质彬彬,在日常生活中重视友情,孝敬父母,更"接地气",因而,孔子倡导的君子人格,就为"士人"以及普通人设立了可望又可及的人生坐标,为全社会指出了普遍可行的道德规范。

《中庸》对君子人格的概括,也遵循了孔子的思想:"君子尊德性而道问学,致广大而尽精微,极高明而道中庸。温故而知新,敦厚以崇礼。是故居上不骄,为下不倍。国有道其言足以兴,国无道其默足以容。"君子要做到身居高位不骄傲,身居低位不自弃,国家政治清明时,其言论足以振兴国家;国家政治黑暗时,他能够沉默自保全。朱熹也将"君子"定位为二等"圣人":"君子者,才德出名之众","次于圣人者也。"(《朱子语类》)

孔子君子人格特征大致包括仁、义、礼、智、信、忠、勇、自强、中庸、和而不同、文质彬彬等。王宏亮在《儒家君子人格初探》一书中,将儒家君子人格的基本精神概括为:推己及人的道德思维、明辨义利的价值模式、尊德重行的实践理性、和而不同的处世原则、自强不息的进取精神。这些精神通过长期作用,构建起了"以仁为内在要求,以礼为外在风范、以智为文化标准、以勇为英雄气度"的君子人格体系,渗透到家庭美德、职业道德和社会公德中,从而发挥着重要作用。

## 二、君子人格的当代价值

君子人格可谓历久弥新,已成为中国人世代相传的祖训。例如,做人要诚实守信:"君子一言,驷马难追",要讲义利气节,"君子爱财,取之有道"。处世交友方面"君子成人之美""君子不夺人之爱""君子动口不动手"等,至今仍是做人的信条,对国人立身处世具有重要的规范意义。人们将梅、兰、竹、菊誉为花中"四君子",把玉石与君子品格相类比,"言念君子,温其如玉"(《诗经·国风》)。《礼记·玉藻》则说:"古之君子必佩玉,君子无故,玉不离身。君子与玉比德焉。"三国时期,著名政治家、军事家诸葛亮《诫子书》,也是以"君子之行"来阐释儒家教育思想。

对儒家君子人格的层级性,安乐哲、罗思文说:"对于我们大部分人来说,君子就是我们所能想象的最高奋斗目标。不过,儒家还有一个更为崇高的人生追求,那就是成为圣人。"①也正是基于这一认识,孔子提倡的君子人格更具亲和力,更易于为社会大众所接受。罗国杰先生则在冯友兰提出的人生"四境界"基础上,将道德境界划分为自私自利境界、先公后私境界和大公无私境界三个层次,认为自私自利的境界应坚决反对,先公后私的境界具有可行性,大公无私的境界是中国共产党人和要求进步的先进分子应追求的高尚境界。从2019年10月,中共中央、国务院印发的《新时代公民道德建设实施纲要》来看,在公民道德建设指导思想上,就突出了群众性、实践性、可操作性,而不是一味求高,人为确立一个难以达到的高标准,把问题复杂化。

如今,对绝大多数人来说,圣贤毕竟有点高不可及,而君子人格因为不是最高追求,所以才具有普遍意义。这也正好与社会主义核心价值观所倡导的"最大公约数"相契合。实践证明,社会道德建设标准过高,要求绝大多数人超越人类社会道德实践的可能性,是难以达到预期效果的。正是在这个意义上,儒家君子人格的合理内涵可以成为现代公民人格建树的合理资源。就当今社会而言,儒家君子人格层级性,对于道德建设的意义,在于不仅可以救治当前社会上存在的人生扁平化、人格低矮化、生活功利化等问题,同时还有助于解决部分社会成员道德观念模糊或缺失,见利忘

---

① 安乐哲、罗思文:《论语的哲学阐释》,中国社会科学出版社2003年版,第63页。

义、唯利是图、损人利己、损公肥私,乃至造假欺诈、不讲信用等突破公序良俗底线的行为,从而让人们敬重德行,承担责任,追求崇高,使人们身与心、人与人、人与自然,以及人内心之间更和谐,社会更安宁、更美好。

具体到培育和践行社会主义核心价值观方面,从国家层面来看,君子文化所崇尚的关心天下兴亡、承担时代重任的担当精神和家国情怀,对于国家层面"富强、民主、文明、和谐"理念的实现,具有重要的引导作用。它能够促进每个公民形成历史使命感,自觉地把个人理想追求与实现国家富强紧密结合起来,从而保持对远大理想和奋斗目标的清醒认识和执着追求。从社会层面来看,"自由、平等、公正、法治",是社会主义核心价值观在社会层面的价值取向,是建设和谐社会的重要基础,是营造和谐社会的根本保证。君子文化所提倡的笃守道义,尽守职责的行为方式,有利于规范人们的行为准则,形成遵德守法的社会风气,完成应尽的社会职责,实现社会的公平正义,保障人们的权利和义务,建设良好和谐的社会秩序。

从个人层面来看,"爱国、敬业、诚信、友善"是对中华传统美德的继承和升华,是建设和谐社会的现实需求。个人要实现自身的社会价值,就要努力将道德实践落实于自身的行为中,把爱国主义的情感转化为实际行动,把个人前途同祖国发展结合起来,用辛勤的劳动践行敬业美德,以诚信作为立身处世之道,以友善作为处理人际关系的准则。

# 乾、坤之德与君子创业

宋　辉（亳州职业技术学院教授）

《周易》的《乾》《坤》二卦，乾者，健也；坤者，顺也，蕴含丰富，思想深邃，对中华文化的影响极其深远，足以启迪人的心智，对君子创业具有很好的指导意义。

## 一、《乾》：君子创业，自强不息

《乾》卦辞为："元、亨、利、贞。"宋人朱震解曰："元，始也。亨，通也，升降往来、周流六虚而不穷者也。利者，得其宜也。贞者，正也。"其义为，创始才能畅通，不断地创生万物才能使之各得其宜，得正固也。《乾·彖传》高度颂扬了创生天地万物的大德，万物依赖它获得了生命的形式，它们统属于上天。天道运行变化，形成了一年四季，万物各自找到了生存发展的适宜位置。《周易·系辞上传》云："日新之谓盛德。生生之谓易。成象之谓乾。"生育万物就叫崇高的品德。层出不穷创生不已，就叫做《易》；主动生成各类物象，就叫做乾。熊十力先生解《乾·彖传》说："天行健，明宇宙大生命，常创进而无穷也，新新而不竭也。君子以自强不息，明天德在人，而人以自力显发之，以成人之能也。"由此可见，《乾》卦之旨在于赞美上天的开创之功，这是何等伟大啊！

君子效法刚健运行的天道，应当自强不息，开拓进取，创生新事物，不断为人类造福。君子创生新事物的当下之功业莫过于创业。创业就是要敢为天下先，想前人未曾想，走前人未曾走过的路，是砥砺人格、修养品德、践行仁爱、福泽社会的壮举。新时代呼唤君子们顺应历史潮流，遵纪守法，积极投身于创业的实践中去，勇于和善于创业。因为君子通过创业才能够充分挖掘自己的潜能，施展才干，履行使命，带动社会全体成员走上共同富裕文明的康庄大道，无愧于时代重托。

"初九：潜龙勿用。"君子刚刚起步时，应学习潜龙的德性。因为此时的君子处在重重压力之下，能力不足，又缺乏经验，不可崭露头角，盲目行动。明智之举是潜藏下来，修养德性，用心研学，提高能力，观察局势，等待时机。

"九二：见龙在田，利见大人。"子曰："龙德而正中者也。庸言之信，庸行之谨，闲邪存其诚，善世而不伐，德博而化。"从创业的视角看，君子开始把自己修炼成的品德、学识与能力付诸实践，以验证其是否有益于社会。这里的"大人"借指人民群众，亦即广大的消费者。这个阶段君子的作为大约相当于《论语·学而》中孔子所说的："学而时习之"的阶段。

"九三：君子终日乾乾，夕惕若厉，无咎。"这是由于君子创业起步不久，人才、资金、信息和经验等资源短板补齐尚需时日，还未形成核心竞争力，面对激烈的市场竞争，会遇到诸多难题。这时君子要有信心，有定力，倍加勤奋，锐意进取，进德修业，苦练内功，以诚信经营赢得消费者的信赖，以坚守道义开拓市场。当进则进，当退则退，顺势而为，有所为有所不为，不可乱了方寸，急躁冒进，挺过难关，就可进入新天地。

"九四：或跃在渊，无咎。"君子创业到了这一阶段已初具实力，犹如在渊之潜龙，跃跃欲试，时而跃出水面，时而潜入水底。在激烈的市场竞争中，有胜有败，会出现各种各样的情况，这些都在预料之中，关键是君子要及时进行深入的调查研究，正确研判形势，根据消费者的需求，把握准市场脉动，伺机而行。总的来说，君子在市场竞争中的胜负乃属于兵家之常，虽有小败，亦有斩获，更为重要的是经受了胜负的磨砺，锻炼了能力，增长了见识，仍是无咎。

"九五：飞龙在天，利见大人。"君子创业，经过"见龙在田""终日乾乾"和"或跃在渊"的长久打拼趋于成熟,积累了丰富的经营管理经验,团队建设富有凝聚力(亦有人和之利),打造出了自己的知名品牌,核心竞争力已成,万事俱备,且兼具天时地利人和之便,完全有能力大展宏图,抓住机遇,乘势而上,不仅广泛占有国内市场,而且走出国门,享誉海内外,各种荣誉纷至沓来,成为万众瞩目的成功人士。

"上九:亢龙有悔。"君子创业此时达到了顶点,事业成功圆满。与此同时,也会逐渐积累一些问题,产生隐患。例如,经过长期迅速的规模扩张,团队庞大,人员众多,存在机构臃肿,人浮于事,效率低下的弊端,适应市场变化的能力下降等。此时,君子应当保持清醒的头脑,增强忧患意识,进行大刀阔斧的改革,适时更新经营理念,调整经营策略,制定新的发展规划,转变发展方式,定期培训员工,及时引进新技术设备,加大技术和工艺流程改造的力度,促进产品与服务升级换代,主动引领消费升级,开拓新市场,以利于行稳致远。否则,思想僵化,故步自封,势必走向穷途末路。

"用九:见群龙,无首,吉。"君子们八仙过海,各显其能,社会活力竞相迸发,市场竞争活而有序,社会生产力得到了空前提高,人民群众享受到了充分的获得感与幸福感,呈现出了盛世太平景象,全体中华儿女齐心协力共圆民族伟大复兴的中国梦。

## 二、《坤》:君子创业,厚德载物

根据《易》理,阴阳二气互相转化,交互为用。"乾刚变坤,则济以柔。坤柔变乾,则济以刚。"因此,乾后必济以坤。《坤》德可对《乾》形成互补,对君子创业大有补益。

《坤·彖传》赞美了《坤》之开创之德:"至哉坤元!万物资生,乃顺承天,坤厚载物。德合无疆。含弘光大,品物咸亨。"朱熹说:"此以地道明坤之义,而首言元也。'至',极也……'始'者气之始,'生'者形之始。顺承天施,地之道也。……'德合无疆',谓配乾也。"意思是,坤道崇高啊！万物得以资生，大地顺承了天道的施与，坤道厚实，承载万物。它蕴藏深厚，辽阔无垠，具有含、弘、光、大四种品德，故能成承天之功，各种物类都能繁衍生息。《坤》之大德集中体现为顺承天施，宽厚辽阔，承载万物。《坤》德对于创业的借鉴意义是，君子应效法《坤》之顺承宽厚，承载万物的美德，胸襟博大，敢于担当社会责任。

"初六：履霜，坚冰至。"人们脚踩着薄霜时，就能预感到坚厚的冰层快要冻结成了。这里的忧患意识很明确，告诉创业的君子无论身处何时何地，都应该始终抱有忧患意识。这是因为创业艰难，尤其是在事业成功之际极易产生骄傲自满的思想，稍有不慎就有可能做出错误的决定，造成满盘皆输的后果。因此，君子要高度警觉，善于观察、分析，从一些细微之处发现问题的苗头，未雨绸缪，及早采取防范措施，化危为安。

"六二：直方大，不习无不利。"直是内心的正直，方是行为的道义。君子用恭敬谨慎来保持心中的正直，用道义来规范行为上的悖乱，恭敬、道义树立起来了，他的品德就会产生广泛的影响。君子创业必须建立一支具有高度凝聚力的庞大团队，只有如此才能发挥出强大的协同力与战斗力，从而攻坚克难，创造辉煌。而这一切的前提条件是作为团队核心的君子要拥有海纳百川的胸怀，从谏如流，能够广聚天下英才而用之，博采众长，汇聚成强劲的前进动力。

"六三：含章可贞，或从王事，无成有终。"坤为臣子，臣子应该像大地一样默默无闻地付出，尽职尽责，不事张扬，否则就有违臣道，没有善终。君子创业应切忌浮华、高调，追求眼前利益，而应该眼睛向内，注重练内功，强基本，严格管理，这样在市场竞争中才能有底气，有底牌，不断发展壮大。

"六四：括囊，无咎无誉。"扎紧口袋，缄口不言，没有责难，也没有赞誉。该爻承接上一爻之意继续讲述为臣之道。为人臣子宜静默，忌多言，恪守臣道。君子人格意味着沉静、独立、处之不动，注重内美、内善、内真。对于创业来说，君子宜少说多做，低调务实，加大研发力度，组织科研攻关，努力创新创造，保守重大决策、经营策略、发明专利、工艺绝活等商业秘密，培育核心竞争力。这是君子创业的必由之路，也是受到社会规则和法律法规所保护的。

"六五：黄裳元吉。"《坤·文言传》云："君子黄中通理，正位居体，美在其中，而畅于四支，发于事业，美之至也。"君子内心充满美好，通达事理，恪尽职守，遵从礼仪，心中积聚着美德，运用于行动上，扩大到事业中，这是最为美好。市场竞争中比拼的不仅仅是实力，而且还有企业的形象、信誉，以及经营者的人格、口碑等。创业的君子不仅要修养好品德，还有学会用恰当的方式展示出自己的良好形象，增强在社会公众中的亲和力、感染力。例如，在捐资助学、对口帮扶、脱贫攻坚、光彩事业、保护环境、促进公平竞争与协作、主动履行社会责任等方面作出自身的贡献，赢得社会的好评，这无疑会增进在社会中的公信度、美誉度，助力事业发展。

"上六：龙战于野，其血玄黄。"阴盛极而战，必两败俱伤。在市场活动中，经营主体应遵循国家宏观调控政策，结合自身的优势，精准定位，合理配置资源，开辟新的利润成长空间，实现错位发展，扬长避短，实现优势互补，互利共赢，而不应集中在某一行业一哄而上，进行恶性竞争，导致两败俱伤的恶果。

"用六：利永贞。"利于永远坚守正道。这对君子而言是忠告。君子创业要走正道，遵纪守法，自觉维护公共利益，懂得感恩，回馈社会。

《易》之《乾》《坤》二卦正是从天地、阳刚与阴柔两方面揭示了君子的创业之德。君子创业的阳刚之德表现为刚健有为，自强不息，顺势而上，永不言败；阴柔之德则强调厚植品德、居安思危、内敛含藏、容载万物、责任担当的美德。君子创业成功的奥秘在于"与天地合其德"。《乾》《坤》之德并非截然对立，而是相互融合、互根共生、交互为用，共同演绎出源远流长、绚丽多彩的中华创业文化，不仅助力君子创业行稳致远，而且合力推动中华民族走向持久繁荣昌盛。

# 君子与文化自信

吴春华(广东阳山县直工委)

君子德才兼备，文质彬彬，有所为有所不为，达则兼济天下，穷则独善其身；君子处世刚毅坚韧、发愤图强；君子为人仁义道德、胸怀宽广。儒家学说乃至整个中华传统文化，其中很重要的内容是阐述和弘扬仁、义、礼、智、信及忠、孝、廉、耻等众多为人处世的伦理和规范，它们最终都集聚、沉淀、融入和升华到一个理想人格形象——"君子"的身上。习近平总书记指出，坚定中国特色社会主义道路自信、理论自信、制度自信，说到底是要坚定文化自信，"文化自信是更基础、更广泛、更深厚的自信，是更基本、更深沉、更持久的力量"。发展中国特色社会主义文化，坚定的文化自信是基础，事关国运兴衰、文化安全、民族精神。坚持高度的文化自信，全面建成小康社会才有抓手，中华民族伟大复兴的中国梦才能实现。因此，我们应该积极传承君子文化，坚定文化自信，为实现中华民族伟大复兴的中国梦做出积极贡献。

## 一、汲取精华，积极传承

《周易》中的君子精神，在"天行健，君子以自强不息""地势坤，君子以厚德载物"的表述中，颇具代表性。梁启超在清华大学做了《论君子》的精彩演讲，希望学子们都能继承中华传统美德，并引用了《周易》上的"自强不息""厚德载物"等话语来激励人们。此后，清华人便把"自强不息厚德载物"八个大字，作为清华大学校训。

进入中国特色社会主义新时代，君子文化仍然具有十分重要的社会价值，社会主义核心价值观"富强、民主、文明、和谐、自由、平等、公正、法治、爱国、敬业、诚信、友善"就是传承、创新和发展君子文化的一个典范。中国特色社会主义文化，源于中华民族五千多年文明历史所孕育的中华优秀传统文化，传统文化博大精深、源远流长，主要包括思想、文字、语言、六艺(礼、乐、射、御、书、数)以及后来衍生的书法、音乐、武术、曲艺、棋类、节日、民俗，还包括传统历法在内的中国古代自然科学以及中国各地区、各少数民族的传统文化等等。

中原地区是中华文明的摇篮，特殊的地理环境、历史地位和人文精神，使中原文化在漫长的中国历史长河中长期居于正统主流地位，可以说，中原文化在一定程度上代表着中国传统文化，是极富营养的君子文化沃土。而文化具有明显的时代特征，传统的未必就是好的。进入新时代，我们必须结合时代发展的新要求，正确对待中华民族几千年传统文化，优秀的应该汲取，例如"君子之交淡如水"是中华传统文化的精髓，我们应该继承；而糟粕的则应抛弃，如"女子无才便是德"是束缚女子和社会发展的，则应该丢弃。学习古典文化的典范代表作品，譬如诸子百家的文献，也要仔细品读，善于鉴赏辨析，汲取其中适应新时代发展要求的思想文化精华，并利用现代教育方法和传播媒介，向学生、向大众、向世界宣传中国优秀传统文化，将优秀的传统文化融入校园文化、文学艺术、影视戏剧中，渗透在网络、文化交流、旅游观光中，唤起广大民众了解中国悠久历史和优秀传统文化的热情，促进中华民族文化焕发出新时代的靓丽风采。

中华文化既是民族的，也是世界的，是一种开放包容的文化，历来注重与世界文化的融合发展，因此，我们还必须虚心学习世界各国不同特点的优秀传统文化，吸收外来，洋为中用，充实拓展我们的君子文化。

## 二、与时俱进，掌握科技

科学技术是第一生产力，是人类战胜自然、改造自然的武器，是推动社会生产力发展的重要力量，也在一定程度上改变着我们的文化和生活方式。进入二十一世纪，科学技术迅猛发展，计算机网络技术、电子信息技术飞速发展，手机、电脑等昂贵的奢侈品走进寻常百姓家，并已成为大众生活的必需品。我们必须与时俱进，努力掌握工作、学习和生活中必备的科学技术手段，才能跟上时代发展的步伐，立足现实，展望未来，面向现代化，面向世界，面向未来。

我国科学技术发展日新月异，但也需要通过多种途径学习国外的先进技术，汲取他们的成功经验，取长补短，善于综合，以便形成独具风格、真正属于自己的顶尖科学领域。与此同时，我们还必须积极营造全社会良好的学习环境和学习氛围，激发人们特别是年轻人的学习积极性和创造性，为"中国制造"向"中国创造"转变添砖加瓦，奋力向"中国创造"的宏伟目标进军，努力建设有中国特色的学习强国。

## 三、挖掘发展，突出特色

文化具有地域特征和民族特征，地方特色文化具有不可替代的地位，在文化传承和社会发展中起着非常重要的积极作用。中国地大物博，是一个多民族国家，拥有五十六个民族，中国传统文化兼容并蓄，和而不同。我们应该深刻挖掘中原文化、少数民族文化及其他文化，尤其是中原文化，即黄河中下游地区的物质文化和精神文化，它是中华文化的母体和主干，是中华文化的重要源头和核心组成部分，也是君子文化的主体部分，以河南、陕西、山西、河北为核心，以广大的黄河中下游地区为腹地，逐层向外辐射，影响延及海外。广东省阳山县的韩愈文化，就是中原文化延伸的结果，中国唐代文学学会韩愈研究会原会长、著名的韩学研究专家张清华先生指出：韩愈在各地留下的文化遗迹，阳山为最，这是一笔十分难得的宝贵文化遗产，应该深入挖掘。

进入中国特色社会主义新时代，我们在加强中国传统文化的研究、整理的时候，要注重挖掘、发展具有地方色彩和民族特色的传统文化，正确处理好保护与发展、开发与利用、全局与局部、当前与今后的关系，为经济建设和社会发展提供强大的精神动力、不竭的智力支持和丰富的经济增长资源，为经济社会全面协调可持续发展提供重要保证。

## 四、创新运用，注重提升

学习知识的目的在于运用，君子文化传承的意义同样在于应用，应该努力做到古为今用，推陈出新，结合具体实际创新运用所学的文化知识，增强文化自信，注重全面提升自己的综合素质和各方面能力，进一步提高学习和工作效率，从而更好地传承君子文化，达到真正意义上的文化自信。

当今世界，国际形势复杂多变，世界并不安宁，不时出现紧张和动荡，但发展的主流仍是和平与稳定、发展与合作。我们应该把握这一千载难逢的好机遇，结合自身岗位和具体实际，活学活用，全面提升自身素质，善于打造文化品牌，形成特色文化产业，要努力把君子文化转化为经济建设和社会发展的精神资源。

毛泽东同志指出："革命文化，对于人民大众，是革命的有力武器。革命文化，在革命前，是革命的思想准备；在革命中，是革命总战线中的一条必要和重要的战线。"[1]进入新时代，我们必须充分认识文化建设的重要性和紧迫性，高举习近平新时代中国特色社会主义伟大旗帜，积极传承优秀的君子文化，坚定高度的文化自信，为实现中华民族伟大复兴的中国梦不懈努力。

---

[1] 《毛泽东选集》第 2 卷，人民出版社 1991 年版，第 708 页。

# 共产党员应做君子

岳德常（黄河科技学院研究员）

习近平总书记在十九大报告中指出："中国共产党从成立之日起，就是中国先进文化的积极引领者和践行者，又是中华优秀传统文化的忠实传承者和弘扬者。"根据习近平总书记对中华优秀传统文化的深刻论述，我们要想增强党的自我净化能力，就应当唤醒广大党员对君子人格的追求，把培养闻道君子作为党建工作的一个目标。

## 一、党组织应致力于人的价值体系转化提升

价值体系的转化与提升，是历来的宗教家、政治家和道德家们所一向孜孜以求的目标，其实质就是把人类从动物界进化过来时所随身携带的动物式本能的控制下解放出来。所有人都有一个价值体系的转化提升过程，认识到社会主义核心价值体系的存在，用中国传统文化的术语来说就是开悟、闻道。有了这个过程，便可化腐朽为神奇，把人们由一个软弱依赖的社会包袱或负能量转变为积极负责的正能量，成为真正的人。这样的人在马克思看来就是"自由全面发展的人"，在孔夫子看来就是闻道君子。自从雅斯贝斯称为"元典时代"的时候开始，就有人开始探寻这个目标了。这是一个漫长的需要经过2500多年的历史发展才能完成的过程，我们这一代人恰好赶上了它的完成阶段，赶上了由私有制社会进化到社会主义社会的阶段，所以，就要有价值体系的普遍提升，在此基础上，我们才能在社会管

理上进入自由王国，社会主义制度才能稳定下来。

人性的健康发展需要有一个健全的价值体系来引导，这样一个价值体系，就是老子、孔子所说的道。现在的社会管理工作越来越难做，其原因就在于资本主义的那一套价值体系在社会生活中越来越强化，把人们的注意力锁定在基本物质需要上，遮蔽了高层次需要，它不是把人引向积极负责的方向，而是引向相反的方向。市场经济是一个我们现在还离不开的东西，但它同时又是一个包围着人的整个一生的精神模子，使人们的生命过程庸俗化、市场化，使那种寄生的、贪婪的、懒惰的、愚蠢的性格层出不穷。所以，当市场经济发展起来的时候，那些一度绝迹的丑恶现象又死灰复燃并猖獗起来。在这些东西层出不穷的情况下，社会主义核心价值体系就会不断退缩，成为浮在生活之上的无根之萍，共产党的执政能力就会面临越来越严峻的挑战。

只有当人民群众在精神上获得觉醒并从私有制价值体系的控制下解放出来的时候，人们才能从寄生的、贪婪的、懒惰的、愚蠢的性格转变为自立的、俭朴的、奋发有为的、智慧的人格，从一个凡夫俗子转变为闻道君子。我们这个社会才能在利用市场经济的同时，驾驭市场经济；只有当那些积极进取、追求完美的人格，经常地、每日每时地、自发地和大批地产生出来的时候，现在层出不穷的各种丑恶现象，才能逐步平息下来；只有在君子们兴高采烈、扬眉吐气的社会环境中，社会的各种疾患才能逐步减轻乃至痊愈，那些积极的健康的新事物才能萌发成长起来，社会管理工作才能走上正轨。只有在人民群众普遍追求君子人格的情况下，社会主义制度才能最终稳定下来。正如列宁所说的那样："只有那些已经深入文化、深入日常生活和成为习惯的东西，才能算作已达到的成就。"①

共产党是以社会主义核心价值体系为核心凝聚起来的组织，就应当在价值体系上具有抗压拒变、抵御外来侵蚀并改造社会环境的强大能力，为此就必须在内部形成一个保持社会主义核心价值体系自我强化的"良性循

---

① 列宁：《列宁选集》第4卷，人民出版社1995年版，第785页.

环"。在这种环境中，人们便可成为真正的共产党人，我们也可以称之为真正的闻道君子，这两者应当是同义词，可以互换。现在看来，培养闻道君子，是人类进化的一大目标，中国共产党之所以能够领导中国人民从危机中奋起，不断地从一个胜利走向另一个胜利，其根本原因就在于，经过老一辈革命家的辛勤培育，党内形成了三大作风等优良传统，具有了自我净化提高的强大功能，形成了新价值体系的"良性循环"。党组织就像是一个革命的大熔炉，能够把各种不同背景不同经历的普通人陶冶锻炼成坚定的共产党人、真正的闻道君子，进而引领社会价值体系的进步，激发全民族文化创新创造活力，建设社会主义文化强国。

## 二、闻道是中华民族最深沉的精神追求

习近平总书记强调："中华文化积淀着中华民族最深沉的精神追求，是中华民族生生不息、发展壮大的丰厚滋养。"①这个最深沉的精神追求，对于个体来说就是成为闻道君子，对于社会来说就是构建大同世界、和谐社会。中华民族的这种最深沉的精神追求是天地间的一脉正气，它产生于人性的深处，代表着人性进化与社会和谐发展的需要。"天地有正气，杂然赋流形"，只有那些天性健全的人才能感受到这种需要，并把它们培育起来，发展起来。不管他们从事的是什么职业，生活在哪个时代，他们都是真正的精英。他们发现规律、坚守美德、创造新的审美情趣，推进人性、社会和大自然永不停息地趋向于更新、更美、更和谐的境界。他们是天生的平等派，天然就具有自由平等博爱的情怀，关注人类的命运，以为人类服务为己任，不需要有人命令，也不需要任何酬金，即使是历尽磨难、误解、诽谤和陷害，也照样义无反顾。正如鲁迅所说的那样："我们从古以来，就有埋头苦干的人，有拼命硬干的人，有为民请命的人，有舍身求法的人。"为了把这些人与那些囿于丛林法则、未闻道的人相区别，我

---

① 习近平：《习近平谈治国理政》，外文出版社2014年版，第155页。

们将他们统称为闻道君子,其中最为杰出的就是共产党人。古代的儒家"君子"就是共产党人的先驱,他们所坚持的理想与行为法则与现代共产党人是一脉相承的。

这一脉正气,经过2500年的发展演变,在党的十六届六中全会上,党中央提出了建设社会主义核心价值体系的新目标,赋予它新的表达形式。它虽然在形式上是现在才问世的新东西,但其内涵却不是凭空而来的,而是得了大本大源的有根据的东西。从孔夫子所说的大道,经过天命、天理、良知等一系列演变环节,再到我们现在提出的建设社会主义核心价值体系,就像一粒种子要经历发芽、成长、开花和结果的发展过程一样,中国人对大道的认识也经历了一个必然的有次序的成长过程。

闻道君子具有天下一家的情怀,马克思就是如此,这是马克思主义与中华优秀传统文化可以融合的深层原因。由于这种原因,毛主席就可以无师自通,在山沟里创新和发展马克思主义。能否确立新的价值体系,这是真正的马克思主义者区别于形形色色假马克思主义者的根本特征。他们都认识到个人利益与人类整体利益的有机联系,都知道人类进化的当前需要,不管形势多么糟糕,他们都不放弃对于人类进化的希望,不遗余力地为人类发展奉献自己的一切。

君子是人格完美的目标,不管生于哪个民族,也不管出生在哪个时代,只要是人,心里都有对君子人格的向往。共产党人作为人类最先进的成员,必然与君子人格相通相融。从中国的情况看,那些最先接受马克思主义的共产党人如李大钊、毛泽东、周恩来,都是受儒家精神熏陶出来的真君子,领导中国人民"站起来"。要坚持社会主义核心价值体系,首先要闻道,在价值体系上来一个转换,突破私有制价值体系的束缚,认识到社会主义核心价值体系的存在,通过一个艰苦的自我训练过程,把它修之于身,在人格上达到一个新境界,成为真正的君子,然后才有可能坚持社会主义核心价值体系。用马克思主义普遍真理,来解决当今社会的现实问题,真正继承和发展马克思主义,自然也就具有了抵制低水平价值体系侵蚀的能力,引领社会价值体系进步的能力,就能拒腐防变。

## 三、共产党员应当自觉追求君子人格

在任何社会集体中都需要君子，在任何时代也都需要君子。在当今这个新时代，要想让我们的社会充满"君子"，共产党人就应当率先成为"君子"，党性即是完美的人性，君子既是人性完美的起点，同时也是人性完美目标，所以广大党员和党的各级领导干部都应当自觉追求君子人格。

为了实现中华民族所承担的引导人类构建和谐世界的"天命"，共产党人必须率先闻道并达到"诚意正心"的境界，才能把执政权力与"大道"结合起来，进而"修身、齐家、治国、平天下"，运用执政权力推行"大道"，从而唤醒广大党员内心深处的对"天命"的追求。有了这种机制，共产党人才有能力引领时代潮流，使新的价值体系渗透到日常生活之中，把社会运行过程稳定在新的运行轨道上。

党建工作，是把社会主义核心价值体系"修之于党"，要做好这件事情，首先要把它"修之于身，其德乃真"。这个起点至关重要，无法省略，也没有其他捷径可走。凡是表现于外的，首先必须存在于内。各级党组织的领导人必须有一个正确的价值体系，才能知道人民的根本利益之所在，才能己欲立而立人，己欲达而达人，有诸己而后求诸人，无诸己而后非诸人，言传身教地指导和帮助其他人闻道开悟，始终保持蓬勃朝气、昂扬锐气和浩然正气，保持与时俱进、开拓创新的精神。

## 四、闻道君子作为一项党建活动

共产党人要实现共产主义理想，就必须唤醒广大党员内心深处的对"天命"的追求，跳出低水平价值体系"超循环"的约束，具有自我净化、自我完善、自我革新、自我提高的能力，进而使党组织乃至整个社会肌体产生出一种保持健康、抵制堕落的机制，引领时代潮流，使新的价值体系渗透到日常生活之中。《大学》特别强调说："自天子以至于庶人，壹是皆以修身为本。"

要有效地促进党员队伍价值体系的转变提升，就必须根据人的价值体系的成长规律开展工作。大道本来就存在于每个人的心中，把它实现出来，就是人的"天命"。为培育健全人性、党性，党建工作就要从"唤醒"人们对自身"天命"的意识入手，创造条件让它成长起来，通过党组织内部的"三会一课"、开展批评与自我批评、对不合格党员的处理等各种活动，互相激励，互相促进，把社会主义核心价值体系培养起来、强化起来，把党组织建设成为培养闻道君子的大熔炉，形成由社会主义核心价值体系所主导的"超循环"过程，源源不断地培养出一代又一代共产主义事业接班人，始终保持党组织的纯洁性和革命精神。

要突破低水平价值体系的恶性循环，关键还是要"唤醒"广大党员干部对道、君子人格的追求。开悟、闻道是每个人都应当自觉追求的目标，它是人的生命过程中的质的飞跃。只有达到了这个阶段，人们才能襟怀坦白、正直无私，全心全意地为人民服务；才能在纷繁复杂变幻莫测的社会中保持清醒，始终保持革命性、先进性，正确地思考和行动；才能脚踏实地、不怕困难、勇敢向前，成为推动历史进步的积极力量，才能成为一名真正的共产党人。

闻道方为真马列，同时也只有真马列才能找到人间正道，突破那种对当前事态的消极默认，引导人们在适应现实的同时超越现实，提升自身和社会的运行轨迹，把人们从扭曲狭隘、恶性竞争、自相残杀的状态下拯救出来，把人们从疯狂掠夺自然环境的状态下解放出来，构建和谐稳定的人类命运共同体。闻道者一方面要生活在市场经济的环境中，遵守市场法则；另一方面又要追求自身的自由全面发展，遵守和谐法则，所以就具有两栖的本领，在遵守私有制的社会规则的同时推动和谐社会的构建，从而也就在现实世界与理想世界之间架起了一座桥梁，推动人类社会不断完善。闻道也就是毛泽东所说的"得了大本大源"，得了这个大本大源，其行为举止就自然而然地契合于马列主义的精髓，成为和谐社会的积极建设者。

总而言之，我们要搞好党的建设，关键还是要解决价值体系的提升问题。而要做好这件事情，需要以培养闻道君子为一大目标。只有当广大党员自觉追求成为闻道君子的时候，党建工作自然也就具有了内在动力，形成中国特色社会主义事业的坚强的领导核心，进而领导全体民众走上"君子之道"。

# 高校的君子文化教育

戎章榕(福建省政协)

君子文化作为中华优秀传统文化中的一个重要组成部分,对其的重新审视和研讨,应当说,正逢其时、正迎其势、正合其需。

## 一、君子文化教育是时代的需要

大学之滥觞,蔡元培认为"吾国今日之大学,乃直取欧洲大学之制而模仿之,并不自古代大学演化而成也,大学文明之根在中国。"揆诸现实,我国有的高校与中华文明之根——优秀传统文化的疏离越来越严重,文科学生不懂传统诗词歌赋、琴棋书画的现象比比皆是。有鉴于此,教育部在2018年末发布的《关于公布第一批全国普通高校中华优秀传统文化传承基地名单的通知》,明确指出:"开展中华优秀传统文化传承基地建设活动,是不断创新新时代高校传承中华优秀传统文化的理念、形式与方法,充分发挥高校文化传承创新的优势与作用,推动中华优秀传统文化创造性转化和创新性发展的重要举措。"

君子文化历经世代传承积淀,又在不断推陈创新中赓续绵延。新时代高校转化与发展君子文化,要以习近平新时代中国特色社会主义思想为指导,在先前研究成果的基础上进一步推进,力求让君子文化展现出恒久魅力和时代风采。新时代转化与发展君子文化,高校肩负着不可替代的基础性和奠基性作用,因此,既要继续研究君子及与君子相关历史文化,又要重点研究君子文化的时代意义和当代价值；既要探讨君子文化的价值实现路径，还要赋予君子文化新时代的特征和现代表达形式，以君子文化的新成果，进一步丰富、提升中华优秀传统文化基因和内涵，使之充分体现中华优秀传统文化的核心思想理念、传统美德和人文精神，使之与当代中国发展相适应，与人类文明进步相融合。

新时代需要从现实生活中树立先进典型，也需要从传统文化中找回人格榜样。君子是中华民族的集体形象，是理想人格的范式，也是中国历史各个时期共同推崇的典范。在君子人格上体现了爱国爱家的精神和中华民族的优秀道德品质。从悠久广博深厚的传统文化中确立人格榜样，是把握时代的脉动，回应现实的需要。传承和弘扬优秀传统文化只有落到人的身上，转化与发展的途径才能更具体、更实在。

## 二、传承君子文化是发展的需要

发展的终极目标是实现中华民族的伟大复兴。文化是一个国家、一个民族的灵魂。没有高度的文化自信，没有文化的繁荣兴盛，就没有中华民族的伟大复兴。文化自知是文化自信的基础和前提，新时代转化与发展君子文化，应当发挥高校人才荟萃的学术优势，将君子文化做深做透，要把君子与中华民族的关系、君子人格与中华人格的关系、君子文化与中华文化的关系讲清说透，从本源和根脉上寻找力量，以文化自知、自重、自觉促进文化自信。文化的重要功能是文以化人、文以育人。文化的终极成果是人格，中华文化的终极成果，是中国人的集体人格。千百年来，君子文化积淀形成了勤劳进取、开放包容、朴实大气、仁爱信义、厚德忠勇、正直善良、热情好客等具有君子特质的优秀品格，是弥足珍贵的文化资源。明确君子目标，推陈出新，见贤思齐；懂得做人道理，关键践行，景行行止。

新时代转化与发展君子文化，高校要在传承和弘扬上下功夫。中国优秀传统文化传承基地挂牌不难，传承好不易。坚持开门办学，"请进来"与

"走出去"并举。"请进来"请的是行家里手,靠高校自身师资未必足以应付君子文化传承重任,因此,必须善于借力——诚意邀请外界力量到高校开设讲座、课程,让课程更接近实际生活。"走出去"是让大学生有机会走出课堂,走进君子文化的应用场景,亲身感受文化魅力,还需要进一步整合全国高校研究力量,提升整体研究水平,进一步提升君子文化品牌。传承的关键,是使君子文化与当代文化相适应、与现代社会相协调。为此,需要利用好君子文化的群众基础。汉代以降,君子人格受到历代政治家、思想家及文人士大夫以及社会各阶层人士包括普通百姓的广泛认同。可以说,在传统文化中,君子文化具有广泛的群众基础,众所周知,家喻户晓。高校传承中华优秀传统文化要转变观念,无论作为必修课还是选修课,一定要让优秀传统文化"活"起来、"乐"起来,让大学生愿意亲近并有参与冲动才行。高校迫切需要带个头,对君子文化进行普及、传承。

君子文化的现实语境应该注意。君子文化毕竟是诞生在两千多年前的封建社会,今天需要有鉴别地加以对待,有扬弃地予以继承。既要继承和弘扬其精髓,又要进行创造性转化和创新性发展,赋予其新的时代内涵。现实语境是将君子文化与社会主义核心价值观对接、互鉴和贯通,或者说,培育适应社会主义核心价值观的新君子文化。所谓"新",就是将先哲心目中崇德向善的君子人格,转换为既可感可触,又可信可见,还应学应做的现代人格。

## 三、打造君子文化高地

(一)致力于精神的高地

中国传统文化十分重视人文教育。《周易》所谓"观乎人文,以化成天下",即以文明、文化来教化成就天下。君子文化要继承其精华,扬弃其糟粕,古为今用,守正创新。教育是重要阵地,学校培育是君子文化传承的重要渠道。发挥君子文化育人效应,就要落实党中央"推动高校开设中华优秀传统文化必修课"和"开设中华文化公开课"的要求，推进君子文化进课堂，发挥课堂教学主渠道作用，让君子文化走近青年学生，为培养时代新人提供源源不断的精神给养，以最终达到人格的养成、灵魂的塑造。要结合社会主义核心价值观，紧扣以爱国主义为核心的民族精神和以改革开放为核心的时代精神，在坚定理想信念、厚植爱国主义情怀、加强品德修养、增长知识见识、培养奋斗精神、增强综合素质这六个方面下功夫，让君子文化为文化自信筑基。

（二）致力于传播的高地

学术性传播既要寓教于研，又要化研为教；既要研究学术，又要造就人才。通过有计划、有组织地开展君子学研究，通过考察各种文献，对各类经、史、子、集等古籍进行系统梳理，对君子文化源流进行发掘整合，对"颂古、信古、疑古、释古"的学术思潮及其研究成果进行提炼归纳，将学术成果及时有效转化成教学内容，集中式、系统化、持续性地传播君子文化，把君子文化的历史渊源、发展脉络、基本走向讲清楚，把君子文化的独特创造、价值理念、鲜明特色讲明白，使君子文化返本开新。要重视典籍文本的开放性和解释者的创造性，以人类学、民族学、文化学视角，深度研究阐释神话、传说、民间故事、文化遗存及考古材料、出土材料的独特价值，把君子文化中跨越时空、超越国度、富有永恒魅力、具有当代价值的文化精神和思想理念弘扬起来，夯实君子文化育人的学术基础。

高校在学术化传播的同时，大众化传播同样不可偏废。首先认同接受表达，向学生接受君子文化，不要给人仰之弥高、望而生畏、高不可攀的错觉，要以习近平总书记关于中华传统文化的"四个讲清楚"为基本原则，全面梳理君子文化的基本脉络和实质内涵，努力做到通俗易懂，让学生从中了解文化变迁、触摸文化脉络、感受文化魅力、汲取文化精髓，认同接受优秀传统文化。习近平总书记指出："要注重文化浸润、感染、熏陶，既要重视显性教育，也要重视潜移默化的隐形教育，实现入芝兰之室久而自芳的效果。"

## （三）致力于传承的高地

传承工作主要是围绕系统化研究与时代化演绎。可将君子文化研究升级为"君子学"，系统研究和阐释君子文化的价值观念、思想主张、文化命题等，用"学"梳理出学界关于君子文化的基本脉络，促进君子文化"再生性发展"，用"学"打造君子核心要义，凝聚几代学人的研究共识。建设"君子学"，是要由"学问之学"转变为"学科之学"，由"知识逻辑"转变为"价值逻辑"，将人们心中的君子人格和以君子为内核的民俗文化、民族心理、价值观念等，建立在科学系统的学理基础上，通过系统化学科建构，引导青年学生树立正确的世界观、人生观、价值观。

紧跟时代步伐，贴近时代需求，全面历史辩证、客观科学地对待君子文化是时代化演绎的重要一环。为此，高校应当利用学术之便，先将历代先哲关于君子文化的论述，分门别类、出版宣讲、普及宣传，让君子文化从历史典籍中走出来，从神秘高深的圣堂走下来，走向民间、走向大众。同时，结合新的时代和实践要求进行扬弃继承、转化创新，在原生性基础上推动君子文化创造性转化、创新性发展，更好融入当下、服务今人。传承的目的不只是文化上的继承，而是用君子的情怀和格局来提升人生境界，促进社会和谐，提升文明素养。一是在知行合一上下功夫，既要明了做君子的道理，更要践行做君子的要求，努力做到内心之德与外在之行的统一；二是在情境合一上下功夫，每个人要有做君子的愿望，全社会更要有奖掖君子的氛围，最终实现个人意愿与社会导向的统一。

# 南靖土楼兰花与孝文化

温 欣(福建南靖文化学者)

福建南靖土楼,世界闻名。土楼丰富的历史文化内涵,集中展现了汉民族河洛民系和客家民系尊老敬贤、团结互助、开拓进取的精神风尚。外地游客,匆匆忙忙,不一定知道这里的兰花与君子孝文化。当地人爱兰花、讲孝道,是"中国兰花之乡",兰花公园、兰谷小镇、兰花步行街等特色"地标",美不胜收。老百姓岁时节庆、婚丧喜庆,民间艺术、楹联题刻等,都非常强调孝道为首的伦理道德,展示了土楼人家的淳朴民风和"孝"文化的风采。多彩多姿的南靖土楼孝德,如兰花的高雅,香飘四海。

## 一、兰花展君子高雅

兰花,花香清幽远逸,故有"国香""王者香""天下第一香"的美誉,具有很高的观赏价值和经济价值。她以高贵脱俗的品质,跻身中国十大名花之列,且与梅、竹、菊并称"四君子",在四季如春的"中国兰花之乡"南靖土楼处处盛开。兰花在百花仙子之中,清幽远逸,备受青睐,更可贵的是她与福建土楼故里南靖人相濡以沫,共生共荣,寻根谒祖、怀祖思亲的中华民族美德,代代传承。

2016年以来,南靖先后规划建设南靖兰谷小镇、南靖兰花展示交易中心、兰花花步行街、兰花花园、南靖兰花电商产业园、南靖大学生兰花创业园、南靖兰花田园综合体等兰花特色项目,不断推动兰花产业规模壮大、效益提升力。2016年10月南靖兰谷小镇成为国家住建部首批列入的127个全国特色小镇之一；2017年建成的"南靖兰花交易市场展示中心"吸引了来自全国各地的120户商户入驻。南靖土楼兰花与"孝道"文化，相得益彰，同步发展，让世人刮目相看。

兰花，在土楼随处可见，平凡而高雅。一座土楼，就是一个小社会，众多居民生活在一座土楼里，自成一统，洋溢着兰花的清香。土楼里的各家各户，均为同一姓氏，都是亲房叔伯，互帮互助，生活融洽，一家有喜，阖楼欢庆，热闹非凡。土楼里辈分最高、有学识、处事公正的长者，就是自然的楼长，人们无不尊重乐从。时至今日，土楼人仍延续着这种聚族而居的生活方式。丰富多彩的南靖塔下村张氏家庙"孝"文化，仅仅是福建土楼的一个缩影，当地正进行全面整治，巩固、提高景区的孝道文化内涵和形象。

## 二、吕传胜五次寻根谒祖

"百善孝为先"，土楼故里以其造型和谐、完满、独特，让人魂牵梦绕。最早出现于唐末宋初的闽西南土楼(南靖土楼)，就把"孝"道视为一切人伦关系得以展开的精神基础和实践起点，对父母、对家乡长辈尊敬，进行自身品德和精神的重塑。南靖土楼"龙潭楼"后裔、台湾名人、孝子吕传胜(台湾律师、生于桃园县，吕秀莲的哥哥，曾为美丽岛事件的辩护律师)，从台湾五次回乡寻根谒祖，佳话美传。

第一次，1989年4月11日，由吕传胜率领的台湾桃园吕氏宗亲恳亲团一行35人首次返乡寻根谒祖。吕传胜心中的夙愿终于实现了。初次返乡谒祖，宗亲相见，倍感亲切。吕传胜在祭祖仪式上发表了热情洋溢的演讲，他说："吕家祖先人才辈出，吕祖谦是南宋三贤之一，吕蒙正是宋朝的三朝宰相，还有更多忠厚善良的列祖列宗在默默地耕耘，才使吕家成为中华民族的一条支流，悠久的中国历史吕家祖先是占有一席之地的，希望海峡两岸的吕家子孙共同奋发图强，创造美好的未来，以告慰祖先的在天之灵。"

第二次，1991年8月10日，吕传胜踏进吕厝祭祖，为表达对吕家祖先最高的崇敬和永恒的追思，捐款修建延玉公的祖父颖资公的墓园，并亲笔写下了墓志铭："闽台一海亲情隔，跋山涉水回故园。登临坟前诚祭祀，荒冢蔓草向黄昏。归程怅望泪满襟，乐捐数万区区款。重建墓园表孝思，永无止境求发展。青山绿水永相伴，代代儿孙福绵绵。"

第三次，1993年7月18日，由吕传胜、吕锡松率团返乡谒祖、祭扫颖资公坟墓的就有71人之多。这是吕传胜第三次回吕厝。他们还先后拿出人民币60多万元，用于重建祖祠、维修龙潭楼、铺设水泥路，同时设立奖学金，奖励在校读书的吕氏子孙。

第四次，2001年3月23日，吕传胜又一次踏上故土。当他与夫人吕郑如峰和女儿吕丹琪及众宗亲回到吕厝时，受到了祖地宗亲的夹道欢迎，使他又一次感受到了无限亲情。正如他的女儿吕丹琪在演讲时说的："时间在变，身边的人事都在变，但是有一样东西是永远不会变的，那就是我们的亲情。"

第五次，2003年10月9日，福建省南靖县书洋镇田中村吕厝社龙潭楼张灯结彩，楼内垂挂着"龙潭龙种开天辟地峡岸传新不忘本，桃园桃华融冰消雪海天胜芳可慰宗"的大红布条。只有二百多人的吕厝社男女老少穿着盛装，与乡邻乡亲等候在村口和公路两旁，敲起锣鼓，吹起唢呐，欢迎由台湾知名人士吕传胜率领的吕氏宗亲返乡寻根祭祖团。他说："回家最温暖。"

吕传胜的"寻祖"事迹，确实令人动情。孝道，按照孔子的说法，即"生，事之以礼；死，葬之礼，祭之以礼"。中国人民历来非常重视对"孝道"的弘扬。早在元代，郭居敬就编写了《全相二十四孝诗选》（简称《二十四孝》），并很快被社会所认同与接受。清代中叶，李毓秀编写的《弟子规》中，强调"入则孝"。南靖土楼后裔吕传胜不忘故土，五次拜会乡亲，捐资助学，修建祖祠、祖墓，像吕传胜，不远千里，越洋返乡谒祖的生动故事，数不枚举，足以论证南靖土楼世世代代传承中华尊师敬贤、尊老爱幼、友爱手足、扶危济困、热爱人民、忠于祖国的孝道美德。

## 三、后裔家庙敬天法祖

不忘中华血统,追寻故土祖宗,充满无限的祖国爱、无比的乡土爱、亲切的族亲爱。

1981年,南靖县书洋镇曲江村,收到一封发自日本的寻根信件。信中以恳切的口吻,要求帮助寻找祖地,查对家族的血脉渊源。写信人是旅日台湾同胞、台中县丰原市"世英堂"志达公派下张氏裔孙张耀明先生。张耀明先生还随信附来《清河世英堂十三世族谱》和《南靖县河坑社世英堂渡台志达祖派下勾表》。张耀明先生这段感人的寻根谒祖故事,后来写进族谱。其族谱强调:"使子孙知本源所在,启其奋发有为之心,以报祖恩于万一耳。"

"三山萧氏"的祖先在南靖县。书山派、斗山派祖籍书洋,涌山派祖籍金山。这些村庄的不少宗祠、宅院门额上书写着:"兰陵世泽""派衍兰陵""兰陵堂",显示此地人家属"兰陵家"(今山东兰陵县)。台湾彰化、台中、嘉义等地萧姓"涌山"派宗亲的祖籍地,在福建省南靖县金山镇霞涌村,也是台湾著名的萧万长先生的祖籍。霞涌村上涌社东边罗尖山麓的一座小山冈上,有"四美堂"祖庙,是萧氏后代为供奉、纪念萧氏"涌山"派开基始祖萧孟容而兴建。"涌山"派始祖萧孟容,后裔在台湾兴建两座宗祠——南投县仁美里的南兴祠、嘉义市北社区的猛容公祠,与大陆霞涌村所奉祭的始祖是一样,都是萧孟容。台湾的萧世珍子孙,时时惦念故土家业,得知有人把祖厝卖掉时,特地派人专程送来四竹篮的银元,把祖厝赎回。现在,这座祖厝保护得相当好,已成为迁居台湾的萧氏"涌山"派怀祖念亲的象征。

## 四、德远堂孝德赫赫有名

南靖县的书洋镇,有42座方圆土楼。明宣德元年(1426年),张氏先民到此开基后，沿沟谷两岸陆续建造土楼，呈长蛇形排布，整个村庄高大雄浑，气势恢宏。清朝末期，受地理环境之限，村人又在沿溪两岸的空地上，建起了一座座单院式土木结构的吊脚楼，形成大楼带小楼、高低错落的山村"小桥、流水、人家"奇妙景观。其中建于明朝弘治年间的殿堂式"张氏家庙"——德远堂，位于南靖土塔下村，2003年荣获福建省"历史孝文化名村"荣誉称号，2006年被列入第六批全国重点文物保护单位。

德远堂正门门联为："德泽福地源流远，远大光辉瑞霭长。"建筑雕龙画凤，装饰典雅，前有半圆形池塘，塘边竖立着24根高达10米的石龙旗。文官的石龙旗杆饰物多雕"毛笔"，武官则镌坐狮。古时候族规，凡中举、中进士或取得一定官职的乡贤，可在德远堂竖石龙旗杆，以光宗耀祖，褒扬孝道、仁爱、爱国、爱乡行为。2012年3月20日来自海内外数千名张氏宗亲与嘉宾欢聚一堂，旅泰华侨张扬先生竖立的新一柱石龙旗杆落成，是德远堂自1772年竖立石龙旗杆以来的第24柱石龙旗杆。这里有珍贵文物，更是孝子贤孙们的祭祖道场，是孝道美德传承的基地。

孝一直被人们推崇为家训内容。德远堂家庙大厅正中的壁上有一座三米高二米宽的大神龛，排列着历代祖宗的神位，正殿两边有左鼓右钟之设。横梁上镌刻着宋代朱熹的警世之言："子孙虽愚，诗书不可不读；祖宗虽远，祭祀不可不诚。"这是张氏祖训，是子孙世代奉行的座右铭。家庙建筑里雕刻着二十四孝传统人物塑像。屋脊上是各色磁片剪黏的浮雕，有《三国志》、八仙过海、《封神榜》等历史传说人物，有龙、虎、狮、麒麟、凤凰、雉鸡等珍禽异兽，还有牡丹花、山茶花、兰花、菊花等。

历代赞扬德远堂孝子贤孙、历史功绩的话语，历历在目，进一步激发后人。德远堂大厅有取材于张姓家族历史名士的一对长联，共78字，包含一至十、百、千、万、亿十四个和数字有关的典故，别具一格，是张姓上祖清朝太史张翱撰写。对联的内容如下：

> 得姓由轩辕，大儒一人，名垂二篇，辅汉三杰，功高四相，敕封五虎，博物六史，貂冠七叶，犹是清河旅派；

扬名显奕祀，位列八仙，鼎甲九成，平兴十策，忍书百字，金鉴千戡，青钱万选，道灵亿尊，依然文献宗支。

联中的典故是：

"大儒一人"：张仲是张姓人物在古书《诗经·小雅》中出现的第一人，为一大儒，在宋、明、清朝，先后受封，简称文昌帝君。

"名垂二篇"：北宋哲学家张载一生著作中，以《东铭》《西铭》两篇流传最广。

"辅汉三杰"：张良、萧何、韩信三人被汉高祖刘邦推崇为"兴汉三杰"。

"功高四相"：唐朝，张说与同为封相者三人粉碎太平公主篡逆阴谋及平叛功劳大，故曰功高四相。

"敕封五虎"：三国时，张飞、关羽、赵云、马超、黄忠受封五虎将。

"博物六史"：西晋张华为一大学问家，政治家，著有《博物志》六卷。

"貂冠七叶"：貂冠为汉朝宦官礼帽，七叶即七代。东汉时，张姓家族做七代宦官。

"位列八仙"：张果老为传说中的八仙之一。

"鼎甲九成"：在古代科举中，在县、府道考中的称秀才；在省级考中的称举人；在京城考取的称进士。有了进士资格，再参加最后的一次金銮殿上的殿试，选评结果，最高的三名：状元、榜眼、探花，称"三有第"或"三鼎甲""鼎三足"，宋朝张九成中状元。

"平兴十策"：是指南宋宰相张浚力主抗金，重用岳飞、韩世忠，被秦桧贬外二十年。在湖南永州贬所，他连上50道奏疏，其中的《平兴十策》，阐述了由平乱到中兴的计划等。

神话般的南靖土楼，散发着一阵阵兰花的幽香，孝道美德历久弥新，依然在南靖的山水之间，如立体的画、无声的诗、凝固的舞姿、跳动的乐章，给人留下无尽的遐想……南靖土楼景区已形成田螺坑景区、云水谣景区、河坑土楼民俗文化村等3条经典旅游路线，先后荣获"遗产保护杰出成就奖""中国最佳文化生态旅游品牌景区""国际王牌旅游景区"和"国际王牌旅游目的地""中国闽南生态文化保护区""中国最美的民居建筑"等荣誉称号。福建(南靖)土楼"国家5A级旅游景区",与孝文化、兰花草,如影随形,相得益彰,成为亮点。

# 君子与茶道

刘丽霞(长沙茶文化机构)

茶与君子的人生追求和生活情趣,息息相关,成为中国、日本、韩国等爱茶之人的日用文化符号。

茶礼,是君子之礼的体现。君子有礼——礼尚往来亲以茶。茶人以君子之怀德为像,君子爱茶品之修持为尚。茶道活动要遵照一定的礼法,礼即礼貌、礼节、礼仪,法即规范、法则。"夫珍鲜馥烈者,其碗数三,次之者,碗数五。若坐客数至五,行三碗。至七,行五碗。若六人以下,不约碗数,但阙一人,而已其隽永补所阙人。"(陆羽《茶经》"五之煮")此为唐代茶道中的行茶规矩。茶文化的精神内涵即是通过沏茶、赏茶、闻茶、饮茶、品茶等习惯与中国的文化内涵和礼仪相结合形成的一种具有鲜明中国文化特征的一种文化现象,也可以说是一种礼节现象。礼在中国古代用于定亲疏,决嫌疑,别同异,明是非。在长期的历史发展中,礼作为中国社会的道德规范和生活准则,对汉族精神素质的修养起了重要作用。同时,随着社会的变革和发展,礼不断被赋予新的内容,和中国人的一些生活中的习惯与形式相融合,形成了各类中国特色的文化现象。茶文化是中国具有代表性的传统文化。中国不仅是茶叶的原产地之一,而且,在中国不同的民族,不同的地区,至今仍有着丰富多样的饮茶习惯和风俗。

茶礼形形色色,宛如君子多种多样。礼是约定俗成的行为规范,是表示友好和尊敬的仪容、态度、语言、动作。茶道之礼有主人与客人、客人与客人之间的礼仪、礼节、礼貌。茶道之法是整个茶事过程中的一系列规范与法度，涉及人与人、人与物、物与物之间一些规定，如位置、顺序、动作、语言、姿态、仪表、仪容等。"童子捧献于前，主起举瓯奉客曰：为君以泻清臆。客起接，举瓯曰：非此不足以破孤闷。乃复坐。饮毕，童子接瓯而退。话久情长，礼陈再三。"（朱权《茶谱》序）此为宋明茶道主、客间的端、接、饮、叙的礼仪，颇为谨严。茶道的礼法，随着时代的变迁而有所损益，与时偕行。在不同的茶道流派中，礼法有不同，但有些基本的礼法实质内容，历久弥新。

君子品茶，修身养性，健康长寿，心胸开阔。品茶中，体会到茶的甘与苦。各种各样的茶，例如：绿茶、红色、白茶、黑茶、中国茶、印度茶、日本茶、英国茶、埃及茶等，普洱、铁观音、青砖茶等等，其色、香、味，千差万别，联想到人生的形形色色，酸甜苦辣，自然让人觉悟。茶之于人，雅俗共赏，有百益而无一害。大碗牛饮，小碗品咂，细瓷粗陶，皆可成饮，一茶入口，口齿留香，滋润脏腑，扬清去浊，祛腐除躁，最宜清心养性怡神健身。与茶结缘，谓茶人、茶客，其上者茶仙、茶神、茶圣，多了几分淡定从容之态，少了些许庸碌躁烦。正所谓闲茶闷酒模糊烟，历史上，制壶高手就把"茶可清心也"五个从任何一字开始都能读通的句子嵌入壶中，成为饮茶人之茶铭共识。过去常见的清茶一杯、笑脸一团的"茶话会"，曾在多少人心中留下温馨的记忆，不时泛起幸福的涟漪。2019 年，我们拜访河南省最大寿星，郏县姚庄回族乡张布郎村 117 岁的张学礼老人，他长寿的秘诀之一，就是喝茶。

茶能够滋润心田，醒脑理智，增加智慧，增添人生乐趣，潜移默化中，涵养君子风采。茶培养人的正直性格，吴觉农说："君子爱茶，因为茶性无邪"。茶来自自然，好茶出类拔萃，不同流合污。林语堂说："茶是象征着尘世的纯洁。"茶是简单、纯净、高雅而质朴的饮品，是"饮中君子"，具有"君子性"，其形貌风范为人景仰。喝茶，新陈代谢、吐故纳新，不亦乐乎。苏轼《和钱安道寄惠建茶》称赞建茶，"建溪所产虽不同，一一天与君子性。森然可爱不可慢，骨清肉腻和且正"。苏轼又在《叶嘉传》中，赞美茶叶"风味恬淡，清白可爱"。

茶德似人德，君子与小人，泾渭分明。司马光把茶与墨相比，"茶欲白，墨欲黑；茶欲新，墨欲陈；茶欲重，墨欲轻，如君子小人之不同"。周履靖的《茶德颂》，盛赞茶有馨香之德，可令人"一吸怀畅，再吸思陶。心烦顷舒，神昏顿醒。喉能清爽而发高声，秘传煎烹瀹啜真形。始悟玉川之妙法，追鲁望之幽情"。文人将茶品与人品相联，说茶德似人德，将茶的高洁比作人的高洁。古代乡村居民有矛盾，甚至要打官司，一壶清茶，约几个知书达礼的明白人喝茶、交谈、调解，不知不觉中人的激动、非理性，就会慢下来，茶能够缓解冲突，心平气和，化干戈为玉帛。这一招，活灵活现，立竿见影，成为解决村民矛盾的灵丹妙药。

茶彰显廉俭、高雅、淡洁的君子人格。茶水融合，上善若水。喝茶，与天、地、人、万物相互联系，相得益彰。陆羽《茶经》开宗明义地指出，茶"宜精行俭德之人"，以茶示俭、示廉，倡导茶人的理想人格。刘贞亮提出"以茶可雅志"，通过饮茶达到修身养性之目的，表现出人的精神气度和文化修养以及清高廉洁与节俭朴素的思想品格。正如北宋晁补之《次韵苏翰林五日扬州古塔寺烹茶》诗曰："中和似此茗，受水不易节"，赞美苏轼具有中和的品格和气节，如同珍贵名茶，即使身处恶劣的环境之中，也不会改变节操。

种茶、采茶、品茶，能够悟道、明理，学君子之道。儒家将茶叶视为具有灵性的植物，称茶为灵草、瑞草魁、灵芽等。韦应物《喜园中茶生》诗云："性洁不可污，为饮涤尘烦。此物信灵味，本自出山原。"儒家茶人在饮茶时，将具有灵性的茶叶与人的道德修养联系起来，认为品茶活动能促进人格修养的完善，因此沏茶品茗的整个过程，就是陶冶心志、修炼品性和完善人格的过程。种、采、买、卖、品茶等一系列茶事活动，仔细体验、反省，能够理解茶农的艰辛，明白人生的幸福来之不易，让人受益匪浅。

茶道，觉悟人生。茶可以分三六九等，人也是如此。真正的好茶，经得起沸腾热水的考验；真正的好人，同样也要能承受纷繁尘世的侵蚀，眼明心净，无欲无求，保持天赋本色。有的人外表光鲜，引人注目。然一经品尝,却大失所望,久品无味,似隔夜茶、多日茶陈腐;有的人貌不惊人,却似一杯香茗,愈品其味愈浓,齿留余香,经久不退,此乃上品茶、上品人!茶,在杯中漂浮,香气四溢,乍看上去一般无二,若想分辨优劣,还需用心去品。

做人成功,亦需像茶一样,百炼成钢,不断地修炼,既要经得顺境的温柔、安乐,又要经得起逆境的摔打、折磨,才能玉汝于成。君子弘毅,掌控自己,善待他人,心所欲不逾矩。君子兢兢业业,知难而进,矢志不渝,追求理想。陆羽《茶经》,是古代茶人勤奋读书、刻苦学习、潜心求索、百折不挠精神的结晶。以茶待客、以茶代酒,"清茶一杯也醉人"就是中华民族珍惜劳动成果、勤奋节俭的真实反映。

茶文化,在形成和发展中,融入了儒道释哲学,并演变为各民族的礼俗,有儒茶、道茶、禅茶等形式,可站着喝,也可以坐着喝,也可以躺下喝。茶文化、茶君子,成为优秀传统文化的组成部分而独具特色。中国讲茶道、日本讲茶礼、韩国讲茶艺,各有千秋。不同的见解、不同的人格,和而不同,美美与共,就是茶与君子的胸怀和品性。茶如君子,君子爱茶,交相辉映,名不虚传。

# 君子传正骨文化

李森林(武汉新洲文化学者)

三百年前,黄冈县慕义乡刘三屋湾的郎中刘本祥,是当地有名的谦谦君子。他医德高尚,救死扶伤,不求名利,乐善好施,深受乡邻信赖。

刘本祥出诊时,偶遇一位衣衫褴褛的老人戴金花(河南开封人)。因黄河水患,戴金花背井离乡,行走江湖,卧病不起。为人善良的刘本祥,将其收留家中,侍奉调养,相处与家人一般,直到老人身体完全恢复了健康。戴金花老人为谢救命之恩,在刘三屋湾刘本祥家里,坐店行医,专治跌打损伤,并且将自己研修多年的正骨医技,传给了刘本祥,还将《本草纲目》和一些治伤秘方留在刘家。

戴金花去世后,刘本祥在其灵前祭奠礼敬,将其归葬在刘家坟地,并嘱咐后人,以君子之礼,每年家祭。刘本祥利用戴金花的治伤秘方,刻苦钻研,创建了"刘三屋刘氏正骨术"。刘氏子孙,不忘秘方来源,传德行医,遵守道义,讲究诚信,代代传承,不断创新,誉满鄂东,辐射江汉,影响豫皖,造福民众。

"刘三屋刘氏正骨术",利用杉树皮制作小夹板固定骨折部位、以及运用理筋按摩、针灸针刀,并辅以中药秘方内服外敷,具有使患者创伤小、痛苦少、恢复快、花费低、用具简便等特点,已被列为武汉市非物质文化遗产保护项目。

三百年来,"刘三屋刘氏正骨术"走出了以刘本祥、刘楚樵、刘桂庭等"接骨斗榫",同时也孕育出刘贵祥、刘学俭、吴红霞、刘之浩、吴启梅等一批出类拔萃的后起之秀。今天的武汉刘三屋中医骨伤医院,正继续发扬光大先祖乐善好施的君子遗风,在医学领域,崭露头角。

# 教师应是君子

郝雁南(河海大学常州校区教授)
丁榕苏(河海大学常州校区药剂师)

  君子是我们民族千年文明淬炼出来的一种道德观念、一种志士情怀。自古以来有不少君子，如屈原、孔子、孟子、庄子、荀子、老子、朱子等，还有戊戌六君子、陈寅恪、钱锺书、梁漱溟、梁启超、陶行知、民国七君子等。在当下，广大教师应努力成为君子，并时刻在各种场合践行君子文化、传播君子文化。

  孔子就是万世师表，教师的楷模。君子型老师是学校教育需要的。教师本应是社会上最受到尊重的人，应有体面的收入，以便履行其神圣的职责。从古代起，教师就一直享有很高的地位，天地君亲师，教师是人类灵魂的工程师。德国哲学家康德说过："人要想成为人，只有教育这一条路好走。除了接受教育在他身上所成就的东西，他什么也不是。重要的是要注意下面这一点，即人只有通过同样受过教育的人，才能得到教育。"他还说过："好的教育是世界上所有'善'的源泉。"

  我国的教育面临着日益严重的挑战。这跟教师缺乏君子气、君子底蕴、君子风度等很有关系。现在的教育界，有知识，没文化；有学术，没学问；有想法，没思想；有个人，没个性；数量多，质量少。表面上看，教师的博士学位、海外留学人员、高级职称人数增加，但总体教学质量却不敢恭维。以致社会上有流言：现在的研究生还不如过去的大专生。我们每年毕业700万名高校学生，大学生满街跑，其中到底有多少名副其实？

有的大学生沦为骗子，贪官具有高学历，完全违背了教育的初衷。教育关键在教师，在于高素质的教师。现在教育缺乏爱的教育，有的老师不爱学生、打骂学生、体罚学生、怂恿学生送礼、嫌贫爱富、语言低俗等等，极大玷污教师这个阳光下最光辉的职业。

教师应履行君子之责。从理论上讲，教师应是社会中优秀的成员，应从最优秀的毕业生中择优录取，师范院校的经费，国家和地方政府要严格保证，地位要得到提高，校长应是教育行家，更应教授治校。师范院校要办出师范特征，加强通识和中华传统文化课程，要有更浓厚的校园人文氛围，建筑要有"君子风度""园丁味道"。建议延长师范院校学制，有条件的可送学生海外留学一年或以上，中小学教师应具有硕士学位，大专以上老师应具有博士学位。

教育部原部长陈宝生讲：教师没有尊严，民族就会没有骨气。全社会要真正尊师重教，提高教师的荣誉感，使教师成为社会上的体面人士。这样他们才能以体面之态，体面之语言，体面地传授知识，有底气地向学生灌输体面之气，以君子之风惠及学生。我们现在教育有很多不公，其实对教师的不公，是教育的最大不公。教师受到不公正待遇，有些山区边远地区教师一年收入竟只有区区几千元，简直难以糊口，被戏称为"丐帮"，有的工资还被拖欠，有的教师医疗费长期得不到妥善解决，带病坚持上课，有的教师居住、上课、办公条件恶劣，难以安心教学，甚至还存在打骂、侮辱教师的现象。

教师要努力成为君子，承担起国家人才培养的重任。教师是文人、读书人、知识分子，其职业、环境、出身、渊源等，都处于传统文化所说的君子氛围中，有很强的优势成为君子群体中的一员。君子的最高境界就是爱人，老师的最高境界就是爱学生。这个爱宽宏大量、无边无际，"有教无类"，春蚕到死丝方尽，蜡炬成灰泪始干。教师要热爱自己的职业，把教育当做终身事业，把自己从事的教学事业当做毕生追求的幸福。要能耐得住寂寞，耐得住清贫，经得住诱惑，守得住三尺讲台，两袖清风，穷且益坚，不堕青云之志。当今社会教师越来越成为令人羡慕的职业，地位、收入等都得到大幅度提高,而且教师职位稳定,福利待遇等有保障,教师的门槛越来越高,非得通过严格考试才有望成为教师,这对我国教育是个很好的兆头。

在教师中大兴君子文化、大倡君子之风、大行君子之道。教师要爱学习,爱读书,严谨治学,除了提高业务素质外,还要不断扩大自己的知识面,拓展视野,学而不厌,诲人不倦。陀思妥耶夫斯基曾经说过:"美能拯救世界。"教师应成为美的化身,用美来提升我们的教育,使学生人文化成(from man to human)。教师应成为善和德的化身,用善和高尚的德来激发学生心中的善,改变学生的人性、心性,在使学生获得知识、智慧的同时,获得美德。教师要尽量成为"完人",修身养性,彬彬有礼,一身正气,时常仰望星空,具有使命意识、道德境界和高度理性。我党历代领导人都非常重视教育,都对教师寄予厚望,习近平总书记在视察北京八一学校就指出:"广大教师要做学生锤炼品格的引路人,做学生学习知识的引路人,做学生创新思维的引路人,做学生奉献祖国的引路人","教育决定着人类的今天,也决定着人类的未来。"君子文化是我们民族基因固有的,我们现在谈中国梦,谈中华民族伟大复兴,就包括复兴教师的君子文化。

# 君子精神在大学生创业中运用

田晓燕(湖北工业大学工程技术学院副教授)

君子修身，士当弘毅，锐意进取，可以引导大学生创业教育，培养大学生强烈的创业意识和创业欲望。儒家君子文化，可以塑造大学生优秀的创业心理品质，"百科全书"式的儒家君子文化经典，可以丰富大学生的创业知识，在创业中左右逢源，克服困难，走向成功。

君子立志去创业。创新创业教育的首要问题，就是理想信念教育、价值观教育，要让广大学生牢固树立起追逐实现中华民族伟大复兴的中国梦的责任意识，激发他们创业冲动和坚定信念。君子文化的积极入世，忧国忧民，爱国爱家、坚守正义节操和坚韧不拔的浩然正气，一直影响和激励了一代又一代的仁人志士。儒家强调"仁、义、礼、智、信"，作为"修齐治平治"的为人处世准则，把"孝、悌、忠、信、礼、义、廉、耻"作为调节人伦关系的基本规范。尊祖宗、重人伦、崇道德、尚礼仪是中华民族的核心价值系统。这些理念，鼓励世世代代的爱国忧民的炎黄子孙，奋发有为，砥砺前行。中华文化的主流以明明德、新民、止于至善，格物致知、诚意正心、修身齐家治国平天下，作为君子理想、修养和规范，对在创业中的大学生提供了灵魂的引导和精神的动力，是他们勇立潮头、敢为人先、积极创业的永不衰竭的源头活水。

君子自强弘毅，可以提升大学生创新精神和开拓变通的实践能力。曾子说："士不可以不弘毅，任重而道远。"儒家积极入世、不断进取的思想为大学生创业者提供了精神动力。开创事业，离不开勇气和担当。创业者要有胸怀天下的抱负，亦要有开疆拓土的气概，在困难和逆境中求得生机和发展，开创出一片崭新的天地。儒家"五经"中的《周易》讲："穷则变，变则通，通则久。"事物发展到了极点，就要发生变化和改革，事物的发展才能不受阻塞，才能长久下去。大学生在创业遇到瓶颈的时候，要善于思考和变通，开发新产品，研究新技术，寻找新项目，不断改革创新，才能立于不败之地。

君子的义利观，有利于大学生合法合理创业。孔子认为"君子喻于义，小人喻于利"。后来的儒家常常强调"义利之辨"，认为这是道德学说中最重要的一点。君子爱财、取之以道。树立正确的"义利观"是大学生成功创业的一个前提条件，大学生在创业过程中，应该具备法律意识、道德观念，取之有道。循法自然，顺势而为，不能以伤害集体和他人的利益为代价，来达到自己获利的目的，也不能以破坏整体环境为代价，来实现个人的发展。大学生创新创业教育本身不能功利化和政绩化，更不能把大学生教育成一味追逐利益，不择手段、唯利是图、见利忘义的黑心商人。中国并不缺少企业家，而是缺少有良知、有道德的企业家。儒家所主张的"重义轻利"，并不是要求人不要"利"，而是要讲究"君子爱财，取之有道"，提倡永远以正义的手段来获得正当的利益。在功利主义盛行的今天，有的大学生为了提高创业经济效益，不惜进行欺压蒙骗，毫不顾忌员工的利益诉求，对客户进行虚假宣传，捞取钱财不择手段，甚至有的创业者会采取贿赂的手段来寻找更多的机会，都是君子所不齿的，也是应该诫勉的。

君子自强不息，可以培养大学生强烈的创业意识和创业欲望。儒学的强烈进取精神，儒家经典之作《周易》中说："天行健，君子以自强不息。"这是儒家所主张的人生态度，也是儒家学说的一个根本特征。以儒家学说的"锐意进取"思想，培养大学生强烈的创业意识和创业欲望。儒家学说思想是国学文化的核心。范仲淹"先天下之忧而忧，后天下之乐而乐"的千古名言，更是对儒家积极进取精神的高度概括。儒家的"修齐治平"学说，有利于大学生注重提升自身素质，从小事做起，循序渐进地为创业做好准备，有利于大学生树立远大的理想抱负，使他们萌发通过自主创业实现人生价值和国家民族富强的意识。

君子弘毅、矢志不渝。君子知难而进，注重反思的挫折观，也有利于培养大学生刚毅的意志品质。孔子兴办私学，有教无类、广纳学徒，因材施教、循循善诱，致力于学生的全面发展，传授文行忠信，希望继往开来。大学生创新创业教育，应该以立德树人为根本，以培养创新创业能力为核心能力的高素质、复合型人才为目标，加强素质教育、通识教育，培育全面的君子人格，敢于面对人生困境，善待一切。孟子曰："天将降大任于斯人也，必先苦其心志，劳其筋骨，饿其体肤。"这有助于使大学生对创业做好充足的心理准备，从而培养出直面挫折、百折不挠的精神。如果我们将传统君子的自强、进取、刚毅等精神财富融汇于当代大学生创业教育中，则会非常有益于培养大学生强烈的创业意识和创新欲望，百折不挠，百战百胜。

总之，大学生的创业素质不仅包括文化知识、技能和经验等外在因素，同时也包括了创业心理、思维方式和道德取向等内在因素。君子文化的精神价值，对大学生创业素质的外在和内在因素的提升，均有着不可忽视的积极促进作用。君子理性的世界观、进取的人生观、追求自我完善的道德观，以及和谐的人际关系等合理内容，对大学生进行创新创业教育很有借鉴意义。弘扬和传承君子文化，促进大学生创业、创新，是深化高等教育改革的一个重要方面，亦是提升大学生创业就业品质的有效举措，对大学生创新创业教育实现中国特色，突出本土化风格，有着积极和深远的意义。为此，高校应不断加深对君子文化的研究、引入、应用，使君子文化成为大学生创业素质的内涵和继续发展的重要动力。

附录一：

# 作者一览

| | | |
|---|---|---|
| 序言 | 武汉大学 | 李维武 |

**第一部分　君子内涵与溯源**

| | | |
|---|---|---|
| 君子范畴要义 | 重庆师范大学 | 李长泰 |
| 儒家君子内涵 | 山东社会科学院 | 张兴 |
| 君子含义演变 | 同济大学 | 朱义禄 |
| 君子公共阐释 | 河南省社会科学院 | 师永伟 |
| 君子人格修养 | 安徽大学 | 王国良 |
| 君子当代修为 | 上海师范大学 | 吴宁 |

（基金项目：2017年教育部哲学社会科学研究重大项目："习近平总书记系列重要讲话精神和治国理政新理念新思想新战略研究"，批号：17JZD001；2017年国家社会社会科学基金后期资助项目："美国生态学马克思主义研究"，批号：17FZX030；上海师范大学高峰高原学科建设项目）

| | | |
|---|---|---|
| 君子之源 | 安阳师范学院 | 郭胜强 |
| 《易经》论君子 | 苏州科技大学 | 汪祖民 |
| 《诗经》论君子 | 麻城历史文化学者 | 朱长许 |
| 《论语》论君子之交 | 贵州凯里学院 | 刘宝强 |
| "君子坦荡荡"寓意 | 孝感孝文化学者 | 刘少峰 |
| 孟子论君子 | 合肥历史文化学者 | 孟祥运 |
| 墨子论君子 | 湖北理工学院 | 孙平 |

| | | |
|---|---|---|
| 荀子论君子 | 南阳理工学院 | 谢胜旺 |
| 韩非子的君子来源 | 潍坊工程职业学院 | 刘娣 |
| 隐君子与君子雅言 | 山东大学文学院 | 李卉 |

第二部分　君子情怀与追求

| | | |
|---|---|---|
| 易学中的君子 | 中国工商银行铜仁分行 | 黎斌 |
| 屈原以兰喻君子 | 武汉科技大学 | 陈少龙 |
| 楚器中的君子 | 武昌首义学院 | 张钰 |
| 道家在意修身 | 北京林业大学 | 罗美云 |
| 周礼中的君子 | 云南大学哲学系 | 张宸邦 |
| 刘伯温看君子 | 浙江工贸职业技术学院 | 俞美玉 |
| 君子春风化雨 | 武汉科技大学 | 陈袁明子 |
| 君子以义导利 | 武汉科技大学 | 刘利炜 |
| 君子复仇反思 | 武汉钢都中学 | 赵燕舞 |
| 君子展中国智慧 | 武汉科技大学 | 徐天慧 |
| 君子文化与核心价值 | 钟祥市孔子学会 | 姚天文 |
| 君子爱家安天下 | 钟祥市作家协会 | 蔡章田 |
| 君训：从中到公的精神 | 荆门市群艺馆 | 曾维春 |
| 君子处世有条不紊 | 武汉科技大学 | 姚思捷 |
| 君子仁爱心系天下 | 中南神学院 | 肖安平 |
| 文质彬彬然后君子 | 南漳县政府 | 王善国 |
| 君子之道化解医患矛盾 | 钟祥诗词学会 | 徐建中 |
| 君子在于美德 | 武汉科技大学 | 王波 |
| 青铜器所见的君子文化 | 武汉科技大学 | 肖洋 |

（项目基金：湖北省教育厅哲学社会科学研究青年项目"基于 GIS 的曾鄂青铜器历史地理研究"，项目号：19Q027）

| | | |
|---|---|---|
| 儒商君子千呼万唤 | 贵州凯里学院 | 王向然 |

第三部分　君子使命与人格典范

| | | |
|---|---|---|
| 儒家君子责任伦理 | 山东社会科学院 | 涂可国　杨冬 |

| | | |
|---|---|---|
| 人己之辨与话语建构 | 赣南师范大学 | 吴中胜 |

（基金项目：教育部人文社会科学研究规划"经学与古代文论的经典化研究"，项目批准号：18YJA751012）

| | | | |
|---|---|---|---|
| 君子与绅士和而不同 | 南昌航空大学 | | 毛艳 |
| 儒家君子及其难题 | 北京伟佳林文化书院 | | 李琳之 |
| 孔子的君子德性论 | 四川师范大学 | | 唐代兴 |
| 在佛看君子如玉 | 九华山定西茅蓬 | | 释海元 |
| 文化自信推动君子文化 | 长江大学 | | 王光霞 |
| 信义君子暖人心 | 河南农业大学 | | 靳戈 |
| 殉道君子的身后命运 | 华东师范大学 | | 孙光耀 |
| 周秦刻石颂君子 | 河北大学 | | 张志勇 |
| 君子谨言慎行 | 武汉科技大学 | | 肖细明 |
| 荀子的君子论 | 中国计量大学 | | 邱艳敏 |
| 孟子与屈原的君子风格 | 三峡大学 | | 朱若秋 |
| 儒家君子之道脱颖而出 | 广西师范大学 | | 张翼飞 |
| 君子从道到德 | 武汉科技大学 | 韩兆笛 | 孙君恒 |
| 庄子君子观的哲学基础 | 武汉科技大学 | 曾文静 | 孙君恒 |
| 士君子之先秦样态 | 天津市红桥区职工大学 | | 李亚楠 |
| 岳飞的君子之道 | 武汉科技大学 | | 关殷颖 |
| 儒道墨法的互动 | 河北师范大学 | | 张军桥 |
| 管鲍善交 | 安徽省管子研究会 | | 龚武 |
| 子路的君子形象 | 三峡大学 | 刘琰 | 钟奥 |
| 朱熹与柯翰的君子之交 | 漳州城市职业学院 | | 郑晨寅 |
| | | | 汤云珠 |
| 苏轼的君子之风 | 武汉科技大学城市学院 | | 闫艺 |
| 南宋"六君子"事件 | 新乡学院 | | 乔东山 |
| 闻一多赞君子之风 | 安徽利辛文化学者 | | 沈国磊 |
| 李先念的君子风范 | 大悟作家协会 | | 黄忠信 |

| 李先念君子理财 | 黄冈市委党校 | 陈欣欣 |
| 当今若干楷模 | 河南护理职业学院 | 王新 |

第四部分　君子致用与践行

| 君子人格与当代传承 | 孔子研究院 | 宋冬梅 |

（系山东省社科规划项目的阶段性成果，项目编号：20CZXJ01）

| 恐惧时代如何做君子 | 武汉科技大学 | 吴万伟 |
| 君子慎独 | 湖北大学 | 姚才刚　张旭琴 |

（基金项目：湖北省教育厅哲学社会科学重大项目"明代甘泉后学文献整理与思想研究"，项目编号：18ZD01）

| 君子立德立功立言 | 武汉图书馆 | 张华 |
| 君子孝悌 | 河南大学 | 赵清文 |
| 墨家的君子仁义 | 武汉科技大学 | 陈珊秀 |
| 君子群体的特质与作为 | 山西儒学研究会 | 柳河东 |
| 宗祠是君子传承的载体 | 湖南洞口县委组织部 | 欧阳宗岩 |
| 寇准和包拯为官为人 | 金华职业技术学院 | 王斌 |
| 君子的层次性及其价值 | 三晋文化研究会 | 石耀辉 |
| 乾、坤之德与君子创业 | 亳州职业技术学院 | 宋辉 |

（基金项目：安徽省职业与成人教育学会规划课题"中国文化特色的高职英语课程建设研究"，编号：AGZ18082）

| 君子与文化自信 | 广东阳山县直工委 | 吴春华 |
| 共产党员应借鉴君子 | 黄河科技学院 | 岳德常 |

（基金项目：河南省教育厅2019年度人文社会科学研究一般项目：从儒家"大学之道"的诠释入手深入阐发中华优秀传统文化精髓研究，项目批准号：2019-ZZJH-681）

| 高校的君子文化教育 | 福建省政协 | 戎章榕 |
| 南靖土楼兰花与孝文化 | 福建南靖文化学者 | 温欣 |
| 君子与茶道 | 长沙茶文化机构 | 刘丽霞 |
| 君子传正骨文化 | 武汉新洲文化学者 | 李森林 |

| | | |
|---|---|---|
| 教师应是君子 | 河海大学常州校区 | 郝雁南 |
| | | 丁榕苏 |
| 君子精神在大学生创业中运用 | 湖北工业大学工程技术学院 | |
| | | 田晓燕 |

章节布局、统稿：武汉科技大学孙君恒

校对：武汉科技大学孙君恒、何沙、李肖、陈少龙、韩兆笛、刘伟华附录二：

# 君子文化研讨会在武汉举办

2019年11月16日，君子文化研讨会（2019年武汉），在武汉科技大学青山校区钢铁楼举行，此会由湖北省炎黄文化研究会儒学文化分会、武汉市岳飞文化研究会、武汉科技大学国学研究中心联办。全国各地代表139人莅临，提交论文128篇。湖北炎黄文化研究会常务副会长兼秘书长、省委宣传部原副部长李子林先生，武汉岳飞文化研究会副会长兼秘书长岳达到会。武汉科技大学党委副书记孙国胜教授致欢迎词，澳门孔子学会会长、澳门孙子兵法学会会长孙保平先生馈赠墨宝，祝贺君子文化研讨会胜利举行。此会2019年2月开始征文，承蒙各位专家、学者、朋友关心，报名参会代表十分踊跃，到开幕当天仍然有盼望到会的学者，会议得到了广泛关注。

本次研讨会主题为君子文化与当今价值。学者就君子文化理论与实践、历史与现实等方面，提交论文，进行探讨，以发扬光大优秀传统文化。自觉传承君子文化的精华，为学者们所关注。同济大学教授朱义禄先生强调，君子最早是指有地位的贵族。以"位"嬗变为"德"，是从孔子开始的。经过孔孟荀的努力，以道义论来定位君子遂成为主流。此后东汉士人与东林党人，在与阉党所作的斗争中，践履了孔孟的殉道观，以一腔热血、为正义捐躯的高风亮节，博得后世人们的一致称赞。清白公正、刚直不阿、不畏权势、坚持气节等崇高德操，成为君子的品性，为炎黄子孙所公认。武汉大学博导、湖北省炎黄文化研究会副会长兼儒学文化分会会长李维武教授,从近现代中国发现"君子",指出"戊戌六君子"终止在 1898 年,马克思在 1899 年才在中文报刊上第一次出现;而"救国会七君子",则都投身于中国共产党领导的中国人民大革命。沙千里在 1938 年被党中央追认为中共党员。李公朴则更早与中国共产党一起战斗。从近现代中国发现"君子",不仅是对中华美德的一种自觉传承,更是对我们党领导人民在长期实践中形成的优良传统和革命道德的直接继承。"君子"对于今人来说,并不是抽象、遥远而不可企及的理想人格。澳门孔子学会会长、澳门孙子兵法学会会长孙保平先生认为,孔子的《论语》中多次提到君子和小人。君子是指以德为本、多识前行、能明辨是非而践行仁义之道者,小人则是指以利为本而不顾道义者,非常值得反省和借鉴。湖北省炎黄文化研究会儒学文化分会副会长兼秘书长、武汉科技大学国学研究中心主任孙君恒教授,承担了国家社会科学基金项目"先秦七子君子观研究",主张墨子兼爱非攻、摩顶放踵、兴天下之利,实乃行君子之实。

君子文化就在我们日常交往和平凡生活中鲜活出现。安徽省管子研究会副会长兼秘书长龚武先生强调君子之交,"管鲍善交"(管子与鲍叔牙)就是人间君子之交的千古美谈,是完美的"交善",不是世俗、庸俗的交情。福建漳州城市职业学院郑晨寅教授、汤云珠副教授,说明了朱熹、柯翰的"和而不同"的君子之交,正可体现君子之"以友辅仁"。浙江工贸职业技术学院教授、温州市刘基文化研究会副会长兼秘书长俞美玉女士认为,明朝开国元勋刘伯温《诚意伯文集》里"君子"出现 145 次,他将人分为三种:君子、小人、可君子可小人,期望君子之风盛行,他本身淡泊名利求天下太平的胸怀和情操,值得借鉴。北大博士、北京林业大学罗美云副教授认为,道的根本精神是人的修身(包含隐君子),具体落实到修心、修性、修德上。通过修身而净化自己,通过净化自己而净化周围的环境。这样就达到了人与自己、人与环境、人与自然的和谐美。湖南洞口关工委秘书长欧阳宗岩先生强调,宗祠以文字、绘画、雕塑等文化符号展示"忠孝廉耻"等君子文化的核心内容,为君子文化的传承和发展发挥着独特作用。武汉社科院副研究员、茶道专家密小华女士,长沙茶文化机构刘丽霞女士,强调君子文化与茶道修持密切相关，君子爱茶——爱茶之人有清福，君子有礼——礼尚往来亲以茶。茶人以君子之怀德为像，君子爱茶品之修持为尚，茶水与天、地、人、万物相互联系，种茶、采茶、品茶能够悟道、明理、学君子之道。武汉国冶机电设备有限公司高启华董事长以君子文化与企业发展为题，强调做产品、高经营，需要君子风格的儒商。武汉非遗"刘三屋正骨术"市级传承人吴启梅、武汉非遗"孔子问津传说"市级传承人李森林，通过刘氏九代正骨文化三百年的传承，说明了君子承诺对于儒医仁心仁术具有重要价值。

当今君子文化的当今创造转化和创新发展，是君子文化研讨会的焦点。孔子研究院宋冬梅女士指出，孔子赋予君子高尚的道德意义，主要包括立志尚学、义以为上、安贫乐道、自强不息、和而不同、仁爱坦荡等内容。新的时代，我们应在传统君子文化的基础上照着讲、接着讲、创新地讲，使之赋予新的时代意义，重树泱泱五千年中华文明古国的君子国风。孝文化学者刘少峰强调，从"君子坦荡荡"一语中感受"文化自信"，"君子坦荡荡"植根于"仁"，能让人获得幸福感，体现在清醒的"自省精神"中、"杀身成仁"的举动中、"安贫乐道"上、"成人之美"上、"重义轻利"上。黄河科技学院研究员岳德常指出，新时代共产党人应当自觉借鉴君子人格，共产党是以社会主义核心价值体系为核心凝聚起来的组织，应当形成一个保持社会主义核心价值体系自我强化的"良性循环"，闻道是中华民族最深沉的精神追求，也是全人类的共同目标，这是马克思主义与中华优秀传统文化可以融合的深层原因。钟祥作家协会主席蔡章田认为，"家国天下"的君子情怀，以"天下为己任"的君子担当，"济世达天下"的君子使命。家国天下，世界一体，君子修为、作为、贡献一致。君子的"家国情怀"与时代使命应该交相辉映，相辅相成。贵州凯里学院人文学院王向然博士认为，"伪君子"的表现及其对君子文化建设，有诸多危害，当代文化知识精英在引领社会君子文化建设中应担负责任，选择可循的现实路径。武汉科技大学翻译研究所所长吴万伟教授，针对西方恐惧时代如何做一个君子的话题，认为苏格拉底、斯宾诺莎等，是摆脱恐惧、仇恨和无知从而进入自由世界的灯塔，是君子的典范。这与儒家的以"士"为代表的理想人格的自由教育目标吻合，勇敢是当今时代君子的最重要美德。山东社科院文化研究所涂可国所长和杨冬博士强调，儒家君子彰显君子的责任担当，着重从重道、积德、为己、好学、修身、重行和改过七个方面的自我责任伦理，要求君子关爱人、宽容人、仁爱人和重道义、讲礼义、主诚信、贵中和、治国和平天下的社会责任。山西临汾三晋文化研究会常务副会长石耀辉强调，君子修齐治平，玉汝于成，人格魅力无穷，值得今天发扬光大。

此会得到全国各地代表大力支持，领导、嘉宾十分关心。例如，中国实学研究会会长、中央党校博导、"领导干部学国学"发起人、中宣部核心价值观宣讲人之一、《百家讲坛》"平语近人"主讲人之一王杰教授，中国人民大学国学院常务副院长罗安宪教授，北京大学王中江教授，国防大学朱康有教授，复旦大学高国希教授、邓安庆教授，《光明日报》国学版主编梁枢编审，江苏省社科院哲学所所长胡发贵研究员，河南省社科院历史所所长张新斌研究员，山东省社科院文化研究所所长涂可国研究员等，都非常关心、支持此研讨会。以上专家，原本打算到会，因公务另有安排，特别来信祝愿研讨会圆满成功。对此，我们深表感谢！湖北省律师协会会长、湖北省委首席法律顾问、武汉岳飞文化研究会会长岳琴舫先生，湖北省炎黄文化研究会副秘书长许建华同志，多次垂询会务组负责人、武汉科技大学国学中心主任孙君恒教授，给予多方面的指导和督促，表示了对会议承办方武汉科技大学国学中心的信任和关心。李子林先生、蔡艳青女士亲自到会。他们的亲切关怀，保证了会议的圆满成功，非常令人感动。

在君子之风熏陶下，参会者自觉捐献茶叶、白酒、书刊、电影，与大家共享，其乐融融。研讨会时间，澳门孙保平赠送朋友们书法作品，武汉古琴艺人杨雅淇演奏助兴，武汉图书馆张华先生义务为大家画像，云深书院创办人孙兴建先生专门为大家放映《乡村儒学》电影，为会议增添很多情趣。大家还到红安县李先念故居纪念园进行实地调查研究，亲身感受了前国家主席的君子风范。

　　新中国 70 华诞和世界第七届军运会,都刚刚在武汉绚丽闪过,武汉的君子文化研讨会乘东风而来,大家济济一堂,切磋交流君子文化,不亦乐乎?君子文化,玉汝于成,蔚然成风,可期可待。

孙君恒

# 后　　记

2019年11月武汉科技大学国学研究中心承办的全国君子文化研讨会成功举办。中国教育在线、《湖北日报》《楚天都市报》等媒体，前来采访、报道，历历在目，主要情况见本书附录，也可以网络搜索。

2013年我获批国家社会科学基金项目"先秦七子君子观研究"，进一步激发了对君子文化研究的强烈兴趣，从先秦到当今，都有所涉及，发表了系列论文。也在中国港台、韩国、德国的会议和刊物上发表了心得。复兴、弘扬君子文化，非一朝一夕，也非一人一卒所济事，联合各路人马、众志成城，方能玉汝于成。我参与了六次君子文化研讨会，自己办会交流势所必然，心向往之。湖北省炎黄文化研究会副会长兼秘书长李子林先生、许建华副秘书长、办公室主任蔡艳青女士等非常关心；武汉岳飞文化研究会岳琴舫会长、岳达副会长兼秘书长，大力支持；武汉科技大学马院马平均书记，唐忠义院长，郭继海、李敏和郑淑芳副院长等，积极帮助。"三驾马车"，成人之美。

此论文集编辑，分门别类，力图改变过去论文集"一盘散沙"的简单堆砌，便于读者了解或查找主题。全国各地的会议代表们，百忙之中参会并赐稿，不少还反复修改，最后提交。大家承诺不要稿费，义务劳作，颇有君子之风。由于版面有限，提交的128篇论文，组委会并未一一录入，选取的也有所删节，敬请朋友们谅解。

湖北省炎黄文化研究会儒学文化分会会长、武汉大学教授李维武先生，筹会、参会、作序，自始至终费心指导，付出甚多，肃然起敬。一些老朋友和从未谋面的新朋友，为会议提供茶、书、酒，还现场抚琴、作画、播放《乡村儒学》电影，展示了君子文化的丰富多彩，为会议增色不少。武汉科技大学 2019 级哲学硕士生、国学社志愿者们，功不可没。

2020 年春夏编辑此书期间，正值疫情，是君子的家国情怀，引导、鞭策我一字一句、仔仔细细校对书稿，并且真切感受到地地道道的君子文化，是抗疫的中国智慧、中国经验、中国方案的重要精神资源。武汉人民，自律爱人、同心同德、邻里守望、团结一致、共克时艰，非常时期，非常行为，成效突出，彰显了君子美德，堪称全球抗疫的典型武汉样板。

期待大家继续帮助并批评指正。

君子文化研讨会（2019 武汉）组委会筹备组负责人

武汉科技大学教授兼国学中心主任

孙君恒

2020 年 7 月 28 日武汉青山